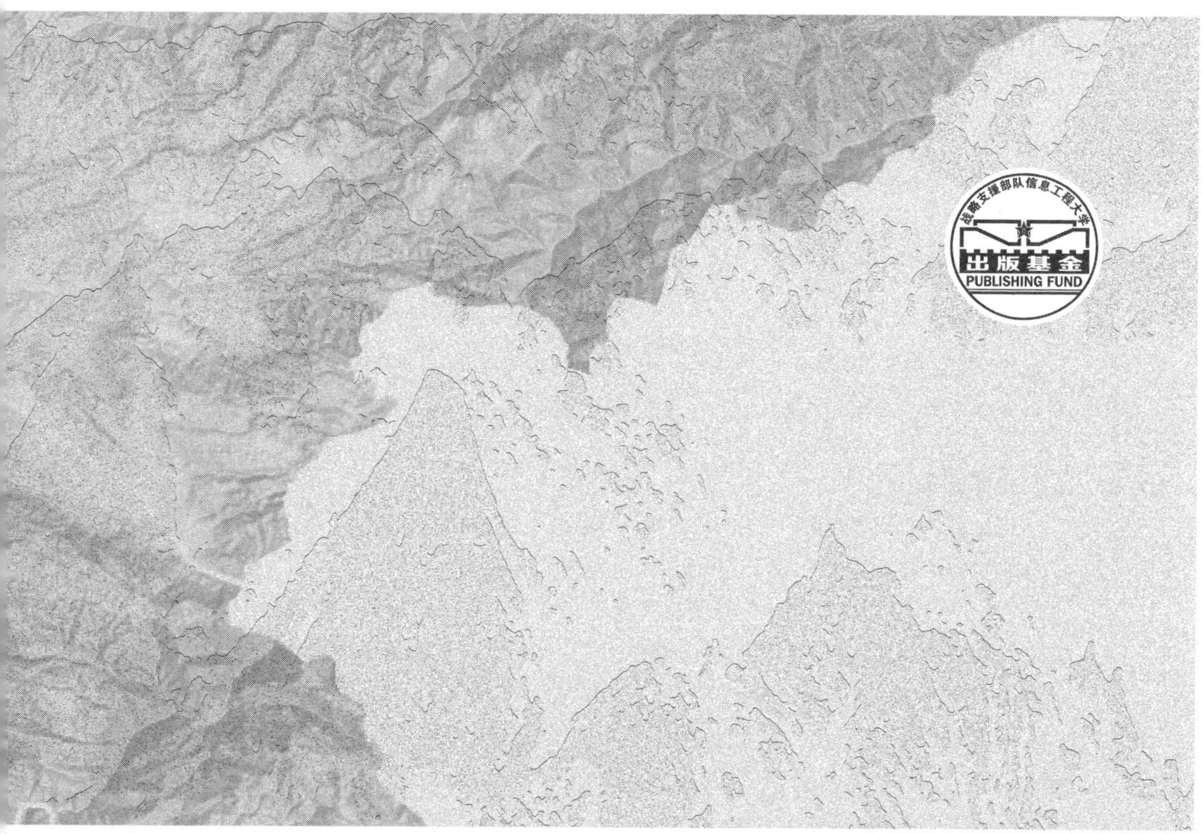

美军联合作战发展史
——基于作战实践的考察

孙路明 / 著

Study on the Evolution
of U.S. Armed Forces Joint Operations
from the Perspective of Operational Practice

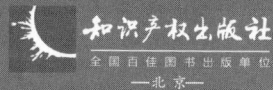

知识产权出版社
全国百佳图书出版单位
—北京—

图书在版编目（CIP）数据

美军联合作战发展史：基于作战实践的考察/孙路明著. —北京：知识产权出版社，2022.7（2022.12重印）

ISBN 978-7-5130-7824-5

Ⅰ.①美… Ⅱ.①孙… Ⅲ.①联合作战-战争史-美国 Ⅳ.①E712.9

中国版本图书馆 CIP 数据核字（2021）第 234880 号

内容提要

通过解析作战实践来研究美军联合作战发展史，有助于全面地认识联合作战，推动理论研究。本书遵循史论结合、现实牵引的基本思路，研究了70多个美军战例，详细剖析了12场战争和重要军事行动中的美军联合作战实践。具体到每个战例，先考察其战时联合指挥关系，再按照主要联合作战样式，考察其具体联合作战行动，最后得出美军联合作战的发展特点和启示建议。

本书涉及联合作战、美军、军事改革等，可作为军事人士及相关爱好者的参考用书。

责任编辑：张　珑　　　　　　　　责任印制：刘译文

美军联合作战发展史——基于作战实践的考察
MEIJUN LIANHE ZUOZHAN FAZHANSHI——JIYU ZUOZHAN SHIJIAN DE KAOCHA

孙路明　著

出版发行：知识产权出版社有限责任公司	网　址：http://www.ipph.cn
电　话：010-82004826	http://www.laichushu.com
社　址：北京市海淀区气象路50号院	邮　编：100081
责编电话：010-82000860 转 8574	责编邮箱：laichushu@cnipr.com
发行电话：010-82000860 转 8101	发行传真：010-82000893
印　刷：天津嘉恒印务有限公司	经　销：新华书店、各大网上书店及相关专业书店
开　本：720mm×1000mm　1/16	印　张：24.5
版　次：2022年7月第1版	印　次：2022年12月第3次印刷
字　数：396千字	定　价：118.00元

ISBN 978-7-5130-7824-5

出版权专有　侵权必究

如有印装质量问题，本社负责调换。

前言 Preface

现代战争是体系和体系的对抗，一体化联合作战成为基本作战形式。近几十年里，美军联合作战一直是各国研究联合作战的重要参考，但长期以来对美军联合作战的研究，始终缺乏一部综合式、全景式、专题式的历史研究著作，全面贯穿和梳理其历史发展。

2020年，《中国人民解放军联合作战纲要（试行）》的颁布标志着解放军的联合作战发展进入了新阶段。在这个新的阶段，我们有必要重新审视联合作战，把握联合作战在不同层次和维度的精准内涵，科学推动联合作战的实践发展。例如，联合作战到底是如何发展而来的，克服了哪些困难，呈现出什么样的形式，需要什么样的条件，在实战中究竟发挥什么样的作用，等等。必须回答好上述一系列问题，方能让联合作战研究走下"理论的神坛"，落地现实，接轨实战。

历史是最好的教科书，知史可以明鉴。对于军事学这个高度重视实践性的学科，历史研究尤为重要。通过系统研究美军作战实践来探究其联合作战的发展演变，不仅有助于推动联合作战理论研究，为发展提供启示，还可为军事斗争准备提供相应参考。

作为首部从历史的视角探究美军联合作战的专题成果，本书遵循史论结合、现实牵引的基本思路，采用文献研究法、系统研究法、比较研究法、战例剖析法、利益分析法等，共涉及70多个美军战例，详细研究了12场战争和重要军事行动中的美军联合作战。具体到每个战例，先考察其战时联合作战指挥关系，再按照主要的联合作战样式，考察其具体联合作战实践，最后在归纳、总结和比较中，剖析美军联合作战的发展情况和主要特点。

本书前五章研究美军联合作战发展的五个阶段。第一章"联合作战溯源与美军早期联合作战实践（1945年前）"，涉及美式联合作战的溯源、美军早期联合作战发展，重点考察了第二次世界大战时期的美军联合作战；第二章"军种激烈冲突时期的联合作战（1945—1953年）"，重点考察在战后国防改革引发军种激烈冲突的背景下，美军在朝鲜战争中如何进行联合作战；第三章"军种有限合作时期的联合作战（1953—1975年）"，重点考察越南战争时期的美军联合作战，"有限合作"是联合作战发展上的倒退；第四章"军种能力互补时期的联合作战（1975—1991年）"，考察了美军联合作战从低谷快速回升并在海湾战争中达到新顶点的这一过程；第五章"全面推进联合时期的联合作战（1991年以来）"，回顾了20世纪90年代以来美军全面推进联合的举措和历次战争中的实践发展，重点考察了其在伊拉克战争中呈现出的一体化联合作战新特征。

第六章"对美军联合作战发展的总体分析"分析了美军联合作战发展演变的总体影响因素、特点和局限，认为在美军联合作战发展中存在着政治传统、军种主义、战争形态演变的推动这三个长期性影响因素，作战指挥体制改革、作战理论创新、军种建设及发展这三个中期性影响因素，关键人、战场现实需求、部队可通联性这三个短期性影响因素。美军联合作战发展主要特点有：美军联合作战发展中始终夹杂着大量政治性因素；联合作战发展建立在绝对的制空权、制海权基础上；海军陆战队时常扮演联合纽带和示范的特殊角色；战术联合从未中断且始终由下而上推动联合发展；作战实践丰富不断为联合作战发展提供实战检验。美军联合作战发展中也存在以下局限性，包括长期强欺弱，缺乏强对抗环境下的实战经验；利益难均衡，军种周期性相互冲突依然存在；体系容错低，联合支援和保障体系过于庞大。

第七章为"美军联合作战发展的启示"，包括全面提升认识，从战略上重视联合作战发展；加强联合统筹，着力加快提升军种作战能力；注重积极稳妥，科学推进联合作战发展举措；打破内部藩篱，持续优化联合作战指挥体制；优化研究模式，为解决现实问题提供新支撑；着眼迫切需求，把握重点领域牵引体系构建；打造人才方阵，加强岗位轮换和专业化培塑。

本书主要面向对联合作战、美军、战争史、军事改革等感兴趣的读者，希冀能够为其带来启发和思考。本书的撰写；得到了军事科学院、国防大学、海军研究院、空军研究院等多家单位的教授、专家们的指导和帮助，特别是得到了信息工程大学洛阳校区的资助和知识产权出版社编辑的帮助。在此一并表达诚挚感谢。

由于个人阅历、能力、时间精力所限，本书不可避免地存在疏漏和不足，还望读者朋友们雅正。更希冀通过此书唤起志同道合的朋友，在批评交流中，推动该领域研究继续向深、向实、向战，凝聚众力，一起为事业进步贡献"书生意气"的绵薄之力。

目 录
Contents

绪 论 ·· 1
  一、研究背景 ·· 2
  二、基本概念 ·· 4
    （一）美军"联合"概念的演变及相近概念辨析 ························ 4
    （二）当前的美军"联合作战"概念 ·· 6
    （三）作战实践及其视角 ·· 8
  三、研究意义 ·· 9
    （一）为深化联合作战理论研究提供借鉴 ······························· 9
    （二）为发展提升联合作战能力提供启示 ······························· 9
    （三）为做好现实军事斗争提供历史洞察 ······························· 10
  四、研究现状 ·· 10
    （一）国外研究 ·· 11
    （二）国内研究 ·· 18
  五、研究思路、重点和方法 ··· 22
    （一）研究思路 ·· 22
    （二）研究重点 ·· 24
    （三）研究方法 ·· 24
  六、研究难点和创新点 ··· 26
    （一）研究难点 ·· 26
    （二）主要创新点 ··· 27

第一章　联合作战溯源与美军早期联合作战实践（1945年前）…………29

第一节　西方早期联合作战的历史溯源……………………………30
一、古代联合作战滥觞于海洋文明的水陆交际地带……………30
二、近代欧洲列强远征作战推动联合作战快速发展……………31

第二节　第二次世界大战前美军联合作战的实践和发展…………33
一、美军联合作战在近代战争中曲折发展………………………33
（一）美军联合作战始于独立战争……………………………33
（二）19世纪中期出现了联合作战小高峰……………………35
（三）美西战争暴露联合倒退引发美军改革…………………37
二、工业革命推动第一次世界大战期间美军联合作战水平的提升……39
（一）20世纪初美军以改革军种推动联合…………………39
（二）航空力量推动联合作战走向三维空间…………………40
三、两次世界大战期间美军加强联合作战探索…………………42
（一）机构性调整和纲领文件的颁布收效有限………………42
（二）两栖登陆成为联合作战发展的重要牵引………………44
（三）航空力量谋求独立地位减缓了联合发展………………47

第三节　第二次世界大战期间的美军联合作战实践………………49
一、第二次世界大战推动了美军联合指挥体制的建立…………49
（一）以组建参联会推动联合指挥体制的建立………………49
（二）以战区司令部指挥两大战场的联合作战………………51
二、北非欧洲战场的联合作战基本贯彻了统一指挥……………53
（一）北非登陆行动成为美军首次三军联合实战……………53
（二）北非战役重塑了空地联合作战的基本模式……………55
（三）意大利战役见证了盟军联合联军作战的成熟…………57
（四）诺曼底登陆是美军二战中最复杂的联合作战…………59
（五）西欧战役中联合作战的组织形式进一步灵活…………61
三、太平洋战场的联合作战由两大战区各自实施………………63
（一）太平洋战场未能实现各军种部队的统一指挥…………63
（二）海空联合作战在太平洋战场上有了极大发展…………65
（三）所罗门战役中首次出现了多军种联合航空队…………66
（四）岛屿作战推动联合作战不断提升战术精密度…………66

　　　　（五）陆海军指挥的不统一制约了战役级联合作战 ………… 68
　第四节　对美军早期联合作战发展历史的评价 ………………………… 69
　　　一、重要性不断提升但始终未正式建立联合体制 ……………… 69
　　　二、联合作战发展中的促进与制约因素十分明显 ……………… 71
　　　三、两栖作战和空地联合作战奠定联合基本模式 ……………… 72
　　　四、由下而上推动联合作战发展呈现出特殊脉络 ……………… 74
　　　五、为研究现代联合作战提供了重要的理论启示 ……………… 75

第二章　军种激烈冲突时期的联合作战（1945—1953年） ………… 77
　第一节　军种激烈冲突时期影响联合作战发展的主要因素 ………… 78
　　　一、战后军种矛盾的激化剥离了发展联合的土壤 ……………… 78
　　　二、新国防领导体制的建设未能够缓解军种矛盾 ……………… 80
　　　三、地位刚确立的参联会无暇顾及发展联合作战 ……………… 82
　　　四、联合司令部体系的建立为战区联合提供框架 ……………… 84
　第二节　朝鲜战争中的美军联合作战实践 ……………………………… 86
　　　一、战争爆发时远东司令部严重缺乏联合作战准备 …………… 86
　　　　（一）面对战争爆发美国严重误判且缺乏准备 ………………… 86
　　　　（二）远东司令部在联合方面的建设十分有限 ………………… 87
　　　二、远东司令部确立战时战区联合作战指挥架构 ……………… 90
　　　三、朝鲜战争中美军典型联合作战样式 ………………………… 91
　　　　（一）两栖登陆作战展现了较高的联合水准 ………………… 91
　　　　（二）空中作战通过协调控制达成了有限联合 ………………… 97
　　　　（三）空地联合作战延续二战经验且有新发展 ………………… 103
　第三节　对军种激烈冲突时期美军联合作战发展的评价 …………… 113
　　　一、军种冲突和体制不完备直接制约了战场上的联合 ………… 113
　　　二、二战时期联合经验得以延续同时出现一些新发展 ………… 114
　　　三、"为军种争利"客观上推动了联合但存有重大缺陷 ………… 116
　　　四、首版《武装部队的联合行动》为联合提供基本指导 ……… 117

第三章　军种有限合作时期的联合作战（1953—1975年） ………… 121
　第一节　军种有限合作时期影响联合作战发展的主要因素 ………… 122

	一、朝鲜战争后美国防体制依旧难以促进联合	122
	二、在全面向核的军种建设中联合再次被忽视	124
	三、1958年改革理顺上层领导机制推动局部联合	128
	四、联合作战体制表面加强但仍深受军种影响	131
第二节	1958年改革后初期美军应急行动中的联合作战	134
	一、干预黎巴嫩近乎是越南战争中联合作战的预演	134
	二、古巴导弹危机暴露了联合作战能力的倒退	137
	（一）针对古巴的联合作战计划受制因素多、耗时长	137
	（二）危机期间美军变更联合部队结构存有重大隐患	139
	（三）如果危机升级美军联合作战实施可能陷入混乱	142
第三节	越南战争中的美军联合作战实践	144
	一、越南战争是美军联合作战发展历史中的重要转折	144
	二、逐步构建起来的联合指挥架构带有必然缺陷	145
	三、越南战争中的美军典型联合作战样式	150
	（一）各军种空中力量的作战联合程度陷入了低谷	150
	（二）空地联合作战取得了战技术上的进一步跃升	157
	（三）美军开辟联合特种作战新领域并开展了大量实践	164
第四节	对军种有限合作时期美军联合作战发展的评价	172
	一、美军在越南战争期间只践行了最低程度的有限合作	172
	二、指挥体制改革不彻底不系统制约联合作战发展	173
	三、底层战术级联合作战不断吸收新技术持续发展	175

第四章 军种能力互补时期的联合作战（1975—1991年） …… 177

第一节	军种能力互补时期影响联合作战发展的主要因素	178
	一、连续的军事失误全面引发美国社会对联合的大讨论	178
	（一）"鹰爪"行动	178
	（二）贝鲁特海军陆战队遇袭事件	179
	（三）"紧急暴怒"行动	180
	二、1986年《国防部改组法》为联合发展扫除体制障碍	182
	三、在法案指导下美军联合作战指挥体制得以全面重塑	184
	（一）参联会主席	184

　　　　（二）参联会副主席 ·· 185
　　　　（三）联合参谋部 ·· 185
　　　　（四）作战司令部 ·· 187
　　四、战役法和空地一体战为联合作战发展提供了理论框架 ············· 188
　　五、武器装备更新换代为联合作战发展提供了新物质基础 ············· 192

第二节　20世纪80年代中后期的美军联合军事行动 ························· 194
　　一、空袭利比亚行动展现了海空军联合空战的进步 ···················· 194
　　　　（一）联合作战计划工作快速启动且过程中未见军种壁垒 ········· 194
　　　　（二）最终行动方案要求海空军作战高度协同、紧密配合 ········· 196
　　　　（三）联合行动的顺利实施得益于越南战争后美军的多方改进 ····· 197
　　二、波斯湾护航行动检验了改革后联合指挥体制的运行 ················ 199
　　三、入侵巴拿马行动全面检验了越南战争后的联合作战发展 ·········· 201
　　　　（一）战前计划过程充分检验了参联会和战区的关系及运行 ······· 201
　　　　（二）各部队同步行动、密切配合充分展现了作战的联合性 ······· 204
　　　　（三）"正义事业"行动在一定程度上成为海湾战争的预演 ········· 206

第三节　海湾战争中的美军联合作战实践 ·································· 207
　　一、中央司令部联合作战计划工作有序推进 ··························· 207
　　　　（一）中央司令部建立晚但战区作战计划工作预有准备 ··········· 207
　　　　（二）增兵期间作战计划由空战主导转向全面联合作战 ··········· 210
　　二、中央战区联合联军作战指挥关系明确且顺畅 ······················ 212
　　　　（一）美军构建了二战后最清晰明确的战区作战指挥关系 ········· 212
　　　　（二）多国部队联军作战主要依托美军联合作战指挥架构 ········· 216
　　三、海湾战争中的美军典型联合作战行动 ····························· 216
　　　　（一）联合空中作战在海湾战争中发展趋于成熟 ·················· 216
　　　　（二）空地联合作战由战术联合向战役联合延伸 ·················· 230

第四节　对军种能力互补时期美军联合作战发展的评价 ···················· 240
　　一、美军通过联合实现了军种力量的组合运用与能力互补 ············· 240
　　二、重塑联合作战指挥体制是该时期联合作战发展的关键 ············· 242
　　三、美军联合作战发展契合了战争形态转变的关键时间点 ············· 243
　　四、支援保障体系在联合作战的计划和实施中重要性提升 ············· 245

第五章　全面推进联合时期的联合作战（1991年以来） ······ 247

第一节　全面推进联合时期影响联合作战的主要因素 ······ 248
一、推进联合成为美应对军力削减和战略扩张的战略途径 ······ 248
二、美军联合作战理论体系迅速建立起来并快速发展成熟 ······ 250
三、军事转型和网络中心战推动联合作战迈向一体化发展 ······ 254
四、调整作战司令部体系，成立专职的联合作战开发机构 ······ 258
五、一系列海外干预行动为联合作战发展提供了实践检验 ······ 261
（一）执行索马里维和的"恢复希望"行动 ······ 262
（二）颠覆海地军政府的"恢复民主"行动 ······ 263
（三）干涉波黑战争的"精选力量"行动 ······ 265
（四）空袭伊拉克的"沙漠之狐"行动 ······ 266

第二节　科索沃战争中的美军联合作战实践 ······ 268
一、干预行动以空战为主，两条指挥链并行发挥作用 ······ 268
二、美军各军种以不同形式首次共同参与了联合空战 ······ 269
（一）美国空军运行一体化空战中心并承担主体空袭任务 ······ 269
（二）海军和陆战队参战兵力少但在体系支撑上功能显著 ······ 271
（三）陆军通过将反炮兵雷达融入空战指挥发挥特殊作用 ······ 273
（四）缺乏地面视角、联军数据互通性差限制了空战效果 ······ 275

第三节　阿富汗战争中的美军联合作战实践 ······ 277
一、联合作战计划和部队编成均突出空袭和特种作战 ······ 277
二、阿富汗战争期间美军联合作战实践新发展的体现 ······ 279
（一）海军和空军首次实现了一体化联合空中作战 ······ 279
（二）特种部队、空中打击和反政府武装密切结合 ······ 282
（三）"蟒蛇"行动展示了空地联合战斗的新发展 ······ 284
（四）后续反叛乱作战继续推动联合作战实践发展 ······ 286

第四节　伊拉克战争中的美军联合作战实践 ······ 289
一、联合作战计划充分体现了多域"并行作战"色彩 ······ 289
二、联合作战指挥体系基本上依托战区现行组织建立 ······ 290
三、伊拉克战争期间美军联合作战实践新发展的体现 ······ 291
（一）联合空中作战实现全面联合催生一体化新能力 ······ 291
（二）联合地面作战实现了各军种及特战的高度整合 ······ 297

（三）一体化空地联合作战崭露头角并引发陆战变革 …… 302
第五节 对全面推进联合时期美军联合作战发展的评价 …… 311
一、联合作战正式发展成为美国的标准"战争方式" …… 311
二、实践指向高度鲜明并在实战中不断解决新难题 …… 312
三、伊拉克战争是迄今为止美军联合作战实践的巅峰之作 …… 314
四、利比亚战争和叙利亚战争中未有大的发展突破 …… 316

第六章 对美军联合作战发展的总体分析 …… 319
第一节 美军联合作战发展的总体影响因素 …… 320
一、长期性影响因素 …… 320
（一）美国反集权的政治传统 …… 320
（二）根深蒂固的军种主义 …… 321
（三）来自战争形态演变的推动 …… 322
二、中期性影响因素 …… 323
（一）联合作战指挥体制改革 …… 323
（二）有针对性的作战理论创新 …… 324
（三）军种建设及发展规划 …… 325
三、短期性影响因素 …… 326
（一）特定环境中的关键人 …… 326
（二）战场上现实作战需求 …… 327
（三）部队之间的相互通联 …… 327
第二节 美军联合作战发展的主要特点 …… 328
一、美军联合作战发展中始终夹杂着大量政治性因素 …… 328
二、联合作战发展建立在绝对制空权、制海权基础上 …… 329
三、海军陆战队时常扮演联合纽带和示范的特殊角色 …… 331
四、战术联合从未中断且始终由下而上推动联合发展 …… 332
五、作战实践丰富不断为联合作战发展提供实战检验 …… 333
第三节 美军联合作战发展的局限性 …… 334
一、长期强欺弱，缺乏对抗环境下的实战经验 …… 334
二、利益难均衡，军种周期性相互冲突依然存在 …… 335
三、体系容错低，联合支援和保障体系过于庞大 …… 336

第七章　美军联合作战发展的启示 337
　　一、全面提升认识，从战略上重视联合作战发展 338
　　二、加强联合统筹，着力加快提升军种作战能力 339
　　三、注重积极稳妥，科学推进联合作战发展举措 340
　　四、打破内部藩篱，持续优化联合作战指挥体制 341
　　五、优化研究模式，为解决现实问题提供新支撑 343
　　六、着眼迫切需求，把握重点领域牵引体系构建 345
　　七、打造人才方阵，加强岗位轮换和专业化培塑 346
　　八、对联合作战的"冷思考" 348

参考文献 351

后　记 373

绪论 Introduction

史例可以说明一切问题,在经验科学中,它们最有说服力。尤其是在军事艺术中更是这样。

——克劳塞维茨❶

一切战争艺术的理论,其唯一合理的基础就是战史的研究。

——约米尼❷

---

❶ 克劳塞维茨. 战争论(第一卷)[M]. 中国人民解放军军事科学院,译. 北京:商务印书馆,1982:167.

❷ 安东·亨利·约米尼. 战争艺术[M]. 钮先钟,译. 北京:战士出版社,1981:4.

一、研究背景

现代战争是体系和体系的对抗，一体化联合作战成为基本作战形式。美军联合作战在海湾战争后开始为各国所重视，加之海湾战争本身还带有高技术、信息化等诸多新元素，聚集效应使联合作战的地位被推上了一个新高度。20世纪90年代后期至今，美国又先后发动了四次局部战争和若干次大规模军事行动，均是典型的联合作战。美军联合作战是各国研究联合作战的重要参考对象，长期以来，对美军的指挥体制、理论与条令、教育与训练、人事、装备和系统、战例等，均有广泛且深入的研究，出现了一大批优秀成果。然而，关于美军联合作战基础性、原理性、规律性问题的研究则相对不足。任何一个国家的军事行为都带有其独特的历史和文化属性，美军为何开始重视联合作战、具体分哪几个阶段、不同阶段如何克服了哪些问题、如何发展和运用联合作战，尤其是美军在联合作战发展中哪些经验和教训是"美国特有的"、需要加以规避的，哪些又是带有普遍规律性的、可加以借鉴的，对于这一系列问题，长期以来整体上呈条块化的研究，可能不同程度上有所涉及，但难以做出系统、深入的解答。针对美军联合作战，需要一部综合式、全景式、专题式的历史研究专著，全面贯穿和梳理其历史发展，知史以明鉴。

2020年11月《中国人民解放军联合作战纲要（试行）》开始施行。[1] 下一步，围绕联合作战能力的生成，必然催生广泛的研究需求，美军联合作战仍然是重要研究对象。以往对美军联合作战的研究，虽有诸多重要的成果，但还存在较为明显的"五重五轻"问题：重指挥体制改革，轻实际运行评估；重条令文本，轻作战实践；重能力现状，轻发展过程；重个别领域，轻整个体系；重借鉴启示，轻辩证批判。如此归纳不是对前人研究有任何批评，专精于某一点的研究往往更有助于解决实际问题，但是"五重五轻"一定程度上忽视了军事研究中的对抗性、实践性和体系性的属性。

---

[1] 中华人民共和国国防部. 《中国人民解放军联合作战纲要（试行）》推动解放和发展我军联合作战能力［EB/OL］.（2020-11-26）［2021-02-27］. http://www.mod.gov.cn/info/2020-11/26/content_4874679.htm.

在联合作战发展的新阶段,需要对联合作战各要素进行全方位的综合考察。

当下来看,一些片面观点的产生,不利于联合作战理论的创新,不利于联合作战体系的优化和能力生成,不利于军事斗争准备和备战打仗。例如:有观点认为联合指挥体制建立后,联合作战能力便水到渠成;也有观点认为联合作战只需要打通技术纽带即可;还有观点提出了"诸兵种联合作战论",混淆"合同"与"联合";更为严重的是,片面夸大美军联合作战能力,视角局限于美军构想、概念等文本,认为文本就是美军的能力"写照",等等。任何事物都是一个发展过程,任何能力都不可能一蹴而就,在当下联合作战发展的关键阶段,辩证考察美军联合作战的发展,具有极强的现实意义。美军联合作战发展的相关要素包罗万象,单独一个点,如联合作战条令体系、联合情报、联合后勤等的发展,都大有文章可做,但这就仍不能跳出"五重五轻"的研究范式。

实践是检验真理的唯一标准,战争是检验一切军事能力建设和发展的终极标准。以美军的作战实践历史为研究切入点,还原其不同时间段内联合作战的具体战场表现,剖析联合作战关键要素的运行和互动,进而分析其影响因素和特点等,是军事历史学科能够提供的一条认知路径。

美军联合作战是一个带有开放性特征的研究主题,研究其历史自然也存在着诸多迥然不同的视角和立意,所谓仁者见仁,智者见智。本书认为涉及广阔历史维度的联合作战研究仍是十分必要的,尽管这不可避免地会存在各种疏漏。这里借鉴罗素的一段话做简要说明:

> 向研究美军联合作战不同领域的专家们,应当说几句辩解的话。……如果要做一项涉及广泛的研究,我所论及的每一个有关联合作战的问题,都有人比我知道得更多,这种情况是难以避免的:既然我们并不是不死的神仙,但凡做这样研究的人,其对于美军联合作战任何一个领域所花费的时间,势必比一个集中精力于一个问题或领域的人所能花费的时间要少。有些对学术要求严格而毫不宽待的人会断言:涉及广泛历史维度的联合作战研究根本就不应当存在,或者,如果写的话,也应当由许多的专题论文所构成。但是许多作者的合作是有其缺点的。如果在历史的运动中有任何统一性,如果在前后所发生的事件之间有任何密切联系,那么为了把它表述出来,对前后不同时代的美军联合

作战，就应在一个人的思想中加以综合。……美军联合作战既是果，也是因，既是不同阶段的各项因素综合影响的结果，也可能是塑造下一阶段联合作战发展的原因。❶

二、基本概念

（一）美军"联合"概念的演变及相近概念辨析

联合（joint）英语词义为"涉及两个或更多人的、共同的"，其作为形容词来源于动词 join，即"将两个或更多的事物组合或连接在一起"❷。应用到军事领域，美军对"联合"的认识和界定经历了漫长且曲折的过程。系统梳理美国军事史会发现，在 20 世纪以前，美国人对"联合"并没有明确的认识，而我们今天大量看到的有关美国独立战争、内战中联合作战的文献，主要是今人带着当代联合作战视角，对过往历史的重新挖掘和再分析，并常伴有"托古鉴今"的研究意图。

历史上美军首次认识到"联合"的重要性并将其提升到实践和术语层面的，应是 1903 年陆海军联合委员会（Joint Army and Navy Board）的建立，美军在此期间的"联合"主要指两军种的合作。❸ 1927 年美军第一版《陆军和海军的联合行动》（*Joint Action of the Army and Navy*，JAAN），提出了"联合行动"概念，这一词显然要比联合作战宽泛，主要含义为"两个军种

---

❶ 罗素. 西方哲学史［M］. 何兆武，李约瑟，译. 北京：商务印书馆，2015：4. 罗素原话：向研究不同学派和个别哲学家们的专家们，应当说几句辩解的话。……如果要写一部涉及广泛的著作，我所论述的每一个哲学家，都有人比我知道得更多，这种情况是难以避免的：既然我们并不是不死的神仙，但凡写这样书的人，其对于书中任何一部分所花费的时间，势必比一个集中精力于一个作者或一个时代的人所能花费的时间要少。有些对学术要求严格而毫不宽待的人会断言：涉及广泛范围的书根本就不应当写，或者，如果写的话，也应当由许多的专题论文所构成。但是许多作者的合作是有其缺点的。如果在历史的运动中有任何统一性，如果在前后所发生的事件之间有任何密切联系，那么为了把它表述出来，对前后不同时代所发生的事情就应在一个人的思想中加以综合。……哲学家既是果，也是因，既是他们时代的社会环境和政治制度的结果，也可能是塑造后来时代的政治制度信仰的原因。

❷ HORNBY A S. 牛津高阶英汉双解词典［M］. 北京：商务印书馆，2004：948-949.

❸ GOVAN T P, CLINE R S. Washington Command Post: The Operation Division［M］. Washington D. C.: Center of Military History, 1990: 4.

的协调一致和相互支援"❶。第二次世界大战期间美国组建了参谋长联席会议（Joint Chiefs of Staff）（以下简称"参联会"），进行了大量的联合作战实践，"联合"二字越来越多地出现于美国的各类文献和机构命名中。

在第二次世界大战后的国防体制改革中，美国强调"统一指挥"（Unity of Command），即在防务体制和军事行动中指挥权的统一。20 世纪 50 年代开始，参联会开始制定《武装部队的联合行动》❷《美国武装部队的统一行动》❸ 等系列出版物，确立了"统一行动"（unified action）高于"联合行动"（joint action），"统一"包括整个国防部系统及防务相关的其他部门，"联合"则主要指军种间的合作。

20 世纪 80 年代美军全面重塑联合，将"联合战法"（joint warfare）引入术语体系。warfare 词源为 war，很多翻译将两者都译为"战争"，这是很大的理解误区，war 强调的是一种对抗或交战的状态（situation），warfare 强调的则是进行战争、作战的活动或行为（activity）。❹❺ 所以，Warfare 应为"战法""战争方式"等含义，"城市作战""持久战""歼灭战""运动战""游击战"等中的"战"，也用的 Warfare 一词。美军在联合出版物里对 Warfare 进行了专门界定，即战法，或战争方法论，是在武装冲突中对抗敌人的机制、方法或形式，即如何实施战争，战法不断变化，并在社会、外交、政治和技术因素的驱动下不断转型。❻ 所谓"联合战法"，侧重于以联合指导部队建设和作战运用。

这一时期，美军重拾战役法，"作战"（operation）被添加了"战役"

---

❶ JOINT ARMY AND NAVY BOARD. Joint Action of the Army the Navy［Z］. Washington D. C.：GPO，1927：Forward.

❷ DEPARTMENT OF THE ARMY, THE NAVY, THE AIR FORCE. FM100-5/JAAF/AFM1-1, Joint Action Armed Forces［Z］. Washington D. C.：United States Government Printing Office，1951.

❸ JOINT CHIEFS OF STAFF. Unified Action Armed Forces［Z］. Washington D. C.：United States Government Printing Office，1959.

❹ 柯林斯 COBUILD 高阶英汉双解学习词典［M］. 柯克尔，译. 北京：外语教学与研究出版社，2011：2994-2995.

❺ 牛津高阶英汉双解词典［M］. 北京：商务印书馆，2004：1984-1985.

❻ JOINT CHIEFS OF STAFF. Joint Publication 1：Doctrine for the Armed Forces of the United States［Z］. Washington D. C.：GPO，2017：I-4.

的含义，因此 joint operation 也被添加了联合战役的含义。与此同时，还大量出现了一系列含义比较接近的概念，但都有不同的应用语境，如联合战斗（joint combat），侧重于战术、交战、操作层面的联合；联合作战（joint warfighting），同样也为战斗、作战，但语义上侧重于联合的某种能力，经常与联合作战能力（joint warfighting capability）一同出现。

20 世纪 90 年代以后，随着美军联合条令体系的逐步成熟，术语体系随之完善，上述多概念混用的情况逐渐消退。2000 年以后多数含义相近的概念均融入了联合作战（joint operation）。一同延续下来并进入条令的还有统一行动和联军作战。统一行动（unified action）是指：将联合部队、军种部队、多国行动与美国政府其他部门机构、非政府组织、政府间国际组织（如联合国）和私营部门的行动，进行同步、协调和/或整合，以实现行动的统一。❶ 统一行动类似于我军语境下的"大联合"。联军作战（combined operation）则是指两个或两个以上国家共同进行的作战，是"多国作战"（multinational operations）的近义词。combined 在与 arms 合用时，也有军种内部"合成、合同"的含义，需加以区分，如合成营（combined arms battalion）、合同战斗（combined arms combat）等。

（二）当前的美军"联合作战"概念

关于联合（joint），美军《国防部军事及相关术语词典》的定义为：联合是指由两个或两个以上军种参与的活动、行动和组织等。❷《简明美国军事百科全书》对其定义为：是指涉及同一个国家的两个以上军种单位的军事计划、机构或活动。❸ 可见，"联合"的概念要点是明确的，即"多军种"。

根据美军联合条令的定义，联合作战（joint operation）指：①联合部队和相互间具有特定指挥关系的军种部队所进行的军事行动的总称；❹ ②联合

---

❶ JOINT CHIEFS OF STAFF. Joint Publication 1：Doctrine for the Armed Forces of the United States [Z]. Washington D. C.：GPO, 2017：II-8.

❷ JOINT CHIEFS OF STAFF. Joint Publication 1-02：DoD Dictionary of Military and Associated Terms [Z]. Washington D. C.：GPO, 2020：113.

❸ 阿金. 简明美国军事百科全书 [M]. 方未之, 译. 北京：军事谊文出版社, 1991：416.

❹ 同❶：I-16.

作战,是指由两个或更多军种要素构成的部队实施的行动和活动。❶

上述概念中提到的联合部队(joint force)指:由来自两个或两个以上军种的要素所组成的部队,且由1名唯一的联合部队指挥官指挥。❷ 联合部队的形式主要为作战司令部(战区司令部和职能司令部)、下属联合司令部及联合特遣部队。

军事行动(military operation)则包括了大规模作战和战役,危机反应和有限应急行动,军事干预、安全合作和威慑三大类,这三者的冲突烈度由高到低。尽管单一军种部队也可以受领并完成任务,但美国国防部仍主要以联合作战的形式来完成各种行动,尤其是作战。❸ 此外,美军在很多文件里将联合作战描述为"团队作战""协调一致的作战""整体作战"等,主要是为了配合说明、辅助理解,与概念本身并无冲突。

综上,可认为:美军联合作战是指由美军两个或两个以上军种部队在单一指挥官领导下共同实施的军事行动,行动部队以联合部队的形式运行,可用以执行战略、战役或战术层面的各类行动。

总体来看,美军对联合作战的概念界定实际上是比较宽松的。中国人民解放军国防大学学者马平、杨功坤在辨析中外联合作战概念中也提到:美军认为,只要是两个以上军种共同实施的作战,均应划入联合作战范畴。❹

我国一般将联合作战定义为:两个以上的军兵种或两支以上军队的作战力量,在联合指挥机构的统一指挥下共同实施的作战。相比美军概念,共性是都强调跨军种和统一指挥;区别有三点:一是突出了联合指挥机构,这与美军强调指挥官个体和联合部队编组形式形成了对比;二是提到了"两支以上军队",这涉及多国作战问题,而美军有专门区别于"联合"的"联军"概念;三是落脚点为"作战",而美军的落脚为比较宽泛的"行

---

❶ JOINT CHIEFS OF STAFF. Joint Publication 3-0:Joint Operations [Z]. Washington D. C.:GPO, 2018:I-14.

❷ JOINT CHIEFS OF STAFF. Joint Publication 1-02:DoD Dictionary of Military and Associated Terms [Z]. Washington D. C.:GPO, 2020:116.

❸ JOINT CHIEFS OF STAFF. Joint Publication 1:Doctrine for the Armed Forces of the United States [Z]. Washington D. C.:GPO, 2017:I-14

❹ 马平,杨功坤. 联合作战研究 [M]. 北京:国防大学出版社,2013:6.

动"，一些非交战性行动也包含在联合作战里。

（三）作战实践及其视角

本书中的作战实践是指：切实发生过的作战行动，该行动是历史上真实存在过的，而不是存在于试验或构想中。

从行动级别来看，美军作战实践既包括战争中的美军作战实践，也包括美军涉及重大武力使用的非战争作战实践。后者从规模等级上来看远不如战争，但在美军各类行动中数量多、占比大，贯穿于联合作战发展的各个时期，甚至还起到了关键性作用，对于其中的典型作战行动，必须加以考察。

美军传统上将各类行动划分为三类，即作战、作战支援、勤务支援。作战实践明显属于第一类，即实际的作战行动，通常由各军种的主战兵种来实施，核心内容是实际交战行动及相关指挥关系。

对应到联合作战实践，便是多军种在统一指挥下共同实施的作战行动，以及相关的作战指挥关系。联合作战行动是联合在战场上的最直接表现形式，而指挥关系则是战场上力量使用的基本依据和组织框架，与战场的具体交战密不可分。这些内容最能体现联合作战实践的复杂性，是本研究考察各个战例的主要框架。

支援性、保障性行动并非不重要，实际上在现代战争中这些行动的作用一直在攀升，如联合情报、联合后勤、联合电磁频谱管理等。但是基于以下原因，本书对这些行动不做过多论述：一是相比直接交战，这些行动的对抗性要相对弱一些，难以直观地呈现出联合作战的表现样式，也比较难体现出联合作战的发展性；二是这些因素通常不是军种的"核心利益领域"，一般有专门的参谋部门统筹，各军种的摩擦要少一些，难以反映联合作战的复杂性，对联合作战发展的影响也相对小一些；另外，出于篇幅限制考虑，过多论述支援和保障性行动显然不现实，但本书不是选择性地全部忽视这些行动，在特定的时间节点或阶段上，也会有所提及，客观还原其历史影响。

以作战实践为视角，是指以美军联合作战实践历史为研究切入点和考察重点，通过研究和梳理不同时间段内美军联合作战的具体战场表现，剖析美军联合作战关键要素的运行和互动，进而分析其发展特点等。区别于联合作战理论、联合条令、联合指挥体制等视角，作战实践的视角更注重实践性和存在性，格外关注在历史上确切发生过的联合作战行动，在重现战史本来面貌的基础上，研究事物的发展特点和规律，是一种综合性较强、涵盖面较广、实战指向性鲜明的研究视角。

在这一视角下，"通过战史的研究就仿佛身临其境，亲眼看到事件的进程"❶，对这些"事件进程"的复原，也将给予不同人以不同的启发，达到"读史可明鉴、知古可鉴今"的史学功能。

三、研究意义

（一）为深化联合作战理论研究提供借鉴

联合作战是当今世界军事发展的主趋势之一，存在一些共性的影响要素，如指挥体制、作战理论、组织机构、力量编成、武器装备、指挥系统、人才建设等，这些要素共同构成了体系。但纵观历史和各国实践，这些要素在不同的历史背景下会以不同的形式表现出来，发挥不同的甚至截然相反的作用，而对不同要素不同方式的统筹组合，也可能产生不同的作用。一国联合作战的发展，还与其政治军事传统、国家军事战略等紧密相关，联合作战的发展绝不能生搬硬套他国经验，需要带到历史中通观考察、批判借鉴。

作战实践视角下的美军联合作战发展演变，无疑是联合作战理论研究的极佳案例，既有特殊的种种历史因素在其中发挥作用，又在很大程度上代表着现代联合作战的发展方向与趋势。从历史的视角系统研究美军联合作战的发展演变，提升明辨的能力，更全面地认识当下的联合作战与美军，从而赋予联合作战理论研究纵向的深度与层次。

（二）为发展提升联合作战能力提供启示

现阶段，我国要"坚持体系建设、一体运用，调整力量结构布局，打造以精锐作战力量为主体的联合作战力量体系"❷。冷战结束以来的三十年里，美军一直在引领联合作战发展的主要潮流。美军在这三十年里不同时间段重点发展了什么、优先解决哪些问题、联合作战有哪些新飞跃、每场战争中有哪些新变化等，都可为联合作战发展提供诸多参考。

---

❶ 克劳塞维茨. 战争论（第三卷）[M]. 中国人民解放军军事科学院，译. 北京：商务印书馆，1982：994.

❷ 中华人民共和国国防部. 打造以精锐作战力量为主体的联合作战力量体系[EB/OL].（2016-12-06）[2019-08-01]. http://www.mod.gov.cn/jmsd/2016-12-06/content_4765760.htm.

再往前推，在整个冷战的四十多年历史中，美军的联合作战发展演变同样值得关注，这期间，美国进行了三次大的国防与指挥体制的调整改革，虽然始终"坚持改革的'联合'取向不动摇"，但在联合作战实践中并不总是尽如人意，利益博弈、观念冲突、关键性环节无法打通等问题，长时期制约着美军联合作战的发展，这一过程积累了各种经验，也有教训。辩证看待这一历史过程，可为当下的国防与军队改革提供诸多有益的启示。

通观第二次世界大战结束以来的 70 多年历史，美军联合作战发展演变也与美国国家军事战略演变、科学技术发展密切相关，但并不是一个单向的正相关关系，个别时期甚至存在相互制约的情况。某种程度上讲，作为一种军事能力的联合作战，也是国家的战略工具，将其置于什么样的地位、如何发展、如何运用等，是战略和作战研究无法回避的问题，也是国内外复杂形势下不得不思考的问题。以美军为案例研究上述问题和其中的规律，将提供有关联合作战多方面的启示。

（三）为做好现实军事斗争提供历史洞察

联合作战是当今美军的主要作战形式，是军事斗争准备中不可回避的现实课题。自海湾战争以来，我国已经在作战理论、高技术局部战争战例、指挥体制、战法、技术装备等诸多方面展开了长期的研究，但也出现了一个情况，即研究领域分化越来越强，系统综合性的研究近年来有式微之势。探究历史永远不失为了解事物的一条捷径。在智能化战争渐露端倪的背景下，美军掀起了新一轮联合作战发展热潮，新概念、新领域、新装备在各类官方文本中频繁出现、层出不穷，其中哪些在变，哪些看似变实则不变，哪些不变，哪些看似不变实则在变，都需要一一明辨。系统研究美军联合作战的发展演变，将为如何看待这些现象提供历史维度的洞察。

此外，在美军联合作战的发展演变过程中，从来也不乏失败的案例，且各式各类，而美军联合作战体系也存在着这样那样的局限性和弱点。深入分析其中的致败原因，再结合发展演变过程，考察其在今日的变化与表现形式，可以明察其体系，探寻其节点。

四、研究现状

时至今日，联合作战这种作战形式始终为各国所重视。国内外有关美军联合作战的研究可谓汗牛充栋，角度各异。不过总体上看，直扣"美军联合作战发展研究"这一主题的专题性研究很少,但由于历史研究往往是认识、研究一个事物绕不开的路径之一,加之美军联合作战的关联因素众多,因此又存在着数量极其可观的相关性研究。

(一) 国外研究

在梳理和查阅文献时发现,美军对联合作战的理论性表述集中出现于20世纪90年代,在这之前以联合作战视角开展的军事历史研究很少。其主要原因在于1986年《戈德华特—尼科尔斯国防部改组法》为美军重新确立了联合作战指挥体制,紧随其后的海湾战争成为美军联合作战的实验场,战绩卓然,由此美军才真正将联合作战置于军队发展的主方向之一,并掀起了联合作战的研究热潮。

作为一个长期性的研究热点,美军联合作战在英语世界有丰富的研究,涉及面广、角度各异、文献数量众多、重视战例研究。其中,不少文献在不同程度上提及了"美军联合作战发展",涉及历史阶段划分时主要有三种不同划法:一是以战争划段,如第二次世界大战、越南战争、海湾战争、伊拉克战争等;二是以美军作战指挥体制改革划段,如1947年、1958年、1986年三次改革;三是以战争形态的演变为划分依据,如火器时代、机械化时代、信息化时代等。但综合来看,这些划法都没有直接、紧扣联合作战的自身属性,因此也难以更为直观、深入地剖析其发展。明确对联合作战本身进行阶段划分的,是美军联合部队司令部司令詹巴斯蒂亚尼上将于2004年发表的一次讲话❶,其将联合作战划分为四个阶段,分别为"消除军种间冲突""缝合军种间缝隙""军种能力正在融合""内聚式联合作战",但只是一提而过,未对四个阶段的时间节点和具体含义作充分的诠释,留下了较大的理论探讨空白。我国刘继贤中将在一篇论文引用了上述四阶段划分法,并对其含义做了拓展延伸,广为国内学者引用。❷

国外美军联合作战研究,可大致分为条令出版物研究、联合作战体制研究、指挥机构研究、指挥与控制研究、军史及战例研究、技术与装备研

---

❶ GIAMBASTIANI E P. Remarks for Industry Symposium 2004[EB/OL]. [2019-10-10]. http://www.jfcom.mil/newslink/storyarchive/2004/sp031704.htm.

❷ 刘继贤. 联合作战基本问题研究的创新发展 [J]. 中国军事科学, 2009 (3): 1-17.

究、人物传记及回忆录、相关组织机构档案汇编等，系统梳理和归纳后，存在以下五类与本书主题比较相关的研究。

第一类是在研究联合作战发展史中涉及美军的研究。总的来看，这种专题性研究并不多，代表性文献如下：罗杰·博蒙特的《联合军事行动简史》❶ 划分了"从古典到现代""第一次世界大战""两次世界大战期间""第二次世界大战""战后至1991年"五个阶段，考察了历史上的联合作战案例及近代以来有关联合的军队调整改革，总结了联合作战的主要要素，并认为联合作战本身存在悖论，即如何把握"摩擦"问题。1997年参联会发布的《联合军事行动历史汇编》❷，选取了维克斯堡战役、"铬铁"行动、"紧急暴怒"行动、"沙漠风暴"行动等七个战例，具体编写中先回溯历史，再进行理论总结，旨在通过案例研究的形式说明联合作战的基本原则，重点关注历史上相关战例中的部队的联合计划、部署和运用。米兰·维戈的《联合战役作战：理论与实践》❸ 综合了历史上的大量案例，其中不乏美军联合作战案例，探讨了联合战役基础理论、作战部队运用方式、作战部队运用关键要素、战役职能、教育训练及战争构想与战役法等，堪称一部战役级联合作战的"百科全书"。研究美军联合作战发展的期刊论文、报告数量相对较多，主要集中于《军事评论》（*Military Review*）、《联合部队季刊》（*Joint Force Quarterly*），如威廉森·墨里的《联合作战的沿革》❹ 以较宽阔的历史视野，介绍了西方联合作战发展演变的整体历史进程，总结了第二次世界大战以来的经验教训，分析了美军存在的不足和问题，提出美军要重视以思想和教育来加强联合。梅尔·德艾勒的《联合作战的演变》❺ 从格兰特时期开始追溯了联合作战的发展，认为今天的联合作战越来越依赖网

---

❶ BEAUMONT R A. Joint Military Operations: A Short History [M]. London: Greenwood Press, 1993.

❷ JCS. Joint Military Operations Historical Collection [Z]. Washington D. C.: Joint History Office, 1997.

❸ VEGO M N. Joint Operational Warfare Theory and Practice V. 2, Historical Companion [M]. Rhode Island: Naval War College Press, 2009.

❹ MURRAY W. The Evolution of Joint Warfare [J]. Joint Force Quarterly, Summer 2002: 30-37.

❺ DEAILE M. The Evolution of Joint Operations [R]. Military Studies Program at American Military University, 2013.

络,但是战争正在变得越来越难以预测,解决方式之一就是要进一步研究战争的本质。

第二类是关注美军联合作战指挥体制改革问题,其中涉及联合作战发展的研究。美国在这方面的研究十分丰富,其中一部分代表性作品已经被翻译引进中国。戴维·贾布隆斯基的《陆战、海战和空战——艾森豪威尔与统一指挥的概念》❶ 以艾森豪威尔的个人经历为线索,梳理了1903年至1958年期间,美国统一指挥概念及相关体制在战时与平时的形成与发展。詹姆斯·R. 洛克三世的《波托马克河畔的胜利——〈戈德华特-尼科尔斯国际部改组法〉统一五角大楼》❷,以生动的文字、详尽的描述、亲历者的激情,展示了1986年该法诞生前后的全景画卷,涉及大量人物和机构的公开博弈、微妙互动、妥协让步等,书中的事件和观点对于理解美军联合作战发展演变极具启发性。詹姆斯·邓尼根的《从越战结束到21世纪初的美国军事改革》❸ 回顾了越南战争结束以来美军在兵役制度、训练、领导、军费使用、作战理论、武器装备等方面的一系列改革措施,而这些措施恰恰也是美军联合作战得以发展的重要因素。温斯洛·T. 惠勒和劳伦斯·J. 科布的《美国军事改革反思》❹,通过对美国近几十年来若干次军事改革的缘起、过程和结果的分析,揭示了美国政治和军事文化背景下改革的复杂性和艰巨性,认为改革的核心内容是战略管理。相比很多专著习惯将海湾战争和伊拉克战争捧为"联合的胜利",该书作者认为两场战争能胜利的更重要原因在于对手是"被拴住的羊"和"军事蠢材",提供了一种批判看待联合作战的视角。肯尼迪·阿拉德的《指挥、控制与共同防务》❺ 从指挥控制的角度探讨了美军联合作战,探寻了军种自治的源头、陆海军各自作战的

---

❶ JABLONSKY D. War by Land, Sea, and Air: Dwight Eisenhower and the Concept of Unified Command [M]. New Haven, CT: Yale University Press, 2010.

❷ LOCHER III J R. Victory on the Potomac: The *Goldwater-Nichols Act* Unifies the Pentagon [M]. College Station, TX: Texas A & M University Press, 2004.

❸ DUNNIGAN J. Getting It Right, Second Edition: American Military Reforms After Vietnam and Into the 21st Century [M]. Bloomington, IL: iUniverse, Inc. , 2001.

❹ WHEELER W T, KORB L J. Military Reform: A Reference Handbook [M]. San-Mateo, CA: Praeger, 2007.

❺ ALLARD K. Command, Control, and the Common Defense, Revised Edition [M]. Washington D. C. : National Defense University, 1996.

范式及对统一指挥的探求，分析了传统、历史和组织将如何影响信息时代的指挥与控制。阿拉德还分析了哪些因素带来了各自不同的军种特征，以及这些特征如何影响着军种间关系和联合作战。

第三类是军兵种历史研究中涉及联合作战的研究。相比于联合作战，美国军种史的研究要丰富、充分得多，而且有更多的细节，很多具体联合作战行动反而在军种历史研究中记录得更为详细。综合几个军种的视角可以对联合有更全面的认识。兰德公司詹姆斯·温拿菲尔德和达娜·约翰逊的《联合空中作战：寻求联合控制与指挥，1942—1991》❶ 从统一指挥、联合计划、联合作战、训练与硬件等指标，综合考察了中途岛战役、所罗门战役、朝鲜战争、越南战争、"黄金峡谷"行动及"沙漠风暴"行动中的联合空中作战，为本书研究联合空战提供了十分有益的参考和启示。作为一名退役空军高级指挥官、若干次战争的参与者，威廉·莫姆耶尔在《三次战争的空中力量：二战、朝鲜和越战》❷ 中介绍了他所亲历的战略、指挥和控制、遮断和近距空中支援，其中涉及不少联合问题。拉塞尔·韦格利的《美国陆军史》❸ 的第四部分"1945年以后"记录了战后时期与冷战、朝鲜战争、20世纪60年代及越南战争四个时期内美国陆军的发展历程，其中不乏陆军如何应对战后带有联合性质的改革。内森·米勒的《美国海军史》❹ 与斯蒂芬·豪沃思的《驶向阳光灿烂的大海：美国海军史》❺ 和陆军史一样，从本军种的角度审视了战后美军若干次的改革和联合问题。沃尔特·J. 博伊恩的《跨越苍穹：美国空军史》❻ 记录了1947—1997年空军的发展，对于国防部的若干次改革，则丝毫不掩饰对当局的批评，带有较浓厚的军

---

❶ WINNEFELD J A，JOHNSON D J. Joint Air Operations：Pursuit of Unity in command and control，1942—1991［M］. Annapolis，MD：Naval Institute Press，1993.

❷ 威廉·莫姆耶尔. 三次战争的空中力量：二战、朝鲜和越战［M］. 陈以中，吕民序，译. 北京：世界知识出版社，2012.

❸ 拉塞尔·韦格利. 美国陆军史［M］. 丁志源，等译. 北京：解放军出版社，1989.

❹ 内森·米勒. 美国海军史［M］. 卢如春，译. 北京：海洋出版社，1985.

❺ 斯蒂芬·豪沃思. 驶向阳光灿烂的大海：美国海军史［M］. 王启明，译. 北京：世界知识出版社，1997.

❻ 沃尔特·J. 博伊恩. 跨越苍穹：美国空军史［M］. 郑道根，译. 北京：军事谊文出版社，1999.

种本位色彩，反过来不失为理解联合作战发展阻力的一面"镜子"。兵种历史研究中，也有不少联合作战的实例和论述，如詹姆斯·威廉姆斯的《美国陆军航空兵发展史——从最初起源到全球反恐战争》❶中不仅详细记录了朝鲜战争、越南战争中空军和陆航的战场协调问题，还对联合作战发展中的矛盾有所涉猎。

第四类是涉及美军联合作战的战史、战例、战后报告。美军重视战后总结，不管是局部战争，还是大大小小的各类军事行动，一般在战后都会涌现出一批来自学者、官方或智库的研究成果。例如，关于朝鲜战争，仅举几例，阿兰·R.米勒特的《极度深寒：朝鲜战争（1950—1951）》❷提及空地联合的问题，认为前期空军的近距离空中支援效果较好，但后期因为美国内军种的冲突影响蔓延到朝鲜战场上，干扰了空地联合。唐纳德·奇斯霍姆专门就朝鲜战争中的两栖登陆的联合指挥关系做了研究。❸托马斯·库鲁斯的专题论文《1951年1月25日至3月31日朝鲜战争中的联合作战》❹专门探讨了这两个月内陆军第8集团军和空军第5航空队之间的联合问题。越南战争长期是美军反思联合作战的"教训汲取地"，因此相关研究十分丰富，如布鲁斯·帕尔姆的《25年战争：美国在越南的军事角色》❺，认为越南战争中美军缺少明确、统一的目标，没有形成合适的战略，并涉及联合作战发展背后的军政关系。罗伯特·勒斯特主编的《对越军事援助司令部的档案记录》❻三卷本，分别是"1954—1973年的越南战争""1965—1973年联合情报中心的内部研究""1965—1973年和谈过程报告"，

---

❶ WILLIAMS J. A History of Army Aviation: From Its Beginnings to the War on Terror [M]. Bloomington, IL: iUniverse, Inc, 2005.

❷ 阿兰·R.米勒特. 极度深寒：朝鲜战争（1950—1951）[M]. 秦洪刚，译. 北京：作家出版社，2015.

❸ CHISHOLM D. Negotiated Joint Command Relationships: Korean War Amphibious Operations, 1950 [J]. Naval War College Review, Volume 53, Number 2 Spring, 2000.

❹ CREWS T M. Joint Operations in Korea: 25 January—31 March 1951 [D]. Carlisle Barracks, PA: U. S. Army War College, 1991.

❺ PALMER B. The 25-Year War: America's Military Role in Vietnam [M]. Lexington, KY: University Press of Kentucky, 2002.

❻ LESTER R E. Records of the Military Assistance Command Vietnam [R]. Carlisle Barracks, PA: Library of the U. S. Army Military History Institute, 1990.

大量的档案记录和细节非常有助于深入挖掘越南战争中美军的联合问题。艾迪·李的《探寻正确的指挥与控制：以越战为例》❶回顾了越南战争中的战略、战役、战区及具体交战地点中各个层级的指挥关系，尝试探索现代战争的联合指挥问题。美军同样重视对小规模军事行动的研究，参联会办公室下设的联合历史办公室专门负责进行联合经验总结，如罗纳尔多·科尔先后编写的《"正义事业"行动：在巴拿马的联合作战的计划与执行》❷和《"紧急暴怒"行动：在格林纳达的联合作战的计划与执行》❸。至于海湾战争等带有典型联合作战特征的局部战争，相关研究更是不胜枚举，涵盖战略、战役、战术各个层级，不再赘述。伊拉克战争后，美军对联合作战的研究出现了三种新方向，一种是更强调新技术的应用，如约翰·菲利斯的《美国的新型战争方式？对"伊拉克自由"行动中C4ISR运行的初步评估》❹，重点评估了战争中的信息技术装备，提出下一步的发展是基于网络中心战的联合战术行动；一种是突出具体的联合职能，如查理斯·柯克帕特里克的《如预期一样的联合火力："伊拉克自由"行动中的第5军和第4空中支援作战大队》❺等；还有一种是反叛乱中的联合作战，如理查德·库格勒等的《"蟒蛇"行动：联合作战的教训》❻，对行动中的联合计划、情报评估和作战计划、空地作战、任务指令和交战规则、应对突袭的训练等均作了探讨，提出美军的联合作战必须是各个层级同步发展。

---

❶ LEE E J. Getting the Command and Control Right：A Vietnam Case Study［D］. Fort Leavenworth，KS：Army Command General Staff College，2013.

❷ COLE R H. Operation Just Cause：The Planning and Execution of Joint Operations in Panama［R］. Washington D. C.：Joint History Office，1995.

❸ COLE R H. Operation Urgent Fury：The Planning and Execution of Joint Operations in Grenada［R］. Washington D. C.：Joint History Office，1997.

❹ FERRIS J. A New American Way of War？ C4ISR in Operation Iraqi Freedom，A Provisional Assessment［R］. The Center for Military and Strategic Studies，The University of Calgary，2003.

❺ KIRKPATRICK C E. Joint Fires as They Were Meant to Be：V Corps and the 4th Air Support Operations Group During Operation Iraqi Freedom［R］. The Institute of Land Warfare，Association of the United States Army，2004.

❻ KUGLER R L，Baranick M，Binnendijk H. Operation Anaconda：Lessons for Joint Operations［R］. Center for Technology and National Security Policy，National Defense University，2009.

第五类是美军相关机构或组织发展史中涉及联合作战发展的。国防部层面，部长办公室下设有专门的历史办公室，就美国国防部主要领导、重要官员、组织机构发展等进行权威的编纂，如《国防部长办公室的历史》系列❶。具体到组织层面，《国防部机构设立与组织的档案 1944—1978》❷ 和《国防部组织与使命的档案 1978—2003》❸ 上下两卷，以 1947 年、1949 年、1953 年、1958 年、1978 年、1986 年、2003 年为关键时间节点，系统整理了各个时期国防部大的组织设立或调整的相关档案。参联会在联合战略计划、军种协调、规划发展等众多方面作用重大，是美军联合作战体系中的关键环节之一，史蒂文·瑞尔登的《战争委员会：1942—1991 年间参谋长联席会议的历史》❹ 记录了这一时间段内美国重大军事问题和安全决策中参联会发挥的作用以及机构本身的成长。联合司令部长期以来被认为是美军联合作战的枢纽环节，爱德华·迪亚的《统一指挥计划：1946—2012》❺，记录了美军各个时期内对各个联合及特种司令部的任务、责任地域、结构等的调整，包括战争和重要军事行动中相关司令部的角色和作用。关于 Unified Command Plan，也有翻译为"联合司令部计划"，这在当下看是没有问题的，因为单一军种构成的特种司令部在海湾战争后基本裁撤完毕，之后战区和职能司令部都为联合性的司令部，但纵观整个历史，单一军种构成的特种司令部，如战略空军司令部、陆军部队司令部等一直是美军指挥体系的重要一环，并与太平洋司令部等联合司令部并列，同时出现于计划文本里，这时用"联合司令部计划"便不太适宜，应用"统一指挥计划"。

---

❶ GOLDBERG A. History of the Office of the Secretary of Defense [M]. Washington D. C.：Historical Office, Office of the Secretary of Defense, 1984.

❷ COLE A C. The Department of Defense：Documents on Establishment and Organization 1944—1978 [M]. Washington D. C.：Historical Office, Office of the Secretary of Defense, 1978.

❸ TRASK R R. The Department of Defense：Documents on Organization and Mission 1978—2003 [M]. Washington D. C.：Historical Office, Office of the Secretary of Defense, 2008.

❹ REARDEN S L. Council of War：A History of the Joint Chiefs of Staff 1942-1991 [M]. Washington D. C.：Joint History Office, 2012.

❺ DREA E J. United Command Plan：1946—2012 [M]. Washington D. C.：Joint History Office, 2013.

(二) 国内研究

1991年海湾战争"一声炮响"给中国的军事研究带来了联合作战、高技术战争、信息化战争、军事革命等众多新概念，加之苏联在这一年轰然崩塌，于是美军成了中国军队奋起直追和借鉴学习的新对象。国内对美军联合作战的研究热潮始于此时，时至今日不曾衰减。

与国外研究相类似，国内研究同样没有找到以"美军联合作战发展演变"为题的研究，美军联合作战实践研究则主要为翻译、汇编或学术论文，缺乏系统性的专题研究。目前来看，最相关的研究可能是军事科学院编写的《当代世界军事转型史》❶，该书在探讨美军转型时，各个阶段都有涉及美军联合作战及相关因素的发展，与本书的阶段划分有不少相通之处。董爱国、王家胜主编的《21世纪美军联合作战新论》❷ 在第一章第一节用了万余字探讨美军联合作战的发展历程，依托重大改革节点将发展历程大致分为四个阶段：一是独立战争至1947年为应对具体作战任务的临时联合阶段；二是1947年至1958年为常设联合指挥机构下三军以自我为中心的松散联合阶段；三是1986年至2003年为联合作战理论指导下通过法规进行强制联合阶段；四是2003年以来为通过转型追求内聚式联合的阶段。以下将按照时间阶段对国内研究做梳理。

第一，20世纪90年代的美军联合作战研究中，不少涉及历史问题。

出现这种现象，可能基于两点原因：一是面对新事物，总有人尝试以历史的方法认识它；二是这一时期也是美军大量使用战例研究方法研究联合作战的阶段。中国人民解放军国防大学于1994年举办的"美军作战理论研讨会"，涉及美军联合作战的方方面面，如历史简述、理论认识、兵力编成、主要样式、特点分析、后勤、情报等，次年以论文集《美军联合作战理论研究》❸ 的形式发行，其中有多篇论文与美军联合作战历史紧密相关，如刘红雷的《试论二战前美军对联合作战的认识》认为早期联合作战是陆战队引进的；潘湘庭的《从失败到胜利——越南战争以来美军作战理论的

---

❶ 《当代世界军事转型史》课题组. 当代世界军事转型史 [M]. 北京：军事科学出版社, 2018.

❷ 董爱国, 王家胜. 21世纪美军联合作战新论 [M]. 北京：军事科学出版社, 2013.

❸ 李植云. 美军联合作战理论研究 [M]. 北京：国防大学出版社, 1995.

变革》强调了战役法对于联合的重要性,并认为 1991 年以前都是"假联合";徐辉的《冷战后的美国军事战略与联合作战》认为,冷战后从军种独立编组、独立作战向联合编组、联合作战转变,可以提高快速反应的灵活性,是后冷战时代世界军事发展趋势之一,该文还密切跟踪了当时美军兵力削减与联合发展的动态。

崔师增、王勇男的《美军联合作战》❶ 一书作为早期的研究成果,主要是根据美军条令及相关资料编写,留有专门的章节探讨历史问题,介绍了第一次世界大战前至第二次世界大战后美军联合作战的部分典型案例和特点。王俊义编著的《美军联合作战理论参考资料选编》❷,收录了同一时期有关美军联合作战的不少译文,做了十分有益的翻译引鉴工作,其中田小文翻译了《国际军事与防务百科全书》1993 年第 3 卷中由艾伯特·D. 麦克乔恩特编写的"联合作战"词条,该词条认为联合作战概念解决的是统一指导或统一控制军队的问题,这些军队是根据各自特有兵器相互区分的,并追溯了历史,认为联合作战源于西方国家的军事体系,专业兵种和部门不得不为自己申请资源展开辩论和进行论证,焦点是国家预算划拨。

一些引译的文章在今天也不失为非常有益的参考。樊高月译自《军事评论》(*Military Review*) 1992 年 2 月刊彼得·F. 赫利撰写的《联合作战——美军进行战争的方式》中指出,美军联合作战由来已久,但这一传统常常被忽视,部分原因是军种各自为战背景下的设计、撰写军事历史和进行军史教育的方式。

第二,进入新千年的初期,对美军联合作战的研究由之前的翻译引鉴为主,转向了系列性研究和专题性研究。

系列性研究方面,以原总参谋部主编的《美军联合作战与联合训练》为代表。2000 年原总参谋部委托军事科学院外国军事研究部编写了《美军联合作战与联合训练》,对美军联合作战的理论、指挥控制、计划、实施、训练、演习及具体战法、法规等,均按章做了比较详细的介绍,是最早、最全面、最权威的美军联合作战研究,其中多个章节对美军联合作战历史

---

❶ 崔师增,王勇男. 美军联合作战 [M]. 北京:国防大学出版社,1995.
❷ 王俊义. 美军联合作战理论参考资料选编 [C]. 北京:中国人民解放军国防大学,1997.

有所涉及，但均比较零散，且不是主要内容。2005年开始，原总参谋部继续组织编写了《联合作战与联合训练：论文精选》《联合作战与联合训练：译文精选》《联合作战与联合训练：装备与设施》《联合作战与联合训练：实例精选》《联合作战与联合训练：联合文化》等，该系列对于联合作战的发展起了重要的推动作用，也为对美军联合作战的研究奠定了基石，各书在不同程度上都涉及了美军联合作战的发展或历史，但仍未就整个历史做一系统全面的梳理与研究。

冯兆新的《美军联合作战理论研究》❶ 以美军的条令条例为主要依据，研究了基本概念、基本原则、指挥关系等理论问题，并着重研究了联合理论的应用问题。这一时期，王维广和樊高月的论文《联合作战发展历史与现状》❷ 回顾了联合作战发展的历史，并介绍了主要国家军队联合作战理论与实践现状，认为联合作战是贯穿机械化战争时代的主要作战样式，是当时作战理论的主体理论，也是未来信息时代的作战理论和发展方向。围绕联合作战的产生和发展，该论文辨析了当时的两种代表性意见，一是以军种间的联合为判断标准，二是以"联合"的表面字义为基本依据。作者认为后者角度导致作战案例太久远，反而没有现实借鉴意义，更倾向于前者标准。

李文的《美军联合空中作战研究》❸ 则是联合作战研究向具体作战领域延伸的代表，该书开篇回顾了美军联合空中作战的历史，认为其有诞生、倒退和发展三个阶段，时间节点分别对应两次世界大战、朝鲜战争和越南战争、20世纪70年代后期至今。赵文华的论文《对联合作战的在思考、再认识——现代联合作战是信息技术广泛运用和理性思辨的产物》梳理了同一时期拉姆斯菲尔德和弗兰克斯关于联合作战的主要观点，认为各作战力量、各作战行动之间的无缝连接、精确协同、快速打击，就是现代意义上的联合。1991年海湾战争是现代联合作战的开始，而1998年提出的网络中心战，受大公司网络商战的启发，其内核是网络中心运算思想，即挖掘信

---

❶ 冯兆新. 美军联合作战理论研究 [M]. 北京：国防大学出版社，2001.

❷ 王维广，樊高月. 联合作战发展历史与现状 [J]. 外国军事学术，2002（12）：58-61.

❸ 李文. 美军联合空中作战研究 [M]. 北京：国防大学出版社，2003.

息，打时间差，先对手做决策，质量优势等。

杨斌等人的文章《一体化联合作战发展的历史跃迁》❶认为考察联合作战的历史跃迁，要从时代特征、运行机制、样式方法、力量建设、体制编制、指挥控制、装备建设、教育训练、后勤保障、效能评估、发展趋势等方面综合考量，并认为联合作战分为四个阶段，即合作性联合作战的初级阶段、协同性联合作战的中级阶段、一体化联合作战的高级阶段和军种消亡后一体化组展带来的质的飞跃。

第三，随着美军联合条令、联合概念、发展规划等文本体系的快速发展和完备，国内对美军联合作战的研究进入了"现状"研究，主体是条令研究。对联合作战历史的研究则主要集中在美军发动的近几场高技术局部战争上。

可能是觉察到各国军队立足的国情不同，必须批判借鉴，姚云竹、陈学惠等人组织开展了"外国军事著作译丛"工作，其中的"外国军事改革丛书"不仅大量涉及美军联合作战的发展与改革，还将美国独特的政治军事及文化传统等呈现给读者，促进了人们对联合作战认识深度的进一步提升。以陈学惠、杜健等译编的《美军作战指挥体制改革》为例，该书是《改组参谋长联席会议：1986年〈戈德华特−尼科尔斯国防部改组法〉》《1986年〈戈德华特−尼科尔斯国防部改组法〉国防改革的复兴与艾森豪威尔的遗产》《"联合司令部计划"发展史（1946—1999年）》《内部战争：联合军事体制及对它的批评意见》四本书的合集，译者认为美军作战指挥体制的改革：一是坚持改革的"联合"取向不动摇，二是致力于达成阶段性突破，三是着力推进体制的模式转换，四是把联合司令部体系作为体制改革的落脚点，并提出既要看到特定的历史条件和国情军情，又要寻求那些具有普遍意义的规律性特点。

第四，21世纪的第二个十年，我国联合作战理论体系雏形已经基本构建起来，对美军的研究转向更具体的问题或是比较研究，其中一部分也涉及美军联合作战的历史。

邓克勤、张海峰组织编译了美国兰德公司的《增强火力与机动力：通

---

❶ 杨斌，于淼，赵荣. 一体化联合作战发展的历史跃迁［J］. 国防科技，2005（1）：64-67.

过更加紧密的空地联合》《战斗伙伴：空军海军作战一体化的进程 31 项创新举措：空军陆军协作的探索之路》等报告，探讨了美军联合作战几十年的发展历史。这一时期内，涉及美军联合作战发展的，还呈现在各类研究的开篇历史回顾中。例如，马平等主编的《联合作战研究》❶ 在开篇回顾了联合作战的产生，辨析了古而有之说、工业革命起源说、一战起源说等，并按照机械化战争时代、向信息化战争过渡、信息时代战争对联合作战作了阶段的划分。这种认知和划分方式与赵中强的《联合作战发展史研究》❷ 有异曲同工之处，该书所取的是联合作战的广义含义，认为古今中外冷兵器、热兵器时代同样存在联合作战，并上溯至春秋战国和希波战争，也有若干章节提及美军联合作战的案例，尤其是"20 世纪 90 年代至 21 世纪初"一章，均为美军联合作战的案例。

近年来，美军问题越来越引起地方学者的兴趣，如左希迎的《美国军事制度变迁的逻辑》❸ 考察了 1947 年、1958 年、1986 年、20 世纪 90 年代及 21 世纪美国五次军事制度改革，尝试探讨为何历次美国军事制度改革都致力于提升国防部长和参联会主席的权力，为何历次美国军事制度改革都致力于推动各军种之间的合作，美国军事制度变革的动力和机制是什么等，这些问题实际上也是美军联合作战发展过程中的问题。作者通过国际层次的压力、国内层次的军种竞争和军政关系三个变量，试图建立起解释美国军事制度变迁的理论模型，并提出了"嵌入—冲突"一说。这对本书都是有益参考。

五、研究思路、重点和方法

（一）研究思路

研究美军联合作战的发展演变，一是要"史论结合"，既要"听其言"，深入研读和理解美军联合作战的理论性论述，更要"观其行"，通过历史档案文献的梳理，考证各个阶段与联合作战相关的美军作战、改革、发展、利益博弈等，尤其要重点考察美军在战争中的联合作战实践和每一次战役

---

❶ 马平，杨功坤. 联合作战研究 [M]. 北京：国防大学出版社，2013.
❷ 赵中强. 联合作战发展史研究 [M]. 北京：国防大学出版社，2019.
❸ 左希迎. 美国军事制度变迁的逻辑 [M]. 北京：社会科学文献出版社，2015.

的新发展，继而再将战史和理论重新结合，得出全面系统的认识。二是要"现实牵引"，通过密切关注现阶段联合作战发展过程中出现的难题，重点探究美军历史上与之相似的情况，以此为鉴，增强本书的现实性。

本书在研究中涉及七十多个美军战例中的联合作战情况，其中重点、系统地研究了第二次世界大战、朝鲜战争、干涉黎巴嫩、古巴导弹危机、越南战争、空袭利比亚、波斯湾护航、入侵巴拿马、海湾战争、科索沃战争、阿富汗战争和伊拉克战争，因此具备了扎实的史实基础。对于上述重点军事行动和战争，先考察其战时联合作战指挥关系，然后按照主要的联合作战样式，考察其具体联合作战行动，如两栖登陆、空地联合、联合空战、联合特种作战等，最后在归纳、总结和比较中，研究美军联合作战的发展。

如何划分美军联合作战发展的各个阶段，向来观点各异，如按战争划分，按体制改革划分，按技术发展和战争形态演变划分，等等。本书认为应综合某一阶段的各影响因素，以作战实践为考察重点，最终落脚到联合作战自身的发展程度和主要特征，以此为依据来进行阶段的划分。具体标准包括：一是指挥关系上的联合程度如何，二是联合作战计划工作开展是否顺畅，三是战场行动中联合作战样式有哪些、具体行动中联合程度如何、对于整体作战影响如何、有哪些新的联合特征等，此外还要兼顾某一时期的关键性影响因素。

综合上述标准，本书将美军联合作战的发展划分为五个阶段，即本书主体的前五章。第一个阶段为美军早期联合作战，时间节点为1945年之前，涉及联合作战的溯源、早期联合作战发展，重点是第二次世界大战；第二个阶段为军种激烈冲突时期的联合作战，时间为1945年至1953年，重点考察第二次世界大战后因改革引发的军种激烈冲突背景下，美军在朝鲜战争中如何进行联合作战，以及有何新发展；第三个阶段为军种有限合作时期的联合作战，时间为1953年至1975年，重点是越南战争时期的联合作战，"有限合作"是联合作战发展上的倒退；第四个阶段为军种能力互补时期的联合作战，时间为1975年至1991年，这一阶段，美军经历了从联合的低谷快速回升和反弹，并在海湾战争中达到顶点；第五个阶段为全面推进联合时期的联合作战，时间为1991年至今，美军在海湾战争的基础上，每一战都有新发展，并呈现一体化联合作战的特征。

在每个历史阶段论述中,第一步,分析这一时期影响美军联合作战发展的各类因素,交代主要背景,包括国家战略调整、军事改革、指挥体制、军事理论、军种发展、武器装备与技术发展等;第二步是重点,结合这一时期美军参与的局部战争及重要军事行动,从联合作战指挥关系和具体联合作战行动等方面,挖掘美军联合作战的实践水平,进行详细且深入的分析;第三步,对这一时期的美军联合作战特点与发展状况作总体评价。

最后,第六章分析美军联合作战发展演变的总体影响因素、特点和局限,第七章为启示。

(二) 研究重点

本书的研究重点是科学划分美军联合作战发展演变的主要阶段,探究各阶段美军联合作战以何种形式呈现、战场表现如何、发展程度如何、有什么特点等,进而贯通五个阶段,洞察美军联合作战发展的整体脉络和特征。

围绕本书主题还有一系列重点问题需要回答:一是结合史实,挖掘美军联合作战发展过程中的促进性因素和制约性因素,以及这些因素在不同发展阶段中的相互作用,深入分析其如何影响联合作战;二是探究美军指挥体制改革、军备建设、军事战略、武器装备等因素如何影响战场上的联合作战,探寻不同要素的互动特征;三是通过梳理美军联合作战的发展演变,尝试辨析联合作战发展中,哪些因素是普适性、原理性的,哪些因素是根植于美国传统的、带有特殊性的,在借鉴学习中必须加以明辨或规避的;四是通过历史视角透视美军联合作战的现状,预测未来发展,并尝试寻找其弱点。

(三) 研究方法

一是文献研究法,即通过搜集、鉴别和整理文献,在此基础上形成对历史事实的科学认识。[1] 对于美军的历史发展,我们既无从实地考察,也难以接触当事人,甚至获取充足的第一手战时档案都是困难的。这就要求广泛地整理和研读相关的史料和文献,尤其是美军战后报告、历次改革相关档案、联合作战相关条令与法规等,综合各类表述,多方考证、相互比对,还原美军联合作战发展的基本过程和战场表现形式,进而探寻其中的各种

---

[1] 孟庆茂. 教育科学研究方法 [M]. 北京:中央广播电视大学出版社, 2001: 80.

影响因素和特点。

二是系统研究法。钱学森认为："系统是由相互作用和相互依赖的若干组成部分结合成的具有特定功能的有机整体。"❶ 可将作为一个系统的美军联合作战分解为若干要素，战场表现则为其功能输出，关注各要素的相互关联、相互作用及其与整体的关系，进而得出各个时期是哪些关键要素在影响联合作战的发展。另外，联合作战既是美国军事体系中的一个子系统，也是美国军事体系输出的一种功能。作为子系统，联合作战受制于国家军事体系，同时与其他子系统关联互动，并反过来影响整个军事体系。作为一种功能，联合作战则又依赖美国军事体系中各要素的排列组合。只有把上述这些系统论视角下的各种关系研究清楚，方能得出全面深入的认识。

三是比较研究法。比较是认识事物的基本方法。❷ 本书通过比较美军联合作战不同的发展阶段、不同的改革措施、不同的战争实践，总结美军联合作战发展演变的基本规律、模式、机制和理念，强化对策研究。此外，还要对比同一时期其他军事强国的发展，以便能站在作战史的角度审视联合作战。

四是战例剖析法。本书在研究中考察了七十多个美军战例，重点、系统地研究了十二次战争或重大军事行动中美军的指挥关系、指挥机构、兵力编成、具体联合作战行动和联合作战样式等内容，以求把握每个阶段中联合作战的特点和变化。

五是利益分析法。利益是人类社会性活动的主要驱动力之一。在考察美军联合作战的实践和改革时，要注意研究各参与者背后的利益动机，否则无法洞悉美军联合作战的内在逻辑。作战中保存自己、击败对手、达成任务是基本的利益考虑，作战表现如何则又与战果分配、战后发展密切关联，这是联合作战各参与方都会思考的问题。在联合作战的相关改革中，本质也是利益格局的重新划分，发展联合作战能力有可能会提高美军维护国家利益的能力，但也可能伤害各军种的利益，而各军种的利益背后可能是国会，国会背后则可能是各州军工产业带来的就业、经济与选举政治等。

---

❶ 张文焕，等. 控制论·信息论·系统论与现代管理 [M]. 北京：北京出版社，1990：160.

❷ 李振宏. 历史学的理论与方法 [M]. 开封：河南大学出版社，1999：649.

六是布罗代尔"三重历史"视角[1]，即一种是几乎静止、时代几乎不变的历史，一种是以几个十年为长周期，改变国家、社会和精神生活的循环的历史，一种是飞快变化、每天多变的历史。借鉴到美军联合作战发展演变中，是否存在着哪些原理、规律性的内容未曾改变，哪些随着改革而变化，哪些经常在变化，带入这种视角，有助于更好地得出规律性认识。

六、研究难点和创新点

（一）研究难点

美军联合作战历史发展研究的重要性不言而喻，但少有人涉猎，主要因以下难点，也是本书难以回避的难点。

一是如何进行发展阶段的划分，指标建立难。历史是多线条推进的，期间有大量的重叠和交织，而从不同的角度分析会得出迥然不同的认识，且联合作战本身既是"因"也是"果"，因此阶段划分的时间节点很难统一。例如，20世纪80年代初美军已经开始进行联合作战方面的反思和探索，但在具体行动中如何联合依旧是大问题。本书目前所选取的时间节点，主要是联合作战自身所呈现的主要特征、联合的程度、战场表现等，因此会和重要战争有较大的契合。此外，也会比较多地与美军改革相关联，这一方面因为改革在美军发展中的重要性，另一方面也是因为我军正在经历改革，希望能突出现实性。

二是现有研究中，认识各异，研究中难免产生观点上的冲突。美军联合作战发展演变不仅自身是一个复杂的问题，而且还经常与改革史、转型史、战争形态转变等理论热点问题交织在一起，众说纷纭，众口难调。只能是努力用严密的逻辑和可靠的资料，力求学理上的客观性和完备性。

三是联合作战能力不是凭空产生，而是由军兵种作战能力组合而出、发展而来的。这就导致研究将涉及大量的军种专业领域，尤其是向下考察到作战层面后，军兵种作战专业性、细节性问题难以回避，如炮兵和空对地火力的协同和计算问题、全球作战空中计划流程、航母舰载机作战通信规律、不同部队陆战场通行条件、精确制导炸弹指示波束特征，等等。然

---

[1] 费尔南·布罗代尔. 菲利普二世世代的地中海和地中海世界［M］. 唐家龙，曾培耿，等译. 北京：商务印书馆，1996：序言4，序言8.

而在考察联合作战时，如果回避上述问题，最终将导致研究流于表面，难以触及作战的关键核心问题，这就需要在研究过程中不断就军兵种的内容进行"补课"。

四是涉及因素众多，交叉印证需求高，文献阅读量极大。影响联合作战的要素异常庞杂，国内外研究的材料浩如烟海，角度各异，对同一问题出于不同的理解或利益考虑，往往会有不同甚至截然相反的表述，这就要求必须多方比对、交叉印证，尽可能地回溯第一手资料。而部分研究还存在着不经考证、以讹传讹的问题。综合起来，笔者需要大量的时间投入，同时还要避免被材料拖着走写成"大杂烩"。

(二) 主要创新点

一是从作战实践的历史视角研究美军联合作战，选题新颖。国内外目前有关美军联合作战的研究主要集中在横向研究上，尚未看到纵向研究美军联合作战发展演变的专题性研究。美军联合作战包罗万象，内容丰富，意义重大。研究历史本身不是目的，最终目的还是为了更好地认识联合作战，考察联合作战的机理，进而服务于军事建设。

二是创新性地引入了系统分析法、利益分析法和布罗代尔"三重历史"视角等方法来考察美军联合作战发展演变。目前的不少研究集中在现实具体问题的探讨、美军文本的翻译整编等，条块式的研究较多，整体的理论深度、研究的体系性还待进一步加强。采取上述三种方法来研究联合作战，有利于围绕作战实践统筹各方面因素进行综合研究，深入探索其中的复杂关系，进而得出规律性认识和新见解。

三是研究视野宽阔，尝试以联合作战的战场表现为核心进行全景式叙述。过去对美军联合作战的研究都是将体制、战例等内容分开研究，本书以联合作战的实践为主线，将动态与静态、纵向与横向的各种因素统筹考察，以此梳理各个时期美军内部种种因素之间的复杂关系，纵向考察历史演变，横向评估发展能力。

四是研究资料占有全面、类型齐全、数量庞大，对第一手原文资料的利用率高。文献具体运用中，在类型上，既有理论性的学术专著，也有美军各时期有关联合的官方出版物、相关法规，还有各种战后报告、战时文件等；层次上涵盖了战略、战区、战术等；部门上涵盖了美国国防部、参联会、各军种、国会等各个行为体；时间点上涵盖了平时建设和战时实践等各个时间段。

第一章

联合作战溯源与美军早期联合作战实践
（1945年前）

  单靠某支部队不可能实现军事上的胜利——尽管单个部队或军种的失败可能招致灾难——只有将所有的部队和军种都凝聚成一个团队，才能赢得胜利。

——乔治·C. 马歇尔

  在战争中有一条教训最为重要，那就是只有将三个军种的部队紧密、有效地结合起来，才能实施现代战争。

——欧内斯特·J. 金[1]

---

[1] JOINT CHIEFS OF STAFF. Joint PUB 1: Joint Warfare of the US Armed Forces [Z]. Washington D. C.：GPO, 1991：Trailer page.

第一节 西方早期联合作战的历史溯源

一、古代联合作战滥觞于海洋文明的水陆交际地带

对联合作战定义的基本共识是：两个或两个以上军种统一实施的作战行动。当国家战争机器逐步分化出陆军、海军两大独立军种时，便诞生了陆海联合作战的可能。不过，在以四大文明古国为代表的古代农耕文明中，陆战是战争的主要形式，陆军在国家机构中占据要位，虽然有海战，但主要附属于陆战，且鲜有古代农耕国家维系常备海军并将其列于和陆军平等的地位。没有彼此相独立的军种，也就无从出现严格意义上的联合作战。

在希腊—罗马海洋文明中，漫长且众多的水陆域交界地带中诞生了早期的联合作战。在希波战争中，波斯和希腊联军两方均采取了陆海并进、互相策应的作战策略，海战不再是陆战的从属，而是与陆战同等重要，要求战争指挥者必须统筹好两个空间的作战。公元前480年的萨拉米斯（Salamis）海战中，希腊人将重装步兵搭载在舰船上，极大地提升了水上接舷战的能力。随后的伯罗奔尼撒战争中，在沿海近岸地区，雅典和斯巴达双方频繁进行两栖攻防：海军负责扫除水面兵力，为陆军提供运输，参与围攻滨海要塞等；陆军则通过突袭岸上目标，为海军创造战机。公元前425年的斯法克特里卡（Sphacterica）战斗中，雅典统一陆海军行动，实现了对斯巴达军队的陆海双层包围，与两千多年后的1781年约克敦战役如出一辙；公元前415年的亚西比得（Alcibiades）远征西西里既是当时"规模最庞大的一次海上行动，也是一次计划和执行拙劣的两栖行动"[1]。

到罗马时期，在公元前264—公元前146年的三次布匿战争中，双方多次进行两栖登陆和远征作战。罗马人发明了"乌鸦钩"，可以让精锐步兵在海上接舷战中发挥更大的作用，将罗马的陆战优势带入了海战。罗马人还在舰船上装载抛射装置，这些起初用于海战的装置，可以在两栖登陆中为

---

[1] STARR C. Influence of Sea Power [M]. New York: Oxford University Press, 1989: 45.

登陆部队提供原始的舰载"火力支援"。公元前55年恺撒入侵不列颠遭遇了凯尔特人的滩头抵抗,正是靠舰队抛射器的支援,第十军团才能顺利上陆建立登陆场。随着版图的扩大,在奥古斯都时期罗马建立了常备海军,不过整体而言海军地位普遍低于陆军,大型战事多由陆军将领主导。❶西罗马灭亡之后的一千年里,由于武器技术发展缓慢且战争空间相对固定,联合作战虽然仍时不时出现于滨海和大河沿岸地区,但没有更多的发展。

纵观古代两千年战争中的联合作战,其有三个特点:一是主要为特定空间下的联合作战,即水陆交际地带,如不统筹陆海军行动很难达成作战优势;二是没有专门的机构负责联合作战的筹划和实施,主将的个人影响因素作用比较关键;三是战术战法相对有限,属于传统陆战和海战的自然延伸和交汇,并不存在太多技术壁垒。

综合而言,古代联合作战属于"特定条件"下的联合作战,一旦战场远离水陆交际地带进入内陆或远海,联合便不复存在。

二、近代欧洲列强远征作战推动联合作战快速发展

中世纪后期,火器传入西方。自15世纪起,火药越来越多地运用于军事,陆海军战术随之剧变。战舰上配备了各型火炮和枪械,赋予海军"由海向陆"的直接打击能力,这在1453年的君士坦丁堡之战中得到了充分展现。进入16世纪,随着新航路的开辟、陆海战法的变革、军舰性能和装备技术水平的提高,陆海联合作战的复杂性和应用范围开始提升,对作战筹划、部队指挥与控制、战术协同、后勤保障等都提出了新要求。1588年西班牙"无敌舰队"远征英国的惨败,说明了"陆地和海上力量的联合行动时具有极高的难度和风险"❷。

技术的进步推动军队加速向制度化、专业化、职业化的建设方向发展。从16世纪开始,欧洲强国开始陆续组建常备的现代陆军、海军,军种首脑通常位列内阁,军队自身的规模、层级、兵种和装备类型等开始剧增,差

---

❶ BEAUMONT R A. Joint Military Operations: A Short History [M]. London: Greenwood Press, 1993: 5.

❷ MURRAY W. The Evolution of Joint Warfare [J]. Joint Force Quarterly, 2002 (Summer): 30-37.

异日趋增大的任务、作战样式和主战装备,使陆海军逐步形成了迥然不同的军种文化和传统。

16—18世纪,围绕海外殖民地和欧洲霸权的争夺使战争的规模逐渐扩大到全球。跨半球的远洋异域作战,通常需要以联合远征来完成。与此同时,军队人员职业化和专业化水平的提高、军种组织结构的日趋完整,为联合作战注入了新的潜力,但同时期协作机制的不成熟、陆海军竞争的内部政治环境等,又加大了军种间的分歧,时常给联合作战带来阻碍。1759年英国托马斯·莫利纽克斯(Thomas Molyneux)出版的《联合远征或由舰队与陆军联合实施的远征》❶(*Conjunct Expeditions or Expeditions that Have Been Carried on Jointly by the Fleet and Army*)列举了自伊丽莎白一世以来英国实施或遭遇的七十次联合作战,其中频繁提及因陆海军指挥官缺乏配合协同导致的失败。到七年战争时期,欧洲列强的陆海军协调性进一步增强,海军一方面担负兵力投送和机动、后勤补给的任务,一方面使用舰炮打击岸上目标、支援陆军上岸或协同陆军联合包围滨海目标。1759年,魁北克战役中,英国通过联合作战一举扭转战局,展现了联合作战的必备要素,如谨慎的战前部署和准备、对登陆区域附近实施全面系统的海上封锁、主战兵种和部队间的紧密配合、指挥官的果断和决心等。❷

截至18世纪中叶的近代联合作战呈现出以下四个特点:一是以两栖作战为主要形式,聚焦于殖民地掠夺战争,整体作战效能高,舰炮火力赋予了殖民者巨大的优势,"架几门炮就征服一个民族的时代"就此开始;二是伴随着军兵种专业化的加强,联合作战的样式、使用范围不断拓展,所需的专业知识技能和组织的复杂性大为提高,对人员、装备、协作机制等提出了新要求;三是指挥关系的建立、指挥权的分配与转交等涉及跨军种协调的问题,进一步复杂化,本土的军种部门关系在很大程度上影响着前线部队的联合作战;四是英国的联合作战在同时代一枝独秀,这主要得益于英国强大的海军优势,在大规模作战仍主要是陆战的时代,英国能够超前地全面审视两个军种,充分发挥两者的优势。拿破仑战争期间的西班牙战

---

❶ BEAUMONT R A. Joint Military Operations: A Short History [M]. London: Greenwood Press, 1993: 12.

❷ 同❶: 13.

事中，惠灵顿将陆军主力部队随海军舰船灵活机动出击、分兵固守关键港口、海军源源不断运送补给等结合起来，以劣势兵力成功牵制了拿破仑大军，使西班牙成为拿破仑帝国由盛转衰的"溃疡"。❶

第二节　第二次世界大战前美军联合作战的实践和发展

一、美军联合作战在近代战争中曲折发展

（一）美军联合作战始于独立战争

由于历史上美国曾经作为英国的殖民地，因此美军联合作战师承英国，起于独立战争。尽管美军自称"联合作战是美国的军事传统，以联合作战为特征的美国战争方式，写满了独立战争以来美国历史的每一页"❷，但纵览北美独立战争，只有约克敦（Yorktown）战役属于较为严格意义上的联合作战。相反其对手英军发挥陆海协作的特长，在保持制海权的同时，利用海军运载陆军灵活出击，在战争前期迅速建立了优势。北美殖民地各方面实力远不及英国，无力组建起一支能够与英国海军抗衡的海上力量，便无从谈起联合作战。1780年法军的参战扭转了力量对比，次年6月法国远征军与华盛顿部会师，开始联合筹划对约克敦的作战。9月初，法国舰队在切萨皮克湾海战中击退了英国舰队，取得了周边海域的制海权，封堵了英军地面部队的海上通道。9月中旬美法联军开始地面进攻，于9月底完成了对约克敦的陆海包围，并利用炮火优势逐步压缩包围圈，于10月中旬迫使英军投降。约克敦战役不仅是陆海军联合作战，也是美法两国的联军作战，华盛顿和罗尚博在战前筹划、战时指挥、陆海协同方面的密切合作，奠定了此次联合作战成功的基础。约克敦战役也表明了作战空间内的制海权对于近代联合作战的重要性，这是因为当时陆军受制于运输和后勤能力的限

---

❶ ELLEMAN B A, PAINE S C M. Naval Power and Expeditionary Warfare: Peripheral Campaigns and New Theatres of Naval Warfare [M]. New York: Routledge, 2012: 15.

❷ JOINT PUBLICATION 1-01. 1. Compendium of Joint Publication [Z]. Washington D. C.: GPO, 23 April 1999: A-1.

制,机动缓慢,相比之下海运则快捷得多,可以赋予部队更大的机动优势。

美国建国时期建立了诸多政治军事制度并形成文化传统。1789年宪法确立了文官治军的根本原则,赋予总统陆海军统帅的角色,赋予国会"宣战权""征召和保障(raise and support)一支陆军""提供和维系(provide and maintain)一支海军"的权力❶,从所用词汇的差异可见美国宪法对陆军和海军界定的不同,陆军是典型的"战时建、平时撤",海军则要相对稳定一些。1789年美国建立战争部,统一负责陆军和海军事务。1794年,美国开始建造6艘护卫舰,标志着常备海军的出现。1798年海军部正式组建,将海军事务从战争部独立出来,陆军和海军不同的发展路径就此开始,部门文化由此形成。美国始终抵制总参谋部和职业军官团的建立,担心这种军事职业化(military professionalism)将为军阀的出现提供土壤,进而威胁民主,取而代之的是美国极力倡导的军事专业化(military technicism),即赋予军官特定工程专业的属性,倡导其钻研军事技术,这种风气在19世纪成为主流。❷ 在这种环境下,平时不维系常备军、依赖集中控制、主要进行国土戍卫的陆军和负责海外利益、指挥高度分散的海军,逐渐形成了各自的军种文化。❸ 由于陆海军作用发挥和支撑产业结构存在差异,相应地在国会形成了不同的利益集团。

美国独立后,又先后进行了美法准战争(1798—1800年)、两次巴巴里战争(1801—1805年,1815年)、第二次独立战争(1812—1815年)等,其中涉及陆军和海军联合的并不多,联合主要体现在海军和陆战队的两栖作战。需要指出的是,美国海军陆战队自1775年于独立战争中建立以来,尽管规模始终较小,但始终保持着独立的军种地位,主要与风帆战舰共同行动,执行登陆作战、参与舰对舰作战等。安德鲁·杰克逊总统曾试图将陆战队划入陆军,但在时任陆战队司令阿奇博尔德·亨德森(Archibald Henderson)的争取下,国会于1834年通过了《美国海军陆战队组织优化

---

❶ ALLARD K. Command, Control, and the Common Defense, Revised Edition [M]. Washington D. C.: National Defense University, 1996: 26.

❷ 同❶: 27.

❸ WATSON C. Combatant Commands: Origins, Structure and Engagement [M]. Santa Barbara, C: Praeger, 2011: 9.

法》(Act for the Better Organization of the United States Marine Corps),将海军和陆战队共同置于海军部的领导下,成为"姐妹"军种。❶

(二) 19世纪中期出现了联合作战小高峰

美墨战争（1846—1848年）期间，1847年美军韦拉克鲁斯（Veracruz）登陆，展现了较高水平的联合。指挥官温菲尔德·斯科特（Winfield Scott）制定了详细的计划，于1846年11月底完成了1.5万登陆部队和141艘登陆艇的准备工作，登陆部队由陆军和陆战队组成。墨西哥在韦拉克鲁斯港内外均做了防御部署，美军必须在敌军抗击条件下进行武装强袭登陆。登陆开始前，美海军实施了长达88小时的炮火准备。❷ 在登陆部队上岸前，由1名海军上校对整支船队实施指挥，每艘登陆艇搭载半个连的40名步兵和1名海军中尉，后者负责航渡阶段的编队间协调和配合，另外配有60艘火力支援舰船，上陆以后部队改由陆军军官指挥。在登陆过程中，由于意外的自然条件、陆海军指挥结构不统一等，混乱、延误不可避免地出现，但登陆当天最终有8000人成功上岸。❸ 随后的陆上作战中，陆军出现了火炮弹药补给不足的情况，斯科特组织将海军舰炮搬运到岸上供陆军使用。美墨战争还开启了一个先例，即在历次大规模战争中，海军陆战队都会派出部队与陆军共同进入内陆作战。不过韦拉克鲁斯联合登陆作战的本质依然是"特定条件下的不得不联合"。

南北内战时期的西部战场出现了比较成熟的陆海军联合作战，首次出现了"联合增效"。当时条件下陆军后勤线路漫长、机动能力差、野战火炮性能有限，且指挥官缺乏指挥大部队作战的经验。随着战事向西部战场倾斜，发达的河流水路系统使北方联邦内河舰队（密西西比河舰队）的优势得到发扬，联邦舰船不仅可以执行水面封锁、打击南方邦联的运输线路，还可以通过提供运输和炮火支援陆军作战。1862年开始，联邦军在密西

---

❶ ROULO C. Why Are Marines Part of the Navy? [EB/OL]. [2020-08-14]. https://www.defense.gov/Explore/Features/story/Article/1763150/why-are-marines-part-of-the-navy/.

❷ JENNINGS N A. Expeditionary Land Power Lessons from the Mexican-American War [J]. Military Review, January-February 2017: 42-48.

❸ BEAUMONT R A. Joint Military Operations: A Short History [M]. London: Greenwood Press, 1993: 19.

比河至田纳西河沿河区域开始尝试联合作战，并取得了亨特堡和多纳尔森堡战果的突破。1863年的维克斯堡战役是内战中联合的高峰。维克斯堡位于孟菲斯和新奥尔良之间的密西西比河东岸的高地，是连接南部和西部的战略枢纽，联邦军若干次进攻均未果。在1862年年底，尤利西斯·S.格兰特（Ulysses S. Grant）认识到"海军的合作对于胜利是绝对必要的"❶，开始在陆海军高层寻求合作，得了戴维·D.波特（David D. Porter）的密西西比河舰队的大力支持，后者被置于格兰特的指挥下。格兰特大胆抛弃了对传统陆上交通线的依赖，改为实施纵深迂回作战，海军在保障部队渡河的同时，通过持续不断的舰炮火力干扰邦联守军。格兰特通过统一指挥权实施联合作战，能够更好地把握主动权，达成突然性，对敌实施欺骗，集中兵力灵活作战。❷

内战期间联邦在西部战场上的联合作战，虽然仍然是特定地理条件下的作战，但已经超越了先前两栖作战的"不得不联合"，走向"联合增效"，部队整体作战的主动性、灵活性有了巨大突破。美军认为维克斯堡战役充分展现了"现代通信技术和内燃机发明之前联合作战原则的实践应用"❸，也有学者认为这是"第一次真正意义上的联合作战"❹。同时代的瑞士军事观察员费迪南德·勒孔特（Ferdinand Lecompte）少校认为，尽管克里米亚战争中的两栖登陆几乎被视为"世界第八大奇迹"，但在内战期间，联邦军队以"高超的技术和低调的方式"完成了大约50次这样的登陆（两栖联合作战）。❺ 不过美国内战期间的联合作战，缺乏明确的条令规范和相应的组织制度保证，仍是临时性的联合，联合也受高层战争部长艾德温·斯坦顿（Edwin Stanton）和海军部长吉迪恩·韦尔斯（Gideon Welles）关系不合的

---

❶ JOINT CHIEFS OF STAFF. Joint Military Operations Historical Collection［Z］. Washington D C.：GPO，15 July 1997：I-6.

❷ 同❶：I-11.

❸ 同❶：Executive Summary, ⅶ.

❹ MURRAY W. The Evolution of Joint Warfare［J］. Joint Force Quarterly，Summer 2002：30-37.

❺ CARLSON A. Joint U. S. ARMY-NAVY War Planning on the EVE of The First World War：Its Origins and its Legacy［R］. Carlisle，PA：Strategic Studies Institute，U. S. Army War College，February 16，1998：2.

影响。❶

(三) 美西战争暴露联合倒退引发美军改革

内战结束后,陆军回归为传统的国土守备部队的角色,海军舰船大量被封存,联合作战能力倒退。之后,美国海军和陆战队在朝鲜(1881年)、埃及(1882年)、巴拿马(1885年)进行过两栖登陆,但规模都很小。在海军主战装备从风帆战舰转向蒸汽铁甲舰之际,海军和陆军不约而同地出现声音,质疑负责随船警戒和登陆的海军陆战队存在之必要性,认为其是"不合时宜和不必要的"❷。为保生存,陆战队开始专注于两栖登陆的专业化发展。登陆作战条令的修订主要由陆战队进行,该项工作带有排他性,陆军只能以"顾问"的形式提出有限的建议,1865年至1898年美西战争前陆海军间没有进行过任何联合登陆演习。❸

美西战争就是在这种军种相互竞争、缺乏协作的背景下进行的。美军没有相应的联合作战计划,也未组建统一的指挥机构,前线的作战部队分别通过本军种指挥链上报华盛顿的军种部和总统,并试图以此迫使其他军种配合本军种行动,很多问题不得不由总统出面进行仲裁和协调。❹ 在作战层面,陆海军矛盾大于合作,未能相互配合,如陆军希望海军直接进入港内支援地面作战,海军则希望陆军先清扫港口入口处的关键要塞,必须优先确保舰船的安全。在受降过程中,陆军抛开海军单独谈判。出现这些情况的原因,在于美国军队"战时建、平时撤"的传统,迫使陆海军相互争夺资源,矛盾增加,陆海军军事专业上的分歧则进一步加剧了这种矛盾。

工业革命带来了军事变革,美国陆军和海军的主战装备发生了巨大变化,军兵种的专业技术分化进一步增大,陆海军的组织机构建设日趋复杂,不断加长的指挥链使军种间的合作更加困难。美西战争使美国占领了菲律宾,将其作为殖民地,美国历史上第一次不得不在数千英里之外的战区维

---

❶ BEAUMONT R A. Joint Military Operations: A Short History [M]. London: Greenwood Press, 1993: 26.

❷ EMMEL D C. The Development of Amphibious Doctrine [D]. Fort Leavenworth KS: U. S. Army Command and General Staff College, 2010: 7.

❸ MAROLDA E J. Theodore Roosevelt, the U. S. Navy, and the Spanish-American War [M]. New York: Palgrave Macmillan, 2001: 31.

❹ 同❶: 32.

持自己的部队，凸显了海军和陆军密切合作的必要性。❶

在反思美西战争教训的基础上，1903年战争部长伊莱休·鲁特（Elihu Root）推动陆海军达成协议，组建陆海军联合委员会（Joint Army and Navy Board），"负责就两个军种间需要合作的一切事宜进行协商、讨论并得出结论"❷，但没有正式的制度性安排和权限规定。该委员会的计划工作主要由两军种的参谋部门承担，具体工作则多由陆海军的战争学院完成。1904年，战争部长威廉姆·H. 塔夫脱（William H. Taft）指示该委员会：就涉及军种合作的一系列实际问题达成一致，按其重要性进行排序，并在紧急情况下由两个军种参谋部负责共同执行。之后该委员会依托两军种战争学院就美国面临的战争威胁、对手和作战方式展开研究，先后于1913年和1914年完成了对德"黑色作战计划"和对日"橙色作战计划"的首个版本。这两个计划想定的威胁均来自德国和日本的两栖远征威胁，因此要求扩大海军。然而，欧洲大陆第一次世界大战的爆发宣告了首版"黑色"和"橙色"作战计划的同时破产，因此有学者批评陆海军联合委员会"名义上存在，但在第一次世界大战期间对于美军作战并没有发挥什么作用"❸。

美军还认识到大规模作战不再是单一军种行动。1910年美军以莫利纽克斯的《联合远征》为参照，组织修订以往专著，开始对军种合作和配合指导原则等作出规定。❹ 这些举措有助于提升军种间的合作，但美国始终排斥建立一个统管陆海两军的总部或总参谋部，因此不能有效且持续地管理跨军种事务，也不能为联合作战提供一个稳固的机制框架。到第一次世界大战爆发时，美国已经有整整一代人没有经历过联合作战了。

---

❶ CARLSON A. Joint U. S. ARMY-NAVY War Planning on the EVE of The First World War: Its Origins and its Legacy [R]. Carlisle, PA: Strategic Studies Institute, U. S. Army War College, February 16, 1998: 10.

❷ RAY S. Cline, Washington Command Post: The Operation Division [M]. Washington D. C.: Center of Military History, 1990: 4.

❸ WATSON C. Combatant Commands: Origins, Structure and Engagement [M]. Santa Barbara, California: Praeger, 2011: 9.

❹ BEAUMONT R A. Joint Military Operations: A Short History [M]. London: Greenwood Press, 1993: 35.

二、工业革命推动第一次世界大战期间美军联合作战水平的提升

(一) 20 世纪初美军以改革军种推动联合

进入 20 世纪，在工业革命的推动下，军事技术和军兵种分化日益加强。为适应新发展，第一次世界大战前夕，美军进行了大规模的军事体制改革。1903 年战争部长鲁特推动国会通过了《总参谋部法案》，陆军撤销陆军总司令（Commanding General/Chief in General）职务，改设陆军参谋长。1910 年陆军信号部队装备了第一架飞机，标志着陆军航空力量的发展起步。海军也密集地进行机构和舰队的调整，1900 年组建由海军高级军官组成的海军将官总委员会（General Board of the Navy），但仅限于制订计划和提供咨询。面对海外殖民地和军事基地的扩大，海军将官总委员会建议海军部长将前沿基地防御任务交给陆战队，获批准。1915 年海军设立海军作战部长。然而，1920 年到 1940 年，海军没有进行重大的改革。❶ 陆军建立起以部长和参谋长为核心的集中式权力架构，海军下属各兵种局、专业局等则相对独立，仍处于权力分散状态，这种分散状态源自国会中盘根错节的政治利益。陆海军指挥结构的不统一，加大了两者进行联合作战的机制性困难。

珍珠港事件之前，公众和国会对军队的反感一直是军队改组的主要障碍。❷ 国会的考虑是加强集权会加强行政部门权力，进而削弱国会权力。地方各州的政治考虑则是分散的各军兵种局，给选区带来就业机会和商业合同，并与国会议员的利益绑定。国会与技术兵种、专业局等构成同盟，阻止了改革。在三权分立的政治原则下，总统无法仅凭行政权力强行推动改革。另外，美国军队与大众接触密切，民间也有各种声音，存有巨大的舆论压力。陆海军之间的协调并没有得到实质性的改进，在美国介入墨西哥革命时，由于陆海军协同不佳，战况推进远不及预期。不过在这次作战中，美军第一次在实战中使用了飞机，第 1 航空中队为约翰·J. 潘兴（John J. Pershing）的远征军提供了战场侦察和火力方面的支援，展示了

---

❶ LOCHER Ⅲ J R. Victory on the Potomac：The Goldwater-Nichols Act Unifies the Pentagon [M]. College Station, TX：Texas A & M University Press, 2004：18.

❷ 同❶.

巨大的潜力。❶

联合的多样化和复杂化日益增长,反映了同期工业化社会与运营方式在军事领域的具体运用。更具体地看,联合作战模式的快速发展,是作战手段的广泛增长及军队内部作战功能分化加剧的必然结果。❷ 1915年英军加里波利战役的惨败,充分说明了现代联合作战的艰难性和残酷性。第一次世界大期间,美国陆军承担地面作战,海军则负责运输和护航等,主要作战区域远离滨海地区,因此陆军和海军之间并没有典型的两栖联合作战。尚未独立成军种的航空力量,展现出巨大潜力,使战争走向三维。航空力量的指挥、控制和运用不同于传统的陆海军兵种,第一次世界大战是空战的第一次大规模探索,预示着航空力量未来的独立成军,也将联合作战从陆海联合延伸到陆空联合和海空联合,深刻地塑造了未来的联合作战。

(二) 航空力量推动联合作战走向三维空间

两次世界大战时期,美军航空部队尚没有成为独立军种,有空中力量参与的作战并不符合严格意义上联合作战的定义,但是,由于航空力量对战争形态的影响过于深远,尤其出现了空地联合、海空联合的雏形,展现了空军参与联合作战的原始模式,因此不得不进行专门论述。

第一次世界大战中空中力量的主要任务是保障地面作战,空战的焦点则是争夺控制空权,进而为己方部队提供更好的空中侦察、地面炮兵火力校正、定位机动中的部队、向地面空投信件包裹和补给等。空中力量对地面的直接支援,主要有空中遮断(air interdiction)和近距离空中支援(close air support),在当时美军条令中并没有严格区分两者,仅是以友军炮火射程为限,射程范围以内的空中支援为近距离空中支援,射程以外为空中遮断。❸空中遮断通常是按照既定方案,对交战线后方的敌军目标进行打击,受制于飞机载弹量等性能所限,直到1918年专业轰炸机规模运用出现后才显现

---

❶ FUTRELL R F. Ideas, Concepts, Doctrine, Vol. 1, Basic Thinking in the United States Air Force, 1907−1960 [M]. Maxwell Air Force Base, AL: Air University Press, December 1989: 19.

❷ BEAUMONT R A. Joint Military Operations: A Short History [M]. London: Greenwood Press, 1993: 57.

❸ MCGRATH J J. Fire for Effect: Field Artillery and Close Air Support in the US Army [M]. Fort Leavenworth, KS: Combat Studies Institute Press, 2010: 47.

出成效。相比之下，近距离空中支援需要更高的协同和训练水平。便携式无线电系统在第一次世界大战末期才开始使用，且发送的信息有限，难以支撑协同所需的空地通信，空中支援的大量细节都是在起飞前协调敲定，临空协同主要通过信号板、闪光弹、灯光等声光设备来达成配合。

第一次世界大战时期，航空部队的指挥与控制通常置于集团军群一级，由一名航空部队指挥官统一控制，下级的军和师有空军联络官或小组，当需要空中支援时，通过各级指挥链上的联络官层层上报。❶ 第一次世界大战主要是欧陆堑壕战，双方指挥层级冗长，指令传递缓慢且容易丢失信息，也没有专门的条令，因此空中支援在实操中存在诸多机制上的问题。美国陆军于1915年开始列装新型侦察飞机，尝试近距空中支援步兵。法国于1916年率先为航空部队制定了通信指令，随后英国和美国都采取了法国系统。❷ 通过低空飞行进攻地面部队的战术在1916年索姆河战役中崭露头角，随后空地协同的战术、条令和通信都有了大的发展。1917年交战各方均大量使用低空飞机进行火力支援，1918年英军将空战的编队飞行引入地面进攻，显著提升了火力效能。1918年9月，在圣米耶尔战役（Saint-Mihiel Battle）和阿贡战役（Argonne Battle）中，美军威廉·比利·米切尔（William Billy Mitchell）准将利用飞机组织实施了大规模空中支援行动，取得了较大的战果，在前一次战役中陆军航空勤务队（Air Service）被置于第一集团军下，第二次战役中米切尔直接升任为战区空战主管。❸ 不过交战各方也认为，由于飞机性能所限，相比直接摧毁敌方部队，空中支援更多的作用在于打击士气。❹

空地联合是第一次世界大战时期联合作战最显著的发展，引发了不小的观念冲突。在空地协同方面，一些人认为近空支援是地面部队束缚空中

---

❶ CARDWELL III T A, Colonel, USAF. Airland Combat: An Organization for Joint Warfare [M]. Maxwell Air Force Base, AL: Air University Press, December 1992: 4.

❷ 同❶: 6.

❸ MCGRATH J J. Fire for Effect: Field Artillery and Close Air Support in the US Army [M]. Fort Leavenworth, KS: Combat Studies Institute Press, 2010: 45.

❹ HOUSE J M. Toward Combined Arms Warfare: A Survey of 20th~Century Tactics, Doctrine, and Organization [M]. Fort Leavenworth, KS: U. S. Army Command and General Staff College, 1985: 28.

力量的象征，仅是将空中力量用作地面炮兵支援火力的某种补充；❶ 也有人从传统的军种作战出发，认为空中力量提供的火力支援有损地面或海上作战的纯粹性。❷ 更大的观念冲突则来源于对空中力量的控制。传统的陆军人士认为，应该像控制其他兵种一样使用空中力量，由陆战指挥官统一指挥，而多数飞行员和一些陆军军官则认为，应该集中控制和指挥空中力量，集中力量打击关键目标。❸ 这些相互冲突的观点影响着第一次世界大战后空中力量的发展，最终将由下一场大战进行检验。

三、两次世界大战期间美军加强联合作战探索

从1919年第一次世界大战结束到1941年美军正式参加第二次世界大战的22年里，军事技术快速发展，酝酿着战争形态变革，美军自身进行了较大规模的调整，军种力量结构发生变化，发布了涉及联合作战的专门文件，并进行了相应的实验和实践。

（一）机构性调整和纲领文件的颁布收效有限

第一次世界大战结束不久，不断有人提出加强对陆军和海军的统一管理，以期实现更高程度的联合和协调，但仅达成了部分成果。1919年战争部和海军部达成协议，进一步加强陆海军联合委员会的权限。1920年美国国会通过了《国防法案》，承认了军种间联合的趋势，但陆海军在涉及联合优先事宜和指挥权问题时，仍然存在混乱。同年，犹他州参议员里德·斯穆思（Reed Smooth）向国会提交了第一份建议组建国防部的提案。❹ 整个20世纪二三十年代，类似的提案不断出现，但均未产生实质性影响。大萧条期间，国会为提升军方对有限预算的运用效率，提议军方组建联合总参谋部（Joint General Staff）及统一的行政管理机构，但军种并不响应。究其

---

❶ WARDEN Ⅲ J A. The Air Campaign: Planning for Combat [M]. Washington D. C.: National Defense University, 1988: 103.

❷ DUPUY T N. A Genius For War: The German Army and General Staff, 1807–1945 [M]. London: MacDonald and Janes's, 1977.

❸ CARDWELL Ⅲ T A. Airland Combat: An Organization for Joint Warfare [M]. Maxwell Air Force Base, L: Air University Press, December 1992: 7.

❹ BEAUMONT R A. Joint Military Operations: A Short History [M]. London: Greenwood Press, 1993: 65.

原因，一方面在美国社会中存在着广泛的反军事集权的传统，第一次世界大战以后德国总参谋部一度被认为是独裁的标志，另一方面美国陆军和海军有独特的军种文化和集团利益，各自为政的传统由来已久，对于统一指挥存有排斥。在各方压力和综合需求的推动下，美军建立了一些涉及具体问题的跨军种联合委员会，如解决军种弹药通用性问题的陆海军军需委员会（Army and Navy Munitions Board）、协调各军种空中力量发展的航空委员会（The Aeronautical Board）、协调陆海军军区事务的地区联合计划委员会（Local Joint Planning Committees）等。

1927年由陆海军联合委员会、陆海军军种部长联合发布了第一版《陆军和海军的联合行动》（*Joint Action of the Army and Navy*，JAAN），这是美军历史上第一份联合作战性质的纲领性文件。该文件开篇指出："陆军和海军行动的协调一致和相互支援对于战争胜利至关重要，要做到这一点，两个军种必须对各自在国防中的作用和在作战中实现协同作战的方法有共同的、明确的认识。"❶ 文件对陆军和海军的平战职责做了划分，界定了"统一指挥"（Unity of Command），即"对联合作战部队的指挥权"，拥有统一指挥权的指挥官应"通过组建特遣部队、指派任务、指定目标、提供后勤保障来协调受其指挥的陆海军部队，在作战过程中行使控制权，以确保以最有效的形式达成共同目标"❷；对各军种航空力量的发展和运用做出区分，要求必须最大化地减少重复建设；❸ 展示了对未来联合作战的考虑，定义了"联合作战"（joint operations），即"由陆军和海军为完成共同任务而进行的且通常需要战术协调的作战"，其类型包括"联合海上运动、对岸上目标发起的登陆进攻、从陆地和海上同时向岸上目标发起的进攻、岸防、需要两军种共同作战的特殊情况"❹，并区分了各种行动中不同军种的职责；文件还对通信代码的标准化和规范化、常设和临时协调机构等做了说明。1927年的《陆军和海军的联合行动》与其说是一份指导性文件，不如说是一份规范性文件，对军种的角色和任务、航空力量发展等做出了区分，"更多的

---

❶ JOINT ARMY AND NAVY BOARD. Joint Action of the Army and the Navy ［Z］. Washington D. C.：GPO，1927：Forward.
❷ 同❶：5.
❸ 同❶：8.
❹ 同❶：10-11.

规定只是接受维持现状的做法"❶，如"统一指挥"在实践中依旧难以落实，不仅需要总统下令，还需要军种部长签署协议，或由战场上的军种指挥官达成一致。文件中专门提到了"最高利益"（paramount interest）这个概念，即在联合作战中哪个军种占主要作用，即由哪个军种负责指挥，这种简单地按"利益"区分指挥权的规定，反映出浓厚的军种主义。

1935年《陆军和海军的联合行动》修订版，大幅增加了篇幅，增加了"陆海军联合演习"一章，重点是沿海边境防御（coastal frontier defense）、联合海外远征（joint overseas expeditions）。❷此后该文件每年都有小的修订。对具体行动的突出，反映了军种在特定地理区域内优先指挥权问题上达成了妥协，陆军在巴拿马和阿拉斯加地区中占据主导，突出岸防，海军则强调其在太平洋地区的联合两栖行动中享有优先权。这些安排本质上仍是军种"最高利益"原则的体现，而非统一指挥。

（二）两栖登陆成为联合作战发展的重要牵引

美国海军陆战队在大战期间发展出较为高级的联合两栖登陆作战理论和实践。第一次世界大战结束后不久，海军战争学院和陆战队参谋学院以日本为主要假想敌，对未来太平洋海战和两栖作战进行了大量研究和兵棋推演，与加勒比地区实施的舰队登陆演习相互借鉴。其中，最具代表性的是1921年厄尔·H. 埃利斯（Earl H. Ellis）陆战队少校的《712作战计划：密克罗尼西亚群岛的前沿基地作战》❸，该研究成果成为1924年"橙色"计划修订版的主体内容。1921年开始，陆战队前沿基地部队（Advanced Base Force）逐步调整为陆战队远征部队（Marine Corps Expeditionary Force），作为舰队的机动部队遂行登陆作战，并在上岸后与陆军进一步加强

---

❶ REARDEN S L. Council of War：A History of the Joint Chiefs of Staff 1942−1991 [M]. Washington D. C.：Joint History Office, 2012：7.

❷ JOINT ARMY AND NAVY BOARD. Joint Action Of The Army And The Navy [Z]. Washington D. C.：GPO, 1927.

❸ ELLIS E H. Operation Plan 712：USMC, Advanced Base Operations in Micronesia [EB/OL]. [2020−05−15]. http://www.ibiblio.org/hyperwar/USMC/ref/AdvBaseOps/index.html#contents.

后续陆上作战的合作,从而夺取和建立前沿基地供海军后续作战使用。❶ 1921 年陆战队在其年度野外训练中进行了两栖模拟训练,次年在弗吉尼亚州主办了首次联合登陆演习。

1923 年陆军参与了模拟进攻巴拿马运河区的两栖演习,海军新入役的航空母舰也参与进来。1925 年美军举行了夏威夷联合大演习,以第一次世界大战的加里波利战役为蓝本,陆战队作为攻方模拟两个师的兵力,对陆军防守的海岸发起两栖攻击,双方都得到了海军部队的加强。演习暴露了一系列问题,但 19 世纪 20 年代美国政府奉行财政紧缩政策,导致很多问题得不到解决。登陆作战的关键性力量建设缺乏预算支持,如 1922 年演习就已经提出的缺乏冲击上陆的登陆舰船问题,在 1932 年的夏威夷联合大演习后再次被作为主要问题提出。❷❸ 相关训练时断时续,登陆部队和舰炮火力、防空之间的协同问题也未能有效解决。❹❺ 大萧条时期预算情况进一步恶化,时任陆军参谋长麦克阿瑟提出建议将海军陆战队并入陆军以减少国防开支。❻ 为了抵消麦克阿瑟的影响,1933 年陆战队提出了"舰队陆战部队"(Fleet Marine Force)概念,加强与海军的纽带。

20 世纪 30 年代里,陆战队依托军种各院校继续加强两栖登陆的研究和教学,成立了登陆作战教材委员会(Landing Operations Text Board),编写相关条令。1934 年,《登陆作战试行手册》(*Tentative Landing Operations Manual*)发布,列举了登陆作战的指挥关系、舰炮支援、空中支援、舰对岸运动、夺取滩头堡垒、后勤六个问题,指出必须有统一指挥,相关理论被海军 1938 年版的《舰队训练出版物 167 号:登陆作战条令》(*Fleet Training*

---

❶ EMMEL D C. The Development of Amphibious Doctrine [D]. Fort Leavenworth, KS: U. S. Army Command and General Staff College, 2010: 33.

❷ 同❶: 38-39.

❸ BEAUMONT. Joint Military Operations: A Short History [M]. London: Greenwood Press, 1993: 67.

❹ 同❶: 40.

❺ SMITH H M, Finch. Coral and Brass [M]. New York: Charles Scribner's Sons, 1949: 59.

❻ BARTLETT M L. Ben Hebard Fuller and the Genesis of a Modern United States Marine Corps, 1891-1934 [J]. The Journal of Military History, January 2005: 85-86.

Publication 167：*Landing Operations Doctrine*）吸收。❶ 1935—1941 年，海军和陆战队每年例行举行舰队登陆演习（Fleet Landing Exercises），1937 年开始陆军每年都派兵参加，只有 1940 年受战略战备调整影响而缺席。演习的科目涵盖广泛，包括兵力输送、上陆前后指挥权的转交、兵力需求论证、舰炮和航空火力支援、登陆装备的论证和检验，甚至包括滩头烟幕释放等细节内容。演习中由于联合登陆部队缺乏由各方抽组编成的联合指挥参谋机构，在行政管理、作战协同配合方面同步性较差。❷

1940 年第二次世界大战形势发生了剧变，未来不管是反攻欧洲大陆，还是在太平洋与日军争夺岛屿，都要求美军加强两栖作战。1941 年举行的第 7 次舰队登陆演习被寄予厚望，这次演习将陆军第 1 步兵师和陆战 1 师混编为第 1 联合训练部队，交由陆战队少将霍兰德·M. 史密斯（Holland M. Smith）指挥，演习一如既往地暴露了大量问题，但有了这次宝贵经验，太平洋战争爆发后陆战 1 师迅速成为美军两栖作战的骨干力量。接受过陆战队训练的陆军第 1、第 3、第 9 步兵师，在第二次世界大战中则构成了北非登陆的主力部队。❸ 1941 年陆军在演习中索取了海军《舰队训练出版物 167 号》的副本，稍加修改后于 1941 年 6 月发布了《野战手册 31-5：敌对滩头的登陆作战》（*Field Manual 31-5, Landing Operations on Hostile Shores*）。❹ 1942 年 1 月陆军和海军举行了陆海军 1 号联合演习（the Joint Army and Navy Exercise 1），不过受正式参战的影响，规模被大大压缩。

两次世界大战之间的二十多年里，在联合两栖登陆作战领域，美国领先于其他国家，提前建立起太平洋战争中联合作战的基本框架。❺ 究其原

---

❶ EMMEL D C. The Development of Amphibious Doctrine［D］. Fort Leavenworth, KS：U. S. Army Command and General Staff College, 2010：63.

❷ BEAUMONT R A. Joint Military Operations：A Short History［M］. London：Greenwood Press, 1993：68.

❸ 另外还有第 7、77、81、96 步兵师也接受过陆战队的训练，这 7 个师已经可以肩负起陆军内部的两栖作战训练任务。见 SMITH H M P. Coral and Brass［M］. New York：Charles Scribner's Sons, 1949：84；BARTLETT M L. Essays on the History of Amphibious Warfare［C］. Annapolis, MD：Naval Institute Press, 1983：190.

❹ 同❶：77.

❺ MURRAY W. The Evolution of Joint Warfare［J］. Joint Force Quarterly, 2002（Summer）：30-37.

因，一方面是受对日作战战略和现实考虑的持续牵引，另一方面得益于美国的编制特点，本身就带有联合性质的海军陆战队，且作为一个独立军种，能够比其他国家作为兵种存在的陆战队拥有更大的权力，来调动其他军种参与联合作战的研究和演练。

（三）航空力量谋求独立地位减缓了联合发展

第一次世界大战结束后，制空权成为最热门的军事话题之一。然而，在军队建设方面最为棘手的问题莫过于未来军用飞机的地位，飞机使陆军和海军传统的定义和职能受到挑战，引出了军种之间既合作又矛盾的复杂关系，还在军种内部造成了激烈的权力之争。❶ 战后，陆军和海军都开始组建自己的航空部队，并催生了一个由飞行员、科学家、工程技术人员、飞机制造商和民间人士构成的影响团体，他们不断寻求空中力量的统一。1919年，陆海军联合委员会下设的航空委员会发表了有关空战的学术报告，强调空战对陆战、海战的重要性，但驳斥了空战决定论。海军航空力量发展的重点是航母和舰载机。陆战队重点发展了近距离空中支援，率先试验了俯冲轰炸等战技术，并运用于在美洲的干涉行动中，其发展还受到了德国的关注。美国陆军方面在空中力量的运用上出现了较大的观点分歧，米切尔在1920年发表的《军事航空学的战术应用》（*Tactical Application of Military Aeronautics*）中将空中力量的首要任务界定为摧毁敌人的空军，即先抢夺制空权，然后再打击地面和海上部队，为实现这些目标，需要对空中力量实施集中统一的指挥和控制，赋予航空部队独立地位。但是陆军在1919年起草的《航空勤务运用暂行手册》（*Tentative Manual for the Employment of the Air Service*）中则仍将空中力量的首要角色界定为支援步兵。❷ 换言之，陆军仍将航空力量视为传统陆战的自然延伸和补充，发挥其侦察定位、火力支援等功能。1926年年初陆军发布的《训练规程440-15：航空勤务运用的基本原则》（*TR 440-15, Fundamental Principles for the Employment of the Air*

---

❶ 阿伦·米利特，彼得·马斯洛斯基. 美国军事史 [M]. 军事科学院外国军事研究部，译. 北京：军事科学出版社，1989：39.

❷ WIELHOUWER P W. Trial by Fire: Forging American Close Air Support Doctrine, World War I Through September 1944 [D]. Fort Leavenworth, KS: U. S. Army Command and General Staff College, 2010: 10.

Service）中对空中力量的界定仍是"协助地面部队取得决定性胜利"❶。

面对空中力量的发展，在莫罗委员会（Morrow Board）调查报告的支持下，1926 年美国国会通过《航空兵法》，陆军航空勤务队正式升格为陆军航空兵，成为独立兵种，战争部增设一名负责航空事务的助理部长，走出了空军独立的第一步。随后十余年里，航空兵取得了长足的发展，人员占到陆军总数十分之一，而经费则占到了五分之一，还有强大的公众基础❷。在德鲁姆和贝克委员会（Drum and Baker Board）的支持下，1935 年陆军航空兵总部成立，负责对驻美国本土所有陆军作战飞机实施控制，直接听命于陆军参谋长，不再由野战集团军进行管理。20 世纪 30 年代航空技术的发展使远程大规模战略轰炸成为可能，在大萧条后有限的预算环境下，新成立的航空兵总部提出"轰炸机将是空军最重要的组成力量"❸。空军一方面全面追求独立作战能力，将争夺制空权和实施战略轰炸列为发展重点，近距离空中支援则排在之后，另一方面继续寻求对空中力量的统一指挥。这种发展近乎是这一时期各国发展的惯例，主要是因为空地协同存在通信困难，且组织结构衔接不畅，相关国家演习中，从地面部队提出申请到空中力量完成响应，时间跨度从 2 小时至 8 小时不等❹。

西班牙内战中，德国率先试验了新技术条件下的空地协同。1938 年，近距空中支援开始频繁出现在欧洲的军事杂志上。到 1939 年，美国陆军航空队的空地协同理念、能力和装备，已落后于德国、日本、意大利在西班牙、中国和埃塞俄比亚的联合作战实践。❺ 1939 年，美国战争部指示对空地

---

❶ US WAR DEPARTMENT. Air Corps Training Regulation 440-15, Employment of the Air Forces of the Army ［Z］. Washington D. C.：Government Printing Office，26 January，1926.

❷ 阿伦·米利特，彼得·马斯洛斯基. 美国军事史 ［M］. 军事科学院外国军事研究部，译. 北京：军事科学出版社，1989：389.

❸ WIELHOUWER P W. Trial by Fire：Forging American Close Air Support Doctrine，World War I Through September 1944 ［D］. Fort Leavenworth，KS：U. S. Army Command and General Staff College，2010：12.

❹ COOLING F. Case Studies in the Development of Close Air Support ［M］. Washington D. C.：Government Printing Office，1990：30-31.

❺ BEAUMONT R A. Joint Military Operations：A Short History ［M］. London：Greenwood Press，1993：81.

协同进行研究,1940年法国沦陷刺激美国加紧相关条令开发和部队训练。❶ 1940年陆军《野战手册1-5:陆军航空兵的运用》(FM 1-5,Employment of Aviation of the Army)和《野战手册1-10:空中攻击的战术和技术》(FM 1-10,Tactics and Technique of Air Attack)发布,为开展空地联合训练提供了指导。❷ 1941年8月战争部发布了《第52号训练通则:航空兵在近距离支援地面部队中的运用》(Training Circular No. 52,Employment of Aviation in Close Support of Ground Troops),进一步明确了空地协同中的组织程序、战术通信、标准化指令格式等。❸ 1941年8月至9月的路易斯安那大演习暴露了空地协同方面的问题,导演部认为需要先加强地面部队和空中部队各自的训练,美陆军计划在1942年开展专门的联合空地演习。❹ 1941年6月陆军航空兵升格为陆军航空队,1942年3月陆军改组成立地面部队司令部、航空部队司令部和勤务部队司令部3大平行的司令部,航空部队拥有了独立的参谋部和司令,完全与地面部队分离。这就意味美陆军地面力量和空中力量将以未经实战检验的部队结构、条令和装备进入第二次世界大战,这势必会影响第二次世界大战期间联合作战的发展。

第三节　第二次世界大战期间的美军联合作战实践

一、第二次世界大战推动了美军联合指挥体制的建立

(一)以组建参联会推动联合指挥体制的建立

至美国正式参加第二次世界大战之前,美军在联合指挥体制方面的建

---

❶ CARDWELL III T A, Colonel, USAF. Airland Combat: An Organization for Joint Warfare [M]. Maxwell Air Force Base, AL: Air University Press, December 1992:7-8.

❷ WIELHOUWER P W. Trial by Fire: Forging American Close Air Support Doctrine, World War I Through September 1944 [D]. Fort Leavenworth, KS: U. S. Army Command and General Staff College, 2010:14.

❸ 同❷:24.

❹ MORTENSEN D R. A Pattern For Joint Operations: World War II Close IR Support, North Africa [M]. Washington D. C.: Office of Air Force History and U. S. Army Center of Military History, 1987:17.

设十分有限。有批评提出："两次世界大战期间，美军顶层的联合委员会和其他联合机构，在促进跨军种协调方面毫无建树。"❶ 1938 年慕尼黑危机爆发后，欧洲和亚太局势逐步紧张，陆海军联合委员会一方面加紧编制联合战略计划，制定了"彩虹 5 号"计划，预期对德意开展大规模进攻，在太平洋先采取战略防守；另一方面进行机构完善，成立了高级联合规划委员会（Senior Joint Planning Committee）、联合情报委员会（Joint Intelligence Committee）等机构，加强军种间的协调。但这种委员会性质的机构缺乏足够的权威指导全军工作，加之当时背景下陆海军忙于扩军和训练备战，因此在战前未能发挥太大的作用。1941 年 6 月，海军将官总委员会曾提议建立由一位参谋长负责的联合总参谋部，制订重大战役的总体计划，指挥陆海军，但一直被束之高阁。❷ 以珍珠港事件为例，很显然"保卫夏威夷群岛不是在高级军官中盛行的拍拍脑袋或者一团和气就能办到的"❸，自 1915 年开始，陆军和海军就因该地区防御的指挥问题频频争论，但始终未能形成统一、联合的防御计划和部署，彼此通信不畅，情报无法及时共享，指挥链上，陆军夏威夷军区和海军太平洋舰队分别经由各自军种参谋长上报各自军种部长，这就导致谁也无法统管夏威夷的防御，产生了巨大的漏洞。

第二次世界大战时期，美军联合指挥体制的建立很大程度上得益于联军作战的推动。1941 年夏，负责协调与美军实施联军作战的蒙巴顿到夏威夷访问时期，对美国陆军和海军指挥结构分置设立、相互独立的情况感到惊讶。英国对此评价："整个体制仍属于乔治·华盛顿时代。"❹ 英国早在 1923 年便建立了参谋长委员会，成员包括陆军、海军、空军的参谋长，作为英军最高指挥机构，直接向首相和战时内阁负责。美国正式参战后，在与英国进行联军合作方面，只有咨询和协调职能的陆海军联合委员会无法

---

❶ LEGERE L J. Unification of the Armed Forces [M]. New York：Garland, 1988：185.

❷ REARDEN S L. Council of War：A History of the Joint Chiefs of Staff 1942-1991 [M]. Washington D. C.：Joint History Office, 2012：5.

❸ JABLONSKY J. War by Land, Sea, and Air：Dwight Eisenhower and the Concept of Unified Command [M]. New Haven, CT：Yale University Press, 2010：12.

❹ LOCHER III J R. Victory on the Potomac：The Goldwater-Nichols Act Unifies the Pentagon [M]. College Station, TX：Texas A & M University Press, 2004：8.

对等英军参谋长委员会。1942年2月9日,美国组建参联会,成为美国最高军事机构,直接向总统报告,负责制订战略计划和协调陆海军行动。参联会的最初成员包括陆军参谋长马歇尔上将、负责陆军航空队的陆军副参谋长阿诺德中将、海军作战部长斯塔克上将及美国舰队总司令金上将,1942年3月金接替斯塔克兼任海军作战部长,7月罗斯福任命海军上将威廉·D. 莱希担任"陆海军总司令的参谋长"(Chief of Staff to the Commander-in-Chief of the Army and Navy),作为参联会和总统之间的桥梁主持参联会工作。由此,两名陆军将领和两名海军将领构成了第二次世界大战时期美国参联会成员的基本格局。

成立后的参联会迅速接管了陆海军联合委员会的职能,发展出十几个分管不同职能的联合委员会,作为参联会下属的参谋机构运行。主要联合委员会和机构如图1-1所示,其中居于核心的是联合参谋规划部,1943年改为联合战争计划委员会(Joint War Plans Committee,JWPC),在顶层联合作战计划制订上发挥主要作用。各联合委员会中的大部分工作人员需兼顾军种和参联会两者的工作。这极大地压缩了陆海军联合行动计划过程中的协调层级,但同时也加剧了参联会内部的军种之争,共事中矛盾重重。因此,在参联会初期运行阶段,高效的战略规划往往由各军种参谋人员制定,按照"最高利益"原则,陆军在欧洲战场的作战计划中占主导地位,海军则主导了太平洋战场的作战计划。❶

(二)以战区司令部指挥两大战场的联合作战

为加强地区性联合作战,盟国将全球划分了若干战区,建立了相应的指挥机构(图1-1)。在对德意作战上,美国英国先后组建了北非战区(1944年1月改为地中海战区)和欧洲战区,由联军共同发起两栖登陆作战反攻非洲和欧洲大陆,然后继续向内开展地面作战。陆军地面部队和航空队担负主要任务,艾森豪威尔先后担任上述两个战区的总司令,在美国国内通过马歇尔向参联会和总统汇报。美国海军的主要任务是提供后勤物资和部队输送保障、执行大西洋护航任务及参与两栖登陆作战。整体而言,欧洲战场上美军指挥权比较统一,联合作战指挥能够比较有效地运行,在

---

❶ REARDEN S L. Council of War:A History of the Joint Chiefs of Staff 1942-1991 [M]. Washington D. C.:Joint History Office,2012:11.

战争中后期，始终相对独立的战略空军部队也在很大程度上纳入了联合作战指挥。

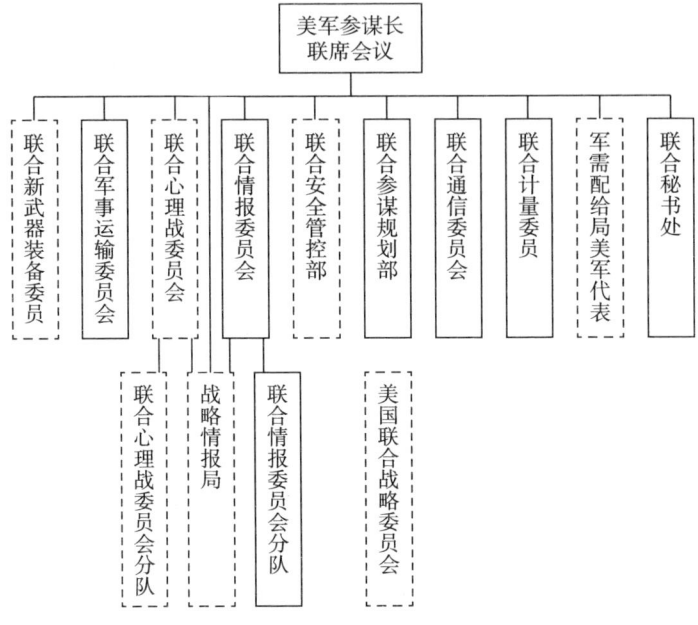

图1-1 1942年时美国参联会组织结构图❶

在太平洋战场上，美国陆军和海军战前就分别在菲律宾和夏威夷设有司令部，战争爆发后两大军种的作战方式和构想各不相同，且由于麦克阿瑟的特殊地位，陆海军无法在战区的统一指挥上达成一致。1942年3月经参联会协调，罗斯福批准建立了由陆军主导的西南太平洋战区和海军主导的太平洋战区，分别由麦克阿瑟和尼米兹担任战区司令。两大战区都包括陆海空部队。西南太平洋的早期主力为从菲律宾撤出的美陆海军部队和澳大利亚、荷兰等盟国部队，编为两个美国陆军师和两个澳大利亚师、乔治·C. 肯尼（George C. Kenney）中将指挥的第5航空队、托马斯·C. 金凯德（Thomas C. Kinkaid）海军中将指挥的第7舰队，后期部队规模逐步扩大。太平洋战区主要是海军和海军陆战队，另有小部分陆军地面部队和航

---

❶ 注：本图只列举主要组织结构；虚线方块为美军特有机构，实线方块机构还服务于盟军。详见：REARDEN S L. Council of War：A History of the Joint Chiefs of Staff 1942-1991 [M]. Washington D. C.：Joint History Office, 2012：6.

空部队，设北太平洋、中太平洋和南太平洋三个下属司令部，担任不同战略方向的作战任务。涉及两大战区的配合和部队的跨战区调用问题时，两名战区司令分别通过各自的军种参谋长上报至参联会，由参联会进行协调，参联会的指令也通过军种参谋长向战区传达，这一制度被称为"执行代理人"（Executive Agent）制度，并延续至战后。❶ 1944年，陆军航空队组建了负责执行对日战略轰炸的第20航空队，不经上述两个战区指挥，由阿诺德担任执行代理人，相当于亚太地区出现了三个彼此独立的战区级司令部。

二、北非欧洲战场的联合作战基本贯彻了统一指挥

（一）北非登陆行动成为美军首次三军联合实战

1942年8月14日，英美参联会正式任命美军欧洲战区司令艾森豪威尔中将为盟军远征军总司令，艾森豪威尔奉命组建联合计划参谋组，制定"火炬"行动总体计划，在西北非实施登陆作战。得益于英国、美国两国元首的直接授权，艾森豪威尔拥有充分的权威对行动中的部队实施统一指挥，英国明确指示派往远征军司令部的军官必须毫无保留地服从最高司令❷，美国参联会则指示陆军部不能擅自发布约束艾森豪威尔指挥的计划和指令❸，极大地简化了指挥层级，同时也使艾森豪威尔可以超脱军种的身份，全面审视和筹划联合作战。"火炬"行动计划由三支部队同时发起进攻，英美部队混编的东部特遣部队和中部特遣部队，其登陆计划由艾森豪威尔带领盟军司令部制定；西部特遣部队直接从美国本土出发，艾森豪威尔任命巴顿陆军少将和肯特·休伊特海军少将制定具体计划。美军参联会专门成立"陆海军火炬委员会"（Army-Navy Torch Committee），加强军种协调，同时确保美军计划与伦敦的盟军司令部保持一致。尽管如此，作战计划的制定阶段，仍充斥着陆军和海军、美军与英军之间的大量分歧，并不断威胁着艾森豪威尔的指挥权威。在艾森豪威尔的不断争取下，直到1942年10月

---

❶ REARDEN S L. Council of War: A History of the Joint Chiefs of Staff 1942-1991 [M]. Washington D. C.: Joint History Office, 2012: 30.

❷ JABLONSKY D. War by Land, Sea, and Air: Dwight Eisenhower and the Concept of Unified Command [M]. New Haven, CT: Yale University Press, 2010: 70.

❸ KIRKPATRICK C E. Joint Planning for Operation Torch [R]. Carlisle, PA: U. S. Army War College, 1991: 78.

13日，他才被正式明确"在统一指挥原则下，对参与'火炬'行动的所有部队进行指挥"❶。

"火炬"行动是美军的第一次大规模两栖登陆联合作战。以往联合作战基于军种"合作"原则实施，意味着谁也不能指挥谁，指挥体系相对松散，配合程度低，尤其是在出现分歧时容易引发指挥混乱。在火炬行动中，"合作"让位于"统一指挥"，从登陆部队的装载和航渡，到突击登陆，再到陆上作战，各个阶段都有且只有一名指挥官负责部队指挥，不同作战阶段转换时同步进行指挥权的转交。以西部特遣队为例，部队装载和大西洋航渡阶段由美国大西洋舰队司令英格索尔根据艾森豪威尔提供的计划实施指挥；越过西经40度后，转由盟军总司令艾森豪威尔或盟军海军部队司令安德鲁·坎宁安（Andrew Cunningham）指挥，艾森豪威尔可对部队进行再编组；突击登陆阶段，由西部特遣队海军特遣舰队司令休伊特指挥；在登陆部队上岸建立指挥所后，转由巴顿指挥。巴顿起初并不相信海军的登陆保障能力，但战前已经进行过多次登陆演习的海军比较圆满地完成了任务，倒是陆军部队在登上滩头后出现了混乱。❷

空中部队方面，"火炬"行动中盟军空中力量包括美陆军第12航空队组成的西部空中力量司令部和英国空军部队组成的东部空中力量司令部。1942年4月发布的《野战手册31-35：航空兵对地面部队的支援》，提出航空兵可以分散部署到陆军受援部队，地面指挥官负责制定空地协同作战计划，目标工作应立足于地面作战态势。❸ 根据条令，西部空中力量司令部分为两部分，分别支援西部特遣部队和中部特遣部队，接受巴顿、弗雷登达尔两名特遣队司令的指挥，东部特遣队由英国空军支援。具体运行模式是空军部队向各陆军师派出空中支援小组，他们将空中支援请求发往空中支援控制中心，该中心设在特遣部队指挥所旁边。在特遣部队指挥官批准下级单位的空中支援请求后，这些请求将发往空军部队，派出相应的战斗机、

---

❶ ALLIED FORCE HEADQUARTERS, HISTORICAL SECTION, etc. History of Allied Force Headquarters [M]. N. P.：Allied Force Headquarters, 1945：Part 1：8.

❷ 李德·哈特. 第二次世界大战战史 [M]. 钮先钟，译. 上海：上海人民出版社，2009：309-310.

❸ WAR DEPARTMENT. FM31-35 Basic Field Manual：Aviation in Support of Ground Forces [Z]. Washington D. C.：GPO, April 1942：1, 9, 11.

轰炸机或侦察机实施支援。❶ 在这种运行模式下，空军成为陆军的附属，以近距离支援地面作战为第一要务，需"随叫随到"，空中遮断居于第二位，争夺空中优势则被忽视。"火炬"行动的登陆阶段比较顺利，伤亡较少，尚不足以暴露该种指挥方式的弊端。

（二）北非战役重塑了空地联合作战的基本模式

在主要作战转向内陆后，盟军空地协同问题开始暴露，其程度令人震惊。❷ 突尼斯战役初期，美军延续了"火炬"行动中的指挥方式，但当每个陆军指挥官都开始使用他们有限的空中力量独自抵御空中威胁时，"戏剧性的损失发生了"❸。将空军力量分散配给各特遣队的做法，导致任何一部分空中力量都无法形成优势兵力与德军争夺战场制空权，空中力量被大量地浪费在非重要目标上，且频频遭受德军袭击，损失惨重。战区空军缺乏统一领导，还导致战场简易空军设施建设滞缓，作战飞机往往需要从较远的后方基地起飞，距离远，滞空任务时间短，对地支援效果有限。相比之下，已历经几年战争实践的德军空地协同显然更为成熟、更具杀伤性。盟军飞机不得不担负起掩护部队的防御职责，这又导致力量被进一步分散。空军不同于陆海军"层层剥洋葱"、可直接攻击敌后方的优势无法发挥。由于美国、英国、法国空军各自为战，盟军飞机在交战中还经常被友军地面部队误认为来袭的敌机，误伤事件时有发生。

对此，艾森豪威尔采取了以下措施：一是根据阿诺德的建议，于1943年1月组建了名为"盟军空军"的战区空军司令部，随后改名为西北非空军司令部，统一指挥战区内的美国、英国、法国三国空中力量。空军司令部对空中力量进行了集中重组，明确空中力量的主要任务，并按照职能划分为战略空军、战术空军、海岸空军和部队运输司令部，统一实施指挥，

---

❶ MORTENSEN D R. A Pattern For Joint Operations: World War II Close IR Support, North Africa [M]. Washington D. C.: Office of Air Force History and U. S. Army Center of Military History, 1987: 55.

❷ 阿伦·米利特, 彼得·马斯洛斯基. 美国军事史 [M]. 军事科学院外国军事研究部, 译. 北京: 军事科学出版社, 1989: 429.

❸ WIELHOUWER P W. Trial by Fire: Forging American Close Air Support Doctrine, World War I Through September 1944 [D]. Fort Leavenworth, KS: U. S. Army Command and General Staff College, 2010: 75.

海军航空兵继续归由海军指挥，但要分担空中打击任务，且任务期间要接受空军司令部的控制；二是搁置了主张分散部署航空兵的《野战手册31-35：航空兵对地面部队的支援》，重新建立战术空军下属各部队与主要地面部队之间的支援关系，上调空中支援的指控权限，陆军师级和军级指挥官将不得不通过集团军指挥官申请近距离空中支援，战术空军则对各类汇总的需求进行筛选和排序，然后再做出具体支援。❶

这种新安排体现了"节约兵力"的基本原则，即空中力量属于稀缺资源，空中力量必须集中控制，用来完成最优先的任务，地面部队指挥官不可能得到他们预期的所有空中支援。新安排无疑引起了渴望加强空中力量的地面指挥官的激烈反对，这似乎与联合背道而驰。实践证明，战区集中控制空中力量的做法更为有效，盟军迅速夺回了战场制空权，空中遮断在削弱敌整体作战实力方面作用不断提升，这些都为近距离空中支援创造了更好的条件。到1943年5月，随着新型飞机数量的增加和通信的改进，师级部队也能经常得到所需的空中支援。❷ 美国陆军航空队迅速总结了北非战事的经验和教训，于1943年7月发布了《野战手册100-20：空中力量的指挥和使用》（*FM*100-20：*Command and Employment of Air Power*）。新条令对陆军航空队的任务、指挥、各部分组成及相关职责等做了全面的规定，其中规定与地面部队关系最为紧密的战术空军，其任务排序是：获取空中优势第一，空中遮断第二，近距离支援第三。❸ 新条令被部分陆军人士称为航空队的"独立宣言"，阿诺德则给每个航空队指挥官写信强调"必须通过指挥手段使全体将士时刻牢记，空中力量的作用与其他力量的作用是相互关联的"❹。蒙哥马利则说："我相信战争中的第一条重要原则就是在陆战和海

---

❶ MORTENSEN D R. A Pattern For Joint Operations：World War II Close IR Support，North Africa [M]. Washington D. C.：Office of Air Force History and U. S. Army Center of Military History，1987：72-73.

❷ 同❶：83.

❸ WAR DEPARTMENT. FM 100-20：Command and Employment of Air Power [Z]. Washington D. C.：GPO，July 1943：10-11.

❹ 沃尔特·博伊恩. 跨越苍穹：美国空军史 [M]. 郑道根，译. 北京：军事谊文出版社，1999：33，34.

战开始前,赢得空战。"❶

(三) 意大利战役见证了盟军联合联军作战的成熟

北非战事使美军快速积累了联合作战的经验和教训,到西西里和意大利战事阶段,其复杂环境下联合作战的能力持续提升。❷ 战区层面,指挥结构保持稳定。早在1943年2月,盟军建立地中海盟军空军司令部,统一指挥西北非空军司令部、英国空军马耳他司令部、中东空军司令部,海军也于当月成立了地中海海军司令部和黎凡特海军司令部,之后基本不变。陆军在突尼斯战役后撤销了2月组建的第18集团军,于7月成立第15集团军群,准备对意大利作战。

1943年7月盟军发起夺取西西里岛的"哈士奇"行动(Operation Husky),被视为盟军在联合、联军作战方面成熟的标志。❸ 行动前的6月底,盟军召集了72名陆海军高级军官,就联合作战中的复杂协同和协议问题进行磋商。"哈士奇"行动是共计15万人部队进行的陆海空三军联合作战,军种间关系基本延续了北非作战时的指挥关系。此战登陆部队与轴心国守军之比约为1比3,但是空中力量是3比1,有绝对的空中优势。❹ 但是,空军在初期作战中集中力量攻击内陆纵深目标,导致登陆部队缺乏必要的空中掩护,德国空军对美海军部队造成了大量伤亡,直到空军回防海滩情况才有所好转。❺ 突击登陆中,陆军部队达成了战术突然性,建立了滩头阵地,但随即遭遇了德意装甲部队实施的反冲击,陆军在海军火力支援下将轴心国击退。

此次行动首次加入了大规模空降作战,对盟军联合计划、军种协同提出了更高要求。但由于运输机和滑翔机之间配合不佳,盟军数十架滑翔机在拖曳释放后落入海中。由于无线电通信能力的限制,海空军部队通联困

---

❶ GUEDELLA P. Middle East 1940–1942, A Study in Air Power [M]. London: Hodder & Stoughton Ltd, 1944: 207.

❷ ZALOGA S J. SICILY 1943: The debut of Allied joint operations [M]. Oxford: Osprey Publishing, 2013: 6.

❸ BEAUMONT R A. Joint Military Operations: A Short History [M]. London: Greenwood Press, 1993: 92.

❹ 同❷。

❺ JABLONSKY D. War by Land, Sea, and Air: Dwight Eisenhower and the Concept of Unified Command [M]. New Haven, CT: Yale University Press, 2010: 103.

难，经常出现误伤事件。7月11日搭载空降部队的盟军运输机编队遭到盟军海军炮击，后者打下的己方飞机甚至比打下的德国飞机还多。❶ 进入8月，盟军未能有效集中海空力量优势阻止敌军穿越海峡逃回意大利半岛，降低了此战的战略意义。9月，盟军在意大利周边多个方向先后发起两栖登陆作战，海军舰炮对陆支援能力进一步提升。

意大利多山的地形限制了近距离空中支援的效能，地面受阻的美国陆军开始对近距离空中支援进行改善。在空地协同的指挥上，美军开发了一套贯穿整个意大利战役的日常计划系统。陆军集团军每晚18点于G-3作战处的空军组召开每日例会，结合上一级指示，筛选和讨论需空中打击的目标，编制清单后将其交予航空部队。担负支援任务的飞机由编号航空队下设的战术空军司令部统一指挥。对于这类"预先计划好的任务"，飞行员可以得到预期的目标信息、战术路线、通信安排等。其弊端也是显而易见的，反应时间慢，因此陆军需要在例会上提出为紧急目标预留一定数量的架次，一般是附近机场里相对剩余的战斗轰炸机，这些飞机通常能在30分钟内对近距离空中支援申请做出反应。❷

在空地联络和支援飞机的临空指挥方面，美军任用经验丰富的飞行员担任空中支援小组（Air Support Party，ASP）的指挥官，通常需担任过中队指挥官、具有少校或更高军衔，由其指挥临空飞机和引导打击。小组经常搭乘加载了空地联络甚高频（VHF）无线电台的吉普车，配合部队机动作战，配备到师、团一级，被称为"漫游者"（Rovers）。美军还创建了前沿空中控制员（Forward Air Controller，FAC），主要装备是L-5型轻型双座联络机，机组乘员为1名航空队飞行员和1名陆军观察员，具有比"漫游者"更宽阔的视界和更强的观通能力，能够引导前来支援的飞机直接攻击目标，被称为"马蝇"（Horsefly）小组，是近距离空中支援的一项重大发展。❸

在意大利战役的早期阶段，只有20%的空中任务是近距离空中支援，

---

❶ 阿伦·米利特，彼得·马斯洛斯基. 美国军事史［M］. 军事科学院外国军事研究部，译. 北京：军事科学出版社，1989：428.

❷ WIELHOUWER P W. Trial by Fire: Forging American Close Air Support Doctrine, World War I Through September 1944［D］. Fort Leavenworth, KS: U. S. Army Command and General Staff College, 2010: 61.

❸ 同❷：64.

剩下的80%由更高级别的空军指挥部统一指挥和控制。❶ 到战役中后期，随着可用飞机的增多，美军创建了绰号为"出租车停靠站"（Cab Rank）的一种新模式，即安排暂时没有任务的飞机升空巡逻待命，准备随时响应召唤，接受"漫游者"或"马蝇"的任务指挥。❷ 通过上述系统的改进，近距离空中支援任务可压缩至10分钟，甚至更快（图1-2）。❸

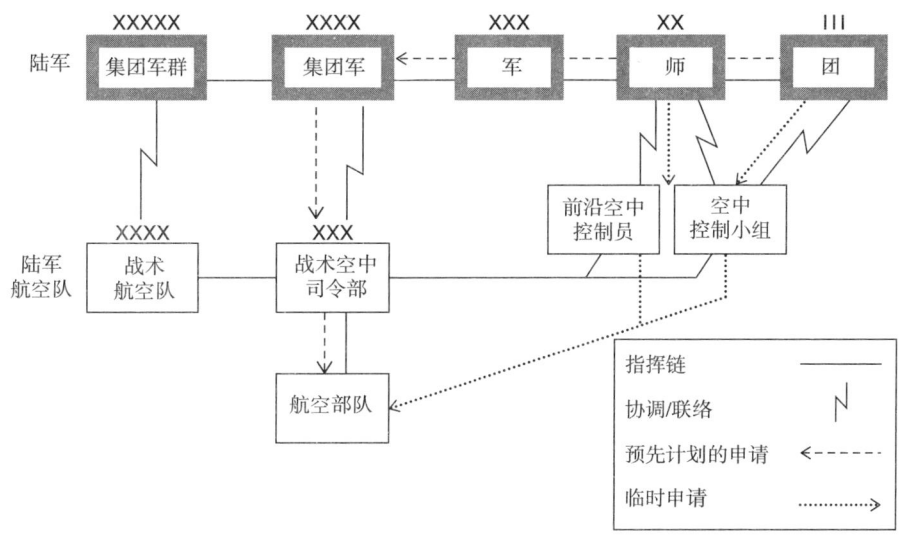

图1-2 美军第二次世界大战时期空地联合作战体系❹

（四）诺曼底登陆是美军二战中最复杂的联合作战

1944年6月的诺曼底登陆作战，是第二次世界大战期间欧洲战场上最为复杂的联合作战。围绕此次作战，盟军进行了周密的计划准备和组织结构重组。1943年4月盟军欧洲远征军最高司令部参谋部（"考萨克"）成立，开始着手制订登陆作战和反攻欧洲的战略计划。1944年2月盟军欧洲

---

❶ MCGRATH J J. Fire for Effect：Field Artillery and Close Air Support in the US Army [M]. Fort Leavenworth, KS：Combat Studies Institute Press，2010：69.
❷ WIELHOUWER P W. Trial by Fire：Forging American Close Air Support Doctrine, World War I Through September 1944 [D]. Fort Leavenworth, KS：U. S. Army Command and General Staff College，2010：63.
❸ 同❶：70-71.
❹ 同❷：71.

远征军最高司令部对战区军种部队进行重组。陆军部队编为第 21 集团军群，下辖美军第 1 集团军和英国第 2 集团军，由蒙哥马利指挥。海军部队为美军组成的西部海军特遣队和英军组成的东部海军特遣队，由英国海军伯特伦·拉姆齐（Bertram Ramsay）上将指挥，由其负责制订海军作战计划。空军部队在 1943 年 11 月明确了由英国空军利·马洛里（Leigh Mallory）上将统一指挥美国第 9 航空队和英国战术空中司令部等战术空军部队，由其制订作战计划。在艾森豪威尔的坚持下，战略空军也被纳入行动计划，此前战略空军直接听命于英美参谋长联席会，不经战区，由英美两国空军参谋长直接指挥独立实施战略轰炸，因此不愿服从战术空军马洛里的指挥，最后由远征军副司令英国空军亚瑟·特德（Arthur Tedder）上将出面对战略空军实施指挥才达成一致。此战几乎涉及盟军所有的军兵种，远征军最高司令部需进行大量的计划、协调和统筹，整个计划工作耗时一年多。

诺曼底登陆中呈现的多数联合作战样式，都已在之前的作战中经过了实战检验，且美军通过系统性的战略欺骗达成了突然性，极大地减少了遭遇的抵抗，不过在作战中仍展现出联合的诸多新发展。第一，在陆海联合方面，除了传统的海军为陆军提供装载和航渡保障外，联合向战术层级延伸：一是联合排障，美军组建了陆海军特种工程特遣队，作为先头部队负责清除通往海滩路线上的各类障碍，也是伤亡率较高的部队之一，奥马哈海滩上登陆当天，特种工程特遣队伤亡高达 41%❶，而在海滩排爆上更专业的美国海军陆战队此时集中在太平洋战场，没有额外部队抽调欧洲，实际上整个第二次世界大战期间美国海军陆战队都没有派出大部队参加欧洲战事；二是海军舰炮火力支援和岸上作战的衔接更为紧密，美登陆部队的各营均配有 1 个岸上火力管制组（Shore Fire Control Parties），由 1 个观察定位小组和 1 个舰炮联络小组构成，成员包括陆军、海军军官各 1 名和 12 名士兵，携带调频、调幅无线电台，担任火力支援的军舰上则配有 1 名陆军炮兵

---

❶ CENTER OF MILITARY HISTORY UNITED STATES ARMY. OMAHA BEACH-HEAD（6 June-13 June 1944）[G]. Washington D. C.：WAR DEPARTMENT, Historical Division, 20 September 1945：44.

军官,双方使用统一的网络参考坐标。❶ 第二,海空联合作战计划方面的新发展如下:一是盟军海军和空军制定了严密的联合火力计划,在登陆前采取昼夜不间断轰炸和海军炮击的形式,削弱德军岸防火炮群的威胁,在突击登陆前的40分钟以联合火力压制和瘫痪沿岸军事目标;❷ 二是空军设置了若干防空区,为海军提供空中掩护,设置了空中观察哨,经由统一的无线电频段和网格参考坐标,为海军提供前沿侦察;三是针对空运空降部队,海空军共同商定一条空运走廊,走廊范围里海军不得使用防空火力,以避免出现西西里登陆时的误伤。❸ 第三,空地联合方面主要体现在联合空降作战和以空中遮断进行支援,由于登陆滩头混乱,且近空支援与舰炮弹道存在空域重叠,为避免误伤,登陆期间盟军的近距离空中支援使用得非常有限。

诺曼底登陆整体较为顺利,问题集中在奥马哈海滩,主要原因在于情报不准,但联合方面也暴露出不少问题:一是行动前的空袭轰炸未能达成预期效果,驻守德军近乎没有受损;❹ 二是受布雷德利(Bradley)个人偏见的影响,先期登陆中只有一艘军舰实施火力支援,不足以应对突发情况,奥马哈海滩形势的逆转很大程度上也得益于后来赶到的军舰的支援。❺

(五) 西欧战役中联合作战的组织形式进一步灵活

诺曼底登陆战之后,欧洲战场上的联合作战趋于成熟。美军战术空军部队已能和地面部队、海军舰炮火力等形成较完美的配合,各军种作战单元和主要平台间已初步构建起了较完备的通信网络。登陆日之后,盟军地面部队从滩头向纵深推进初期,可获得来自海军的远程舰炮火力支援,之

---

❶ UNITED STATES NAVAL ADMINISTRATION IN WORLD WAR Ⅱ. United States Naval Forces, Europe. Histories [G/OL]:317, 470 [2020-07-01]. https://www.history.navy.mil/research/library/online-reading-room/title-list-alphabetically/o/operation-neptune-i nvasion-normandy.html.

❷ 同❶:460.

❸ 同❶:388.

❹ CENTER OF MILITARY HISTORY UNITED STATES ARMY. OMAHA BEACHHEAD (6 June-13 June 1944) [G]. Washington D. C.: War Department, Historical Division, 20 September 1945:463.

❺ MURRAY W. Combined and Joint War during World War II: The Anglo-American Story [M/OL]. //2014 International Forum on War History: Proceedings:85-95 [2020-07-05]. http://www.nids.mod.go.jp/english/event/forum/e2014.html.

后"出租车停靠站"数量逐步增多。解放法国战役时期,盟军牢牢地掌握了制空权,第 9 航空队在维系空中优势之余,没有拘泥于 FM100-20 的约束,而是根据战场形势,对航空队的配置和优先任务做了调整,另外组建了第 9、第 19 战术空军司令部,分别与布雷德利的第 5 军和巴顿的第 3 军直接联系并提供支援,权限下放,极大地压缩了空地协同的流程。第 9 战术空军司令部指挥官奎萨达(Elwood Pete Quesada)力推战斗机飞行员镶嵌到前线装甲部队,担任空中管制员,同时安排值班飞机在前线巡飞,随时与地面建立联系以打击敌军,这种模式成为战后空地支援的基本模式之一。❶ 通过这种模式,美陆军航空队向各装甲师派驻了数十名联络军官,他们与前沿正面和侧翼的战术分队一起行动,利用甚高频无线电台实时召唤空中集群来支援地面行动。支援飞机还担负着空中侦察、空中遮断的任务,深入德军阵线后方,观察动向并适时发起攻击。

战场上步兵对步兵、坦克对坦克的战斗逐步减少,各级参谋机构、炮兵和航空控制中心等节点形成了火力通信网络,给予敌军立体杀伤。❷ 1944 年 8 月的法莱斯包围战(Falaise Gap),被认为"是合成部队、机械化部队、空地协同、联军作战的一次经典作战"❸,战术空军对包围圈内的德军实施了猛烈打击。近空支援确实拥有一些特殊的优势,如投弹装药、战场机动能力都远远超过炮兵,后者经常难以跟上机械化部队的快速推进,且深受地形影响。当然,这种联合整体上看仍带有以陆军为中心的色彩,也招致了部分航空队人员对近距离空中支援的抵制。至于近空支援的效果究竟如何,受当时技术条件限制,对地打击的精度较差,对装甲目标作用十分有限。因此很多研究认为,相比物理损伤,近空支援的主要作用还是杀伤敌方士气和提升我方士气。❹❺

---

❶ MCGRATH J J. Fire for Effect: Field Artillery and Close Air Support in the US Army [M]. Fort Leavenworth, KS: Combat Studies Institute Press, 2010: 71.

❷ BEAUMONT R A. Joint Military Operations: A Short History [M]. London: Greenwood Press, 1993: 112.

❸ HALLLION R P. Trike From The Sky: The History of Battlefield Air Attack, 1910-1945 [M]. Tuscaloosa: University Alabama Press, 2020: 222.

❹ 道格拉斯·坎贝尔. "疣猪" A-10 攻击机和近距离空中支援 [M]. 聂春明, 译. 北京: 中国市场出版社, 2015: 24.

❺ 同❶.

此外，误伤问题近乎从始至终就伴随着空地联合作战。1944年7月的"眼镜蛇"行动中，美军尝试使用B-17和B-24轰炸机实施对地支援，但在不良天气下造成了友军误伤，美军陆军部队司令部司令莱斯利·麦克奈尔（Lesley McNair）中将因此阵亡，成为美军第二次世界大战中阵亡的最高级别军官。其后，美军基本不再将轰炸机用作近距离支援。

空降作战也是一种典型的联合作战，需要陆军和空军的高度协同。地面部队需要空军提供空中输送保障，且落地后极度依赖空中火力支援。德军在此方面有诸多成功的经验。盟军于第二次世界大战中在西西里登陆、诺曼底登陆和"市场花园"行动中实行了三次大规模空降作战，所达成的效果相对有限，因此盟军整体上并不是十分重视空降作战。陆军和空军也达成了某种一致：空军不愿执行空降输送任务，密集编队、中空飞行（区别于高空和低空）和快速投放意味着飞机更容易遭受敌方打击；陆军则认为深入敌后作战风险过高，且经常不能准确投放到位。❶

三、太平洋战场的联合作战由两大战区各自实施

（一）太平洋战场未能实现各军种部队的统一指挥

太平洋战场上的美军部队，在战区层面分立为两大战区，没有像北非、欧洲战场那样实现统一指挥。太平洋战场整体上由美海军主导，海军在此方面拥有更大的发言权。珍珠港事件后日军强势南下，亚洲舰队在麦克阿瑟的指挥下于菲律宾损失惨重，海军对此耿耿于怀。临时拼凑的澳大利亚、英国、荷兰、美国联军司令部不仅没有凝聚起抵抗力量，还存在指挥关系混乱的问题。金上将曾试图建立海军领导下的战区统一指挥机构，但由于麦克阿瑟资历过高，最终很可能由麦克阿瑟担任总指挥。对此金改称："统一指挥这种形式被高估了，它肯定不是克服所有军事困难的灵丹妙药。"❷

太平洋战场最终被分为两个战区，两者任务不同，指挥上彼此独立，但存在相互支援和协调的关系。西南太平洋司令部由陆军主导，战略是通

---

❶ BEAUMONT R A. Joint Military Operations: A Short History [M]. London: Greenwood Press, 1993: 94.

❷ REARDEN S L. Council of War: A History of the Joint Chiefs of Staff 1942-1991 [M]. Washington D. C.: Joint History Office, 2012: 30.

过"跳岛"打回新几内亚岛，最终解放菲律宾，主要联合作战样式是两栖登陆、空地联合。太平洋司令部由海军主导，战略是主要利用航母特遣舰队和海军陆战队，从中太平洋向前推进，沿途建立海空基地，最终反攻日本本土。西南太平洋司令部和太平洋司令部从兵力配备上来看都是联合司令部，在各自战区范围内发展出不同的联合作战实践，尤其是在战术层面有诸多创新，到战争后期双方需要合作时，则是既有新发展，又暴露了分立战区体制下的弊端。

太平洋司令部在初期没有建立专门的战区陆军司令部。在攻打图拉吉岛和瓜达尔卡纳尔岛时，由于缺乏统筹，参战各国陆军部队的指挥没有理顺，关系混乱，严重制约了作战。陆军航空队 B-17 轰炸机的进驻，对指挥、控制和管理保障又提出了新要求，迫切需要组建一个陆军司令部进行保障。1943 年 7 月太平洋司令部下属的南太平洋司令部建立了南太平洋美国陆军司令部，一个月后中太平洋司令部也组建了陆军司令部，接管了陆军夏威夷军区的大部分职责，空中部队也建立了相应的司令部。以陆战队为主体的地面部队，于 1943 年 8 月编为第 3、第 5 两栖部队，分别与哈尔西的第 3 舰队、斯普鲁恩斯的第 5 舰队❶共同执行两栖作战。另外还设有太平洋舰队快速航母特遣舰队，负责空中打击，保护登陆部队，必要时提供近距支援。

西南太平洋战区还包括澳大利亚、荷兰等盟国的军事力量，组建之初便在战区下设了盟军地面部队、空中部队和海军部队三大司令部，除地面部队司令部由澳大利亚人托马斯·A. 布莱米（Thomas A. Blamey）上将担任司令，其他司令和参谋几乎都是美国陆军军官，海军人员主要为联络官。随着美军兵力的增加，1943 年 2 月美军编成了第 6 集团军❷，麦克阿瑟开始亲自指挥陆军，盟军地面部队司令部被边缘化。1944 年 9 月麦克阿瑟组建了第 8 集团军，与第 6 集团军交替使用。空中力量方面，乔治·肯尼（George Kenny）领导的第 5 航空队，兼任盟军空中部队司令部，对战区内目标实施轰炸和实施对地支援，1944 年 12 月改名为美国陆军太平洋航空队

---

❶ 第 3 舰队的主要进攻路线为所罗门群岛、瓜达尔卡纳尔岛、加罗林群岛西部和莱特湾等；第 5 舰队的主攻路线为夸贾林群岛、中途岛、吉尔伯特群岛、马绍尔群岛、马里亚纳群岛、关岛、西加罗林群岛、硫磺岛和冲绳等。

❷ 第 6 集团军先后实施和参与了新不列颠岛登陆战、新几内亚东部登陆、莫罗泰战役、菲律宾战役等。

司令部，战后 1947 年重组为远东空军部队。第 13 航空队则先后由南太平洋战区和西南太平洋战区进行指挥。西南太平洋战区的海军部队主要为第 7 舰队，配属给麦克阿瑟，1945 年 2 月后交由太平洋舰队总司令。

（二）海空联合作战在太平洋战场上有了极大发展

正式参战不久，美军以海空联合开启了太平洋战场上的联合作战。1942 年 4 月 18 日的杜立特空袭东京，被誉为"第一次联合行动"❶。1942 年 1 月金和阿诺德商议通过轰炸日本本土对其实施报复，展示美国决心。此次任务航程远，美军最终选择"大黄蜂"号航母秘密搭载陆军航空队的 B-25 "米切尔"中型轰炸机，前去实施轰炸。前期联合训练中，海军派出 1 名上尉飞行教官担任联络并进行舰载飞行的指导。为适应任务需要，海空军对各自装备均进行了改装。任务中美国海军组建了第 16 特遣队，由"企业"号航母为"大黄蜂"号提供全程护航。

1942 年 6 月的中途岛战役是陆军、海军航空兵联合实施的空战和对舰攻击行动。中途岛战役时期，太平洋战区司令尼米兹手下主要力量为斯普鲁恩斯指挥的第 16 特遣队和弗莱彻指挥的第 17 特遣队，共有 232 架作战飞机，中途岛陆基航空力量包括了陆战队的第 22 飞行大队、海军岸基航空兵和陆军第 7 航空队（总部夏威夷）的先遣队（19 架 B-17 和 4 架 B-26），共计 115 架飞机。❷ 此战中，尼米兹只进行总体指挥，战场指挥由前线指挥官实施。美军的目标是伏击日军舰队，因此美军舰队实施了电磁静默，只单向接收来自尼米兹的指令，与陆基航空力量不进行通联，双方之间基本没有战时协调。陆基航空力量由三支部队组成，缺乏共同作战的经验，也没有必要的联合计划和训练。中途岛战役期间，美军对日军舰队共计发起

---

❶ GREENING C R. The First Joint Action, A Historical Account of the Doolittle Tokyo Raid-April 18, 1942 [R/OL]. Norfolk, VA: Armed Forces Staff College, December, 1948 [2020-07-18]. https://nationalinterest.org/blog/reboot/tell-us-secrets-what-we-dont-know-about-famous-doolittle-raid-173556? page=0% 2C1#:~:text=Colonel% 20Charles% 20R.% 20Greening% 2C% 20pilot% 20of% 20the% 2011th, the% 20Armed% 20F orces% 20Staff% 20College% 20in% 20December% 201948.

❷ WINNEFELD J A, JOHNSON D J. Command and Control of Joint Air Operations: Some Lessons Learned from Four Case Studies of an Enduring Issue [M]. Santa Monica, CA: Rand Cooperation, 1991: 15.

了13波次的空中进攻，由于缺乏统一的战场协调，绝大多数攻击没有实质战果，且蒙受了较大的损失，但也正是陆基航空力量发起的前6波次攻击，严重干扰了日军的判断和部署，为美海军舰载机的攻击创造了关键机遇。❶

（三）所罗门战役中首次出现了多军种联合航空队

到所罗门战役期间，联合空中力量的指挥和控制有了巨大改善，在南太平洋空军部队司令部的统一指挥下，海军、陆军和陆战队的作战飞机共驻瓜达尔卡纳尔岛（以下简称"瓜岛"）的亨德森前沿机场，组成了"仙人掌航空队"（Cactus Air Force），共同执行防空、近距空中支援、战场空中遮断、对陆和对海攻击等任务。该航空队与新赫布里底起飞的陆军B-17轰炸机、航母起飞的海军舰载机密切开展协同作战。到1943年年初，仙人掌航空队发展为"所罗门空中部队司令部"（Command of Allied Air Forces in the Solomon Islands，COMAIRSOLS），力量进一步扩大，且建立了独立的联合参谋机构，统一计划和实施联合空战，同时为登陆作战派遣航空配属力量。整个所罗门战役期间，由于前沿机场频繁受日军威胁，要求各军种空中力量必须摒弃军种利益和偏见，密切开展协作，加强各机种的能力互补，最终实现了空中作战的高度联合，"其程度可媲美1991年的海湾战争"❷。

1943年4月18日美军在布京维尔岛上空击毙山本五十六的"复仇"行动是这种联合的又一生动体现。山本的行踪情报由代号为"魔术"的海军信号情报单位截获，截杀任务由尼米兹授权，南太平洋航空部队具体实施。任务往返距离超过1000英里（1英里＝1.609344公里），驻瓜岛的海军和陆战队的战斗机航程不足，陆军航空队的P-38"雷电"战斗机加装外挂油箱后航程可满足任务需要。最终，任务由陆军航空队第347大队的P-38执行，它们从瓜岛的库库姆机场起飞前去拦截，获得成功。

（四）岛屿作战推动联合作战不断提升战术精密度

围绕岛屿争夺开展联合作战是太平洋战场上联合的鲜明特征。在联合登陆作战中，首先要解决指挥权问题。1942年8月太平洋战区开展的瓜岛

---

❶ WINNEFELD J A, JOHNSON D J. Command and Control of Joint Air Operations: Some Lessons Learned from Four Case Studies of an Enduring Issue [M]. Santa Monica, CA: Rand Cooperation, 1991: 19.

❷ 同❶: 33-34.

登陆战，依照《舰队训练出版物 167 号：登陆作战条令》，规定舰队高级海军军官"作为两栖特遣舰队指挥官，对整个作战地域实施连续、连贯的指挥"❶。这意味着陆战队在上岸后依旧要听从舰队指挥官的指挥，但显然陆战队更了解地面情况且擅长陆战。在陆战队的坚持下，同时借鉴北非经验，11 月以后登陆作战中上岸后的指挥权转交地面部队。1943 年 6 月西南太平洋战区实施"车轮"行动（Operations Cartwheel），美军空中部队、地面部队、遂行水面封锁和登陆的海军部队，在战区统一战略规划下，完成了高水平的复杂两栖作战，实现了较高水平的跨军种协作配合。❷ 到 1945 年 3 月的冲绳岛战役，指挥权的转移已经趋于成熟，排除了联合作战指挥机制方面的障碍。此次行动由斯普鲁恩斯海军上将进行战略指挥，突击上陆阶段由联合远征部队司令理查蒙德·K. 特纳（Richmond K. Turner）海军中将进行指挥，该阶段内陆军全部听从特纳的指挥。登陆作战成功后，西蒙·B. 巴克纳（Simon B. Buckner）陆军中将接管陆上作战指挥权，对第 10 集团军实施指挥，该部队也是一支联合部队，由海军陆战队、陆军及海军部队组成，配有航空力量和部分舰船。

空地联合在太平洋战场上主要体现于岛屿作战中。太平洋岛屿多为山地丛林，布纳战役中美军发现，在这种环境下目标搜索和确认的难度很大，近空支援实施难度大且容易造成误伤。美军随后汲取了北非和地中海战区的经验，开始设置空中控制小组（Air Control Parties，ACP）和跨军种联络官，提高联合作战的精密度。1943 年海军陆战队组建了第 1 联合攻击信号连（Joint Assault Signal Company，JASCO），由来自多个军种的人员组成，配属陆战 3 师，为其提供舰岸、空地联络，协调和控制海军舰炮火力和近空支援，随后该连模式在太平洋战场上的美军部队中迅速推广。面对美军强大的海空火力优势，且自身海上补给受限，守岛日军通常不选择在滩头抗击登陆，而是依托岛上山地地形，构筑防御工事，在岛屿内部对美军实施持续杀伤。受地形限制影响，岛屿作战中难以大量展开炮兵和装甲兵，舰

---

❶ OFFICE OF NAVAL OPERATIONS, DIVISION OF FLEET TRAINING, UNITED STATES NAVY. F. T. P. 167: Landing Operations Doctrine [Z]. Washington D. C.: Government Printing Office, 1938: 29.

❷ BEAUMONT R A. Joint Military Operations: A Short History [M]. London: Greenwood Press, 1993: 100.

炮火力在打击岛屿内部目标时精度和射程不足，美军主要依靠飞机提供火力支援，近距离空中支援是打击日军山地工事的有效手段。❶ 在获取空中优势的前提下，美军指挥官在分配近空支援上颇为慷慨，将下属的战斗机和轰炸机编为下级司令部，直接配属给专门的任务部队。❷ 初期作战中，岛屿上缺乏明显地标，且空地无线电台性能不稳定，多数支援任务位于交战线之内，时有误伤产生。

1944年开始，陆军航空队和海军航空兵建立了更好的无线电通信联络机制，设置了信号和地面控制小组，加上时间和经验的积累，后期支援效果越来越好。到冲绳岛战役时，陆军和陆战队营级以上的野战炮兵、装甲兵和空中支援控制联络小组、空中及海上舰炮火力单位之间，建立起顺畅的交叉联络控制机制，联合程度达到当时战争技术条件下的最高水准，在作战向岛内发展时，空中支援从发出申请到打击，平均时间为55分钟，战略空军也被成功地纳入战术性任务。❸

（五）陆海军指挥的不统一制约了战役级联合作战

尽管在战术层次太平洋战场上的联合作战得到了极大的发展，并呈现出多样性，但两大战区分立不可避免地造成了很多摩擦，阻碍了联合。很多人对此批评：战区分立、指挥不统一的结果是浪费了大量的资源，力量分散，不能以最经济有效的方式打败日本。❹ 在夺取腊包尔的前期行动中，两大战区就指挥权和主导权的问题争执不下，即使通过参联会也未能成功制定出一个完整、连贯且足够权威的指挥架构。在攻占岛屿修建基地时，两大战区又因基地使用权和优先增兵部署问题爆发了激烈争执。不过得益于日军的广泛分兵，美军指挥不统一的弊端起初并没有充分暴露。

1944年10月的莱特湾战役中，美军指挥不统一的问题险些招致行动的

---

❶ 道格拉斯·坎贝尔. "疣猪"A-10攻击机和近距离空中支援[M]. 聂春明，译. 北京：中国市场出版社，2015：25-26.

❷ MCGRATH J J. Fire for Effect：Field Artillery and Close Air Support in the US Army[M]. Fort Leavenworth，KS：Combat Studies Institute Press，2010：77.

❸ BEAUMONT R A. Joint Military Operations：A Short History[M]. London：Greenwood Press，1993：104，115.

❹ MEILINGER P S. Unity of Command in the Pacific During World War II[J]. JFQ/issue 56，1 st quarter 2010：152-156.

失败。此次战役中，地面部队和第 7 舰队由麦克阿瑟指挥，负责配合的第 3 舰队指挥权则仍归尼米兹。尼米兹向哈尔西下达的命令是含糊的，即"第 3 舰队需掩护和支援西南太平洋战区的部队，但一旦出现或创造了能够歼灭敌大部分舰队的机会，这种歼灭战应列为主要任务"❶。在此指令下，第 3 舰队放弃了掩护部队登陆的任务，向北追击日军机动舰队，第 3、第 7 舰队之间一度失联，以至于要通过明话广播搜寻友军的踪迹，最终导致圣贝纳迪诺海峡出现了缺口，日军栗田舰队从海峡攻击了登陆部队的侧翼，险些导致美军行动失败。

1945 年 4 月 3 日，美国取消两大战区，陆军建立太平洋陆军部队总司令部（General Headquarters United States Army Forces, Pacific），下辖第 1、第 6、第 8、第 10 集团军，海军成立了太平洋海军部队总司令部，并收回了第 7 舰队。陆海军开始各自统领亚太地区的军种部队。9 月日本投降后，太平洋美国陆军部队总司令部成为美国在日本的第一个占领军司令部。

第四节　对美军早期联合作战发展历史的评价

首先必须说明的是：考察任何战争中的联合作战，都必须克服"唯联合论""联合必胜论"等片面观点。联合作战不是无中生有，军种能力是联合作战的基础。以美军早期实践中"联合巅峰"的第二次世界大战为例，我们甚至很难衡量某场战役中，军种独自作战和联合作战各自确切比例究竟为多少。联合为军事力量的使用提供了一种途径，实现了对单一军种作战的超越，但绝非替代。上升到第二次世界大战全局，在这场以国家综合实力为基础的总体战中，决定战争胜负的因素非常之多，不管是顶层的联合战略指挥和筹划，还是战场上的联合作战，都只是决定胜负的众多因素之一。

一、重要性不断提升但始终未正式建立联合体制

自古至今，联合作战的作用在不断提升，一些国家率先在战略上和国家机构建设上向联合侧重。在漫长的古代和中世纪，联合作战只是频繁战

---

❶ 斯蒂芬·豪沃思. 驶向阳光灿烂的大海：美国海军史［M］. 王启明，译. 北京：世界知识出版社，1995：543.

事中特定条件下的插曲或战术性节点，多数情况下不足以发挥决定性作用。时至近代，列强全球争霸催生了不同的战争需求，哪个军种都不可能独立支撑国家霸权的建立与长久维护。通过制海权、制陆权来解释霸权带有思维上的某种偷懒的色彩，毕竟相比单一军种有固定的指挥链路和稳固的集团文化，联合作战要复杂得多，但如果能组织好，收益也将更高。英国是率先认识到这一趋势的国家之一，英国的"发迹"绝非只靠制海权，而是战略层面实施陆海统筹，建立了陆军部和海军部的协作机制，作战层面注重陆海联合作战，谋求"复合"优势。

联合本身不是目的，而是寻求武装力量最优运用的途径之一，需要以制度加以规范和延续。近代美国战争史一定程度上也是一部联合作战史。美国的联合作战始于和英国的战争。从美国内战开始，美国历史上的多数重大军事胜利，都与联合密切相关。但是在"战时建、平时撤"及反军事集权的强大政治传统下，一些重要的甚至领先于同时期世界各国的经验得不到延续，更无从上升到制度层面，这导致每次战争中美国的联合作战都是临时性的，甚至每次大战开始前，美国的军事指挥体制都存在着种种缺陷，这也是美国长期陷入"首战必败"的一个重要原因。到 20 世纪初，在联合性的作战指挥体制建设方面，美国已经远远落后于欧洲国家。

在以总体战和全面战争为特征的两次世界大战中，联合被赋予了更重要的意义，不仅起着战场上"联合增效"的作用，还发挥着优化战略管理的深层功能。然而参加过第一次世界大战的美国，并未将第一次世界大战中的经验以体制建设的形式加以充分保留，两次大战期间体制建设摇摆不定。到第二次世界大战，战场空间全面走向三维，战争范围扩散到全世界，武装部队人数和武器装备数量规模急剧增加，超大型战役连接不断，战争的复杂性急剧攀升。这种情况下，联合作战从早期特定环境下的"不得不联合"，转变为现代战争总体战要求下的"不得不联合"，单凭美国总统和军种部长们已不可能完成战争指挥，由此，美国建立了上层以参联会实施联合战略规划、中层以战区司令部进行联合指挥、下层以各战区军种部队落实战场行动、外层与盟军指挥体制密切协作的联合作战指挥体制，但归根到底这也只是一种战时的临时机制。到第二次世界大战末期，美国才开始认真考虑对国家防务进行全方位的制度建设，而在战后的建设过程中爆发了战后美军史上最严重的军种冲突。

二、联合作战发展中的促进与制约因素十分明显

在约克敦战役至第二次世界大战结束的 164 年的历史中，美军联合作战的发展经历了多次曲折。悉数其中每次变化的节点，会发现存在一些明显的促进和制约因素，且一些因素的影响根深蒂固，时至今日还在发挥作用。

促进因素方面，主要有以下几点：一是特殊的作战需求，推动美军联合作战发展，主要体现在两栖作战上，这既是美军长期以来的能力建设重点之一，也不断推动美军对联合作战认识的加深；二是美军固有的军种传统，如陆战队在推动联合登陆发展上发挥了枢纽作用，空军从陆军分化、两者同源的关系促进美军空地联合作战不断发展；三是战争初期失败的刺激，要求美国必须统筹运用两大军种，进而推动了联合的发展，如南北内战的初期失败、珍珠港事件，等等；四是来自盟友或敌军的经验，美国早期两栖远征师从英国，第一次世界大战期间在空地联合方面学习了法国和英国，第二次世界大战时期借鉴了德军的空地联合作战，美国参联会的建立更是深受英国影响；五是紧盯现实对手的紧迫感，体现在对日本、对德国的作战计划想定中，并驱动相关联合作战样式的发展；六是高层人士的主动推动，如内战中的格兰特，美西战争后的鲁特，第二次世界大战时期的罗斯福、艾森豪威尔等。

制约因素方面，主要有以下几点：一是美国以分权制衡、文官治军等为建国原则，始终排斥总参谋部式的统一军事指挥机构，联合作战因带有统一指挥的集权属性，长期受主流政治文化的排斥，直到第二次世界大战美国都没有建立起正式的联合作战指挥体制；二是两大军种部均为内阁级，具有庞大的权力和政治影响力，时常抵制可能危及自身利益的联合发展；三是源自宪法条文表述差异的军种差异，发展出不同的军种文化和专业主义文化，增加了军种间的彼此不理解，军队内长期缺乏联合文化认同；四是三权分立的政治格局下，国会与军种部门利益关系千丝万缕，政治运行效率低，以联合为导向的改革频频遭遇阻碍；五是经常性压缩预算的建军传统，在缺乏顶层协调机制的情况下，时常引发军种对立，联合因为涉及军种交叉，频繁遭抵制；六是"平时建、战时撤"，导致人员和机构建设缺少延续性，缺乏机制性的经验积累和传承。这些制约因素的共同表现形式

是军种矛盾,可谓贯穿了大半部美国军事史。

综合来看,技术在美军近现代联合作战发展中带有相当的中立色彩。技术的发展一方面加强了部队间的通联和指挥,为联合创造了物质手段,另一方面则推动军队不断分化出新的兵种乃至军种,又增加了联合的分歧和难度,如第二次世界大战末期陆军航空队和原子弹的结合,将深刻地影响着下一阶段的联合作战发展。

三、两栖作战和空地联合作战奠定联合基本模式

第二次世界大战是美军早期联合作战的巅峰。军种高层以参联会为核心进行联合战略规划,各战区司令被赋予了比较充分的统一指挥权,各军种部队在广阔的作战空间进行了样式丰富的联合作战,联合作战战术、技术的创新层出不穷,后勤、情报、通信等支援和保障性事务等也全面加强联合。第二次世界大战后很长一段时间,美军都未能再达到如此高程度的联合,以至于海湾战争爆发后,美军参照第二次世界大战时期战区司令部加强参谋机构建设,如中央司令部联合情报中心基本上复刻了第二次世界大战中的太平洋战区联合情报中心等。❶

在第二次世界大战时期众多的联合作战样式中,有两种最为突出、最为复杂,可谓"花开两朵",即两栖登陆作战和空地联合作战。美军高度重视技术可实现性和实践可操作性,这两种联合作战在第二次世界大战中确立的基本模式,一直沿用至今。

两栖作战作为特定环境下"不得不联合"的一种作战形式,发展时间最为悠久。第二次世界大战期间,美军在两大战场进行了大量的两栖作战,胜利居多,收效较好,而在二十多年前第一次世界大战的加里波利战役中,现代两栖作战似乎刚被证明几乎是不可能完成的。美军两栖作战由"夹缝中的军种"——海军陆战队主推,包括推动相关的理论研究、条令编制、作战想定和训练演习等。第二次世界大战前,在海军陆战队的大力倡导下,美军已经发展出比较成熟的两栖作战能力,尤其是在战前联合计划和兵力部署、作战分阶段指挥权转移、上陆阶段作战实施等方面达成了军种一致

---

❶ MARCHIO J D. The Evolution and Relevance of Joint Intelligence Centers [J/OL]. [2013-02-04]. Studies in Intelligence, 2006 (1). https://www.cia.gov/csi/studies/vol49no1/html_files/the_evolution_6.html.

第一章　联合作战溯源与美军早期联合作战实践（1945年前）　★★★

意见，而上述问题在此之前因关乎军种权力一直属于敏感议题；美军在战前还解决了很多装备、技术和战术层面的问题，包括登陆舰艇的设计、采购和列装，武装航渡，舰对岸火力支援，空地火力支援联络等。上述共识性内容均写入了各军种条令，诸如指挥权划分和转移等核心问题，当时的做法一直延续至今。第二次世界大战期间，在以海军和陆战队为主导的太平洋战场，美军将立体联合登陆作战推向精准化和专业化发展；在陆军主导的欧洲战场，美军上演了史上规模最大的联合登陆作战。时至今日，这些内容依旧是世界各国研究两栖作战、联合登陆的重要历史案例。

相比两栖作战，空地联合更近似为一种"联合增效"，起步时间较晚，但发展迅速，成为美军陆战的基本模式。美军的空地联合起点为第一次世界大战，两次世界大战期间美陆军航空队和陆军出现了分歧，导致其空地联合一度落后于欧洲各国，不过这一时期海军陆战队全面发展了自身的空地合同战术。陆军和陆军航空队在联合作战上最大的分歧是航空部队如何控制，是分散配属给各军，还是由航空队自己统一指挥。第二次世界大战前，陆军的观点占据了上风，并形成条令，但在北非战场上立刻遭遇了挫折。陆军航空队在此期间大胆摒弃了条令，结合战场实际重新确立了空地联合体系，核心为三点，一是航空部队由航空队军官集中控制和使用，二是向陆军各级部队指挥所派遣空中支援联络小组并搭建支援申答机制，三是配属前沿控制人员，引导末端打击。这一体系收效显著，成为后续空地联合作战的重要参考，甚至被称为"联合的样板"[1]。后续意大利战场、西欧战场乃至今日的作战，都是在该"样板"基础上的发展、改进和拓展。

此外，联合空中作战也于第二次世界大战中出现，在广袤太平洋战场的海战、空战、登陆战中均发挥了重要作用，尤其是仙人掌航空队，成为战后联合空战倡导者孜孜不倦的目标追求。不过相比两栖作战和空地联合，联合空中作战在战后的发展最为曲折，一些重要的经验在两代人之后便无从传承，后面的章节将专门论述这一发展过程。

---

[1] MORTENSEN D R. A Pattern For Joint Operations: World War II Close IR Support, North Africa [M]. Washington D. C.: Office of Air Force History and U. S. Army Center of Military History, 1987.

四、由下而上推动联合作战发展呈现出特殊脉络

各国在联合作战发展中，一般从上到下推动，即先发展和规划各军种部队的战役级联合，然后再逐步向战术级联合延伸。美国联合作战发展则不同，首先发端于底层的战术和技术层面。自19世纪后期美国海军陆战队开始专注于两栖作战的发展时，美国联合作战发展的重点便长期聚焦在底层的战术、技术层面，对大部队的战役级联合关注则相对较少。例如，在空地联合的发展中，美军重点关注的是地面部队如何引导飞机进行打击、什么样的飞机更适合对地支援、如何在单位时间里增加更多的空对地支援等。至于在广阔战场里如何使用机群实施遮断为地面部队创造战机，对于这类问题，除了战区指挥官，其他美军指挥官较少有人去考虑，而围绕这些问题军种间还时常出现摩擦。第二次世界大战前美军历次联合军事演习的分析检讨中，上层主要关注指挥关系是否理顺、部队控制是否有效等，但对整体战法或作战艺术方面并无过多涉及，至于底层的战术、技术、装备层面的问题，则是美军非常热衷的内容。这种发展脉络一直持续到越南战争后战役法的复兴。

出现这种特殊的发展脉络有多方面原因。首先，这与美军作战理论中长期缺少战役法有直接关系，美国东西两大洋、南北无强敌的地缘优势，决定了其不需要同时考虑多个战略方向的国土守卫问题，除两次独立战争、南北内战和印第安战争外，美国进行的基本上都是海外远征作战，不太可能出现多个集团军群协同作战的情况，因此不存在战役法生长的土壤，美军自然也不关注战役级联合。其次，这与美国社会奉行的实用主义精神紧密关联，实用主义强调"最终状态、收获、效果和事实"，而在实际作战中由于会出现大量的偶然性因素，进行战役层的筹划是有风险的，而美国没有像德军、苏军那种具有强势指挥权力的总参谋部，难以落实难度和风险兼备的联合战役计划，因而美军作战部队更关注于当前作战，通过技术、兵力、火力等可以量化的优势，在战斗中"不断积累战术胜利来谋取最终胜利"[1]。最后，这与美军军事专业主义的文化氛围有关。美国在创建军校之初以法国为楷模，不重视指挥艺术，而是极为重视军事工程、筑垒学和

---

[1] BLYTHE W C. A History of Operational Art [J]. Military Review, 2018 (November-December): 39-49.

战术，这与注重克劳塞维茨式抽象战争艺术的普鲁士大陆军事流派形成了鲜明对比，而"西点成为美国最好的科学与工程学校"❶。这种教育模式下，军校培养的军官首先是工程师和战术家，他们关注眼前事务，注重联合作战在技术和战术上是否具有可行性和可操作性，进而形成了浓厚的军事专业主义。

这种由下而上的发展脉络有其益处，即美军在发展联合作战中能够在底端落实到一队一人一机一器，操作性强，能够赋予底层部队作战能力的切实提升，继而从战术底端就开始积累优势。它的另一大益处是，联合作战在底层的成熟发展，是一种可以落地的实际作战能力，可根据任务需求随时加以运用。正因如此，第二次世界大战以后"花开两朵"的联合作战样式一直没有被美军忽视，且始终是联合发展的重点内容。相反地，如果片面重视战役等上层联合，有可能会陷入不能落地的窘境。

当然，美军这种发展脉络的缺点也十分明显：在军队建设层面，缺乏整体规划，导致军种相互争利在所难免；在作战层面，缺乏统筹整个战局的思维和视野，作战比较机械，适合打战线平推的"富裕战"，但很少敢打前后高度联动的大纵深穿插或迂回。

五、为研究现代联合作战提供了重要的理论启示

纵观近代至今日的世界战争史，联合作战的发展呈现了三个高峰，分别为 19 世纪中后期列强远征中的联合作战、第二次世界大战中联合作战、海湾战争以来带有信息化特征的联合作战。美军在其中由参与者变为主导者，再变为引领者，这期间有丰富的史料和理论有待挖掘和提炼，是考察和研究现代联合作战的历史宝库。

从历史的维度重新认识联合作战指挥体制。从美军第二次世界大战的经验来看，联合作战指挥体制不仅要解决战时指挥权限、相互关系确立等问题，还必须在国家战略规划和战争计划设计中发挥重要作用，围绕战略目标统筹军事资源建设和优化力量使用。在具体作战中，联合作战指挥体制离不开军种指挥结构的支撑。军种的发展历经千年、贯穿平战，在近现代战争中军种的指挥机构显然比联合指挥更为稳定、通畅且可靠。联合作

---

❶ 阿伦·米利特，彼得·马斯洛斯基. 美国军事史［M］. 军事科学院外国军事研究部，译. 北京：军事科学出版社，1989：130.

战指挥在哪一级介入军种指挥，既不是越高越好，也不是越低越好，最终要根据任务需求和部队力量来综合判断，是一个极具艺术性的议题。

联合作战力量的编组上不存在必然的技术壁垒，技术的发展可以推动联合，也可能限制联合。考察联合作战要结合当时的时代背景。以今天的技术标准去要求近现代作战的联合程度，是一种不负责任且毫无意义的苛责。在通信技术没有发展起来的近代，联合作战依然可以实现，不存在技术限制导致的无法实现联合。另外，技术的发展也可能限制联合，如19世纪末跨洋电报电缆系统的建成，使文官政府控制前线军队的能力加强，海外作战的指挥官独立决策和指挥则受到限制。❶ 美西战争中战争部和海军部的介入指挥，是前线部队难以联合的重要原因之一，可以试想如果没有电报系统做支撑，位于本土的军种部是否会如此频繁地干预。

人的因素在任何时期的联合作战中都至关重要。指挥体制的运行、技术的运用，最后都要落实到人。早期联合作战中指挥官作用十分显著，且常常是主导性的，下到各级部队的相互配合同样如此。但人对联合作战的认识不可能是自动提升的，需要教育训练的培塑、条令的规范和实战经验的积累。即便如此，人的因素依然带有较大的不可控性，如在诺曼底登陆作战筹划时期，马歇尔为布雷德利指定了皮特·科利特（Pete Corlett）少将作为两栖作战的顾问，后者刚在太平洋战场指挥第7步兵师参与了夸贾林群岛登陆战，而布雷德利则轻视海军炮火，并回应："我们能从二流战区学到什么？"❷ 上述为反例，当然历史中也有大量正面案例，如一名海军陆战队少校所言："聪明才智和坚持不懈是在混乱的变动环境中取得进步的手段。现有的指挥关系及各军种之间的竞争和误解，经常制造摩擦，助长了挫折感。然而，人格和人际关系的力量，以及领导人能力的提高，有助于逐步解决上述问题。正是靠每个个体和每支部队的干劲和才智，才解决了许多问题，促进了两栖作战实践的不断发展和完善。"❸

---

❶ BEAUMONT R A. Joint Military Operations：A Short History ［M］. London：Greenwood Press, 1993：97.

❷ MURRAY W. Combined and Joint War during World War II：The Anglo-American Story ［M］. 2014 International Forum on War History：Proceedings：85-95.

❸ EMMEL D C. The Development of Amphibious Doctrine ［D］. Fort Leavenworth, KS：U. S. Army Command and General Staff College, 2010：85.

第二章

军种激烈冲突时期的联合作战
（1945—1953年）

作为保证我国今后的安全和维护世界和平的一个步骤，美国古老的国防机构必须迅速加以改组——这是我就任总统后的一贯主张之一。在我上任之初，我就力图使所有的军事机构合并，使三军统一归一个部管辖。

——哈里·S. 杜鲁门❶

要继续利用我们的空军和海军而无有效的地面部队配合，就不能起决定性作用。除非在这被破坏的地区为充分利用陆海空军联合部队做出准备。

——道格拉斯·A. 麦克阿瑟❷

像是彼此猜忌的盟友之间的条约协议，而不是同仇敌忾的姐妹军种。

——罗伯特·F. 福特雷尔❸

---

❶ 哈里·杜鲁门. 杜鲁门回忆录（下卷）[M]. 李石，译. 北京：东方出版社，2007：57.

❷ 道格拉斯·A. 麦克阿瑟. 麦克阿瑟回忆录[M]. 上海师范学院历史系翻译组，译. 上海：上海译文出版社，1964：233.

❸ FUTRELL R F. The United States Air Force in Korea, 1950-1953 [M]. Washington D. C.：Department of the Air Force, 1983：492.

第一节 军种激烈冲突时期影响联合作战发展的主要因素

一、战后军种矛盾的激化剥离了发展联合的土壤

第二次世界大战后期美苏矛盾开始凸显，对美国防务提出了诸多新挑战。围绕战后军事战略制定和军备力量建设，美军各军种意见不一，矛盾不断增大。陆军和陆军航空队的设想都是在欧洲与苏联打一场类似于第二次世界大战的全面战争。据此，陆军的目标是实施普遍军事训练，便于下一场战争中的动员；陆军航空队寻求独立成军，并将投送核武器和战略威慑作为未来主要任务。海军和海军陆战队方面，则试图在传统海权思想指导下，首先维系第二次世界大战期间打造的航母特遣舰队、陆基反潜航空兵、舰队陆战队和潜艇部队等，确保力量结构稳定，同时积极谋求发展和装备核武器。

在战后重建和秩序恢复中，军事事务在美国政府工作中的优先级大幅下降。杜鲁门政府秉持保守经济理念，优先重视预算平衡和债务削减两大问题，取消了大批战时订单，大幅压缩军费。美国武装部队人数从1945年6月的1200万迅速缩减到1947年的150万。❶ 杜鲁门还规定军费限额占联邦预算的1/3，约为100亿~130亿美元。❷ 这意味着军费分拨下去后，各军种仅够维持一支骨干框架部队，新技术、新装备的研发都将受到限制。

大幅度的复员和军费压缩导致军种开始走向对立和竞争，第二次世界大战中暂时被搁置的军种矛盾再次凸显。战争部和海军部针锋相对，矛盾集中体现在军种职责使命定位和指挥权安排上。诸如两栖作战、空地联合、联合空战等联合领域，现在成了争夺"由谁来主导"的矛头和重点。面对军种矛盾，战后美国缺乏有效、权威的国防领导和协商机制。战时临时组

---

❶ REARDEN S L. Council of War: A History of the Joint Chiefs of Staff 1942–1991 [M]. Washington D. C.: Joint History Office, 2012: 61.

❷ 阿伦·米利特，彼得·马斯洛斯基. 美国军事史 [M]. 军事科学院外国军事研究部，译. 北京: 军事科学出版社，1989: 480.

第二章 军种激烈冲突时期的联合作战（1945—1953年）★★★

织参联会无力协调战后的军种矛盾。1945年4月，理查德森委员会曾向参联会提交报告，主张统一美国军事机构以加强联合战略规划和指挥，陆海军对此观点不一。

在推动战后国防改革中，陆军和海军走向对立，开始缔结各自的政治联盟，制订不同的国防改革提议。1945年9月海军提出了费迪南德·埃伯斯塔特（Ferdinand Eberstadt）方案，设想依托参联会的基本架构，加强机制控制和协调，而非建立单一的国防部。陆军于1945年10月提出了柯林斯（Joseph L. Collins）方案，设想设置统一军事机构、国防部长和总参谋长，将空军独立成军种。杜鲁门在第二次世界大战时期领导过参议院国防项目调查特别委员会（Senate's Special Committee Investigating the National Defense Program），即杜鲁门委员会，见证了战时由于军种间缺乏协调而造成的重复工作和资源浪费。杜鲁门认为建立一个统一协调的国防组织是必需的，因而支持陆军的方案。素有反行政部门、反集权传统的国会，则支持相对松散一些的海军方案。方案之争的背后是军种建设发展的分歧和利益的争夺。1946年2月参联会下属的联合战略调查委员会提交了一份关于军种职能交叉的报告，涉及航空运输、海军岸基飞机、陆战队的地位等，引发了激烈的争论，参联会对此依旧无能为力。

为维护各自基盘，军种斗争从联合领域向军种固有的职能领域蔓延。战后空军独立已是板上钉钉，陆战队影响力向来有限，这就形成了陆军和空军共同针对海军的二比一的局面。空军试图控制所有的陆基飞机，将海军岸基航空兵从海军完全剥离；陆军则认为陆战队与陆军职能重复，应并入陆军，或大幅压缩，时任陆军参谋长的艾森豪威尔在一份备忘录中提到了海军陆战队和陆军的职能重复，认为应该将海军陆战队从战时60多万人裁到5万人。空军则质疑海军存在的合理性，航空队司令卡尔·A. 斯帕茨（Carl A. Spaatz）公开表示："苏联海军过于弱小，美国并不需要维系一支强大的海军。"这些观点遭到了海军和国会的猛烈抨击，1946年5月杜鲁门做出让步，保留了陆战队，并不再支持设立一名总参谋长。但海军陆基航空兵的地位问题依旧悬而未决，海军成立了"研究与体制部长委员会"，就此问题进行公关和游说。不过海军也并非一无所获，海军成功地扩大了对"十字路口"行动的介入，这是一个设计之初由空军主导的核爆试验行动。最终任务由威廉·H. P. 布兰迪（William H. P. Blandy）海军中将领导第1

联合特遣部队（JTF-1）❶于1946年7月执行，获得了极大的公众关注。海军打破了空军对核武器的垄断，成为"核玩家"里的一员，但也预示着潜在的新冲突。

二、新国防领导体制的建设未能够缓解军种矛盾

国内外形势的变化推动了美国《国家安全法》的出台。1947年3月美国介入希（希腊）土（土耳其）危机，标志着美国正式走向全球争霸，6月美国提出了马歇尔计划援助欧洲，以遏制战略为中心的对苏战略逐步成型。遏制战略要求美国统筹军事、政治、外交、文化、科技等方方面面，显然两大军种分立的国防领导体制不能适应新战略。同年国会改革，两院将各自的海军、陆军委员会合并为联合武装部队委员会，减少了军种与国会的接触面。1947年7月25日，美国通过《国家安全法》。该法内容反映了军种间的斗争和妥协：设置了国防部长1名，设立了国家军事部，下设3名特别助理、参联会和若干委员会；参联会的法定地位得以确立，下设一个联合参谋部；空军正式独立，美军由此出现了3大军种部和4大军种的格局。

新成立的国家军事部地位尴尬，统领不了军种部，更不可能推动联合。三大军种部仍是各自独立的政府部门，军种部长可出席国家安全委员会会议，且军种部组织完善，人员充沛。相比之下首任国防部长福雷斯特尔（James V. Forrestal）权力十分有限，只能"劝说"，国家军事部只有若干委员会维持运行。此时围绕海军陆战队和海军岸基航空兵的争论尚悬而未决，海军和空军又因欧洲应急作战计划中谁主导核武器而爆发了新的争论。在福雷斯特尔的主持下，各军种参谋长于1948年3月在佛罗里达州基韦斯特市（Key West）召开会议，就军种职能问题进行协商，签署基韦斯特协议。根据协议，海军的岸基航空兵和陆战队（规模4个师）得以保留，各军种明确了各自的职能和任务范围。8月罗得岛州纽波特市会议召开，空军和海

---

❶ 第1联合特遣部队是目前能够确认的美军史上第一支联合特遣部队，由杜鲁门批准组建，直接向参联会负责，设有独立的委员会对试验结果进行评估，人员包括3300名陆军人员、2500名陆军航空队人员、580名海军陆战队人员和37000名海军人员。见于：蒂莫西·M. 邦兹，等. 美国联合部队司令部能力与作战指挥［M］. 付建明，范虎巍，译. 沈阳：辽宁大学出版社，2013：131-132.

第二章 军种激烈冲突时期的联合作战（1945—1953年）★★★

军在核武器问题上达成协议，空军默许海军发展核武器并参与战略轰炸任务，海军则承认空军在空战和核战略中的主导地位。

上述协议只是权宜之计和协商结果，缺乏强制性和权威性，军种之争并未停息。各军种优先发展具有军种特色的能力，对于需要军种交叉的联合作战能力则全不重视。❶ 例如，霍伊特·范登堡（Hoyt Vandenberg）接任空军参谋长后，优先发展轰炸机和核武器，将战术空军的发展排在之后❷，而战术空军是对地支援的主力，这一调整引发了陆军和空军的争论。

1948年秋，国会授权胡佛委员会（The Hoover Commission）对国防领导体制进行审查，认为现行体制"不和谐、缺乏统一的计划、军种对立、责任条块分割和军种主义"，要维护军事安全必须依靠"构建真正意义上的联合武装力量"❸。同时期的埃伯斯塔特的国防体制研究也指出"国家军事部从根本上存在不足"，并将军种之争曝光。

第二任国防部长路易斯·A. 约翰逊（Louis A. Johnson）是一名空权倡导者，也被认为是一名觊觎白宫的政客。他认为海军在研的能够起降投送飞机核弹的超级航母与空军的B-36战略轰炸机存在职能重复。为完成杜鲁门赋予的军费控制目标，1949年4月，约翰逊在未与海军部长、海军作战部长协商的情况下，取消了刚刚铺设龙骨的"合众国"号（United States, CVA-58）超级航母的建设计划。这一举动是对前一年罗德岛协议的公然违背，引发战后美军最严重的军种冲突，即持续了几个月的"海军上将造反"（The Revolt of the Admirals）。海军高级军官通过媒体、国会、参联会等各种场合对约翰逊、战略轰炸机和空军进行指控，挑起公众热议，不惜捏造事实，甚至故意泄露B-36的装备性能机密数据和作战计划，将攻击矛头引向国防领导体制，引发了空前激烈的军种论战。❹ 海军这些举动最终与杜鲁门政府修订《国家安全法》的计划产生了冲突。海军作战部长路易斯·E. 邓

---

❶ 拉塞尔·F. 韦格利. 美国陆军史[M]. 丁志源，等译. 北京：解放军出版社，1989：561.

❷ BEAUMONT R A. Joint Military Operations：A Short History[M]. London：Greenwood Press，1993：135.

❸ HOOVER H. The Hoover Commission Report On Organization of the Executive Branch of Government[R]. New York：McGraw Hill，1949：187.

❹ 同❷.

菲尔德（Louis E. Denfeld）以"不服从指挥"为由被革职，成为"美国新思想管制的头号牺牲品"❶。另外，多名海军将官受处分，海军的大型航母由 8 艘被减至 4 艘❷，其他兵种部队也被相应的削减。

1949 年 8 月，杜鲁门签署《国家安全法修正案》，对国防领导体制做出重大调整。国家军事部正式升格为国防部，3 个军种部降为国防部的下属部门，行政关系得以理清；国防部长的权力和国防部的机构建设得到加强，军种部长不再是国安全委员会的法定成员。此外还涉及参联会的调整。1949年修正案正式确立了美国当代国防领导体制，实现了国防部长对防务界的统一领导，但这并不足以促进联合作战的发展。

三、地位刚确立的参联会无暇顾及发展联合作战

第二次世界大战中的参联会作为一种战时临时机制，缺少法律确认，各成员之间也存在重重矛盾，很多问题需总统亲自出面仲裁。在马歇尔的建议下，罗斯福曾考虑过以法律确认参联会，但面对国内对总参谋体制的厌恶和批评，出于选举考虑，罗斯福最终未将其确认。作为一个委员会，参联会主要负责协调和协商，其权力来自总统的授权，向下的执行力则依托军种参谋长实施，即"执行代理人"制度。这就意味着在国防事务的实际运行中，军种才是重心。

上述组织安排在战时运行尚可，但难以适应战后国内外环境。一是参联会的地位缺乏法律授权，缺乏必要的法定权力推动联合性工作开展；二是作为参联会成员的各军种参谋长，显然在战后更侧重于维护本军种利益，陆海军总参谋长莱希名义上领导参联会，更多只是参联会和总统之间沟通的渠道，作为海军上将的莱希也时不时带着海军立场参与到军种争论中，参联会对于军种矛盾无能为力；三是参联会各下属机构同样受战后大裁军影响，人员配备不足，运行效率低下。

1947 年《国家安全法》正式确立了参联会的法定地位，参联会作为一个集体，共同充当"总统和国防部长的首席军事顾问"，成员包括陆海空军

---

❶ 内森·米勒. 美国海军史［M］. 卢如春，译. 北京：海洋出版社，1985：294.
❷ 斯蒂芬·豪沃思. 驶向阳光灿烂的大海：美国海军史［M］. 王启明，译. 北京：世界知识出版社，1995：578.

的参谋长和作为总统个人军事顾问的莱希,不包括陆战队司令,参联会不设置主席职位。参联会被授予了制订全球联合作战计划、向总统建议设立联合司令部的权力。参联会下成立了编制为100名军官的联合参谋部,设有1名主任,协助参联会制定战略和作战计划、在战区建立统一指挥体系。面对战后美国的战略大扩张,这种人员配置显然不够。军种掌握着人事权,联合参谋部难以吸引优秀人才前来任职,军种方面也不愿派出优秀军官。参联会仍是一个委员会性质的机构,很多委员会必须由高级军官牵头才能运行。联合参谋部主要依托联合战略计划组、联合后勤计划组和联合情报组三个部门维系运行,巨大的任务量使其不堪重负(图2-1)。

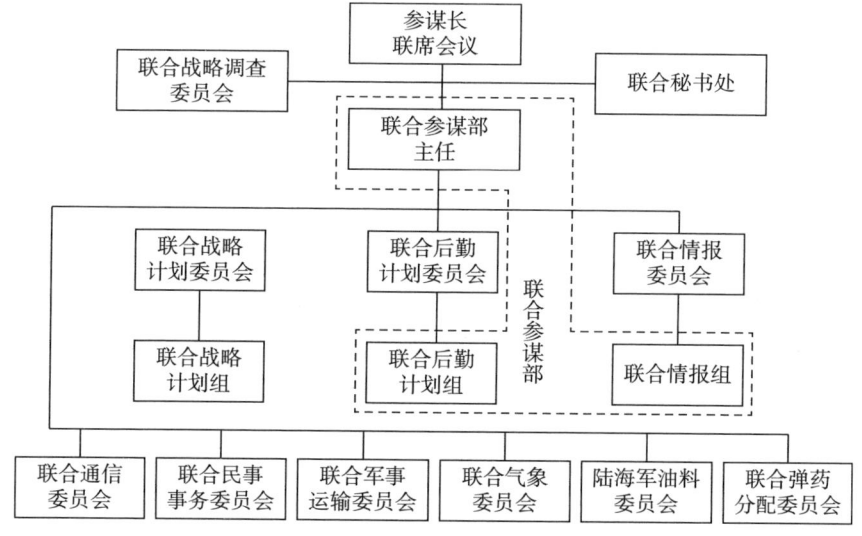

图2-1　1947年参联会组织结构图❶

在军种对立的环境下,参联会的联合计划工作时常受阻。1948年为应对捷克斯洛伐克"三月危机",参联会制定了代号为"半月"(Half Moon)的作战计划,主要内容是依托核武器的破坏力和震慑力,对苏联发动强大的空中攻势,破坏苏联战争能力,美海军航母编队从东地中海进行第二次

---

❶ REARDEN S L. Council of War: A History of the Joint Chiefs of Staff 1942-1991 [M]. Washington D. C.: Joint History Office, 2012: 68.

空袭，但不装备核武器，之后再由美陆军占领地面。❶ 海军认为该计划过于依赖战略空军，是在排斥海军拥核，因而只承认该计划作为短期的应急作战计划，拒绝其作为长期性计划，因为长期性计划将会影响军种发展规划和预算分配。海军和空军因此事开启了"半公开的不体面的争吵"。不过各军种乐于参与各类具体行动，争取表现机会。1948 年 6 月柏林危机爆发，福雷斯特尔将空军和海军的空运司令部合并为军事空运局，统一协调空军空运部队和海军 3 个运输机中队❷，前线指挥由美欧洲空军部队司令李梅担任。空运任务历时一年，海军航空兵承担了 25% 的任务。❸

1949 年 8 月《国家安全法修正案》生效，参联会得到了加强。修正案增设了 1 名参联会主席，赋予其高于美军所有军官的"最高地位"，职责是主持会议，审定议程，向国防部长通报分歧问题。莱希退休后美军不再设置三军总参谋长职务，奥马尔·布雷德利陆军上将就任首任参联会主席。国会对设置一名"总参谋长"仍然存有疑虑，因此对主席的权力做了限制：一是主席在事项审议中不具有投票权，更不具有会议的拍板权；二是主席不能指挥军队，没有像各军种参谋长一样的指挥权；三是主席没有被赋予"首席军事顾问"的地位，"顾问"仍由参联会集体担任。联合参谋部规模由 100 人扩到 210 人，但随着美军全球干预的增多，这种人员配置依旧不堪重负。

四、联合司令部体系的建立为战区联合提供框架

第二次世界大战时期，美军创建了联合司令部体系，在全球划定战区，赋予战区司令指挥战区各军种部队的权限，统一筹划和指挥战区内的军事行动。尽管该体系在实际运行中时常伴有军种间的摩擦，但整体上保证了战略意图的贯彻和作战行动的实施，被证明是一种有效的指挥体系和模式。1945 年 6 月底，参联会任命艾森豪威尔担任欧洲战区美国部队司令，指挥

---

❶ REARDEN S L. Council of War: A History of the Joint Chiefs of Staff 1942-1991 [M]. Washington D. C.: Joint History Office, 2012: 74.

❷ 沃尔特·博伊恩. 跨越苍穹: 美国空军史 [M]. 郑道根, 译. 北京: 军事谊文出版社, 1999: 232.

❸ 内森·米勒. 美国海军史 [M]. 卢如春, 译. 北京: 海洋出版社, 1985: 291.

第二章 军种激烈冲突时期的联合作战（1945—1953年）★★★

战区内陆军和航空队部队，但不包括美国海军东大西洋和地中海部队。在太平洋战场上，第二次世界大战时期就存在西南太平洋战区和太平洋战区的分立，从英文单词来看，北非、欧洲的战区使用的是"战区"（theater），而太平洋两个战区用的是"地区"（area）。1945年4月，两大战区分别改为太平洋陆军部队总司令部和太平洋海军部队总司令部。海军认为太平洋是自身传统"利益范围"，1946年2月海军提出将太平洋划分两大军种司令部的做法是"模糊"和"难以令人满意的"❶，提议在太平洋地区建立一个单独的司令部，统一指挥该地区内除驻华美军、驻朝美军和驻日美军以外的所有美军部队。麦克阿瑟认为这是在"公然夺权"，陆军和陆军航空队对此表示反对，他们更倾向于根据任务和兵力分配来行使统一指挥，而不是海军提议的根据地理区域来区分。❷ 不过整体而言，通过某种形式将第二次世界大战时期的全球联合指挥架构固定下来，还是在各军种达成了共识，统一指挥计划成为战后初期参联会少有的成绩之一。

1946年12月14日，杜鲁门总统批准了参联会编制的首版《统一指挥计划》，按制度该计划平均每2年更新一次。根据首版计划，美国将组建7个联合司令部，分别是远东司令部、太平洋司令部、阿拉斯加司令部、东北司令部、大西洋舰队、加勒比司令部、欧洲司令部。联合司令部负责某一特定战略方向，组成部队包括陆军、陆军航空队和海军部队，战区组成军种部队仍由本军种的指挥官指挥。联合司令部配备一个由多军种人员组成的联合参谋部。战区军种部队的行政管理、训练、后勤、经费预算、工程建设授权等，不在联合司令部的职权范围内，由军种部队指挥官直接与军种总部沟通。这意味着非战时状态下联合司令部的权力过于弱小。对此，1948年的第二版《统一指挥计划》里赋予了联合司令部司令"协调联合司令部军种组成部队的后勤和行政支援"❸ 的权力。联合司令部的兵力分配和内部重大调整由参联会决定，参联会对联合司令部实施战略指导，规定其任务和使命。对于参联会没有指派给联合司令部的部队，则由各军种保留指挥权。

---

❶ DREA E J, etc. History of the Unified Command Plan 1946-2012 [M]. Washington D. C.: Joint History Office, Office of the Chairman of the Joint Chiefs of Staff, 2013: 9.
❷ REARDEN S L. Council of War: A History of the Joint Chiefs of Staff 1942-1991 [M]. Washington D. C.: Joint History Office, 2012: 65.
❸ 同❶: 12.

每个联合司令部由参联会指定一名军种参谋长具体领导，通常为司令部内占主导地位的军种的参谋长。这实际是第二次世界大战时期陆军、海军分别主导欧战和太平洋战场的"最高利益"的延续，马歇尔和金分别为对应战区的"执行代理人"，这一安排在战后《统一指挥计划》里得到了正式确认。《统一指挥计划》还正式承认了战略空军司令部的地位，作为一个单一军种司令部，它由第8、第15航空队和具备空投原子弹能力的509混编大队及其他相关部队构成，通过陆军航空队司令直接向参联会负责。从1947年元旦开始，各联合司令部开始陆续组建并投入运行，远东司令部、欧洲司令部、加勒比司令部由陆军参谋长担任执行代理人，太平洋司令部和大西洋司令部（1947年12月由大西洋舰队改名而来）由海军作战部长担任代理人，阿拉斯加司令部、战略空军司令部由空军参谋长担任代理人。1948年5月东大西洋和地中海美国海军部队也升级单一军种司令部，由海军代理。东北司令部由于涉及和加拿大的防务合作谈判，在1950年才投入运行，由空军参谋长代理。

从大的范围来看，《统一指挥计划》确立了陆军和空军负责欧洲、海军负责太平洋的基本利益格局，但在涉及军种职能重叠的地理区域，如马里亚纳群岛、小笠原群岛、巴哈马群岛等，仍存在争论。更大的分歧则来自新武器、新技术的挑战，它们极大地拓展了作战空间，传统的军种职能划分正在被打破，如何界定和区分军种职能成为《统一指挥计划》每次修订的重要内容之一。

第二节 朝鲜战争中的美军联合作战实践

一、战争爆发时远东司令部严重缺乏联合作战准备

（一）面对战争爆发美国严重误判且缺乏准备

1950年6月爆发的朝鲜战争是对战后美军联合作战和指挥体制的第一次全方位考验。对此，美国和远东司令部均严重缺乏准备。战略层级，美国判断严重失误，战略重心始终在欧洲，刚扩编的联合参谋部无力覆盖全球热点区域，缺乏对朝鲜形势的认识，甚至认为"朝鲜对美国的战略价值

第二章　军种激烈冲突时期的联合作战（1945—1953年）★★★

是微不足道的"❶。战区层级，远东司令部主要任务是维系对日占领和重建，同时预防苏联从北海道进攻日本。在战地层级，1949年美军从朝鲜半岛撤军，只留下一个500人的美国驻韩军事顾问团（U. S. Korean Military Advisory Group, KMAG），负责训练和武装韩国军队。1950年6月卸任的顾问团团长威廉·L. 罗伯茨（William L. Roberts）准将还向参联会主席保证："韩国军队能够应对来自朝鲜方面的任何考验。"❷

美军在朝鲜方向存在重大的指挥缺口。1947年1月开始运行的远东司令部，最初其责任区包括日本、朝鲜半岛、琉球群岛、菲律宾、马里亚纳群岛、小笠原群岛、硫磺岛等。1950年2月修订的《统一指挥计划》将韩国从远东司令部的责任区内移除，朝鲜半岛成为美军全球作战指挥体系中的一个盲点，战区层级既没有应急预案，也没有相应的兵力准备。与此同时，美军自身正面临常规兵力严重不足的问题。受战后大裁军和军费削减的影响，核武器一枝独秀，常规兵力被极大地压缩，各军种聚焦于战后武器装备的升级换代，多数常规部队不具备完整的作战能力。

（二）远东司令部在联合方面的建设十分有限

1. 远东司令部的核心岗位均以陆军为主体

麦克阿瑟作为远东战区总司令，其职权与责任由参联会规定，主要有三项：一是对日本实施占领，起初任务还包括对韩国实施占领，后来该任务被取消；二是运用辖区内的部队维护美国的政策；三是作为远东总司令随时应对各种紧急情况。❸ 远东司令部的组成与第二次世界大战时期的西南太平洋战区相类似，在参联会由陆军参谋长作为执行代理人，战区主体为陆军部队。远东司令部下设三个军种组成部队，设置了远东空军部队和海军部队的司令职务，陆军部队司令由麦克阿瑟亲自兼任。❹ 另外设有菲律宾—琉球司令部和马里亚纳—小笠原群岛司令部，作为占领军司令部。

---

❶ SCHNABEL J S. United States Army in the Korea War, Policy and Direction: the First Year [M]. Washington D. C.: Center of Military History, United States Army, 1992: 30.

❷ REARDEN S L. Council of War: A History of the Joint Chiefs of Staff 1942-1991 [M]. Washington D. C.: Joint History Office, 2012: 103.

❸ 同❶：26.

❹ DREA E J, etc. History of the Unified Command Plan 1946-2012 [M]. Washington D. C.: Joint History Office, Office of the Chairman of the Joint Chiefs of Staff, 2013: 25.

远东司令部参谋部以陆军人员为主，参谋部里海空军人员的角色更多是"代表"。麦克阿瑟主要依赖第二次世界大战时期的老下属，如负责情报事务的查尔斯·A. 威洛比(Charles A. Willoughby)、负责民事和公共关系事务的考特尼·惠特尼(Courtney Whitney)、远东司令部参谋长爱德华·M. 阿尔蒙德(Edward M. Almond)少将等，都来自陆军。核心业务战区作战计划工作主要由联合战略计划和作战大队负责，这是一个由远东司令部作战部长兼任领导的组织，由20多名经验丰富的校官构成，主体来自陆军。而远东司令部参谋部的其他岗位，多数由文职和预备役军官填补，主要任务是进行军事占领管理、扶植日本文官政府，参谋素质整体较差，中低级军官缺乏参战经验和带兵经历，尤其是不具备实施联合作战参谋作业的能力。

2. 战区军种部队关系并不融洽且各有难题

受美国国防领导体制改革和军种矛盾的影响，战区内各军种的关系并不融洽。远东海军和空军部队认为，他们在远东地区的活动受制于陆军的指挥，和陆军部队的地位不平等，海空军部队司令和华盛顿的军种参谋部保持日常性联系，定期"打小报告"，频繁对远东司令部的政策提出质疑。麦克阿瑟则认为他受制于海空军的军种参谋部，对海空军的指挥权有限，难以对战区部队实施联合指挥和全面监督。阿伦·米利特认为海军、空军部队只是远东司令部"名义下的下属，实际上海、空军将领几乎完全自治"❶。麦克阿瑟依赖他们制订海空作战计划，但不能左右他们的行为。

截至朝鲜战争爆发，远东陆军部队主体为沃尔顿·H. 沃克（Walton H. Walker）中将领导的第8集团军，下辖4个师，但其优先级排在欧洲、中东远征军之后，面临着人员素质差、部队普遍缺编、训练不足、后勤薄弱、重要装备短缺等一系列问题。1950年4月陆军参谋部的训练监察认为4个师的战备程度从65%到84%不等，第8集团军自我评估则认为各师战斗力均不足规定的70%。❷

远东空军部队由空军中将乔治·E. 斯特拉特迈耶（George E. Stratenleyer）指挥，编为远东战区空军司令部，下辖驻日本本岛的第5航空队、驻

---

❶ 阿兰·R. 米勒特. 极度深寒：朝鲜战争，1950—1951 [M]. 秦洪刚，译. 北京：作家出版社，2015：88.

❷ 同❶：102.

琉球群岛和马里亚纳群岛的第 20 航空队和驻菲律宾的第 13 航空队。作为美国空军最大的海外司令部，远东空军优先任务是保护前沿的轰炸机基地，其次是保护海军基地和日本城市，最后才是支援地面作战。当时远东空军正在逐步换装 F-80C 等新型喷气式战机，重点是加强训练以尽快提升战备能力。空地联合需要陆军和空军共同建立空中支援申请和管控体制，但预算压缩背景下，双方都不愿在该方面投入资金。远东空军也没有制定支援韩国军队的计划。❶

母港设在横须贺的远东海军部队由特纳·乔伊（Turner Joy）海军中将指挥，其任务是从海上保卫日本，拥有实际作战能力的只有 1 艘轻型巡洋舰、5 艘驱逐舰、9 艘扫雷艇和 2 架远程巡逻机，另外有英国和澳大利亚海军部队组成的第 96 特遣舰队，含一艘可搭载 40 架飞机的轻型航母。❷ 部署于菲律宾、马里亚纳群岛等地的其他美国海军部队，虽然位于远东司令部责任区，但直属于太平洋舰队，麦克阿瑟和乔伊都无权对其进行直接指挥，必须经过参联会协调和海军授权。1950 年春，乔伊接管了陆战队第 1 两栖大队，用作为第 8 集团军制订两栖训练计划，得到了部分加强。

3. 战区联合训练艰难启动且尚未形成能力

远东司令部尝试开展联合训练，但受多种原因限制效果有限。1949 年 4 月麦克阿瑟改变政策将对日严格占领转为"友好、保护和指导"❸，部分军事人员得以脱离民事工作返回作战部队。与此同时，第 8 集团军解除了主要占领任务，开始与空军和海军合作，以期打造一支具有战斗力的联合部队。

1949 年 6 月，麦克阿瑟宣布，新的训练计划目标是各军种部队快速联合，形成能够完成军事使命、富有战斗力的队伍，防范苏联进攻日本，提防红军在北海道的两栖进攻。计划分为若干个时间节点，要求师一级部队在 1950 年 7 月 31 日前完成部队的野战训练，能够达成有效的空地联合，到 10 月 31 日前，各师要有一个营完成两栖登陆训练，在整个战区内计划开展

---

❶ 阿兰·R. 米勒特. 极度深寒：朝鲜战争，1950—1951 [M]. 秦洪刚，译. 北京：作家出版社，2015：95.

❷ 同❶：92-93.

❸ SCHNABEL J S. United States Army in the Korea War, Policy and Direction: the First Year [M]. Washington D. C.：Center of Military History, United States Army, 1992：55.

两栖联合训练。❶ 这些训练以陆军为主，要求海空军配合，但海空军响应度并不高。例如第 8 集团军制订的代号"闪光作战"的保卫日本的计划，需进行多次演习检验，但直到战争爆发，联合方面只进行了指挥所演习。此外，日本狭小的地形限制了训练级别和规模，通常只能以团一级的规模开展共同训练。日本薄弱的基础设施也限制了重型装备跨区训练的开展，如日本公路系统的多数道路无法承载 M4 谢尔曼坦克，多数机场无法满足喷气式战机对跑道的要求，但是为了节省经费，各军种谁也不愿承担这类维修加固基础设施的工作。

二、远东司令部确立战时战区联合作战指挥架构

战争爆发后，整个朝鲜战争由远东司令部负责，其结构如图 2-2 所示。麦克阿瑟身兼四职：一是作为盟军最高统帅，代理总部设在华盛顿的 13 国远东委员会，执行对日占领；二是作为远东司令部司令，指挥西太平洋地区的美陆、海、空军部队，这一权限在 6 月 29 日得到了杜鲁门的授权加强，太平洋司令部被指示要给予远东司令部必要和切实可行的支援与加强，于 6 月 27 日将第 7 舰队战时指挥权转交麦克阿瑟；三是作为美国远东陆军部队司令，直接指挥战区陆军部队；四是于 7 月 10 日受命出任"联合国"军司令。❷

远东司令部构成了"联合国"军司令部的主体。远东司令部的联合战略计划与作战大队，成为"联合国"军对朝作战的主要计划机构，"联合国"军的指挥结构基本依照远东司令部的架构来搭建。地面作战由麦克阿瑟指挥，第 8 集团军在韩国设置前沿指挥部，辖第 1 军和第 9 军两个军级指挥部，负责具体指挥美国、韩国及其他参战国的地面部队，仁川登陆前新组建的第 10 军不归第 8 集团军指挥。大多数情况下，第 8 集团军发挥了近似战区陆军部队司令部的角色，其司令往往也是下一任远东司令部司令的

---

❶ SCHNABEL J S. United States Army in the Korea War, Policy and Direction: the First Year [M]. Washington D. C.: Center of Military History, United States Army, 1992: 55.

❷ APPLEMAN R E. United States Army in the Korea War, South to the Naktong, North to the Yalu (June–November, 1950) [M]. Washington D. C.: Center of Military History, United States Army, 1992: 46, 51.

继任人。远东海军部队司令部负责具体指挥美国和其他参战国的海军部队，陆战队则根据任务变化在战区海军司令部和陆军司令部之间转移，在登陆作战时期指挥关系有较大的变动。远东空军部队司令部负责具体指挥美国和其他参战国的空军部队，但不能指挥海军的航空部队。

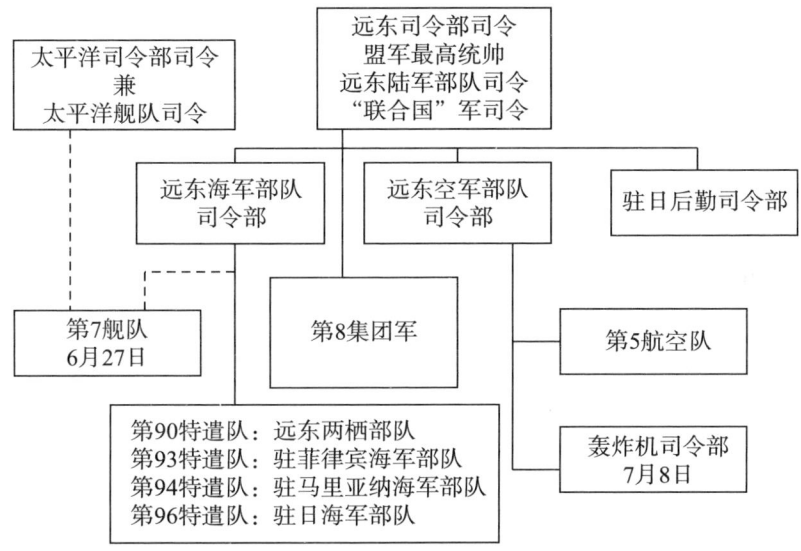

图 2-2　1950 年 6—8 月期间远东司令部结构图❶

三、朝鲜战争中美军典型联合作战样式

朝鲜战争中的美军联合作战很大程度上延续了第二次世界大战时期的联合作战，其中三种形式比较具有代表性，即两栖登陆作战、联合空中作战和空地联合作战。其他方面，如海军为釜山防线提供火力支援、掩护防线两翼，以及陆军和空军开展的小规模空降作战等，不如前三种联合作战更具典型意义和代表性，故不再专门展开论述。

（一）两栖登陆作战展现了较高的联合水准

1. 仁川登陆前美军开展了周密的联合计划工作

两栖作战是现代战争中最复杂的联合作战样式之一，仁川登陆是美军

---

❶ FIELD JR V A. History of United States Naval Operations in Korea [M]. Washington D. C.：Department of the Navy，1962：43.

联合作战的经典案例。朝鲜半岛三面环海,美军享有充分的制海权和制空权,为开展两栖作战提供了天然优势。早在朝鲜战争爆发不久后的7月初,麦克阿瑟便指示参谋人员拟定了代号为"蓝心"的登陆行动,计划于7月下旬实施登陆作战,但由于韩美地面部队在抵挡朝鲜人民军时节节败退,超出了预期,不得不放弃该计划,转为优先在釜山建立防御圈。麦克阿瑟并没有放弃通过登陆作战截断朝鲜人民军后方、达成战略突然性的构想,他一方面指示阿尔蒙德领导联合战略计划和行动大队开展计划工作,一方面与参联会沟通,申请增兵。由于第8集团军正专注于釜山防御难以抽身,联合战略计划和作战大队建议另外组建一个临时军级司令部。7月15日麦克阿瑟指示阿尔蒙德成立"X部队"(后改名为第10军),研究两栖登陆作战的可能性。7月19日,第1两栖大队的"阿比尔"机动训练小队的34名陆战队官兵,加入联合作战计划和部队筹建工作。❶ 到7月23日,联合战略计划和行动大队提出了3个备选方案,编号100B、100C和100D,分别计划在西海岸的仁川、群山及东海岸的注文津实施登陆作战。

8月10日,麦克阿瑟正式批准组建第10军,阿尔蒙德兼任军长,参谋人员主要从远东司令部抽调,主要作战部队为海军陆战队第1师和陆军第7步兵师、陆战队第1航空联队,是一支典型的联合部队。提供各类支援和保障的海军部队,不编入第10军。8月12日,麦克阿瑟发布远东司令部司令100B计划,选定仁川为作战目标。按照计划,陆战队第1师将作为第一梯队,负责抢滩登陆和占领港口,第7步兵师和韩国海军陆战队作为第二梯队,负责巩固扩大战果,继而向首尔推进,分割朝鲜人民军阵线,切断其后勤线,与此同时,第8集团军将从釜山发起反攻,最终实现对深入南方的朝军的包围消灭。

作为一次典型的联合作战,"铬铁"(Chromite)行动既需要综合各军种的计划意见,也需要专业兵力的加强。在计划方面,陆战队上校爱德华·H. 福尼被任命为第10军的副参谋长,重点解决登陆过程中的专业性问题。他认为阿尔蒙德和其参谋部缺乏两栖作战经验,极力要求第7舰队和第1两栖大队的计划人员参与进来。太平洋司令部给予了支持,抽调了经验丰富的海军和陆战队军官,用以加强远东司令部、第10军的计划工作。在海军

---

❶ 阿兰·R. 米勒特. 极度深寒:朝鲜战争,1950—1951[M]. 秦洪刚,译. 北京:作家出版社,2015:293.

部队的作战运用上，海军反对仁川登陆，主要理由是仁川地理环境特殊，极高的潮汐、狭窄的河道、高海堤、广阔的泥滩和敌人的顽抗，都将给航渡和登陆带来巨大风险，可能招致行动失败和大量人员伤亡，甚至整个朝鲜战争的失败，因此建议改为群山或其他地点。不过海军也表示"在仁川实施登陆不是不可能"❶。就这一系列问题，7月20日，参联会派出陆军参谋长柯林斯和海军作战部长福利斯特·P. 谢尔曼（Forrest P. Sherman）为首的代表团，前往东京与麦克阿瑟商谈，确认行动的风险和可行性。麦克阿瑟认为必须权衡风险和收益，登陆群山虽然风险小，但不具备决定性。他坚持仁川登陆计划不变。参联会在研究后于8月28日同意该计划，次日杜鲁门批准该计划。

兵力增派和作战计划制定是8月的重点工作。受前几年的裁军和军种竞争影响，到1950年7月30日，美国海军陆战队总人数仅为74279人，且分散在全球各地，执行治安、训练和行政管理等任务，作战部队只有4万人，编为大西洋、太平洋两部，各有1个加强师和1个航空联队，且都不满编。❷ 在参联会的授权下，海军陆战队第1师和陆战队第1航空联队的指挥权，由太平洋司令部转交远东司令部，同时得到了欧洲战区陆战队第2师部分兵力、来自本土训练部队和征召预备役的人员加强，师长为奥利弗·P. 史密斯（Oliver P. Smith）少将。陆军第7步兵师也面临严重缺编的情况，经过优先加强，于8月底形成完整战斗力。

海军方面参与此次行动的共计230余艘舰艇，远东海军部队司令部以第7舰队为主体，组建了第7多国联合特遣部队（CJTF-7），由第7舰队司令亚瑟·D. 斯特罗布尔（Arthur D. Struble）中将负责指挥整个行动，詹姆斯·H. 道尔（James H. Doyle）少将任副司令，同时兼任第90多国特遣部队指挥官。阿尔蒙德的第10军编为第92特遣部队负责突击登陆，下辖陆战队第1师和第7步兵师。海军部队编组包括由快速航母部队组成的第77

---

❶ APPLEMAN R E. United States Army in the Korea War, South to the Naktong, North to the Yalu（June-November, 1950）［M］. Washington D. C.：Center of Military History, United States Army, 1992：493.

❷ SCHNABEL J S. United States Army in the Korea War, Policy and Direction：the First Year［M］. Washington D. C.：Center of Military History, United States Army, 1992：159.

联军特遣部队，担负火力攻击任务的第90多国特遣部队，担负巡逻和侦察任务的第99多国特遣部队，担负封锁和掩护任务的第91多国特遣部队，担负后勤保障的第79多国特遣部队和第70.1旗舰大队等。❶

海上行动阶段，由斯特罗布尔和詹姆斯·H. 道尔指挥，两者指挥所分别设于"罗彻斯特"号巡洋舰和"麦金莱山"号两栖指挥舰上。从登陆场向内陆延伸30公里构成的圆弧，该范围地区上空的海军和陆战队飞机，由道尔在"麦金莱山"号上实施实时指挥。❷ 在登陆前两周，海军向仁川地区派出了克拉克海军上尉领导的三人小组，负责精确定位敌人的防御工事，核实潮汐和地形数据，成功地向计划者传递了大量重要信息，并在登陆前一天晚点亮灯塔，引导舰队攻击。

2. 仁川登陆对比第二次世界大战联合水平有了进一步提高

9月1日，100B计划被正式指定代号"铬铁"，各项战前准备开始。9月1日至3日，阿尔蒙德组织了指挥所演习，模拟了滩头突破、敌守军反攻、敌抗击条件下的渡河、趁隙突围等四种场景，检验了指挥能力。9月4日，美军海军舰载机开始对仁川附近的交通要道和枢纽实施轰炸，远东空军轰炸机司令部的B-29轰炸机加强对北方交通线路的轰炸，孤立汉城（今首尔）和仁川一带。第5航空队则加强对第8集团军的支援，为反攻蓄势，同时做好响应第10军紧急支援请求的准备。

9月15日登陆正式开始，海军部队通过舰炮和飞机实施了长达3小时的战场火力准备，压制月尾岛要冲和岸上目标。几天前先行开始的空军轰炸，已经将仁川城和登陆区隔离，阻断了朝鲜人民军援军。随后，第10军按计划分梯次突击上陆，从航母上起飞的陆战队第1航空联队负责对登陆部队实施直接支援，部分空军部队参与其中。阿尔蒙德根据陆战队的建议，组建了战术空中管控机构作为第10军的战术空中指挥所，管控目标区域内的空中打击申请。陆战队空海火力联络连（Air Naval Gunfire Liaison Compa-

---

❶ CHISHOLM D. Negotiated Joint Command Relationships: Korean War Amphibious Operations, 1950 [J]. Naval War College Review, 2000, 53 (2): 27.

❷ APPLEMAN R E. United States Army in the Korea War, South to the Naktong, North to the Yalu (June-November, 1950) [M]. Washington D. C.: Center of Military History, United States Army, 1992: 497.

ny，ANGLICO)❶与登陆部队一同上岸，负责引导空中火力支援。整个作战基本按照计划推进，美军顺利地攻占了港口、仁川市及金浦机场，后续部队和物资通过海运和空运源源不断地补充。由海向陆的指挥权转移分为两个步骤，第一步骤为在陆战队第1师建立岸上指挥所后，由师长史密斯指挥岸上部队，第二步骤为第10军上岸建立指挥部后，第10军连同陆战队第1航空联队，脱离第7联合特遣部队，由阿尔蒙德指挥，直接向麦克阿瑟报告（图2-3）。

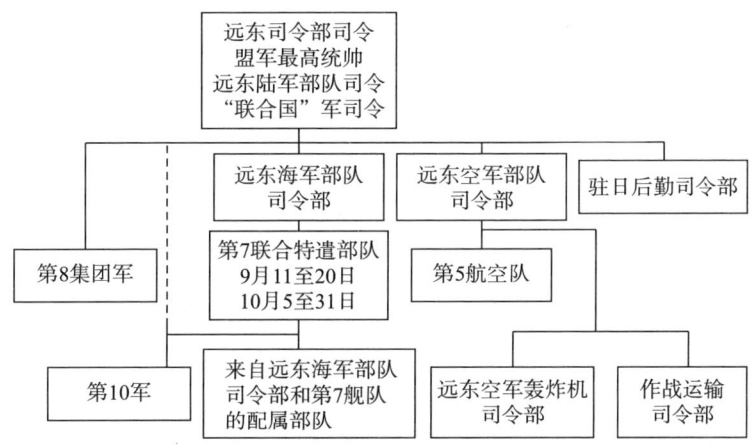

图2-3 仁川、元山登陆期间远东司令部结构图❷

注：登陆完成后，第7联合特遣部队解散，第10军归于麦克阿瑟的直接指挥下。

仁川登陆是风险巨大却取得成功的陆海空联合登陆作战，一举改变战局。该次行动是战后美军国防新体制建立后的第一次大规模联合作战，整体来看延续了第二次世界大战时期太平洋战场上联合登陆作战的基本特征：一是作战计划主要由战区制定，制订过程中各军种人员能够比较充分地参与其中，最终由参联会负责审定和协调调拨兵力；二是优先解决好指挥权问题，尤其是由海向陆阶段转变中的指挥权移交问题；三是陆战队证明了自身作为专业化登陆部队在联合作战中的不可替代性，有力地回击了主张撤销陆战队的观点；四是能够将不同军种的优势加以组合运用，抓住对手

---

❶ 即第二次世界大战时期的联合攻击信号连，1949年更名为空海火力联络连。

❷ FIELD JR J A. History of United States Naval Operations in Korea［M］. Washington D. C.：Department of the Navy，1962：174.

弱点，把握了主动权；五是第二次世界大战中确立的近距离火力支援、两栖作战组织流程等，基本得到延续。

对比第二次世界大战时期的联合登陆作战，仁川登陆从提出设想到最终实施，用时极短，只有不到2个月。参联会历史办公室后来评论："将后备役部队和现役部队迅速整合成一支非常成功的作战部队，能够在极短的时间内进行极其复杂的两栖机动，几乎没有面对面协调的机会，也没有协同作战的机会，这是无与伦比的。"❶ 麦克阿瑟、中高级军官和召回的老兵多数有第二次世界大战时期的联合作战经验，这是无法用数字衡量的巨大优势。得益于这种经验的延续，当朝鲜战争爆发后，涉及跨战区、跨军种的部队调动，并没有受到军种至上主义的过多阻挠，国防部和参联会的运行得到了检验。

3. 联合计划不周导致元山登陆未达成预期效果

必须看到，仁川登陆的成功很大程度上也与朝鲜人民军的失误有关，所谓"不可胜在己，可胜在敌"，带有相当的偶然性和冒险性。联合登陆作战依然是一种高度复杂的作战，涉及的大量细节问题不加以重视极易导致整个行动失败。

仁川登陆作战的胜利刺激了麦克阿瑟使用更多"奇招"。9月29日麦克阿瑟批准了元山登陆计划，计划将第10军通过海运调至东海岸，于元山再实施一次联合登陆作战。海军反对该计划，理由主要有两点：一是仁川、釜山港船舶停靠容量和码头吞吐能力有限，设施不完善，第10军的装载上船势必与其他作业发生冲突，会对第8集团军的后续增兵、后勤补给等造成冲击；二是情报发现元山港外已布置了大量水雷，排雷将花费很长时间，这些因素都将大大迟滞整个行动的开展。❷ 另外，远东海军部队副司令阿利·A. 伯克（Arleigh A. Burke）认为"从海上实施元山登陆，只会把大部分海军舰艇的手脚捆绑在此地，无法遂行其他任务"❸，建议第10军以陆路

---

❶ JOINT CHIEFS OF STAFF. Joint Military Operations Historical Collection [M]. Washington D. C.：GPO, 15 July 1997：II-12.

❷ CHISHOLM D. Negotiated Joint Command Relationships：Korean War Amphibious Operations, 1950 [J]. Naval War College Review, 2000, 53（2）：33-34.

❸ 战史编纂委员会. 朝鲜战争（第一卷）[M]. 固城，等译. 牡丹江：黑龙江朝鲜民族出版社，1988：47.

攻占元山港。

麦克阿瑟一如既往地坚持己见，最终结果是原计划于 10 月 15 日开始的元山登陆作战，因装载延时和扫雷，直到 10 月 26 日才开始。这期间耗费了大量的资源和时间，然而此时元山早已被韩军从陆上占领。之后，美军再也没有进行过大规模的联合登陆作战。1952 年上甘岭战役后，美军曾制定过 8-52 作战计划，计划通过陆海空联合，实施一场大规模的两栖登陆和空降作战，并将战火引向中国境内，但是这一计划显然超过了美国的政治预期，且军事上不可预测性过多，加上中国和朝鲜已经加强了防备，最后不了了之。

（二）空中作战通过协调控制达成了有限联合

1. 空中作战联合的需求迫切但面临军种分歧

朝鲜战争初期的形势对美军空中作战的联合提出了要求。战争爆发后，面对朝鲜人民军的迅猛攻势，远东空军是麦克阿瑟唯一能倚重的空中力量，于 6 月 26 日率先开始行动，并于次日与朝鲜空军的雅克-9 爆发首轮空战。远东空军部队司令斯特拉特迈耶对 3 支航空队的作战飞机进行了重新编组，除去用以执行基地防卫任务的必要飞机，战斗机、战斗轰炸机和侦察机等战术飞机统一转场至日本和韩国的机场，由第 5 航空队指挥官帕特里奇指挥，任务是争夺朝鲜半岛制空权和支援第 8 集团军，远东空军及本土增援的 B-29、B-26 等轰炸机于 7 月 8 日统一编为远东空军轰炸机司令部，主要任务是对朝鲜后方实施轰炸和对人民军部队实施遮断。战争初期，由于陆军炮兵部署不够、弹药不足，空中力量对地面部队的支援十分必要。随着第 7 舰队的到来和第 77 快速航母特遣部队的组建，海军航空力量得到极大增强，由远东海军部队司令乔伊中将指挥，任务也包括空战和对地攻击。

远东司令部里没有涵盖海空军的联合作战指挥机构，也没有设置统一的空战指挥中心。远东司令部在韩国西南部为海军指定了一个地理区域，由其单独负责。空军和海军的空中作战由各自军种部队司令部指挥，双方各自制定计划，基本上没有协同。由于目标特性、军种装备限制和可用架次等原因，单个军种往往无法顺利完成任务，还会在战事吃紧、各方面资源紧张的环境下，造成不必要的浪费。例如，7 月上旬，由于军种间不通气，海军 77 特遣部队派遣飞机攻击的某些目标，正是空军次日计划打击的目标，由于空军计划流程也需要时间，第二天空军的轰炸机只能停滞在机场，白白浪费了出动架次，致使作战运用效率低下。❶ 7月9日，韩国境内唯一能起降喷气式飞机的金浦、水原机场陷落，进一步限制了空军的前沿部署和出动效率。

海军和空军就空中力量的统一指挥问题产生矛盾。斯特拉特迈耶提议将包括海军舰载机和岸基飞机在内的所有空中力量，统一置于远东空军部队司令部的指挥控制下。该提议遭到了乔伊中将的坚决反对，他认为空军的指挥势必使宝贵的海军航空资源成为空军的附庸，忽略海军自身的空中任务需求，割裂海军的作战体系。更重要的是，该提议事关敏感的海军岸基航空兵的指挥权和归属问题，涉及军种本位和利益，第二次世界大战结束后海军和空军围绕该问题已经斗争了近5年。乔伊坚持按地区划界区分任务，由海军在特定地理范围内执行空袭任务。此外，他还指出第7舰队的职责并不局限于朝鲜半岛，还有封锁台湾海峡等其他任务，空军如想在任务中指挥海军航空兵，必须得到远东司令部的直接命令。

在战区层面，远东司令部属于被支援者，即受援者，远东海军是支援者，根据参联会对"受援者和支援者"关系所做的解释是："受援部队的司令官向支援部队的司令官详细介绍他所希望的支援任务内容，并提供所需的情况资料。……实施支援的部队司令官，在他的能力范围内采取必要的行动以完成此项任务。……实施支援的司令官为他的部队设定战术、方法和程序。"❷ 这种解释是模糊的，因此乔伊的提议表面上在维护战区司令部的权威，实际上是在回避远东空军的控制，因为远东司令部以陆军为主体，无法就海军航空兵的运用做出权威决策，即使司令部认为有任务需要让海军航空兵听从空军的指挥，海军也可以种种理由或以"建议权"加以推辞或拒绝执行。

2. 战区空军被赋予协调控制权用以实施联合

在麦克阿瑟和阿尔蒙德的调解下，空军和海军达成了妥协，空军被赋予了"协调控制"（coordination control）权。根据指令，协调控制是指：

---

❶ SCHNABEL J S. United States Army in the Korea War, Policy and Direction: the First Year [M]. Washington D. C.: Center of Military History, United States Army, 1992: 108.

❷ 威廉·莫姆耶尔. 三次战争中的空中力量——二战、朝鲜和越南 [M]. 陆以中，译. 北京：世界知识出版社，2014：56.

第二章 军种激烈冲突时期的联合作战（1945—1953年） ★★★

"当海军航空兵和空军共同在朝鲜执行空中任务时，原本属于远东司令的协调控制权，将交予远东空军部队司令代行。"❶ 这一授权强调飞机的指挥控制要与任务类型相关，总指挥权仍在远东司令部，由其通过战区军种组成部队司令部的指挥链，将任务分别赋予海军和空军部队，任务期间的协调和控制权交给空军，由其对空中作战进行协调、控制并减少彼此冲突。❷ 这种安排绕开了空中力量的统一指挥问题，但也有观点认为：协调控制权是未来联合作战的先行者，展现了联合部队空中部队司令部的角色。❸

根据协调控制权，空军可以远东司令部的名义，部分介入海军的任务规划，协调双方任务，确保不出现重复和相互干扰，如果任务需要海军航空兵参与，则需要通过申请支援和协商来解决。除了海上侦察、反潜等海军专有任务，海军和空军的空中行动不再相互独立，彼此间的沟通得到加强。海军也愿意接受来自空军申请的一些与其实力和职责相匹配的任务，随后还接受了空军的邀请，共同参与到对后方的轰炸和封锁行动中，毕竟整个朝鲜战争期间海军几乎不存在来自朝鲜舰队的实质威胁。但在协调控制中，海军并不向空军通报飞机出动架次、任务具体细节及一些特定任务等信息。❹

尽管空中作战有了部分联合，但效能还受制于远东司令部低效的联合目标工作。远东司令部目标选择小组由作战计划人员、情报人员和各军种的代表组成，任务是根据形势对空军和海军的轰炸目标和任务提出建议，但该小组缺乏经验丰富的飞行员，主要方法仍为图上作业，因此目标经常不准。例如，1950年7月17日至8月2日，目标选择小组选定的220个目标，20%在现地不存在。❺ 后续在空军的建议下，一个由高级军官组成的目

---

❶ WINNEFELD J A, JOHNSON D J. Command and Control of Joint Air Operations: Some Lessons Learned from Four Case Studies of an Enduring Issue [M]. Santa Monica, CA: Rand Cooperation, 1991: 26.

❷ BEAUMONT R A. Joint Military Operations: A Short History [M]. London: Greenwood Press, 1993: 51.

❸ SINGH J. Air Power And Joint Operations (Second Edition) [M]. New Delhi: KW Publishers Pvt Ltd, 2008: 51.

❹ 同❶: 27.

❺ SCHNABEL J S. United States Army in the Korea War, Policy and Direction: the First Year [M]. Washington D. C.: Center of Military History, United States Army, 1992: 110.

标小组建立，方得以改善。

3. 组建联合作战中心提升联合空战整体效能

1950年7月初，第5航空队在韩国组建了联合作战中心，主要任务是加强战区空中部队和地面行动的协调。中心主要由第5航空队和第8集团军的人员组成，空军占主体。随着海军和陆战队加入空战，联合作战中心成为战术空中行动指挥的主要机构，海军和陆战队向联合作战中心各派驻了联络官。海军联络官由第77快速航母特遣部队派出，没有任何指挥权，任务是发挥桥梁作用，一方面将特遣部队第二天的飞行时间表和任务基本情况传递给联合作战中心，另一方面将联合作战中心指定的空中任务传递给舰队部队，确保海空军之间协调控制的流畅。陆战队联络官来自第1航空联队，该联队在登陆期间担任第10军的空中组成部队，负责为陆战队第1师和第7步兵师的登陆作战和向内陆攻击提供直接空中支援。

相比海军，陆战队与空军的联合程度更深。双方达成协议，在海军陆战队进行作战时，如两栖登陆，陆战队航空兵优先对本军种的作战实施支援，当陆战队不处于作战状态，或对空中支援需求不高时，陆战队作战飞机交由联合作战中心实施战术控制，与空军共同执行支援第8集团军的任务。1950年8月和9月，陆战队将自身航空力量进行了进一步拆分，把夜间战斗机部署在日本海岸，由空军直接控制，战斗轰炸机则搭乘航母或进驻前沿机场，直接为朝鲜半岛西部的两栖作战和地面作战提供支援。没有此类任务时，陆战队飞机则归入第5航空队的控制，与空军共同开展作战。

在联合作战中心的协调下，联合空战的效果得到显著提升。例如，在1950年8月19至20日，远东空军轰炸机司令部和第77快速航母特遣部队战斗轰炸机对首尔大桥实施了联合轰炸，"这些袭击密切协调且高效，以至于现在也不清楚哪个军种的炸弹炸毁了目标的关键点"❶；1950年8月25日B-29空袭罗津港中，目标位于朝鲜半岛东北角，超出了驻扎在韩国、日本的空军战斗机的护航范围，改由一大批海军舰载战斗机护航，配合良好；海军陆战队夜间战斗机也为B-29的夜间轰炸提供了类似的护航行动；1950

---

❶ WINNEFELD J A, JOHNSON D J. Command and Control of Joint Air Operations: Some Lessons Learned from Four Case Studies of an Enduring Issue [M]. Santa Monica, CA: Rand Cooperation, 1991: 35.

年8月下旬至9月上旬的釜山防御战,三个军种的作战飞机共同实施了支援,由联合作战中心统一协调;1950年11月第10军的兴南撤退中,海军和陆战队的对地支援得到了空军的加强,获得了远超本军种的能力加强;战争中还出现了多次航母受制于气象、海况、甲板结冰等原因制约不能起降飞机时,改由空军执行相关任务,等等。

4. 联合空战始终面临着军种差异带来的挑战

联合作战中心也面临着挑战,主要源自各军种装备、训练和条令等方面的差异。装备方面首要问题是通信系统的兼容性。陆军和空军强调集中控制,装备了更多的精密通信系统,依托地面通信站配合组网,可处理大量的信息,在行动中频繁进行通联。海军和陆战队由于舰上空间受限,通信设备体积较小、性能相对有限,作战飞机一般按预先制定的计划行动,任务期间的电子通信尽可能简短,经常实施无线电静默,飞行员在任务中通常有更大的自主权。因此,当两者共同开展作战时,空军的通信经常淹没海军和陆战队相对较窄的信道,而海军航母在起降飞机过程中的密集通信,偶尔也会在区域内造成无线电通信阻塞。朝鲜战争中形成的联合空战指挥体系如图2-4所示。

在规划任务时,军种间的差异带来了更大的挑战。海军和陆战队习惯于在狭窄的滩头正面开展行动,对地支援的距离通常在200米以内,飞行员受过在空中辨识地形和识别敌我部队的专门训练,临空后由前沿地面部队授权打击,重视空地通信,飞机上的无线电台一般有10个甚高频频道用作空地通信。空军战斗轰炸机一般只有4个甚高频频道,并依赖空军或陆军的空中观察机指示目标,所谓的近距离支援一般指火炮射程之内,距离从几百米到几公里不等,这个距离对海军和陆战队而言已经属于"纵深支援"。[1] 上述问题在对第8集团军的支援中频繁出现,这种差异源自第二次世界大战欧洲战场和太平洋战场上不同的实践和经验总结。不过由于朝鲜战争中美军享有巨大的海空优势,联合空战不需要考虑过多对抗条件下的制空权争夺问题,一般不会出现空战任务优先权的矛盾问题,因此联合计划工作得

---

[1] WINNEFELD J A, JOHNSON D J. Command and Control of Joint Air Operations: Some Lessons Learned from Four Case Studies of an Enduring Issue [M]. Santa Monica, CA: Rand Cooperation, 1991: 37.

以减轻不少。上述军种差异问题尽管存在，但没有对作战产生较大的实质性影响，直到1952年一套舰载机、第5航空队和盟军飞机通用的控制程序出台，方得到正式解决。

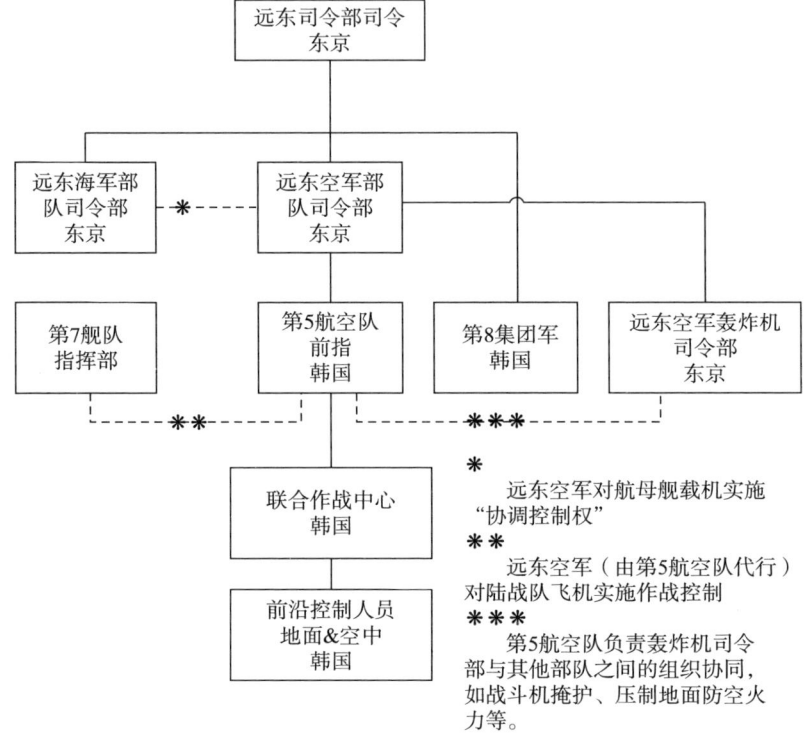

图 2-4　朝鲜战争中形成的联合空战指挥体系❶

1951年中期以后战线相对稳定，不复1950年夏秋时节的紧张局势，联合空战指挥缓慢地改进。1952年远东空军成立目标选择委员会，由第5航空队、远东空军轰炸机司令部、远东海军的代表组成，每两周开一次会，向远东空军司令部推荐目标，然后远东空军经远东司令部授权后，依托目标清单制订空中作战计划。到当年夏天，远东空军部队司令部取代了远东司令部目标选择小组，全面履行目标工作，远东海军事实上承认了远东空军有权控制全部空战行动，多数空中作战的具体问题都可在联合作战中心

---

❶ 威廉·莫姆耶尔. 三次战争中的空中力量——二战、朝鲜和越南 [M]. 陆以中, 译. 北京：世界知识出版社，2014：60.

里解决。❶ 1952年7月11日的"高压泵"（Operation Pressure Pump）行动中，三个军种与英国航母、韩国空军共同对平壤实施了持续一整天的打击，各军种间形成了密集的交叉攻击波次，作战效率大大提升。1953年6月下旬，第77特遣部队在联合作战中心设置了海军组，联合作战中心可通过海军组直接向第77快速航母特遣部队下达任务，流程和向空军部队下达任务类似。至此，空军和海军的全部空中力量方能够协调一致地使用。

朝鲜战争中的联合空战反映了军种竞争时期理顺指挥关系的艰难进程，检验了战区司令部的联合空战指挥体系。刚组建的战区各项职能并不明确，参联会制定的相关法规和指令本身就是妥协的产物，难以在形势多变的实战中为部队划出清晰界限，就在战前美国刚经历过史上最严重的军种冲突。联合空战起初的不顺还和各军种的作战传统，尤其是来自第二次世界大战的作战经验有关，空军在第二次世界大战的北非战场上领悟到空中力量必须集中控制和使用，海军航母编队则历来被赋予高度的自主性。抛开第二次世界大战时仙人掌航空队这一特例，当两个军种真正要联合时，这些带有专业主义的壁垒必然起着制约作用，只有在实战中才能逐步增进双方的理解。

（三）空地联合作战延续二战经验且有新发展

1. 战后空地联合作战有部分发展但不受重视

第二次世界大战标志着战争全面进入立体时代，战后陆军希望将空地联合能力加以保留，采取了若干措施。首先是编制相关条令。在1946年，尚未独立成军的陆军航空队出版了近距离空中支援手册，编纂、总结了第二次世界大战时期欧洲战区奎萨达和第9战术空中司令部的经验和战术，当年8月，陆军航空队发布了《野战手册31-35：空地作战》（*FM*31-35：*Air-Ground Operations*），正式确立了空地联合的基本规范，为美军后来在朝鲜战场上的空地联合提供了条令依据，组织模式如图2-5所示，对其中各个机构的职能、力量使用分配、部队间对应关系等均作了详细规定。相比于第二次世界大战时期，该模式中提出了联合作战中心这一典型联合机构，是一个重要发展。其次，1946年3月战术空军司令部成立，主要装备为战斗

---

❶ 威廉·莫姆耶尔. 三次战争中的空中力量——二战、朝鲜和越南[M]. 陆以中, 译. 北京：世界知识出版社, 2014：53, 59.

机和战斗轰炸机，是陆军航空队的主要职能司令部之一，负责训练和派遣空军部队，提供战术支援。奎萨达成为首任司令，将总部搬到了弗吉尼亚州的兰利基地，临近门罗堡的陆军地面部队司令部，以便开展联合作战研究和联合演训。最后，在陆军航空队独立之际，时任陆军参谋长艾森豪威尔和航空队司令、空军第一任参谋长卡尔·斯帕茨达成协议，空军承诺将把近距离空中支援作为首要任务❶，类似的内容还出现在基韦斯特协议中。

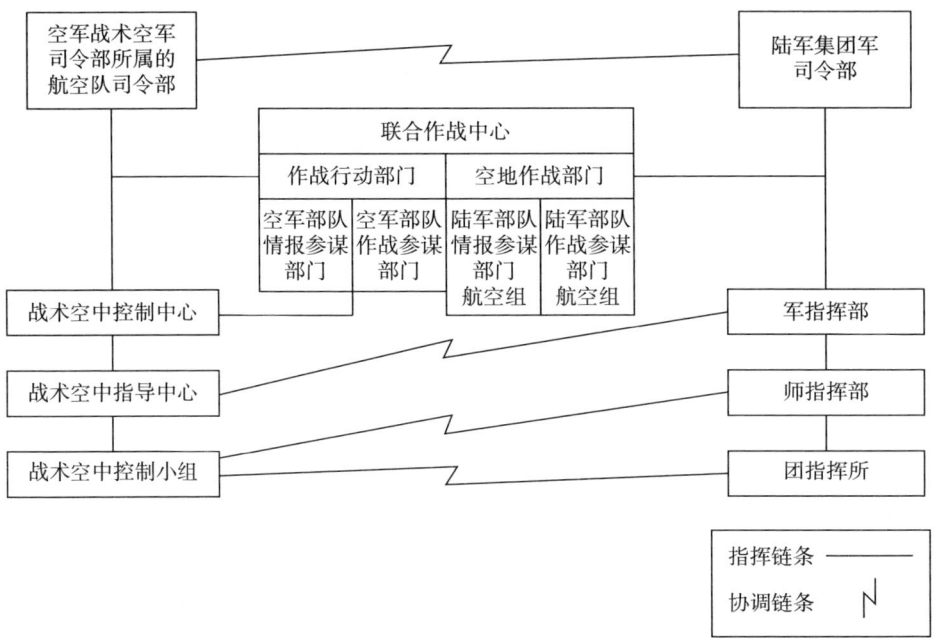

图 2-5　空地联合作战系统示意图❷

然而，这些努力很快便遭遇了挫折，霍伊特·范登堡（Hoyt Vandenberg）就任空军参谋长后，优先发展战略轰炸机，战略空军占预算 75%，战术空军仅为 25%，1948 年 12 月战术空军司令部被降格为大陆空军司令部的

---

❶ MCGRATH J J. Fire for Effect：Field Artillery and Close Air Support in the US Army ［M］. Fort Leavenworth，KS：Combat Studies Institute Press，2010：92.

❷ US WAR DEPARTMENT. Field Manual 31 – 35，Air – Ground Operations ［Z］. Washington D. C.：GPO，1946：30.

第二章 军种激烈冲突时期的联合作战（1945—1953年）★★★

下属单位。❶ 此时陆军受制于战后的兵力大削减，同样无暇顾及联合方面的建设。FM31-35条令里提出的联合作战中心不受重视，面临着人员短缺、通信不可靠等问题。空军和陆军的联合演习效果低下，如"投弹线"，本指在地面前沿部队前方一定距离处划定的一条界线，地面指挥官根据该线判断哪些空中支援行动必须与飞行员进行密切沟通，通常投弹线内的空中支援必须沟通和引导，投弹线以外则不必协调，但在演习中，这条线却成了区分地面火力和空中火力的界线，两大军种实际上已经抛弃了需要密切协调的近距离空中任务。❷ 1949—1950年的两次大规模空地演习证实，需要加强建设即时空中支援申请和空中管控系统，但陆军和空军都不愿在近距离空中支援中投入资金和装备。❸

朝鲜战争凸显了空地联合的重要性。战争初期，美韩联军地面作战节节败退，严重缺乏重型火力装备，必须依靠空中支援。然而，这次战争不是在充分动员的情况下进行的，当时美军能担负空中支援任务的飞机数量不足。战后空军追求空战性能优越的喷气式战斗机、战斗轰炸机，如F-80"流星"、F-84"雷电喷射"等，这些飞机起飞重量大、速度快，相应地带来油耗大、滞空时间短、机动半径大等缺点，更重要的是靠飞行员目视不再能清晰地分辨地面目标。喷气式飞机对机场和维护保养的要求高，跑道长度、厚度的要求大概为活塞式战机的两倍。金浦、水原机场陷落后，喷气式战机不得不部署回日本，这样在汉江上空的滞空时间被压缩到了30分钟。❹ 增加外挂油箱可以增加航程和航时，但也会减少载弹量，降低作战效能。此外，空地联合需要将打击申请人、计划人员、管制员、打击评估员、执行打击任务的飞行员等联系在统一的通信网中，对于人员的训练、素质和经验及指挥通信设备等都有要求。受制于1950年预算的削减，能够进行

---

❶ HUGHES T A. Overlord: General Pete Quesada and the Triumph of Tactical Air Power in World War II [M]. New York: Free Press, 1995: 62.

❷ 道格拉斯·坎贝尔. "疣猪"A-10攻击机和近距离空中支援 [M]. 聂春明, 译. 北京: 中国市场出版社, 2015: 33.

❸ 阿兰·R. 米勒特. 极度深寒: 朝鲜战争, 1950—1951 [M]. 秦洪刚, 译. 北京: 作家出版社, 2015: 94.

❹ 同❸: 157

空地指挥和协同的人员和设备十分匮乏。第 8 集团军自身也没有做好通信设备、关系协调、人员配备等方面的准备。在韩军早期抵挡朝鲜人民军攻势中，远东空军和第 8 集团军甚至没有为韩国陆军指定任何类型的空地联合作战安排。❶

2. 战时空地联合体制按条令组建并有所改进

第 5 航空队和第 8 集团军按照条令组建了联合作战中心，于 1950 年 7 月 5 日开始运行。该中心由航空队和集团军的情报处、作战处抽调人员组成，与第 5 航空队指挥部的战术空中控制中心（Tactical Air Control Center，TACC）配置在一起，战术空中控制中心下设若干战术空中指导中心（Tactical Air Direction Center，TADC），配置到军一级，再下一级为战术空中控制小组（TACP），配置到师、团一级（图 2-6）。

战术空中控制小组的任务主要有：将支援飞机引导到友军附近的敌对目标，对特定区域实施侦察；接收来自侦察或其他飞机的信息，并发送给己方地面部队；将空袭观察结果报告战术空中控制中心或进驻师一级的空军联络官；就有关空中作战的事宜，向地面指挥官及其参谋人员提供建议；协助确定友军前线部队的位置。❷ 1 个战术空中控制小组的配置包括 1 名前沿空中控制员，通常由作战经验丰富的战斗机飞行员担任，熟悉针对地面目标的战术空袭问题，另有 1 名无线电维修人员和 2 名无线电操作人员❸，需要具备空地通信能力、与上级中心的点对点通信能力以及较好的战场机动性，可搭乘各类平台。❹ 战术空中控制小组的组建主要由第 5 航空队负责。第一批 2 个战术空中控制小组于 7 月初部署于水原，远离交火线，随后新组建的 4 个战术空中控制小组，开始向前线部队配置，部署于团一级。❺ 其初期发展并不顺利，主要原因在于通信设备和运载工具，这些第二次世

---

❶ 阿兰·R. 米勒特. 极度深寒：朝鲜战争，1950—1951 [M]. 秦洪刚，译. 北京：作家出版社，2015：158.

❷ OFFICE, CHIEF OF ARMY FIELD FORCES AND HEADQUARTERS, TACTICAL AIR COMMAND. Joint Training Directive For Air-Ground Operations[Z]. Washington D. C.：GPO，1950：79-80.

❸ 同❷：80.

❹ 同❷：79.

❺ 同❶：164.

界大战时期的旧装备，性能不稳定，故障频发，且容易遭受打击而损毁。随着新式无线电电台和吉普车的逐步部署，情况有所改善。

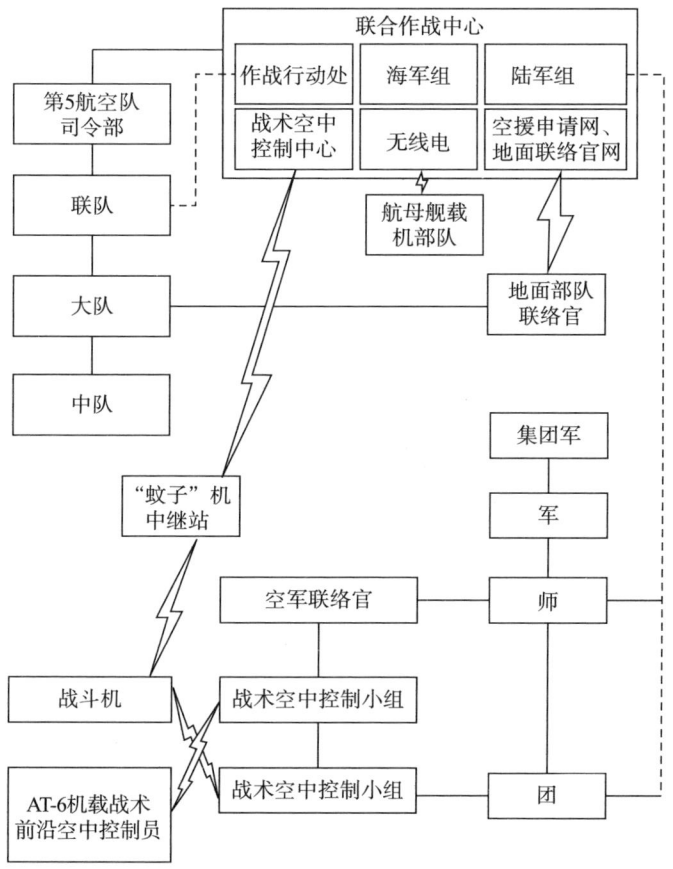

图2-6　朝鲜战争中联合作战中心职能示意图❶

鉴于早期控制小组的运行困难和朝鲜半岛多山崎岖的地形，7月初远东空军开始在飞机上搭载前沿空中控制员（FAC），选用的是可执行空中联络的AT-6轻型教练机。这种组合绰号"蚊子"，以此呼应第二次世界大战时期的"马蝇"。机载前沿空中控制员的优势迅速显现，到9月时已经有27架联络机

---

❶ MOMYER W W. Airpower in Three Wars (WW II, Korea, Vietnam)[M]. Maxwell Air Force Base, AL: Air University Press, 2003: 291.

投入使用，到 1951 年 4 月数量增加到 50 架。❶ 战争中后期，中朝空军力量增强，这类小型、脆弱的飞机开始不被看好，但依然发挥了很大的作用。

朝鲜战争中美军很少使用第二次世界大战时"出租车停靠站"机制，即派出机群空中待命等待支援申请，主要原因在于多数飞机的控制权由联合作战中心掌握，飞机数量有限，且不少需要从日本飞来，实际作战时间受限，除了支援陆军，空军还需负责整个战场的制空权、遮断、后方轰炸等任务，不愿轻易放权给近距离空中支援。这就意味着上述"即刻空中支援"机制同样也需要经过中心复杂的协调、判断和决策，相比之下，通过固定且稳定的指挥链实施空地联合显然更有吸引力。1950 年年末，阿尔蒙德的第 10 军平均每个师配置 12 支战术空中控制小组，基本上覆盖到了每个步兵营；第 8 集团军平均每个师配置 4 个战术空中控制小组。到战争结束，第 5 航空队一共派出了约 50 个战术空中控制小组，一个标准的陆军师配置 4 至 6 个，意味着每个团能得到 1 到 2 个小组，但也不是均匀摊派，还要结合各部队的作战情况进行调整。❷

3. 空地联合作战在各阶段作战作用发挥良好

在充分享有制空权的条件下，美军空地联合运行良好。现代作战条件下的陆军步兵、炮兵、装甲兵和其他兵种，对于勤务保障要求与日俱增，包括给前线官兵提供补给、修理损坏的武器装备、保持作战通信的畅通、支援行动等，依赖一个庞大且迟缓的体系。空军的对地支援将可以有效地减少地面作战部队对上述勤务体系的依赖，赋予陆军一些仅凭其自身难以获取的优势。1950 年 6 月下旬，远东空军默认优先执行近距离空中支援任务。随着地面增援部队的到达和局势的稳定，到 1950 年 9 月，遮断成为美国空军飞机的主要任务，一直持续到战争结束。总的来说，在整个战争过程中，55% 的空袭是遮断任务，其余的任务平分为空中对抗和近距离空中支援任务。很多时候空中支援带有决定性意义，在部队撤退和反击中起到压制敌军的关键作用，但由于 1951 年年中朝鲜战争开始进入类似第一次世界大战的阵地相持阶段，空中支援也被相应地压缩。"联合国"军曾想将近空

---

❶ MCGRATH J J. Fire for Effect：Field Artillery and Close Air Support in the US Army [M]. Fort Leavenworth，KS：Combat Studies Institute Press，2010：98.

❷ 同❶：97.

支援飞行架次，限定为平均每天 96 架次，到每个师只有 8 架次，遭到地面指挥官的抵制。❶ 在 1953 年战争最后的两个月里，为配合政治谈判，战争对抗加剧，近空支援的强度也达到了战争中的高峰。具体的数据、趋势和比例，也参考图 2-7、图 2-8。

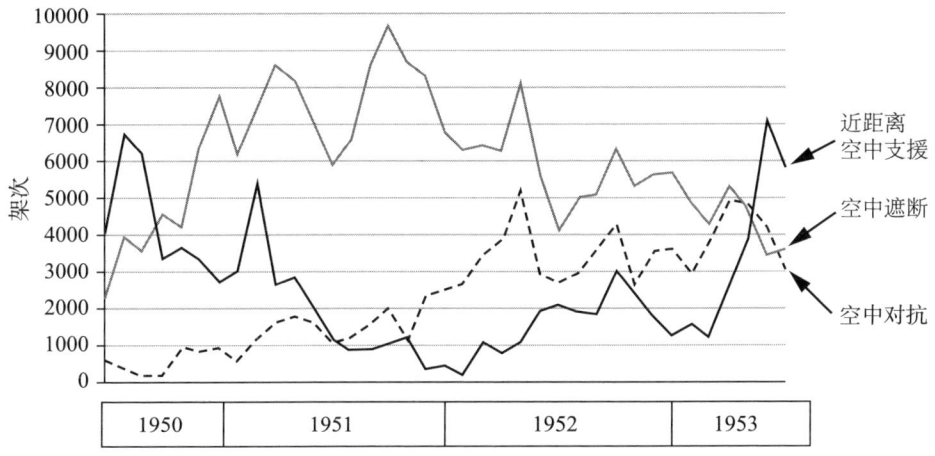

图 2-7　朝鲜战争期间各类空中作战架次比较图 ❷

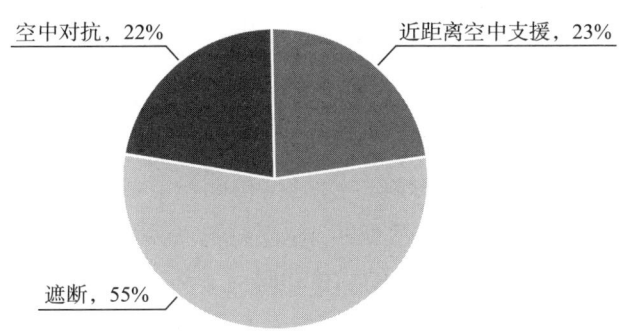

图 2-8　朝鲜战争中空中作战任务的分配比例图 ❸

---

❶　阿伦·米利特，彼得·马斯洛斯基. 美国军事史［M］. 军事科学院外国军事研究部，译. 北京：军事科学出版社，1989：505.

❷　SCHLIGH J. Help From Above：Air Force Close Support of the Army, 1946-1973［M］. Washington D. C.：US Air Force History and Museums Program, 2003：134.

❸　同❷.

也存在一些针对空地联合作战的批评。例如,阿尔蒙德认为空中支援申请系统不够灵活,程序长,响应慢,而且联合作战中心频繁变更或拒绝近空支援申请,而1946年FM31-35条令上所写的紧急空中任务申请条款,在战争中几乎没有使用过。❶ 这里我们无法掌握背后的详细数据统计情况,难以全面评判阿尔蒙德的批评,但他的批评折射出军种的分歧,即不同作战中谁来主导、谁来配合。这不禁使人回想起第二次世界大战北非战场上空地联合模式调整的前因后果。

空军以战促训,在对地支援中担负主力任务。朝鲜战争恰发生在空军装备更新换代的关键时期。战争初期,美军不得不大量使用F-51"野马"、F-82"双野马"等活塞式战斗机,这类航速慢、滞空时间长、起降简易的老式战机更适合对地支援,但在制空权不能充分保证的环境中也更脆弱。到战争中期,面对米格-15战机的增多,美军逐步用喷气式战机淘汰了活塞式飞机。早期的F-80经过改造增加了炸弹挂架,也可执行多样任务,F-84则成为主力对地攻击机,维系制空权和后方遮断的任务则交由新列装的F-86"佩刀"来完成。到了1953年春,F-86开始取代F-84执行对地支援任务。当时条件下,不管是遮断还是近距支援,主要方式都是投放各类炸弹或机炮扫射,因此机型差异的影响并不大。

海军和海军陆战队加入对地支援,促进了不同空地联合方式的交流。按照空军和陆军之间的程序,在空地联合作战中,地面部队中必须配置引导和控制人员,空军认为这种工作必须由飞行员承担才能发挥出作用并避免误伤事故,但受战后裁军影响,空军在初期没有更多的飞行员派到地面部队。仁川登陆之后,海军陆战队第1航空联队和海军舰载机攻击机中队参与到对地支援。相比空军通常划定1000码(1码≈0.9144米)的安全线,凭借长期从事两栖作战训练得来的经验和技术,陆战队和海军可以将该线缩小到200码左右,对地支援距离更近、精度更高,还可提升士气,使"联合国"军步兵感到欢欣鼓舞。❷ 当然,过近的支援也使飞机面临更密集

---

❶ LEWIS M. Lt Gen Ned Almond, USA: A Ground Commander's Conflicting View With Airmen Over CAS Doctrine and Employment [D]. Maxwell Air Force Base, AL: Air University Press, 1997: 63.

❷ 阿伦·米利特,彼得·马斯洛斯基. 美国军事史 [M]. 军事科学院外国军事研究部,译. 北京:军事科学出版社,1989: 505.

的敌前线火力，需要地面炮兵压制敌军防空火力，形成空地火力的轮番打击，这对空地战技术协同要求非常高，是海军陆战队军种内的空地合同训练的重点，但对于第 8 集团军和远东空军来说却是陌生的科目。

4. 战略轰炸机被正式用作近距离空中支援

使用 B-29 等战略轰炸机实施近距离空中支援是空地联合的一大进步。战略轰炸机通常用作对敌部队后方实施遮断，或对敌国土实施战略轰炸。战争爆发后，远东空军命令 B-29 在北纬 38 度线以北作战，拒绝将其用作对地支援。麦克阿瑟据理力争，命令斯特拉特迈耶必要时要派出 B-29 阻止朝鲜人民军的南下推进，对第 8 集团军当面的敌军部队和战术目标实施突击，麦克阿瑟还告知沃克，可以以远东司令部的名义要求使用重型轰炸机。7 月中旬范登堡和柯林斯抵达战区，就军种间多个问题进行协商，其中同意了以战略轰炸机实施对地支援，还有一层政治考虑：如果第 8 集团军在半岛上被打得节节败退，空军却在轰炸遥远的朝鲜后方，将可能在公众舆论中产生不利于空军的影响。❶

战略空军在近距离对地支援上的尝试，迅速被陆军野战部队和空军战术空军司令部共同写入了《空地作战联合训练指令》（*Joint Training Directive for Air-Ground Operations*），于 1950 年 9 月 1 日发布，其最后一章为"战略轰炸航空兵对地面部队的近距支援"。根据该指令，让战略空军参与对地直接支援，须由战区战术空军向战区空军司令申请，得到许可后，由战术空军、战略空军和陆军集团军共同制订计划，战术空军负责任务指挥，由战术空军的战术空中控制中心与轰炸机任务编队保持无线电联系和实时控制，编队飞临目标地域转由配置在陆军军级、师级部队的战术空中指导中心或战术空中控制小组控制，指引目标并做出执行打击或终止任务的最终授权（图 2-9）。❷

---

❶ SCHNABEL J S. United States Army in the Korea War, Policy and Direction: the First Year [M]. Washington D. C.: Center of Military History, United States Army, 1992: 110.

❷ OFFICE, CHIEF OF ARMY FIELD FORCES AND HEADQUARTERS, TACTICAL AIR COMMAND. Joint Training Directive For Air-Ground Operations [Z]. Washington D. C.: GPO, 1950: 175-182.

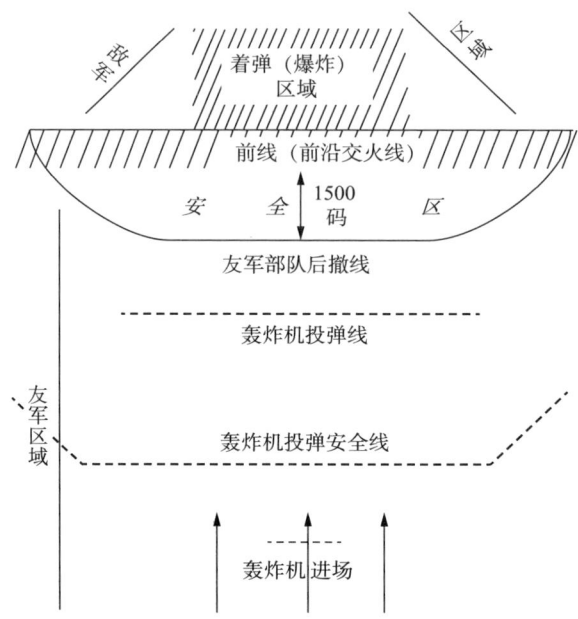

图 2-9 轰炸机支援前线部队的典型模式示意图❶

战略空军在支援中可实施地毯式轰炸,作战计划中需要划定部队撤退线,做好部队撤退的协同,通常距离预计着弹区 1500 码。从 1951 年开始,远东空军战略轰炸机司令部的 B-29 等轰炸机越来越多地参与到对地支援中。1952 年 6 月 24—25 日,美军一次出动了 26 架 B-29 进行近距离空中支援,1953 年 7 月 13—19 日,B-29 执行了近 100 次地面支援任务,还投放了4000 磅(1 磅=0.45359237 千克)的大当量空爆弹。❷ 不过由于空地通信带宽有限且缺乏可靠的目标指引技术设备,B-29 依然面临着第二次世界大战时期"眼镜蛇"行动中的目标识别和误伤问题❸,这一问题在越南战争时期雷达引导出现后才得以解决。

---

❶ OFFICE, CHIEF OF ARMY FIELD FORCES AND HEADQUARTERS, TACTICAL AIR COMMAND. Joint Training Directive For Air-Ground Operations [Z]. Washington D. C.: GPO, 1950: 184.

❷ WARNOCK A T, AIR WAR KOREA, 1950-53 [J/OL]. AirForce Magazine, Oct. 1, 2000 [2020-09-01]. https://www.airforcemag.com/article/1000korea/.

❸ SCHLIGHT J. Help From Above: Air Force Close Support of the Army, 1946-1973 [M]. Washington D. C.: US Air Force History and Museums Program, 2003: 120.

第三节　对军种激烈冲突时期美军联合作战发展的评价

一、军种冲突和体制不完备直接制约了战场上的联合

战后初期的几年里，美国完成了国防领导体制的建立，但并不完善，加之期间爆发的严重军种冲突，对美军方方面面产生了负面影响，联合作战"迅速从巅峰跌落至低谷"❶。第一，各军种优先建设最具有本军种特色的武器装备，对于空军即为喷气式战斗机、更庞大的战略轰炸机及导弹，对于海军则是新型航母和军舰，对于陆军则是新型坦克、步战车等，且各军种都能拿出一套"服务于国家对苏战略"的说辞。在这种纯粹以建设为导向的部队发展中，联合必然是不受关注。这导致了朝鲜战争中，联合作战必需的一些设备和平台基本都是第二次世界大战时期的老旧货，仅能用来勉强应急，直到战争中期才有所改善。第二，联合作战训练几乎停滞，相比装备采购，部队每年的训练经费也是一笔高额的支出，各军种必然优先保障本军种训练而不重视联合训练，朝鲜战争爆发后各部队战备等级高低不一，缺少联合作战应急计划，协调困难并出现混乱，再次上演了美国"首战必败的传统"。第三，本来联合作战中就存在着来自军种认知的天然差异，海军岸基航空兵、陆战队等的地位和价值，是战后军种冲突的焦点问题，引发了军种间严重的信任缺失，在认知差异中又增添了情感对立。在朝鲜战争中，海军对空军和陆军关于联合作战方面的提议，经常心存疑虑，严重影响了军种间的合作。

战后建立的国防领导和指挥体制，在推进联合作战方面，甚至不如第二次世界大战时期的战时体制有效。第一，国防部长权力受多方因素限制，且时有权力行使不当，导致不仅军种的部门壁垒没有打破，反而引发了严重的军种冲突。第二，参联会不仅无法将各军种统领起来、加强彼此沟通和协调，还在制订联合战略计划和作战计划方面能力严重不足，针对朝鲜

---

❶ BEAUMONT R A. Joint Military Operations: A Short History [M]. London: Greenwood Press, 1993: 119.

战争的爆发既没有预见性,也没有制定相应的联合应急方案。战争爆发之时,朝鲜半岛居然处于一个各战区"三不管"的地带,这是美国全球作战指挥体系中的重大漏洞。第三,战区层级权力不够明确、指挥关系尚没有充分理顺,战略方向预警、战区联合作战计划、联合战备、联合训练等全面滞后,更重要的是战区司令权力受制于军种,难以直接指挥战区其他军种的部队。第四,战场上各军种各自为战、缺乏协同的现象依然大量存在。更需要指出的是,一些本可以进行联合的支援性功能,也存在种种壁垒和隔阂,如情报,朝鲜战争中各军种情报工作彼此协作差,情报融合程度低,陆军甚至一度将与海空军进行信号情报共享列为泄密事件。

二、二战时期联合经验得以延续同时出现一些新发展

从整个朝鲜战争的实际作战情况来看,美军联合作战很大程度上延续了第二次世界大战时期的模式。一方面体现在两栖登陆这类"不得不联合"的作战样式上,能够比较顺利地计划、组织和实施,对于整个战争的战局走向发挥了重大影响,另一方面在空地联合、联合空战上这类"联合增效"的作战样式上,基本上能够构建起比较通畅的体系或体制,在关键的时间空间节点上,能发挥重要作用,类似的还有联合反潜、海军舰炮支援陆军等。

朝鲜战争中的联合作战依然不可能取代各军种独自实施的作战,但相比于第二次世界大战,其作用已经大为提升。首先,朝鲜战争爆发在美军军备空虚、战略判断严重失误的情况下,战争初期节节败退,在此期间的空地联合、海对陆支援等,在掩护部队撤退、构筑和维系釜山防线上发挥了极为关键的作用,相当大的程度上弥补了美军的兵力数量劣势。其次,联合作战在战局转换和重要节点中发挥了重要作用,如仁川登陆,无须赘述,兴南撤退中也是通过联合使美军保留了大量有生力量。最后,空地力量之间的联合,比较有效地弥补了美军机械化部队山地作战的不足之处。

朝鲜战争期间,美国对第二次世界大战时期的联合作战有了进一步的发展。主要体现:一是空地联合作战被写入条令,在形势严峻且混乱的战争初期,为各军种部队的机构建设和关系确立提供了权威参考,而不需要再频繁进行试验和试错;二是通过战区司令授予战区空军的协调控制权,

第二章　军种激烈冲突时期的联合作战（1945—1953年）★★★

首次实现了海空军大机群的联合空中作战，且地位相对平等；三是在精确制导打击还未到来的时代，美军实现了战略轰炸机在近距离空中支援的机制性使用，远远领先于世界各国。

在战后军种激烈冲突时期，美军依然能够发挥出不俗的联合作战能力，人是第一要素。首先，远东司令部司令道格拉斯·麦克阿瑟五星上将的身份极为特殊，在战区、各军种乃至华府都具有极高的个人威望和影响力，能够发挥出超出当时指挥体制和法规限度的领导力和指挥力，能够在相当程度上抵消来自军种冲突和不健全体制对联合的负面影响，快速建立远东战区联合指挥体制、组建联合部队。这种领导力是联合作战中的一个孤例，也为文官政府所忌惮，最终引发了美国史上最严重的军政危机事件之一，并对之后十几年的美军指挥体制建设造成深远影响。其次，参与朝鲜战争的美军将级军官，均在不同程度上参与过第二次世界大战，很多人在第二次世界大战时担任过旅、联队、分遣队以上的指挥官，是联合作战由战区军种部队向基层分队延伸的中间节点，这些人对联合的理解、参与联合作战的经验，成为不完善体制运行中的"润滑剂"，成为战场上各军种作战的"黏合剂"，同样发挥了关键重要。

此外，陆军在推动联合上发挥了主力作用。相比海军和空军❶，美陆军最为重视将战争经验转化为指导部队训练和作战的条令文件，条令体系完善，并始终有专职机构负责。第二次世界大战一结束，陆军便系统性地总结了第二次世界大战期间的空地联合、两栖作战、空降作战等联合性科目，写入条令。不管其他军种是否愿意与陆军开展联合训练，陆军条令编写本身就是对战争经验的理论提升和持续积累，确保了联合作战在经验和知识上的不断代。到后来美军开始编写联合作战条令时，陆军依然是主力。从另一个方面看，在冷战对抗环境下，对比苏联陆军，美国陆军装备性能上不占优势，数量上居于劣势，迫切需要其他军种的加持和增强，这也是美国陆军极力推进联合的动因之一。

---

❶　相比于陆军条令体系，长期以来海军和空军的条令性文件多为战术技术性总结和各类制度章程，由不同部门分别制定，比较零散，不成体系。直到20世纪90年代海空军才建立专职的军种条令编写机构。

三、"为军种争利"客观上推动了联合但存有重大缺陷

在战后预算大缩减、军种冲突又为公众所知的环境下,突然爆发的朝鲜战争,既检验了各军种的战略理论和军建情况,又为军种提供了"表演的舞台"。为争取更多的关注、为自身发展提供合理性依据,各军种积极参与战争。作为战后世界首场高强度局部战争、有限战争的朝鲜战争,显然没有给各军种分别在陆、海、空领域各打一场大仗的机会,各军种部队只能一同"挤在"有限的作战空间中,在客观上呈现出联合的样式,并在某种意义上推动了战场上的联合,但这种联合存在重大的、甚至根本性的缺陷。

朝鲜战争中空军的空权制胜论遭遇挫折,空军转而通过参与联合作战证明自身建设的价值。第二次世界大战末期原子弹加强了空权制胜的论调,但是朝鲜战争中,战略轰炸和遮断并没有让朝鲜屈服,战争最终被拖入了长时间的地面战,反而陆军证明了保持自身规模的价值。战争初期,在战略轰炸和对地支援的选择上,空军显然有进一步的政治考虑:一是对后方的轰炸通常是难以见诸大众媒体的,而面对陆军在前线不断挨打的局面,空军如果不对其实施援助,势必引发民众对空军是否有所作为的怀疑;二是朝鲜空军弱小构不成威胁,美军新列装的喷气式制空战斗机无用武之地,空军如不能将其投入对地支援,势必引发国会对空军装备建设合理性乃至预算分配和使用的怀疑。所以,基于这些考虑,空军不断加大对地支援,并将昂贵的喷气式战斗机改装增加对地支援能力。

海军也面临和空军类似的境地,需要通过参与联合争取表现的机会。在空中作战上,海军航空兵已经无法挑战喷气式化和拥有重型轰炸机的空军,海军如果不进一步参与空军主导的联合空战,将再无机会证明自身航空兵存在的价值。在海上作战中,朝鲜海军威胁极小,美国海军加强与陆军的联合,提供火力支援和航运保障,以此凸显自身的价值。而战争初期紧急运兵中缺乏船只的情况,直接暴露了美国战后大量裁撤海军舰船的弊端。从战后结果来看,海军的岸基航空兵得以保留,舰船规模一改战后不断压缩的趋势,得到重视并重新扩大。

作为军种冲突中境地最为尴尬的军种,海军陆战队证明了自身作为专业登陆部队的价值,并在复杂山区表现出高超的空地合同作战能力。1952

年6月海军陆战队司令被赋予出席参联会的资格，尽管还不是正式成员，但可以就涉及陆战队的事务发表意见。❶ 参联会负责的多为全军性事务、联合性事务，很难说哪个事项是与陆战队无关的，海军陆战队的地位由此得到全面巩固。

"为军种争利"确实在一定意义上推进了战场的联合，但这是典型的"形联神不联"。由于不存在制空权、制海权方面的顾虑，美军在朝鲜战争中的联合作战存在严重缺陷，即缺乏对强对抗环境下稀缺资源如何分配的全方位思考和统筹❷，这一缺陷一直到80年代空地一体战的提出，才被重新认识。朝鲜战争中后期，美军多数联合作战是战术性的、甚至表演性的，尽管这种联合可以推进一些技术、战术内容的改进，但缺乏整体性，不利于长远的发展，尤其是不利于年轻一代指挥官联合思维的形成。美军在战役级联合上依旧乏善可陈、缺乏认识，由于后续战区司令不复麦克阿瑟的威望，战区级作战的协调性和连贯性相对较差，主要依赖技术和数量优势，这与强调战役协同、机动灵活的中国人民志愿军形成鲜明反差。

四、首版《武装部队的联合行动》为联合提供基本指导

在美军联合作战发展中，联合条令始终发挥着重要作用，这一工作的源头正始于朝鲜战争期间。第二次世界大战结束以来，美军在联合方面几乎毫无建树，还出现了严重的军种冲突，新的国防领导体制运行不畅。针对上述情况，在吸纳了第二次世界大战和朝鲜战争战时经验教训的基础上，在参联会的主持下，1951年9月19日，三大军种部的部长和参谋长联合签署发布了首版《武装部队的联合行动》（*Joint Action Armed Forces*，JAAF）。该文件是对1935年《陆海军的联合行动》（*Joint Action of the Army and the Navy*）的全方位系统修订，以"野战手册110-5"的编号进入陆军条令，以"空军手册1-1"（AFM1-1）的编号进入空军条令，海军由于尚没有完整的条令体系，保留使用"JAAF"的编名。

---

❶ 注：1978年陆战队司令被赋予参联会正式成员的地位，拥有了全面的投票权。
❷ 所谓"稀缺资源"，是指在高强度对抗战争环境下，特定作战资源，如空中作战力量，因其出众的效用而导致联合部队各组成部分对这些资源产生竞争性运用需求，如何设计、配置资源运用的优先性，将势必产生分歧和争议。

《武装部队的联合行动》充分反映了改革后国防组织各部门、各机构的主要职责和权限,起到了规范组织运行的作用。在军种层面,针对前期各军种相互倾轧的情况,条令明确了各军种的主要职责和使命,对一些具体行动的定义和各军种参与情况做出说明,如情报、后勤、搜救、心理战、紧急行动、民事行动和军事占领、战术测试和评估、绘图和制表等。

《武装部队的联合行动》作为第二次世界大战后的首版联合纲要文件,对于规范美军联合作战体系和发展,起到了里程碑作用。第一,《武装部队的联合行动》全面肯定了联合条令在指导军种作战和演训的作用,即各部队"相互了解和信任的必要条件""在没有明确指示情况下各部队有效采取行动的依据"❶,规定了联合作战具体行动条令编写的规则,确立了基本原则,即哪个军种占主要作用,哪个军种负责主要的编写和论证,其他军种辅助。例如,空降作战条令就由陆军制订,内容包括基本原理、作业流程和指挥关系等,在征得其他军种审定同意后,再发往参联会由其审批后发往全军,作为训练和作战的基本依据,而两栖作战则由海军和海军陆战队负责,陆军只是"参与角色"❷。第二,《武装部队的联合行动》确认了联合特遣部队这一部队编组形式,要求按照 J-1 至 J-5(人事、情报、作战、后勤、计划)设置参谋机构,确定了指挥的基本原则是"依照条令,统一指导,分散实施"❸。第三,开设总体、大规模、小规模三级联合训练,指出训练应尽可能接近于具有战略意义的地区。第四,针对各军种术语不统一和相互干扰情况,提出了一系列新词条,如战术投弹线(飞机投弹前需和地面协调)和前沿投弹线(不需要协调),联合区域(各军种可一同作战)和限制区域(为减少干扰限制其他军种进入)等。❹

《武装部队的联合行动》最大的意义,是首次标明了联合作战中指挥关系的分类和权限划定,具体包括:直接指挥(direct command),即根据部队

---

❶ DEPARTMENT OF THE ARMY, THE NAVY, THE AIR FORCE. FM100-5/JAAF/AFM1-1:Joint Action Armed Forces [Z]. Washington D. C.:United States Government Printing Office,September 1951:24.

❷ 同❶:11,12,15.

❸ 同❶:24.

❹ 同❶:78-79

编制，对本军种部队❶行政、后勤、训练和战术运用的全方位权限；作战控制（operation control），包括部队编组、任务分配、目标指定及其他权威指导等，不包括行政、纪律、内部组织和日常训练事务；加强（attachment），临时配属给部队，必须围绕任务来使用，一般不能对其进行再拆分，即后来的战术控制（tactical control）；支援（support），部队间的协助、保护、补充或保障；协调（coordination），通常用于计划活动，不可干扰正常的组织关系；此外还有后勤控制，但由于内涵过于狭窄，不久后便被取消。❷

当然，作为战后首版联合纲要文件，《武装部队的联合行动》的缺陷也是显而易见的：第一，带有明显的军种主导色彩，是"最高利益"的延续，这种情况下联合指挥很难践行；第二，只是纲领性的规范和指导，落实起来困难，很大程度上是在给各军种"划界分地"，是前几年军种斗争后的妥协和"停战"协议；第三，不少联合领域仍然没有理清，如近距离支援和联合防空等，这些问题将在下一个时期继续引发军种的矛盾；第四，只是肯定了联合条令的意义、明确了编写程序，但没有推动条令工作开展的强制力和约束力，且很少触及涉及军种利益分歧的地方，联合条令编写依旧是一个很松散的工作，直到80年代后期才有所改善。

---

❶ 当时军种指挥权仍然保留，1958年改革后军种指挥权名义上被剥夺，"直接指挥"被取消，但其内涵成为后来联合司令部"作战指挥权"（operational command）的重要参考。

❷ DEPARTMENT OF THE ARMY, THE NAVY, THE AIR FORCE. FM100-5/JAAF/AFM1-1: Joint Action Armed Forces ［Z］. Washington D. C.: United States Government Printing Office, September 1951: 32-37.

第三章

军种有限合作时期的联合作战
（1953—1975年）

陆战、海战和空战各自为战的时代已经一去不返了。如果我们再次卷入战争，我们所有的军种将团结一致，全方位地展开战斗。

——德怀特·D. 艾森豪威尔❶

但凡有两个或两个以上军种参与的战争，部队的指挥控制问题都引起过争论，越南期间的美国政治形势加重了这种分歧，使其更为复杂，并蔓延到下级部队。

——威廉·W. 莫姆耶尔❷

---

❶ COLE A C, GOLDBERG A, TUCKER S A, et al. THE DEPARTMENT OF DEFENSE Documents on Establishment and Organization1944-1978 [M]. Washington D. C. : Historical Office, Office of the Secretary of Defense, 1978: 175.

❷ 威廉·莫姆耶尔. 三次战争中的空中力量——二战、朝鲜和越南 [M]. 陆以中, 译. 北京：世界知识出版社, 2014: 36.

第一节 军种有限合作时期影响联合作战发展的主要因素

一、朝鲜战争后美国防体制依旧难以促进联合

朝鲜战争期间,各军种整体上尚能够根据形势所需开展联合,但战争一旦结束,紧随而来的预算削减、战略和部队结构调整,势必引发类似第二次世界大战后的新一轮军种争斗。艾森豪威尔上台后,认为必须进行改革,关键点在参联会。1947《国家安全法》及1949年的修正案,未能有效地整合军种、加强联合,军种的势力依旧强大,且军种间为了各自利益而相互竞争,参联会的"内部分歧往往抵消了各军种首长作为一个整体本应具有的顾问影响力"❶。国防部长权威不足,参联会整体协调效率低下,军种间的联合作战得不到保障。在应急战争计划制订方面,参联会完成了代号为"扣球"(Dropshot)的《1957年对苏作战计划》,设想依托战略空军和核武器对苏联进行打击,依托两栖登陆在西欧发起大规模常规兵力反攻。❷ 这是当时最完备的作战计划,但由于军种意见不统一未能获得批准。之后参联会改为制订"收割者"(Reaper)计划,也因计划直接影响各军种的预算分配和装备发展,审批久拖未决。

艾森豪威尔于1953年提出了《第6号改组计划》(*Reorganization Plan Number 6*),这是一项总统行政指令,并非立法,因此不需要经过国会复杂、冗长的立法程序,可以规避国会和军种的反对。《第6号改组计划》的主要目标是加强国防部长和参联会主席的权力。在加强国防部长方面,该计划将参联会的非作战职能转交国防部,增设6名助理国防部长,要求联合参谋部主任(中将)必须由国防部长最终任命。在加强参联会主席方面,该计

---

❶ EISENHOWER D D. The White House Years: Mandate for Change, 1953-1956 [M]. Garden City, NY: Doubleday, 1963: 455.

❷ BROWM A C. Dropshot: The United States Plan for War with the Soviet Union in 1957 [M]. New York: The Dial Press, 1978.

划赋予主席管理联合参谋部和批准其成员任命的权力,主席可对联合参谋部的人员任命行使否决权,由此联合参谋部转向对主席负责,而不再是向参联会集体负责,以此削弱了军种的干预。《第6号改组计划》不再允许参联会成员担任联合司令部或特种司令部的代理人,将军种参谋长从指挥链移除,代理人改由军种的文官部长代行。《第6号改组计划》主动剥离高级军官的指挥权,既体现了参联会"去总参谋部"的色彩,又体现了文官治军原则,得到了国会的支持。此外,艾森豪威尔借助参联会主要成员换届之时,进行了大换血,太平洋战区司令阿瑟·W. 雷德福(Arthur W. Redford)海军上将就任参联会主席。

但参联会本质上仍是一个集体责任单位,经过加强的主席对涉及军种利益的战略规划的影响力依然有限。战略规划主要产物是《联合战略能力计划》(JSCP)和《联合战略目标计划》(JSOP),这些计划以国家安全政策为依据,为4年后的部队发展提供计划和指导,涉及军队的数量、部署和运用等,通常其内容包括军事威胁判断、战略方针、后勤附件、所需部队一览表等。这些内容与军种能获得的预算、部队规模等利益直接挂钩,尤其是部队一览表经常引发最大的意见分歧。❶ 对此,主席只能是先在参联会中尝试进行协商和协调,汇总各军种意见,然后在向总统的汇报中加入自己的阐释和观点。战略规划不仅没有达到统筹军种建设、加强联合的功能,还落下了"仅仅是军种需求的愿望清单"❷ 的名声。20世纪50年代的国防部长查尔斯·E. 威尔逊、尼尔·H. 麦克尔罗伊、小托马斯·S. 盖茨等人,都是管理企业出身,不擅长军事事务,经验有限,艾森豪威尔在很多国防事务上不得不亲力亲为。

面对现实突发事件时,如果涉及跨军种联合,参联会效率便会很低下。1954年年初法军在老挝奠边府被越盟包围,法国向美国请求援助,艾森豪威尔指示雷德福制订应对计划。联合参谋部制订了一个涉及B-29投放常规弹药的计划,陆军则提出由海军和空军战斗轰炸机投放战术核武器,在近2

---

❶ 马克斯威尔·泰勒. 不定的号角 [M]. 王群,译. 北京:解放军出版社,1963:77.

❷ REARDEN S L. Council of War: A History of the Joint Chiefs of Staff 1942-1991 [M]. Washington D. C.: Joint History Office, 2012: 126.

个月的讨论中参联会意见始终不能统一,集体负责制下谁也不能在分歧中拍板,法军一直到投降也没等来美援。不过在介入 1958 年台海危机时,参联会的决议要顺畅得多。此次行动主要由太平洋司令部派出海军部队介入执行封锁,空军派出一个合成空中打击部队进驻台湾,配合驻远东空军共同防空,两军种各司其职,但是一旦涉及核武器的运用问题时,参联会成员就再次充满了分歧。❶

二、在全面向核的军种建设中联合再次被忽视

艾森豪威尔上台后,一方面致力于尽快结束朝鲜战争,一方面需要处理杜鲁门政府留下的巨额财政赤字,压缩军费。朝鲜战争时期美国军费暴增,1950 年军费预算约为 120 亿美元,次年增加至 200 亿美元,1952 年为 390 亿美元,到 1953 年计划为 430 亿美元,美军从 140 万人增加至 350 万人,陆军从 10 个师增加到 20 个师,海军主战舰艇从 238 艘增加到 401 艘,空军从 48 个联队增加到 98 个。❷ 艾森豪威尔延续了杜鲁门的冷战基本策略,希望"花小钱、办大事",在不损害国家经济的前提下与苏联进行"长期拉锯"。

相比庞大且种类繁多的常规部队,迅速发展的核武器威力巨大且更为经济,指挥环节较短,成为艾森豪威尔新战略的首要选项。❸ 对此,艾森豪威尔先后提出"把原子弹视为我们军火库中的另一件武器而已","运用战术核武器不会比使用 20 吨当量的常规重磅炸弹更容易引发'大战'","把重点放在凭借强大攻击力实施大规模报复性破坏的能力上"❹ 等。1953 年 10 月艾森豪威尔起草了第 162/2 号国家安全委员会备忘录,要求国防部为

---

❶ NALTY B C. The Air Force Role in Five Crises, 1958-1965: Lebanon, Taiwan, Congo, Cuba, Dominican Republic [M]. USAF Historical Division Liaison Office, 1968: 22-26.

❷ REARDEN S L. Council of War: A History of the Joint Chiefs of Staff 1942-1991 [M]. Washington D. C.: Joint History Office, 2012: 111.

❸ 常规兵力在作战运用中需要经过漫长且复杂的指挥链,进行动员、集结、集训、输送运载、到达作战地域后展开等一系列流程,耗费时间长且会带来难以事前量化的经济成本。相比之下,核武器的使用流程要简便得多。

❹ 同❷: 142-143.

各军种全面装备核武器。随后,参联会主席雷德福将这一政策描述为国家安全的"新面貌",1954年国务卿约翰·F.杜勒斯(John F. Dulles)将其称之为"大规模报复"(Mass Retaliation)。通过这一战略,艾森豪威尔在任期内成功地遏制了朝鲜战争爆发后的国防预算激增的趋势,在其任期结束时,国防预算总额刚过440亿美元,与刚就任时相当。❶

在"新面貌"战略下,各军种的建设均以核武器为中心,致力于提升核武器的数量和质量。从预算分配来看,空军是最大的受益者。1955—1959年的各军种拨款比例中,空军为46%,海军和海军陆战队28%,陆军为23%,其余作为国防部自身开支;在用于武器装备更新换代的经费上,空军占总比60%,海军和陆战队占30%,陆军仅为10%。❷ 战略空军是空军内部的最大受益者。20世纪50年代中后期,空军列装了B-47中程轰炸机、B-52洲际轰炸机,替换了B-29、B-50、B-36等轰炸机型,同时建立了庞大的KC-135空中加油机群;战术空军启动了"世纪系列"战斗机系列项目,追求超音速的战斗机、战斗轰炸机,加强对空拦截能力,并积极探寻利用战斗轰炸机携带核弹超音速低空突防,在核打击体系中谋求一席之地,因而也常被称为"缩水版的战略空军"❸。针对苏联战略威胁能力的增强,1958年美国建立北美防空司令部(NORAD),作为一个联合司令部由空军主导。20世纪50年代末,陆基远程、洲际弹道导弹发展成熟并列装,也由空军率先部署并全面控制。

海军通过列装战略核潜艇、"北极星"弹道导弹系统,成功地适应了"新面貌"战略。新一代"福雷斯特尔"级重型航母的建造计划得以继续推进,该航母可以起降能够携带核弹的A-3"空中武士",相当于当年被取消的"合众国"级航母的重生,海军的"夙愿"得以实现,没有出现第二次"上将造反"。在"新面貌"战略的主导下,空军和海军建立起"三位一体"的核战略威慑体系,该体系一直延续至今日。

---

❶ U. S. DOD. National Defense Budget Estimates for FY 1988/1989 [R]. Washington D. C.: Office of Assistant Secretary of Defense, May 1987:68-69.

❷ 马克斯威尔·泰勒. 不定的号角 [M]. 王群, 译. 北京:解放军出版社, 1963:61.

❸ 道格拉斯·坎贝尔. "疣猪"A-10攻击机和近距离空中支援 [M]. 聂春明, 译. 北京:中国市场出版社, 2015:39.

相比之下，陆军收益最少。朝鲜战争时期扩大的陆军规模遭到压缩，被要求将20个现役师精简到14个。❶为适应未来核战场，陆军在1956年提出了以战术核武器为核心的"五群制"（Pentomic）师，作为陆军发展蓝本，但后续研究发现"五群制"师缺乏持续作战能力，且战术核武器的使用同样需要高层指挥授权，这就等于扼杀了地面作战的灵活性，因此"五群制"师很快被淘汰，陆军重新探索其他改编计划。为防止被边缘化，陆军也投入到导弹和其他尖端武器的研发上，成立了以韦恩黑尔·冯·布劳恩（Wernher von Braun）为核心的导弹研究团队，抢在海军的"雷神"（Thor）计划前，于1957年率先测试了SM-78"木星"（Jupiter）陆基中程弹道导弹，还研发了"奈基—宙斯"（NIKE-ZEUS）导弹拦截系统，不过在空军的反对下未能争取到对反导职能的主导控制权。

各军种竞相发展核作战能力，两栖登陆、空地联合等常规力量实施的典型联合作战不再受重视。核大战体系由国家指挥当局通过垂直的指挥链对各军种核力量实施指挥和控制，军种之间壁垒森严、相互独立，更不会进行密切的跨军种战术协同和协调，简而言之，核大战中几乎不存在联合作战的可能。联合作战所依赖的常规作战力量则受制于预算限制的大背景。空军在137个联队的编制限制下，为确保战略空军的规模，从战术空军、防空、军事空运司令部中裁减了部分联队，时任战略空军司令部司令、后任空军参谋长柯蒂斯·E.李梅（Curtis E. LeMay），甚至提出将战术空军交给陆军，以此维系战略空军的规模。❷❸海军削减了一艘核动力航母，新造船计划仅为原来的2/3，陆军和陆战队被砍掉了旨在增加部队火力和机动能力的项目。❹

技术的发展逐渐模糊了军种间传统的任务和职能界限，各军种倾向于

---

❶ REARDEN S L. Council of War: A History of the Joint Chiefs of Staff 1942-1991 [M]. Washington D. C.: Joint History Office, 2012: 146.

❷ 阿伦·米利特，彼得·马斯洛斯基. 美国军事史 [M]. 军事科学院外国军事研究部，译. 北京: 军事科学出版社，1989: 531.

❸ 道格拉斯·坎贝尔. "疣猪" A-10攻击机和近距离空中支援 [M]. 聂春明，译. 北京: 中国市场出版社，2015: 38.

❹ 同❷.

第三章 军种有限合作时期的联合作战（1953—1975年） ★★★

囤积武器以发展"能够独立赢得战争的能力"❶。军种越来越追求"专职部队"，对战时联合组织能力则不再重视。❷ 例如，空地联合方面，自空军独立后，陆军对空军支援的不满不断增加，双方有关近空支援的程序谈判屡屡受挫。朝鲜战争期间直升机的发展和运用为陆军提供了取代空军支援的可替代能力，战后陆军直升机规模快速扩大。空军感受到威胁，以直升机和战术空军职能冲突、违反陆空军对直升机重量限制协议以由，加以抵制。❸ 这一争论持续了数年，最终由1956年的一份国防部长综合备忘录❹和1957年的国防部指令5160.22《对陆军部和空军部在飞机运用上角色和任务的说明》才得以解决，陆军飞机被限定在200英里的作战范围内，确立了固定翼5000磅和旋翼20 000磅的限制，指令还指出陆军航空项目飞机不能用来执行战略和战术空运、战术侦察、战场遮断或近空支援。❺ 随着技术的发展和战场的扩大，这些数字限制很快便没有意义了。到1960年陆军已组建12个直升机营，并能提供近距离火力支援。❻ 空军方面，则到20世纪70

---

❶ JABLONSKY D. War by Land, Sea, and Air: Dwight Eisenhower and the Concept of Unified Command [M]. New Haven, CT: Yale University Press, 2010: 280.

❷ 马克斯威尔·泰勒. 不定的号角 [M]. 王群, 译. 北京：解放军出版社, 1963: 107.

❸ 1949布雷德利-范登堡协议将陆军直升机质量限定在4000磅以内；1952年11月4日签署了第二份佩斯-芬勒特协议，将陆军建制飞机的功能扩大到战场医疗输送、炮兵和地形测量，把质量限制改为5000磅，但考虑到技术发展和任务变化，这个质量可以由国防部长来调整。

❹ 威尔逊在1956年发给国会的备忘录主要涉及两个问题，一个是正文中所提到的军种飞机类型和空对陆战术支援问题，另一个是各军种导弹系统发展和任务分工问题。当时各军种有8类用于不同任务的导弹，最终达成协议，防空方面陆军负责要地防空，空军负责区域防空；导弹方面陆军不得研制和使用射程超过200英里的导弹，陆基中程弹道导弹主要由空军控制，海基中程弹道导弹由海军控制。
HISTORICAL OFFICE, OFFICE OF THE SECRETARY OF DEFENSE. Charles E. Wilson, Dwight Eisenhower Administration [G/OL]. [2020-03-07]. https://history.defense.gov/Multimedia/Biographies/Article-View/Article/571268/charles-e-wilson/.

❺ GOLDBERG A, SMITH D, USAF. Army–Air Force Relations: The Close Air Support Issue, Rand Report R-906-PR [R]. Santa Monica, Calif.: Rand Corporation, October 1971: 14.

❻ 阿伦·米利特, 彼得·马斯洛斯基. 美国军事史 [M]. 军事科学院外国军事研究部, 译. 北京：军事科学出版社, 1989: 532.

年代才研制了专门用来对地支援的 A-10 攻击机。这一事件说明了"联合"也可以成为军种间相互倾轧的理由。

三、1958 年改革理顺上层领导机制推动局部联合

1953 年的《第 6 号改组计划》既没有解决好联合战略规划问题,也未能有效加强参联会的运行效率,国防部和参联会因职权不明而争权的问题依然存在。1957 年 10 月苏联成功发射第一颗人造卫星,极大地刺激了美国。在媒体和国会的听证中,军种竞争成为罪魁祸首,3 个军种同时在进行 3 个不同的中程弹道导弹计划,缺乏规划、资源浪费、效率低下。❶ 艾森豪威尔借机于 1958 年年初开始推动改革。"陆战、海战和空战各自为战的时代已经一去不返了……和平时期的战备和组织工作必须考虑到这一事实,即战略和战术计划必须完全统一地制定,战斗部队必须编入各联合司令部,各自装备着科学发展出来的最有效的武器系统,在统一的领导下作为一个整体去作战,而不管它出自哪个军种。"❷ 这段话成为艾森豪威尔的改革宣言,他的主张包括强化国防部长权力、简化指挥系统、加强军事研发统筹、扩大联合参谋部、强化参联会主席权力等。这些措施可能会削弱国会两个武装部队委员会的权力,以卡尔·文森(Carl Vinson)为代表的国会反对者以"白宫正在打造普鲁士式的总参谋部"进行了反击。在经过一系列辩论后,双方最终达成了妥协。

1958 年 8 月 6 日《国防部改组法》签署。法案首先极大地加强了国防部长的权力,从 1958 年开始,国防部长们利用强化后的权力,把各种支援活动从各军种整合到国防部直属局,一定程度上有助于联合,如当年组建的国防高级研究计划局(DARPA),1959 年的国防原子支援局(DASA),1960 年的国防通信局(DCA)。从麦克纳马拉(Robert McNamara)开始,在美国国防管理和决策中的弱势国防部长不复存在。他上任后,继续整合"适用于多军种的补给和勤务活动",提高国防的"效果产出、经济性或效

---

❶ JABLONSKY D. War by Land, Sea, and Air: Dwight Eisenhower and the Concept of Unified Command [M]. New Haven, CT: Yale University Press, 2010: 262.

❷ COLE A C, GOLDBERG A, TUCKER S A, et al. Winnacker. THE DEPARTMENT OF DEFENSE Documents on Establishment and Organization 1944-1978 [M]. Washington D. C.: Historical Office, Office of the Secretary of Defense, 1978: 175.

率",于 1961 年成立了国防供给局和国防情报局,于 1965 年成立了国防合同审计局。麦克纳马拉还将系统分析引入国防管理,建立起"计划—项目—预算"(PPBS)的新国防财政管理体系,将所有军事问题视为如何有效分配与使用资源的经济问题,将政府内的各种权衡加以量化,加强文官控制,实现军种预算标准化管理。这一系列措施减少了各军种在通用支援能力上的各自为战和重复建设,加强了相关职能建设的统一规划。反映在装备采购上最典型的案例便是 F-4 成为海军和空军的通用战斗机。

1958 年法案赋予参联会主席在参联会会议上的表决权,同时将联合参谋部规模上限从 210 人扩大到 400 人,规定各军种人员数目大致相同,还规定联合参谋部不得使用总参谋部或参谋本部(General Staff)的称谓,也不得拥有执行权。根据法案授权,当年联合参谋部重组,逐步撤销先前的各委员会,按照编号设立职能部门,即 J-1 人事部、J-2 情报部、J-3 作战部、J-4 后勤部、J-5 计划和政策部、J-6 通信和电子部。非作战职能基本都已移交国防部,重组后的联合参谋部可以更集中地开展参谋业务工作,与各军种参谋部的协调对接更为明确,可为参联会提供更有力的支持,其中 J-3 在协调作战计划、监督作战执行方面的作用日渐增大,逐步发展成为总统和国防部长的指挥工具。

面对核武器的增多,1960 年联合参谋部新设立了联合战略目标计划参谋部(JSTPS)负责计划和协调战略核打击,由战略空军司令部司令担任战略目标计划主任(DSTP),一名海军中将担任副主任,地点位于内布拉斯加州奥福特空军基地的战略空军司令部,人员配备上海军占 15%,其余为空军人员,该部门的设立被认为"与 1958 年改革同等重要"❶。联合战略目标计划参谋部与参联会直接沟通,负责更新和维护国家战略目标清单(NSTL),制订统一集成作战计划(SIOP),用于执行对社会主义国家的战略打击。1960 年首版统一集成作战计划 SIOP-62 问世,尽管存在种种不足,至此美国战略核力量实现了计划层面的联合。

1958 年法案和随后签发的国防部 5100.1 指令,建立了军令、军政分立的双轨制。作战指挥系统,即军令,得到了简化,从总统和国防部长开始,

---

❶ REARDEN S L. Council of War: A History of the Joint Chiefs of Staff 1942-1991 [M]. Washington D. C.: Joint History Office, 2012: 189, 187.

经由参联会，直接下达联合司令部或特种司令部的司令。以军种首脑担任执行代理人的方式被删除，军种被从作战指挥链中剥离。当年，美国有6个联合司令部，包括欧洲司令部、加勒比司令部、太平洋司令部、大西洋司令部、阿拉斯加司令部及大陆防空司令部，2个特种司令部，即战略空军司令部、东大西洋和地中海司令部。行政管理系统，即军政，涉及部队的行政、人事、训练、条令、装备、后勤等事务，由联合司令部下属的各军种组成部队司令与对应的军种部和军种参谋长联系（图3-1）。

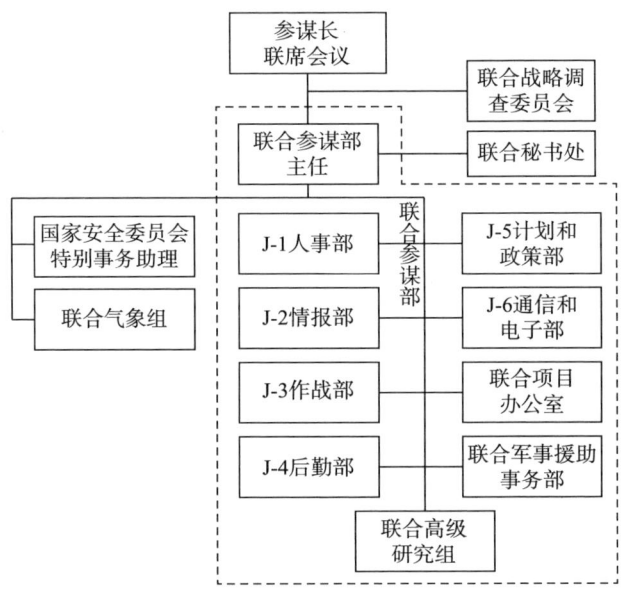

图3-1　1959年参联会组织结构图❶

双轨制历来被认为是美军国防领导和作战指挥体制的一大特点。以加强联合为主要目标之一的1986年《戈德华特-尼科尔斯国防部改组法》也重申了该点，因此经常有观点认为美军双轨制（军种主建、战区主战）是联合作战指挥体制的主要特征，这实为一个误区。1958年艾森豪威尔提出双轨制，主要是基于美国特殊的国情和历史考虑。文官治军、文官领军是美国宪法所规定的"政治正确"，但第二次世界大战使美国军种的影响力空

---

❶ REARDEN S L. Council of War：A History of the Joint Chiefs of Staff 1942-1991 [M]. Washington D. C.：Joint History Office, 2012：189, 187.

前增长，战后持续不断的军种冲突不断影响甚至冲击文官政府的各项决策，1947年《国家安全法》和1949年修正案并没有充分管控住军种，朝鲜战争期间麦克阿瑟更是引发了严重的军政关系危机。新设立的国防部长作为政府行政部门首脑，在三权分立的美国政情下，权限遭到了来自国会立法部门的层层限制，在设立后的头十年里总体上处于弱势地位。艾森豪威尔上台后，在推行"新面貌"战略及各项政策中，同样面临来自军种的阻力。要抵消这种阻力，艾森豪威尔一方面通过1953年、1958年两步走改革加强国防部长权力，提升国防部的全面统筹和建设规划，另一方面将军种的指挥权和行政权进行分割，削弱军种的影响力，使其不再能对国防部长的权威构成威胁。这种分割军权的举措，古今中外并不少见。从文官政府的视角来看，1958年的改革是成功的，军种得以被"驯服"，美国防务体制摆脱了战后十年的动荡期，进入了近20年的稳定期。1958年法案分割了军种权力，在一定程度上似乎有助于国防部长和参联会自上而下推动联合，但就艾森豪威尔提出的简化作战指挥链、加强陆海空军联合作战这一目标则远远不够，政治逻辑并不一定适应联合作战的逻辑。

四、联合作战体制表面加强但仍深受军种影响

参联会主席依然缺乏足够的权威，参联会仍以委员会模式运行，其优点是不同的意见都可发声，缺点是难以协调和消除不同意见，不具备推动联合的足够权限。联合参谋部的规模扩大和重组主要目的是应对不断增加的事务性压力，由于军种掌握着军官的晋升权，各军种并不愿将优秀的军官派往联合参谋部任职，很多军官都是等待退休的"病残懒惰之流"，海军甚至将联合任职视为"死亡之吻"。[1] 1958年后参联会主席拥有了投票权，但大多数情况下都是支持自己的军种。作为国家安全委员会法定军事顾问，参联会主席并不具备首席军事顾问的地位，国会拒绝将"首席"地位赋予主席，"首席"地位属于参联会集体。涉及相关军事问题时，军种部长和参谋长也能出席国家安全委员会。军种参谋长被保留了会晤总统和在国会作证的权力，艾森豪威尔称之为"法定抗上权"（合法造反）。国防事务的复

---

[1] JABLONSKY D. War by Land, Sea, and Air: Dwight Eisenhower and the Concept of Unified Command [M]. New Haven, CT: Yale University Press, 2010: 310.

杂性和专业性逐年增加，国会必须依赖参谋长们获得专业的观点，军种参谋长每年至少要在两院的武装部队委员会和拨款委员会各做一次证词，还可能就核武器、导弹、后备力量、军事援助计划等一些特殊问题参与专门听证。

军种参谋长既对国会要"交代真相、揭发错误"，又要对总统和国防部长保持忠诚。❶ 参联会的每一个成员都是背后牵动诸多政治力量的"权势人物"，于是参联会开始追求妥协和达成所谓的"共识"。根据麦克斯韦尔·D. 泰勒（Maxwell D. Taylor）陆军上将的记载，1955年10月6日至1959年3月31日，参联会共处理了2977份文件，其中23份文件意见不一致，这些文件涉及更为重要的联合或核武器问题，如，是否允许陆军掌握中程弹道导弹；应如何使用（陆军）奈基导弹和（空军）波马克地对空导弹；应赋予北美防空司令部司令怎样的职权；太平洋司令部应如何组织和配备参谋人员；是否有足够的运输工具输送进行有限战争的部队；应储备哪些类型和当量的核武器；是否应有限发展小型战术原子武器，等等。❷ 在20世纪60年代，军种关系有所缓和，但仍固守自己的地盘，参联会日趋变成一个寻求共识的场所，而在编修条令、提供战争指导和军事建议方面的能力严重不足。❸

1958年改革未能有效加强联合司令部司令的权限，司令部仍是军种主导体制。1958年改革赋予了联合和特种司令部司令作战指挥权（operational command），即"对所属部队编组、任务分配、目标指定、获准资源的总体管理及完成任务必要的命令性指令"，艾森豪威尔对此盛赞："赋予联合和特种司令部司令的权力，甚至要超过第二次世界大战'霸王行动'中我所获得的指挥全部美军的权力。"❹ 但在实践中这项权力并没有落实。1959年参联会发布的JCS2号出版物《武装部队的统一行动》（*Unified Action Armed*

---

❶ 马克斯威尔·泰勒. 不定的号角［M］. 王群，译. 北京：解放军出版社，1963：99.

❷ 同❶：82-83.

❸ BEAUMONT R A. Joint Military Operations: A Short History［M］. London: Greenwood Press, 1993: 148, 147.

❹ JABLONSKY D. War by Land, Sea, and Air: Dwight Eisenhower and the Concept of Unified Command［M］. New Haven, CT: Yale University Press, 2010: 305.

第三章 军种有限合作时期的联合作战（1953—1975年） ★★★

Forces, UNAAF）对作战指挥权进行了详细阐释，包括了责任区内部队的行动指挥、组织联合训练和演习、下达后勤指令、制定人事政策、情报管理，以及提出预算评估和建议、参与指挥控制系统的开发和采购等。❶ 但是，该出版物也明确了：作战指挥权需要通过军种组成部队指挥官来履行，或通过根据预先程序所建立的下级司令部指挥官来履行，只有在紧急情况下联合司令部司令才能对可用的部队实施直接指挥。❷

这意味着，通常情况下联合司令部司令不能越过军种组成部队指挥官直接指挥部队，尤其是不能直接指挥其他军种的组成部队，预算和评估也需经过组成军种部队指挥官向上反馈。联合司令部司令在组建下级司令部时，如果是由多军种部队构成，则必须有参联会的授权，司令组建联合部队的权力受到限制。军种组成部队指挥官则可就本军种问题，不经联合司令部司令，直接和军种参谋长联系，指挥权和行政权在军种组成部队一级统一。综合来看，1959年版《武装部队的统一行动》相比1951年版本，并没有多少实质性变化。其导向仍然是保持单一军种的完整性，对战区开展联合行动的必要要素缺乏关注，也未采取有效措施加强联合训练、联合计划、部队联合战备评估和联合教育体系等。❸

随后，1961年版《统一指挥计划》，进一步取消了联合司令部司令在紧急情况下对部队行使直接指挥的权力，理由是担心对美军整体的兵力布局和行动造成不利影响；1963年版《统一指挥计划》对"作战指挥权"做出修订，明确该权力不包括行政、纪律、内部组织和部队训练等问题。❹ 如此，整个联合司令部的实际权力大部分为战区军种部队所掌控。特种司令部由于军种构成相对单一，其面临的上述跨军种问题要少很多。在联合特遣部队一级，指挥官只能对本军种部队实施直接指挥，对其他军种部队只

---

❶ JOINT CHIEFS OF STAFF. JCS Pub. 2. Unified Action Armed Forces (UNAAF) [Z]. Washington D. C.: JPO, 1959: 32.

❷ 同❶: 32, 39, 40.

❸ JABLONSKY D. War by Land, Sea, and Air: Dwight Eisenhower and the Concept of Unified Command [M]. New Haven, CT: Yale University Press, 2010: 312.

❹ DREA E J, etc. History of the Unified Command Plan 1946 - 2012 [M]. Washington D. C.: Joint History Office, Office of the Chairman of the Joint Chiefs of Staff, 2013: 21.

能行使作战控制权。联合特遣部队的军种部队在涉及本军种事务时，可以跳过联合特遣部队指挥官，直接与联合或特种作战司令部的军种组成司令部进行联系，如有必要还可以直通军种部和参谋长。❶ 在这种指挥权分配下，战区一级的联合指挥权力俨然已经被架空。

第二节 1958年改革后初期美军应急行动中的联合作战

一、干预黎巴嫩近乎是越南战争中联合作战的预演

1958年干涉黎巴嫩的"蓝色球棒"（Blue Bat）行动，是在艾森豪威尔1958年改革期间进行的一次行动。黎巴嫩位于特种司令部海军东大西洋和地中海舰队（海军组成的特种司令部）的责任区内，由其负主要责任，欧洲司令部对其实施支援。从1956年开始，欧洲司令部陆军部队、陆军大陆陆军司令部、东大西洋和地中海舰队分别制订了针对中东的应急计划，但是在1957年尝试制订中东空降作战和空运支援的联合计划时，遭到了参联会部分成员的反对，理由是超出权限擅自解释"艾森豪威尔主义"❷。1958年5月黎巴嫩国内出现紧张局势，东大西洋和地中海舰队下辖的第6舰队及陆战队部队做好干预准备。7月黎巴嫩局势再度紧张，这次参联会内部没有太多的争议，迅速通过了中东特种司令部司令215-58作战计划，代号"蓝色球棒"行动。海军东大西洋和地中海舰队司令兼中东特种司令部司令小詹姆斯·L.霍洛韦（James L. Holloway Jr.），负责组建联合部队，指挥干预行动，部队构成和指挥关系如图3-2所示。作为艾森豪威尔主义的首次践行，该行动是成功的，不过很大程度上是因为干预对象的弱小。

---

❶ JOINT CHIEFS OF STAFF. JCS Pub.2. Unified Action Armed Forces（UNAAF）[Z]. Washington D. C.：JPO, 1959：41, 43.

❷ REARDEN S L. Council of War：A History of the Joint Chiefs of Staff 1942-1991 [M]. Washington D. C.：Joint History Office, 2012：194.

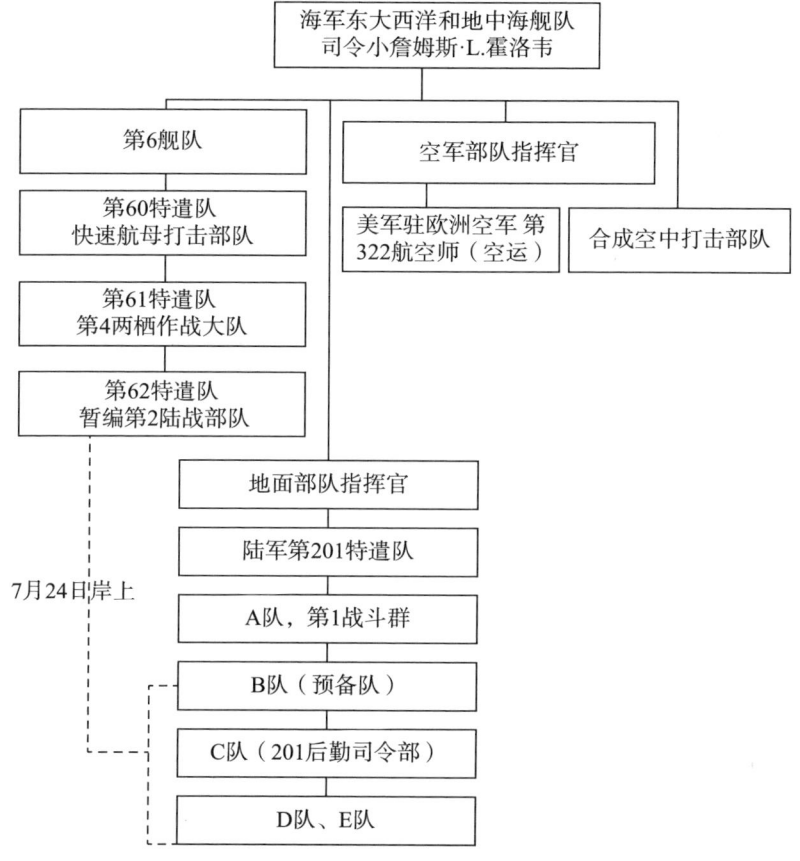

图 3-2 美军干涉黎巴嫩部队构成和指挥关系❶

在联合方面,"蓝色球棒"行动实施过程中问题不断,堪称越南战争中各类问题的提前预演。行动计划制订阶段,参与行动的各军种部队间缺乏联络,对联合问题考虑不足,也没有及时进行保密授权下发总体计划,下级部队的参谋人员不了解计划,无从制订本级部队的计划。❷ 在兵力调动和运输计划方面,欧洲司令部空军部队和陆军部队之间缺少沟通,欧洲陆军部队事先预编了第 201 陆军特遣队(ATF 201),但没有制定空运需求计划,

---

❶ SPILLER R J. Not War But Like War: The American Intervention in Lebanon [M]. Fort Leavenworth, KS: Combat Studies Institute, U. S. Army Command and General Staff College, 1981: 48.

❷ 同❶: 12, 29.

欧洲空军也未向陆军通报可用的空运能力，在行动开始后才发现缺乏飞跃他国领空的外交授权，从德国出发的部队不得不绕道直布罗陀海峡；❶欧洲司令部陆军部队从驻德部队派出一个"诚实约翰"火箭连，因其具有携带核弹头的能力可能引发政治敏感事态，在已航运到黎巴嫩后，被霍洛韦要求原路返回。❷

在地面部队方面，霍洛韦要求参联会任命了1名地面部队指挥官，由陆军少将担任，1名陆战队军官为其担任参谋长，这一安排使先于陆军登陆并已实施干预的陆战队"大失所望"❸。随后的行动中，双方划分了各自的任务区域，便很少进行合作。

空战方面，空军由战术空军司令部派出了一个合成空中打击部队（Composite Air Strike Force，CASF），该部队由从多个基地抽调的战斗机、侦察机、轰炸机和加油机混编而成，用以执行"浇灭灌木火焰"的低强度干涉行动，此次行动是其第一次实战检验。❹空军飞机和海军第6舰队的飞机在同一个空域飞行，没有联合条令对指挥控制和行动进行指导，双方还缺少通用的无线电频率设置。为避免可能的冲突，干预后期海军和空军飞机轮流执行任务。❺三个军种的部队未能就陆军部队位置、目标和前线标定的编码问题达成一致，也未能就陆军火炮、海军舰炮和空袭的协调达成一致。❻情报方面同样问题重重，如各军种作战地图样式各不相同，霍洛韦迟迟不能确定联合部队的标准地图该用什么。❼

"蓝色球棒"是在危机期间紧急制订的计划，而非预先制定的应急作战

---

❶ SPILLER R J. Not War But Like War: The American Intervention in Lebanon [M]. Fort Leavenworth, KS: Combat Studifes Institute, U. S. Army Command and General Staff College, 1981: 27, 29.

❷ 同❶: 37.

❸ SCHULIMSON J. Marines in Lebanon, Marine Corps Historical Reference Pamphlet [M]. Washington D. C.: Headquarters, United States Marine Corps, 1966: 26.

❹ 沃尔特·博伊恩. 跨越苍穹: 美国空军史 [M]. 郑道根, 译. 北京: 军事谊文出版社, 1999: 168.

❺ NALTY B C. The Air Force Role In Five Crises 1958-1965, Lebanon, Taiwan, Congo, Cuba, Dominican Republic [R]. USAF · Historical Division Liaison Office, 1968: 13.

❻ 同❶: 37-38.

❼ 同❶: 38-39.

计划。虽然行动前各军种都有与之不同程度关联的计划，但缺乏参联会和联合司令部一级的统一协调和联合计划，主要计划、兵力构成、行动类型等都是在危机爆发时才做出安排。"蓝色球棒"行动充分说明了联合作战计划的复杂性，远远大于军种计划的相加。行动后的检讨报告认为，如果美军遭到抵抗，灾难必然发生，报告也认为在行动过程中遇到的问题本可在命令下达之前很好地解决，一些高层的报告认为未来的改革将防止此类问题再度出现。❶ 悉数此次行动中联合方面的不足，正是源自 1958 年改革试图改变的种种弊端。干预黎巴嫩本可以是美军对 1958 年改革的一次实兵检验，但"这次令人印象极其深刻的武力炫耀"❷ 遮蔽了对问题的深刻反思，而行动报告中那些颇具些乐观色彩的观点，要在近 20 年后才能真正实现。

二、古巴导弹危机暴露了联合作战能力的倒退

（一）针对古巴的联合作战计划受制因素多、耗时长

1959 年古巴卡斯特罗政权上台，倒向苏联，参联会制订了针对古巴的若干版涉及联合作战的方案，但领导人出于政治考虑均未采纳。1960 年 3 月，联合参谋部制订了初步的联合作战计划，计划使用海军对古巴实施海上封锁，并派出两支空降部队实施登陆入侵。❸ 艾森豪威尔担心武力推翻卡斯特罗会引发反美浪潮，转为由中情报局扶植古巴流亡分子组建 2506 旅，寻机实施反攻。肯尼迪上台后将参联会纳入该计划，参联会提出"有效的空中支援是整个行动的关键"❹，添加了空袭内容。然而，2506 旅发起登陆前一晚，肯尼迪出于政治考虑叫停了空袭行动，4 月 17 日登陆过程中美国高层再次拒接了 2506 旅提出的空中和海上支援申请，孤立无援的流亡分子

---

❶ SPILLER R J. Not War But Like War: The American Intervention in Lebanon [M]. Fort Leavenworth, KS: Combat Studies Institute, U. S. Army Command and General Staff College, 1981: 45.

❷ AMBROSE S E. Eisenhower: The President [M]. New York: Simon and Schuster, 1984: 472.

❸ REARDEN S L. Council of War: A History of the Joint Chiefs of Staff 1942-1991 [M]. Washington D. C.: Joint History Office, 2012: 198.

❹ 同❸: 215.

三天后被古巴军民全歼。❶ 行动失败后,对参联会产生不信任的肯尼迪进一步转向依赖代号为"猫鼬"的中情局隐蔽行动。同年,麦克纳马拉指示参联会,合并大陆陆军司令部里的战备部队、战术空军司令部的合成空中打击部队及未指派给联合司令部的海军和陆战队部队,组建打击司令部(Strike Command)。参联会主席、陆军和空军表示赞同,海军和陆战队反对将其部队纳入。1962年作为联合司令部的打击司令部正式成立,对战术空军司令部和大陆陆军司令部中的战备部队实施作战控制,主要任务是:建立一支总预备队,用于增援其他联合司令部;训练指派的部队;编制联合条令;制订应急作战计划,并在参联会的命令下遂行应急作战。❷

1962年2月,参联会指示大西洋司令部司令(CINCLANT)、海军上将罗伯特·L. 丹尼森(Robert L. Dennison)将制订针对古巴的应急计划作为其最高优先事项。大西洋司令部司令兼任海军大西洋舰队司令部和北约盟军海军部队司令,其司令部名义上是一个联合司令部,实际以海军为主,只有若干小型下属联合司令部,没有陆军和空军组成司令部。战术空军司令部和大陆陆军司令部司令分别任命了第19航空队、第18空降军的指挥官,协助丹尼森制订对古巴的应急作战计划。大西洋司令部共制订了3个作战计划方案,编号分别为312、314、316。312作战计划按照灵活反应的策略,要求对古巴实施多种形式的空袭,并作为314、316计划的前置。314作战计划计划在空袭后进行18天的警告,然后对古巴实施全面的联合入侵,海军陆战队将在古巴东部和关塔那摩附近登陆,第18空降军将占领哈瓦那周边的4个机场,行动的两栖阶段由第2舰队控制,编为第122联合特遣部队,部队上陆后,依托第18空降军的指挥部建立古巴联合特遣部队控制后续的所有行动,此外,还建立一支独立的大西洋非常规联合作战特遣部队,通过特种作战煽动"反对卡斯特罗的民众起义"。316作战计划为快速反应入侵计划,内容与314计划类似,只是警告时间为5天,不过这么短的时间

---

❶ FEATURED-STORY-ARCHIVE. The Bay of Pigs Invasion [G/OL]. Last Updated:Apr 18, 2016 06:07 PM [2020-11-25]. https://www.cia.gov/news-information/featured-story-archive/2016-featured-story-archive/the-bay-of-pigs-invasion.html.

❷ DREA E J, etc. History of the Unified Command Plan 1946-2012 [M]. Washington D. C.:Joint History Office, Office of the Chairman of the Joint Chiefs of Staff, 2013:23.

内陆战队无法完成整备的装载和部署,因此初期进攻更依赖第18空降军。丹尼森认为18天的警告过长,空降作战将不足以对抗动员起来的古巴军队,苏联干涉的可能也将增大,部队的集结点可能遭受苏联的核攻击。

经过数月的讨论和修改,最终方案以316计划为主,将警告时间改为7天,且登陆和空降作战将同时发起。❶❷ 为检验计划的可行性、提升两栖作战能力、加强战备落实,1962年4月至5月,大西洋司令部在加勒比地区展开了一系列大规模军事演习,以海军和陆战队为主,空军参与了海空军联合空袭演习,陆军基本没有参加。❸ 按照计划,陆军的空降作战将须使用佛罗里达州的大批机场,用来运输部队和提供后勤保障。1962年夏天,负责国土东南部陆军部队管理的第3集团军,派出参谋联系当地空军部队指挥官,就补给、通信、医疗等进行沟通协调。❹ 进入秋季,海军又进行了一系列大规模军事演习。陆军和空军于1962年8月初举行了代号"快速反击Ⅱ"的军事演习,共有4个陆军师、8个战术战斗机中队、2个战术侦察机中队参演,总人数达7万多人。❺ 这些举动加大了古巴和苏联的担忧。

(二)危机期间美军变更联合部队结构存有重大隐患

1962年9月中下旬,美国情报部门发现苏联疑似在古巴部署轰炸机和导弹,古巴导弹危机爆发。麦克纳马拉指示参联会加强应急联合作战计划制订和部队战备,为可能的空袭和入侵做准备,由大西洋司令部司令丹尼森负责实施指挥。相关的计划更新持续推进,计划的作战体系如图3-3所示。进入10月份围绕古巴导弹危机国际形势开始恶化,各军种围绕计划纷纷开展演习和战备工作,丹尼森指示各部队必须尽一切力量在10月20日前

---

❶ HEADQUARTERS, US ATLANTIC COMMAND. CINCLANT Historical Account of Cuban Crisis [G]. 29 April 1963, sanitized 5 September 1986: 17-23.

❷ MOENK J R. USCONARC Participation in the Cuban Crisis, 1962 (U), Headquarters, US Continental Army Command, October 1963, declassified 11 October 1988: 6-19.

❸ 赵学功. 十月风云:古巴导弹危机 [M]. 天津:天津人民出版社,2009:177.

❹ HOUSE J M. Joint Operational Problems in the Cuban Missile Crisis [J]. U. S. Army War College, ATTN: Parameters, Spring 1991: 92-102.

❺ LEBOW R N, STEIN J G. We All Lost the Cold War [M]. Princeton, NJ: Princeton University Press, 1995: 26.

完成作战准备，随时可执行上述三个行动。❶ 与此同时，美国防空司令部、战略空军司令部、欧洲盟军司令部等也纷纷进入高度警戒状态。高层的执行委员会越来越倾向于选择封锁而不是正式战争。

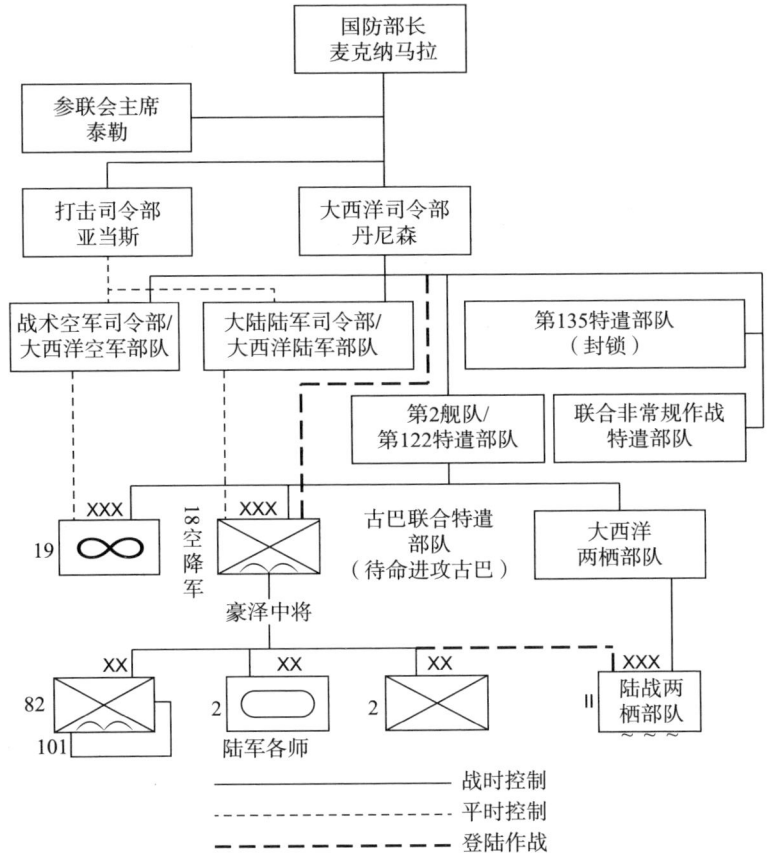

图 3-3　古巴导弹危机期间美军作战计划中的指挥链（10 月 18 日）❷

1962 年 10 月 20 日，美国政府正式决定对古巴实施海上封锁。同一天，丹尼森上将变更了部队的指挥结构，解散了第 122 特遣部队，指定战术空军

---

❶ 同❹.

❷ HOUSE J M. Joint Operational Problems in the Cuban Missile Crisis [J]. U. S. Army War College, ATTN: Parameters, Spring 1991: 92-102.

第三章 军种有限合作时期的联合作战（1953—1975年） ★★★

司令部司令和大陆陆军司令部司令为军种组成部队指挥官，希望通过军种组成部队指挥官对各军种部队实施作战指挥。次日，参联会将参与古巴行动的陆军、空军部队的作战控制权，从打击司令部临时转移给大西洋司令部。丹尼森为什么进行这种变更，尚未见到档案史实进行说明，有可能是丹尼森已经领会到肯尼迪决心通过核威慑下的海上封锁来使苏联屈服，大规模入侵古巴已经不是必要的政策选项，在半岛集结的庞大兵力也已足够形成常规力量威慑。撤销大西洋司令部司令和战术部队之间的联合部队指挥官，可以更好地满足肯尼迪政府对于军事行动严格保密、集中控制的要求。❶ 毕竟，相比联合部队这种临时的指挥安排，军种部队的指挥链更为稳固（图3-4），但也意味着一旦开打，在作战区域内将缺乏一名权威的联合部队指挥官协调各军种作战，各军种各自为战只会带来更大的混乱。

从联合作战的视角看，这种变更颠覆了先前为联合入侵所做的准备，极易引发指挥上的混乱。临时被加入指挥链的大陆陆军司令部，为了适应变化，在佛罗里达州开设了两个指挥部，一个负责指挥大西洋陆军部队作战，另一个为半岛基地司令部，负责后勤事务。机构的增加带来了通信激增，压垮了之前的临时通信安排。新成立的指挥部里很多参谋对之前的计划毫无所知，不少陆军计划人员一直认为312计划是314或316计划的必要前置条件。然而，在和执行委员会的沟通中，战术空军司令部不断修改计划，三个计划中的空袭内容已经大相径庭、互不相关，大量战斗轰炸机进驻了佛罗里达州的机场，运输机缺少空间，空降作战必须重新进行计算。类似问题还有陆军和陆战队在装载码头的使用上出现冲突。大陆陆军司令部司令或大西洋陆军部队指挥官提出将大西洋司令部直属的联合非常规作战特遣部队（JUWTFA）移交给陆军部队统一指挥，遭到了丹尼森的拒绝，但在两栖和空降作战中，想让特种部队独立于常规部队深入敌后是极为困难的，作为海军上将的丹尼森并不了解这一点。在联合司令部层面，打击司令部原计划于10月中下旬在胡德堡进行复杂的"三双"系列演习（Excise Three Pairs），因部队和下属司令部被临时抽调而被迫取消。❷

---

❶ HOUSE J M. Joint Operational Problems in the Cuban Missile Crisis [J]. U. S. Army War College, ATTN：Parameters，Spring 1991：92-102.

❷ 同❶.

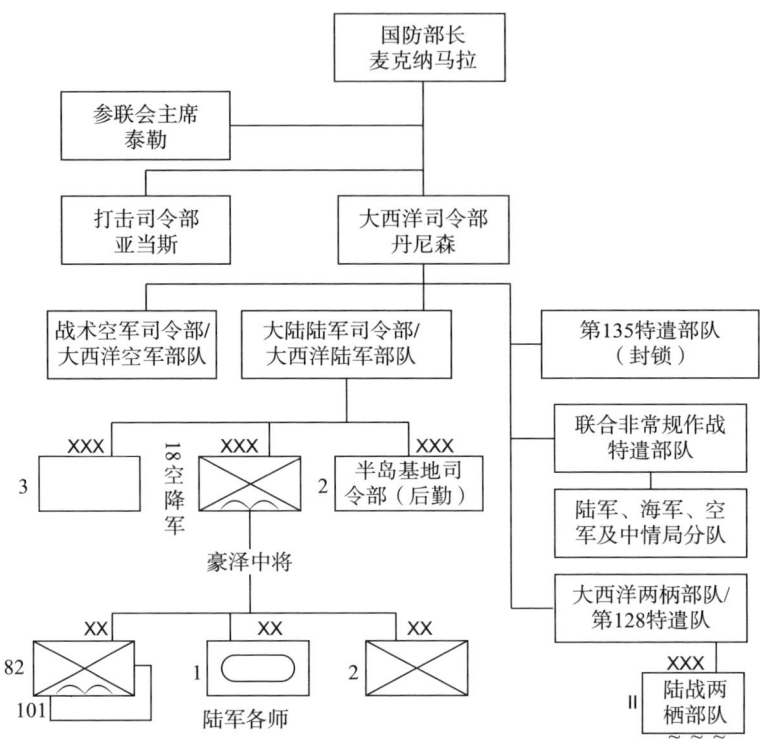

图 3-4　古巴导弹危机后期美军作战计划中的指挥链（11 月）❶

（三）如果危机升级美军联合作战实施可能陷入混乱

1958 年改革所确立的体制没有促进联合。尽管参联会、联合司令部的功能有所加强，但在与总统沟通、制订联合作战计划和开展联合演训、筹建联合部队、实施联合指挥方面并没有太大的进步，危机期间美军还犯了很多指挥上的忌讳，充分暴露出此次联合行动实际为临时拼凑，如果危机升级为战争，美军联合作战很可能因大量未充分考虑到的因素而一败涂地。

然而就在战争没有爆发的环境下，联合部队的后续调动中暴露了一系列协调和操作层面的问题，充分说明了美军各军种相互沟通和联合参谋业务能力的下降。例如，第 3 集团军在借用战略空军司令部下属的亨特空军基

---

❶ HOUSE J M. Joint Operational Problems in the Cuban Missile Crisis [J]. U. S. Army War College, ATTN：Parameters，Spring 1991：92-102.

第三章 军种有限合作时期的联合作战（1953—1975年） ★★★

地附近的铁路侧线时遭到拒绝，最后由负责作战的陆军副参谋长向空军参谋长提出请求，才解决这一问题；陆军在进行登船装载时，发现"彗星"号登陆舰的舱室缺乏足够的空间来装载M48坦克，除非移除部分舱壁顶设施，这一问题在1958年干预黎巴嫩时便出现在该船上了，4年后仍未解决。❶ 此外还有协调空域管理、火力支援、空中支援、情报、通信管理、后勤协调等顽固的细节性问题，仍未能妥善处理好。❷

古巴导弹危机爆发时，朝鲜战争已经过去了近10年，第二次世界大战已远去。相比前辈，时任的美军高级军官经历了战后十几年的军种竞争，已逐渐淡忘了联合作战的重要性和组织方法。古巴导弹危机历来被认为是战略威慑、危机管控的一个经典案例。但危机的成功化解并不完全意味着军事上的成功。参联会作为一个整体，在危机最终解决方案的制订过程中并未被征询过意见，被认为"不能深谋远虑，目光只盯在有限的军事领域"，负责指挥封锁的海军作战部长安德森（George W. Anderson）上将还与麦克纳马拉发生了冲突，导致参联会的权威进一步下降。❸❹❺

复盘美军的整个行动，前期制订的三个计划体现了联合司令部在计划工作方面的联合性。进入危机时期后，在频繁的上层政治干预下，各军种部队的计划工作彼此分离、缺乏统一协调。丹尼森对指挥结构的调整，则将初步整合的联合部队再次打散。多年后披露的文献表明，中情局对苏联在古巴的人数估计一直是错误的，严重低估了苏军的力量。❻ 如果武装冲突爆发，缺乏统一指挥的各军种很可能遭遇巨大失败，但是亦如作战强度极低的"蓝色球棒"行动，这些问题都没有暴露出来。

---

❶ HOUSE J M. Joint Operational Problems in the Cuban Missile Crisis [J]. U. S. Army War College, ATTN: Parameters, Spring 1991: 92-102.
❷ BEAUMONT R A. Joint Military Operations: A Short History [M]. London: Greenwood Press, 1993: 147.
❸ REARDEN S L. Council of War: A History of the Joint Chiefs of Staff 1942-1991 [M]. Washington D. C.: Joint History Office, 2012: 231.
❹ 罗伯特·肯尼迪. 十三天：古巴导弹危机回忆录 [M]. 贾令仪，贾文渊，译. 北京：北京大学出版社，2016：90.
❺ 李德福. 千钧一发 [M]. 北京：世界知识出版社，1997：105.
❻ 赵学功. 十月风云：古巴导弹危机 [M]. 天津：天津人民出版社，2009：438.

第三节 越南战争中的美军联合作战实践

一、越南战争是美军联合作战发展历史中的重要转折

罗杰·贝蒙特称越南战争是"联合之死"。❶ 在很多研究里,越南战场上的美军存在着军种对立、指挥混乱、各自为战等问题,在谈及联合作战发展时冠之以"低谷""停滞"等词汇而一笔带过。越南战争失败的原因是多方面的,但将军事失败的主因归结于联合是不客观的,不利于得出全面准确的认识。反过来看,影响战争胜负的诸多其他原因,很大程度上也制约了联合作战的组织和实施。

首先在战略层面,模糊的政治目的制约了联合作战的筹划。几届美国政府均是在艾森豪威尔"多米诺骨牌效应"的指导下,以冷战思维介入越南战争,试图维护住南越这块"反共桥头堡",全然忽视了越南战争的民族解放战争性质。然而,中央情报局在 1965 年年中的一份报告中明确给出了结论:"东南亚国家除了柬埔寨,没有一个国家会因为老挝和南越陷落而屈服于共产主义。"但美国政府并没有退出,又继续了 8 年,莫里斯·艾泽曼将其解释为"维护美国的信誉一直是美国决策者在战争各个阶段最主要的关注点"❷。然而在军事领域,华盛顿里没有一位军衔超过上校的军官专职负责越南战争,美国没有把越南战争看作一场严肃的战争。❸ 为达成这种模糊的政治目的,美国采取了"逐步升级"的军事战略,对军事行动实施严格的政治控制,在战区增兵和指挥关系建立上层层打补丁,而不是尝试使用联合的方式打造一揽子方案,没有充分发挥统一行动的军事优势,压制了前线官兵的主观能动性,并带来了军事目标上的不确定性。

---

❶ BEAUMONT R A. Joint Military Operations: A Short History [M]. London: Greenwood Press, 1993: 148.

❷ 莫里斯·艾泽曼. 美国人眼中的越南战争 [M]. 孙宝寅,译. 北京:当代中国出版社,2006: 55, 56.

❸ 托马斯·X. 哈默斯. 机弦与石子:论 21 世纪的战争 [M]. 阎卫平,译. 北京:中国市场出版社,2013: 70.

其次在作战层面，越南战争有多次成功的联合作战，但官僚机构的预算分歧和五角大楼的理论之争，常常使战场上的合作黯然无色。❶ 在应对新春攻势、溪山战役这类较大规模的作战上，美军的优势十分明显，联合也得以彰显。但多数情况下美军面临的是热带山地、丛林地貌下的反叛作战、反游击作战，遍布南越各地。美军部队建设主要立足于欧洲作战，对于上述作战类型严重缺乏经验和理论准备，机械化大部队在越南无从运用。同为"有限战争"的朝鲜战争，有北纬38度线这条界限分明的陆上对峙线，南北方的海上联系则被美军的海上封锁所阻断。在越南战争中没有明确的战线，海军只能对越南的东面和南面实施封锁，西面的老挝、柬埔寨等第三国为北越向南越的渗透提供了广阔的通道，前线和后方的概念高度模糊。这类非常规战中，越共主导了交战的节奏、时机、次数、期限、地点和最终结局。❷

事物的发展带有曲折性，所谓的"低谷"和"下滑"，往往酝酿着上升甚至跃升的推动因素。从第二次世界大战到朝鲜战争时期的联合作战，主要集中于大规模常规作战。长达十几年的越南战争中，特殊的作战形式、更为复杂的地理环境及技术的进步，推动着联合作战呈现出新的发展。在这期间，体制层面的顽疾、军种间的分歧等问题依然顽固，甚至一度愈演愈烈，但联合作战的战术、技术和程序一直在曲折中向前推进，战争中的军官也在不断汲取经验和教训。20世纪80年代中后期推动联合导向改革的军官中，多数经历过越南战争，如果这群人没有在战争中见证过联合，很难想象他们凭什么会支持联合作战。

二、逐步构建起来的联合指挥架构带有必然缺陷

美军在越南战争中的指挥架构，源自1950年9月17日组建的军事顾问团（Military Advisory Group）。起初该团规模和职责比较有限，1954年奠边府战役后，角色发生转变，开始填补法军撤出后的空白。1955年11月军事顾问团改

---

❶ 艾伯特·D. 麦克乔恩特. 国际军事与防务百科全书（第3卷）·联合作战词条[M]. 田小文，译. 1993.
❷ 托马斯·X. 哈默斯. 机弦与石子：论21世纪的战争[M]. 阎卫平，译. 北京：中国市场出版社，2013：70.

为驻越军事援助顾问团（Military Assistance Advisory Group, Vietnam）。按照条令，军事援助顾问团代表美国国防部长，在东道主国执行军事援助项目，给东道主国提供建议和援助，人员构成一般以陆军和陆战队为主。❶ 参联会以集体的身份，担任军事援助项目的首席顾问角色，调查和跟踪形势及事态发展，提供军事观点及战略、政策、训练等方面的建议；联合司令部和特种司令部司令，通过军事援助项目支援相关国家，指导和监督军事援助顾问团的活动，评估形势向参联会提供建议，在形势恶化时可征得参联会的授权重新规划合适的指挥结构，指挥军事行动。❷ 从 50 年代后期开始，驻越军事援助顾问团越来越多地介入到作战中。1961 年 10 月，美国空军派出战术分队进驻南越，将空军在南越的活动从纯粹的顾问转变为有限战斗任务，之后不断增兵。顾问团兵力构成以陆军、空军为主，但地理上位于海军主导的太平洋司令部的责任区内，这种设置本身就蕴含着指挥关系的冲突。

1962 年 2 月，美国在顾问团基础上组建驻越军事援助司令部（Military Assistance Command, Vietnam, MACV）。肯尼迪希望在越南组建一个新的联合司令部，通过参联会直接向其报告，此方案得到了陆军的支持，但遭到了海军的强烈反对，理由是共产主义在东南亚是一体的，需要采取统一的行动来应对，驻越军援司令部最终被定为太平洋司令部的下属联合司令部。❸ 不过肯尼迪和约翰逊通常更相信驻越军援司令部的评估和报告，而不是太平洋司令部。❹ 军援司令部是一个作战单位，配有完整的参谋要素和陆军、空军部队，可以直接实施军事行动，但行动范围严格限定在南越境内。同年 10 月，空军将派遣到越南的部队重组为第 2 航空师，作为军援司令部的空军组成部队。在美国介入越南初期，海军顾问团团长担任军援司令部

---

❶ JCS Pub. 2. Unified Action Armed Forces（UNAAF）[Z]. Washington D. C.：JPO, 1959：110. 2.

❷ JOINT CHIEFS OF STAFF. JCS Pub. 2. Unified Action Armed Forces（UNAAF）[Z]. Washington D. C.：JPO, 1959：110. 2, 110. 1.

❸ DREA E J, etc. History of the Unified Command Plan 1946-2012 [M]. Washington D. C.：Joint History Office, Office of the Chairman of the Joint Chiefs of Staff, 2013：25.

❹ REARDEN S L. Council of War：A History of the Joint Chiefs of Staff 1942-1991 [M]. Washington D. C.：Joint History Office, 2012：288.

海军组成部队指挥官,1965年陆战队在岘港登陆后,陆战队指挥官开始担任海军组成部队指挥官,并持续到1966年。1966年之后,由于需要加强海岸巡逻和内陆水域作战,海军组成部队指挥官再次改由海军军官担任,主要负责指挥江河机动作战里的美国海军和南越海军,所辖兵力规模有限,无权指挥同样参战的第7舰队。陆军部队方面,在经过漫长的讨论后,决定不设立专门的陆军部队指挥官,由军援司令部司令兼任,类似朝鲜战争初期麦克阿瑟的安排,距离海岸线30~40英里水域上的一些特定的沿岸巡逻活动也由军援司令部直接负责。❶

1964年美国将干涉范围扩大到南越以外,指挥关系随之调整。当年5月美国总统约翰逊向泰国派出116联合特遣部队,包括陆军、空军和陆战队部队,用来展示美国干预老挝局势的决心。这种新安排使各军种的部队在东南亚呈现分散化布局,需要重新建立指挥关系。陆军建议所有驻越和驻泰的部队都置于军援司令部下。海军不同意在越南设立一个由陆军领导的司令部,建议在越南和泰国分别设立指挥部,得到了参联会的同意。❷❸ 116特遣队解散被替换为驻泰军事援助司令部(Military Assistance Command,Thailand,MACTHAI),由时任驻越军援司令部司令保罗·D. 哈金斯(Paul D. Harkins)陆军上将兼任司令,一名空军中将任驻泰军事援助司令部副司令,两个司令部保持相互支援的关系。

1964年8月的北部湾事件后,美国将越南战争升级为局部战争,作战强度、参战部队、交战范围迅速扩大。太平洋司令部司令认为针对北越的作战应该由太平洋战区空军部队和太平洋舰队参与,驻越军援司令部应在海空军的支援下负责南越和老挝事宜,将责任区域严格限制在陆域范围。❹ 1965年陆军将不断扩大的驻越部队编为第1野战部队、第2野战部队,设

---

❶ DREA E J, etc. History of the Unified Command Plan 1946-2012 [M]. Washington D. C. : Joint History Office, Office of the Chairman of the Joint Chiefs of Staff, 2013: 26.

❷ MOMYER G W W. Air Power in Three Wars [M]. Washington D. C. : Government Printing Office, 1978: 71.

❸ CARDWELL Ⅲ T A. Airland Combat: An Organization for Joint Warfare [M]. Maxwell Air Force Base, AL: Air University Press, December 1992: 27.

❹ 同❸: 28.

立军级指挥部，进驻、对接南越第 2 军区、第 3 军区。❶ 驻越美军陆战队编为陆战队第 3 两栖部队，主要驻扎在南越北部的南越第 1 军区内，直接向军援司令部司令报告，但行动也受到陆战队总部和太平洋司令部舰队陆战队部队的密切监督，一段时间内"陆战队司令每天都要给岘港打一到两个电话"❷。1968 年后，为应对北部局势的升级，陆军组建了第 24 军（XXIV Corps），与第 3 陆战两栖部队共同分担第 1 军区的任务。❸

1965 年，为加强管控日益增多的空中力量，在驻越军援司令部司令威廉·C. 威斯特摩兰的努力推动下，第 2 航空师指挥官升格为驻越军援司令部副司令，统一指挥位于南越作战的空中力量，但受其他军种反对的影响，副司令不能直接控制陆军直升机和陆战队飞机。1966 年第 2 航空师升级为第 7 航空队，航空队指挥官继续担任军援司令部副司令。1965 年，美国战略空军司令部的 B-52 开始轰炸南越目标，代号"弧光"行动（ARC Light），这一系列行动由战略空军司令部司令直接指挥，与太平洋司令部和驻越军援司令部进行协调，但不受其指挥。对南越境内目标实施空中和舰炮打击的海军第 77 特遣部队，由太平洋舰队的第 7 舰队控制，也不归驻越军援司令部副司令管辖。在代号为"滚雷"的轰炸北越行动中，指挥权被分别授予了太平洋空军部队司令和太平洋舰队司令，分别指挥第 7 航空队和第 7 舰队实施作战，驻越军援司令部保留对南越空军非常规作战的指挥，由此避免了再新建了一个跨国联军司令部。

到 1966 年年底，围绕越南战争的美军指挥体系已经建立起来。这一结构的建立是军种间反复斗争的结果，具体如图 3-5 所示。到美军 1973 年前完全撤出越南前该指挥体系没有大的变动，只有在 1968 年溪山战役和新春攻势期间，围绕战局需要做了部分调整。

---

❶ ECKHARDT G S. Vietnam Studies: Command and Control, 1950-1969 [M]. Washington D. C.: Department of the Army, 2004: 54-55.

❷ COSMAS G A. MACV: the Joint Command in the Years of Escalation, 1962-1967 [M]. Washington D. C.: Center of Military History United States Army, 2006: 331, 332.

❸ 同❶: 74.

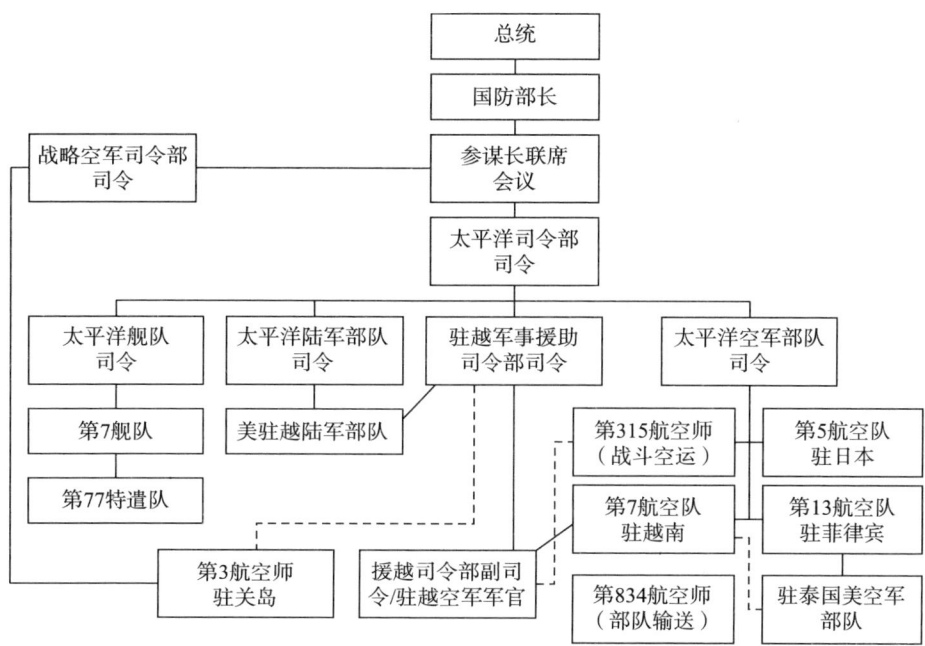

图 3-5　美军在越南战争中的指挥体系（1966 年 12 月）❶

联合方面，在太平洋司令部一级实现了统一指挥，但意义并不大，实际上其只能指挥太平洋舰队。受多方面原因限制，参战的各方谁也没有形成对整个越南战局全面、权威的联合指挥，只有在华府才实现了"统一指挥"。如担任驻越军援司令部司令的威斯特摩兰所说："考虑驻越部队的指挥关系，摩擦的种子就像第二次世界大战期间折磨麦克阿瑟时一样，依然呈现。当我接管军援司令部时，太平洋司令部的继任者跟我一样，决心要使这种指挥安排顺利运转……很多人不了解战区司令不是我而是夏普。我的职能和权力范围基本上限于南越境内。1965 年开始的轰炸北越，也是由夏普上将一手控制的，虽然在南越遂行某些紧要任务时，我可以要求优先使用飞机……如果驻越军援司令部被冠名以'东南亚司令部'（联合司令部），我的任务就轻松了。为整个东南亚建立一个统一的司令部，将大大有助于缓解

---

❶ WINNEFELD J A, JOHNSON D J. Command and Control of Joint Air Operations: Some Lessons Learned from Four Case Studies of an Enduring Issue ［M］. Santa Monica, CA: Rand Cooperation, 1991: 74.

华盛顿前所未有的集权……东南亚地区有5个指挥官,太平洋司令部司令,驻越军援司令部司令,美国驻泰国、老挝和南越的3位大使,本来可以安排一个人向总统直接报告所有事项,如此安排也可以减轻空中和地面战事的协调问题,但现实是太平洋司令部司令和军援司令部司令各负责一摊。"❶

三、越南战争中的美军典型联合作战样式

(一) 各军种空中力量的作战联合程度陷入了低谷

1. 军援司令部难以统一指挥南越范围内的空中力量

1961年肯尼迪提出灵活反应战略,打破了战略核武器独大的格局,将常规武装力量的建设和运用带回人们视野,同时引发了新一轮的军种竞争。陆军和战术空军迎来了"新生"❷,陆军大量列装的直升机对空军的对地支援、战场输送等职能构成了挑战,空军也在积极地发展自身的直升机。航空母舰作为海军常规力量的代表,长期遭其他军种贬低,急切地想要证明自身的价值。越南战争为各军种提供了展示各自空中力量新发展的舞台,而相比于朝鲜战争总体强度要低很多的越南战场,显然不会产生很强的联合诉求。

1961年10月,美国空军率先派出部队进驻新山一空军基地,执行"农场大门"(Farm Gate)行动,通过侦察监视和近距离空中支援等支援南越部队,开启了美军在南越的空战行动。11月太平洋司令部空军部队下属的第13航空队继续增兵南越,建立了4个分遣队,其中3个在南越、1个在泰国。1962年10月,驻南越空军部队整编为第2航空师,该师具有双重身份,一是作为第13航空队的前线指挥部,执行对老挝、北越的空中突击任务,二是第2师指挥官兼任驻越军援司令部空军组成部队指挥官,负责南越范围内有限的空中任务。❸

1964年8月北部湾事件后,约翰逊政府将越南战争由特种战争升级为局部战争,扩大兵力部署。海军陆战队飞机、陆军直升机大量进驻南越,海军舰载航空兵也活跃于外海。随着在南越战场上美军空中力量的增多,

---

❶ WESTMORELAND G W C. A Soldier Reports [M]. New York: Doubleday & Co., Inc., 1967: 76.

❷ CARDWELL III T A, Colonel, USAF. Airland Combat: An Organization for Joint Warfare [M]. Maxwell Air Force Base, AL: Air University Press, December 1992: 25.

❸ 沃尔特·博伊恩. 跨越苍穹: 美国空军史 [M]. 郑道根,译. 北京: 军事谊文出版社, 1999: 189.

建立联合空战指挥和控制体系的重要性逐步凸显。

1964年威斯特摩兰上任后，建议由1名空军军官担任驻越军援司令部副司令，统管位于南越的各军种空中力量，遭到了参联会主席陆军上将厄尔·惠勒（Earle Wheeler）的反对，直到1965年6月参联会才批准设立这一职位，由第2航空师指挥官兼任。根据设想，这位副司令将负责指挥战术空中控制中心，在制订联合计划时将陆军直升机一并考虑在内，并就冲突问题直接与军援司令部司令协商解决。然而任命授权中没有包含对陆军直升机的控制问题，陆军直升机仍由各野战军军部掌控，军援司令部副司令只有在形势严重时才可对某些资源行使作战控制权。❶陆战队方面，其航空联队继续受第3陆战两栖部队指挥，不在军援司令部副司令的指挥权之内。❷

上述这种各自为战的指挥安排，基本可以满足遍布南越全境但是强度较低的反叛乱作战需求，但一旦作战强度提升，弊端便自动显露。1968年溪山战役暴露了空中力量碎片化带来的种种问题。在经过协商后，各方终于达成了妥协，实现了十分有限的联合，陆军和陆战队保留自身70%的空中力量，余下的30%交由威斯特摩兰根据每日形势集中分配和使用。

2."滚雷"行动是战后联合程度最低的海空军行动

受海空军意见不合、国家高层干预等多种原因影响，"滚雷"行动成为第二次世界大战后美海空军共同参与的联合程度最低的大规模空袭。

1965年轰炸北越的"滚雷"（Rolling Thunder）行动开始，引发了海军和空军就联合指挥问题的争论。空军根据朝鲜战争经验，建议将海军航母舰载机置于太平洋司令部空军部队的统一指挥下，具体交由第2航空师（1966年3月后重组更名为第7航空队）实施前沿控制，以此确保空中力量的统一指挥。太平洋舰队对此反对，理由是舰载机为海军编队不可剥离的组成部分。驻越的第3陆战两栖部队在反对统一控制时，理由也是如此，即陆战队航空联队是其空地特遣队的不可剥离的组成部分。这些观点得到太平洋司令部司令夏普（Grant Sharp Jr.）海军上将的支持，他坚持对北越的

---

❶ 威廉·莫姆耶尔. 三次战争中的空中力量——二战、朝鲜和越南［M］. 陆以中，译. 北京：世界知识出版社，2014：80-81.

❷ The Single Manager Problem：The Creation of an Operational Control System for US Tactical Air in I Corps of South Vietnam During 1968［G］. Washington D. C.：JCS Historical Division，July 1976(Previously classified. Declassified by SM-197-81，20 March 1981：1-25.

空袭应在太平洋司令部一级实现统一指挥,由他同时指挥太平洋舰队和太平洋空军部队实施作战。❶ 参联会协商后最终做出决定,由太平洋司令部将打击目标分配给太平洋空军部队和太平洋舰队,并负责对任务进行总体指导,太平洋空军部队司令被赋予协调权,确保双方的任务过程中不出现相互干扰,为此还成立了"'滚雷'武装侦察协调委员会"(后改名"滚雷"协调委员会)。太平洋空军部队司令将协调权委托给位于"前线"的第2航空师,并由其指挥官担任协调委员会组长,地点位于西贡。

在打击目标的提出和选定方面,驻越军援司令部实现了"部分联合",但受制于高层的干预,联合目标工作难以最终落地。驻越所有的美军部队都可以向军援司令部建议拟空袭目标,由第2航空师(后第7航空队)负责进行整理、优先等级的排序,上报太平洋空军部队司令,再转报太平洋司令部司令进行审阅,通常没有大的改动,之后上报参联会审阅。一般而言,打击目标的选定作为一项军事职能属于参联会的职能范围,但美国总统约翰逊、国防部长和国务卿及其他有资格参加约翰逊"星期二午餐会"的高级文官顾问垄断了这一职能,约翰逊对参联会呈报的打击目标清单进行审阅,然后批准、否决或修改、安排下一步行动并审查以往打击效果。之后,再通过先前的链条,层层建立指示和制订作战计划。这一过程漫长且费时,目标的性质可能已经发生改变。❷ 约翰逊的考虑往往是带有政治性的,要求严格控制对中越边境城市的打击,还因担心B-52具有核战属性和挑衅色彩,将其降格使用,仅限在南越范围。在1967年10月以前,"午餐会"上没有任何军人代表提供专业的军事意见,之后参联会主席才成为正式与会者。❸❹ 约翰逊对目标的选定意味着军队各级不再需要进行复杂的联合计划,向下通过指挥安排落实到各军种部队执行即可,这极大地助长了

---

❶ 威廉·莫姆耶尔. 三次战争中的空中力量——二战、朝鲜和越南[M]. 陆以中,译. 北京:世界知识出版社,2014:90.

❷ WINNEFELD J A, JOHNSON D J. Command and Control of Joint Air Operations: Some Lessons Learned from Four Case Studies of an Enduring Issue [M]. Santa Monica, CA: Rand Cooperation, 1991: 49.

❸ REARDEN S L. Council of War: A History of the Joint Chiefs of Staff 1942-1991 [M]. Washington D. C.: Joint History Office, 2012: 295, 312.

❹ 沃尔特·博伊恩. 跨越苍穹:美国空军史[M]. 郑道根,译. 北京:军事谊文出版社,1999:200.

各军种部队各自为战的倾向。

第 2 航空师和海军第 77 特遣部队依托协调委员会确定了任务划分和兵力运用的方法。第 2 航空师的方案是沿飞机航线划定目标群，由两支部队轮番实施作战，每次任务时限为 3 小时，提前一周制订计划，允许军种任务空域的交叉。该方案遭到海军反对。第 77 特遣部队建议按越南国土南北轴线一分为二，海军负责靠海的一半，但由于北越多数目标分布在沿海地区，这种安排面临着空军运用率低、海军兵力不足的问题。最后两军种取折中，将北越划分为 7 个区，即"一揽子航线区"或包干区（Route Package System），如图 3-6 所示。第 1 区被认为是南越作战的自然延伸，由空军负责空袭，并发挥类似遮断的作用，最远的西北部第 5 区也由空军负责。海军负责第 2 区、第 3 区、第 4 区。第 6 区目标最多，北越防空力量最强，空军和海军按照越南东北铁路画线，分别负责 6A 区和 6B 区，严禁越线，以防因敌我识别问题出现误伤。空军负责的空袭区虽然比海军少一个，但整体面积和打击难度更大。这种按地理区划分且排斥统一指挥的做法，可以避免军种间冲突。

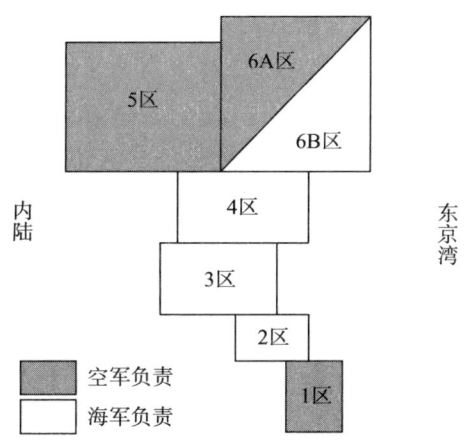

图 3-6 "滚雷"行动中的一揽子航线区示意❶

两个军种部队在制订具体行动计划时，仍局限在各自军种的能力范围内，不利于统筹各部队、各型飞机形成整体合力。例如，海军第 77 特遣队

---

❶ MOMYER W W. Airpower in Three Wars（WW II, Korea, Vietnam）[M]. Maxwell Air Force Base, AL: Air University Press, 2003: 107.

夜间打击能力就明显不如空军，难以对责任区维系昼夜不间断打击，第7航空队受天气等适航条件的限制，有时不能飞到北越北部打击第5区和第6A区，白白空置了飞行架次。

1965年至1968年的"滚雷"行动中海空军维系了这种结构。这种体制回避了第二次世界大战中北非战役时就确立的空中力量集中控制的原则，限制了最佳利用。❶ 这导致美国虽然投掷了巨量的弹药，但"滚雷"行动始终难以对北越形成集中、震慑性的打击效果，也未能使北越的战争意志屈服。针对这种情况，时任第7航空队指挥官威廉·W. 莫姆耶尔曾提出在北部湾上空设置指挥、控制和通信飞机，进行空中管制和协调，遭到了太平洋司令部的拒绝。❷ 1972年恢复轰炸时的"后卫Ⅱ"行动中又暴露了类似的问题，但由于此次任务时间较短，美军并未采取措施加以解决。

3. 战略空军比较好地融入了援越司令部的指挥体系

1965年战略空军部队的参战，使空战指挥关系更为复杂（图3-7）。空军参谋部认为B-52战略轰炸机具有全面战争中的核战使命，应继续由战略空军司令部继续指挥，既不能交给军援司令部，也不能交给太平洋司令部。参战的战略空军部队主要是驻关岛的战略空军第3航空师（后期更替为第8航空队），指挥和控制东南亚地区的B-52、加油机、战略侦察机等。第7航空队起初对轰炸机部队的具体任务指挥无权过问，只是向其提供战术建议，以及提供战斗机护航或电子战支援。

威斯特摩兰迅速认识到B-52轰炸机具有"战术空军无法比拟的优势"，要求每天都能有B-52实施空袭。在参联会的批准下，军援司令部通过负责空战事务的副司令，与位于关岛的战略空军第3航空师进行合作，但考虑到战略轰炸机的政治敏感性，追加了一条要"服从上级的监督和可能的否决"❸。军援司令部更关注能否介入战略轰炸机的目标选择，对于是否具有

---

❶ 沃尔特·博伊恩. 跨越苍穹：美国空军史 [M]. 郑道根，译. 北京：军事谊文出版社，1999：208.

❷ 威廉·莫姆耶尔. 三次战争中的空中力量——二战、朝鲜和越南 [M]. 陆以中，译. 北京：世界知识出版社，2014：98.

❸ WINNEFELD J A, JOHNSON D J. Command and Control of Joint Air Operations: Some Lessons Learned from Four Case Studies of an Enduring Issue [M]. Santa Monica, CA: Rand Cooperation, 1991：48, 49.

行动的批准权或作战过程中的指挥权并不关心。战略空军司令部随后向军援司令部派出一个联络组,由战略空军司令部负责作战的副参谋长带队,就军援司令部提出的目标和任务进行协调。

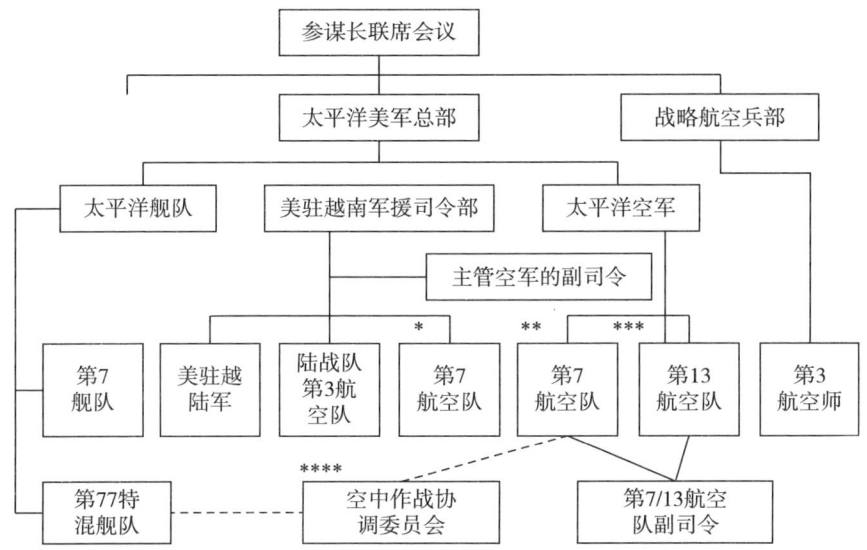

* 在南越和包干区1区的作战活动由美驻越南军援司令部控制
** 在北越包干区5区和6区的作战活动由太平洋空军指挥
*** 第13航空队的部队处于第7航空队的作战控制之下
**** 第7航空队主持协调委员会,负责处理在北越的重要作战活动

图 3-7　美军越南战争期间空中作战指挥架构(1966-1972)❶

1965年11月,在军援司令部的协调下,B-52在波来梅战役中实施了对地近距离空中支援,12月又对第3陆战两栖部队实施了支援,指挥官刘易斯·W. 沃尔特三世(Lewis W. Walt)中将对B-52支援的规模和精确性感到满意。❷ 1967年战略空军派出一个前沿指挥分队,配属到军援司令部,作为第7航空队的一部分运行,由此加强双方的目标协调和作战计划,但是作战控制权始终由关岛的战略空军第3航空师(后第8航空队)。❸

---

❶ 威廉·莫姆耶尔. 三次战争中的空中力量——二战、朝鲜和越南[M]. 陆以中,译. 北京:世界知识出版社,2014:83.

❷ 沃尔特·博伊恩. 跨越苍穹:美国空军史[M]. 郑道根,译. 北京:军事谊文出版社,1999:217.

❸ 同❶:104.

总体来看，军援司令部与战略空军部队的合作，要远强于和海军与海军陆战队空中力量的合作，并在溪山战役中得到了充分体现。到1972年美军重新恢复轰炸时，第7航空队已经能通过战略空军前沿指挥分队对B-52实施控制。

4. 对比朝鲜战争，越南战争中的空战联合全面倒退

到1968年夏天，越南战争中美军联合空中作战的部队、运行程序、战术和指挥安排已基本成型，在之后的战争中没有大的变化。联合空中作战的首要目标并不是达成团结一致，指挥和控制上的问题导致大量的空中力量被运用到不理想的环境中。❶ 原因一方面来自上层政治的影响和干预，另一方面则来自美军联合作战指挥体制的固有弊端。对比朝鲜战争时期的联合空中作战，越南战争在很多方面是倒退的，联合司令部和下级联合司令部、联合司令部和军种组成部队之间的关系始终不够明确。由于缺乏第二次世界大战或朝鲜战争初期大规模作战的迫切压力，在"逐步升级"这种近似添油战术的战略指导下，无人致力于解决联合问题，各军种继续依照各自的条令作战。太平洋司令部司令名义上实现了对责任区内空中作战的统一指挥，但是这种"虚无的联合"没有任何实际意义，更多时候它只是作为一个上传下达的桥梁，以及维系海军航空部队独立地位的一个后盾，其本身就带有一定的反联合色彩。相比之下，驻越军事援助司令部，作为一个下级联合司令部设置了负责空中作战的副司令，通过目标协调工作等方式，实现了不完整、但较有成效的联合。

越南战争是美军现代空战体系快速转型和升级的时期。加载了新型电子系统的作战飞机、指挥控制和通信飞机、预警机、电子战飞机、精确制导弹药、反辐射武器等诸多新装备、新武器投入使用，对手北越在战争中后期也建立起比较完备的现代防空体系，空战对抗性加强，空战战术经历着变革。在技术突进和战场维度扩大的时代，各军种优先任务必然是建设和强化本军种的作战能力。在缺乏强有力战略规划的体制下，以协商和妥协达成的有限联合，往往最终只能让位于激烈的军种竞争。越南战争时期

---

❶ WINNEFELD J A, JOHNSON D J. Command and Control of Joint Air Operations: Some Lessons Learned from Four Case Studies of an Enduring Issue [M]. Santa Monica, CA: Rand Cooperation, 1991: 53.

空军和海军在对地打击中呈现的"同质化"趋势，则又给那些军费削减倡导者们以理由，而预算缩减将推动军种进入新一轮竞争。

(二) 空地联合作战取得了战技术上的进一步跃升

1. 陆空军之间虽有分歧但空地联合作战发展从未中断

越南战争中的空地联合作战，相比联合空中作战联合程度更高，但在初期同样面临一些阻碍。直升机的迅速发展赋予了陆军空中作战的力量，一度引发过陆军和空军的紧张关系。1962年陆军豪兹委员会（the Howze Board）提出要组建空中突击师，将建制内的直升机和固定翼飞机搭配使用，直接支援地面战斗，不由空军控制，并急于在越南检验。空军针锋相对地组建了迪索斯威委员会（the Disosway Board），认为直升机突击部队用途有限，认为应把战斗机、运输机和一定数量的直升机结合起来使用。❶ 1962年8月18日军援司令部司令哈金斯要求突击直升机都要有固定翼飞机伴行，提前实施空中突击，压制地面炮火，为直升机作战做准备，但早期美军驻越空军顾问团规模小，只能使用老旧的T-28型教练机、B-28轰炸机执行一些支援任务。1963年，陆军直升机部队在突击北村的行动中，5架被击落，9架被击伤，当固定翼飞机赶来时为时已晚。太平洋司令部司令费尔特（Harry D. Felt）就此发布命令，所有的直升机突击活动均须由固定翼飞机进行支援，参联会主席惠勒也做了类似指示，武装直升机不能代替固定翼飞机。❷

陆军和空军之间的联合演训从未中断，且一直有新发展。1964年代号为"沙漠强袭"（Desert Strike）的陆空联合演习在加利福尼亚州北部举行，规模仅次于1941年11月北卡罗来纳州大演习。根据演习结果，美军决定由战术空军部队指挥官向陆军军一级指挥部派出空中支援作战中心（Air Support Operations Center，ASOC），协助军长申请空中支援，并就支援问题提出专业性建议。随后，美军顾问协助南越空军建立空中支援作战中心，和战术作战中心（Tactical Operations Center，TOC）配合行动，再向上对应南越联合总参谋部的联合作战中心，但是南越空军力量过于弱小，分散附属于各军，各军区之间壁垒森严，空中力量无法集中使用，因此效果有限。1962年以后，

---

❶ 威廉·莫姆耶尔. 三次战争中的空中力量——二战、朝鲜和越南 [M]. 陆以中，译. 北京：世界知识出版社，2014：286-287.

❷ 同❶：287.

美军驻越飞机逐步增多，西贡新山一空军基地的指挥能力有限，美军开始着手建立雷达控制站，打造战术空中控制系统（Tactical Air Control System）。

前沿空中控制员是空地联合作战的关键节点。朝鲜战争后，受预算压缩影响，美国空军逐渐减少前沿空中控制员的数量，同时将部分战斗机飞行员定期轮流派驻陆军各师，在训练和演习中与陆军师共同行动、熟悉相关程序，由此得以保留了一定数量的前沿空中控制员。在近距离空中支援的程序中，只有空袭地点距离美方军队非常近的情况下，才需前沿空中控制员，直接打击纵深敌军就不需要控制员。越南战争中地面作战经常没有正式的战线，越共往往从多个方向同时发起进攻，为准确标明敌军同时防止误伤，绝大多数对地支援都需要空中控制。1963年6月空军第19战术空中支援中队进驻越南时，带来了22架L-19型飞机。这些前沿空中控制员既可以进行空中控制，也可执行目视侦察，很快成为当时情报的主要来源之一。越南战场上的空中控制人员有两大来源，其一是在南越服役满6个月的战斗机飞行员，经过短期业务培训和O-1、O-2或OV-10机型的飞行培训后，再分到作战部队，其二是在本土接受完备的前沿空中控制培训后，直接分到南越。

2. 美军空地联合作战体系有效地适应了越南战场需求

1964年年底战事升级，对抗强度从早期连排级对抗上升到营级战斗，对抗数量和范围进一步扩大，陆军对空军支援的需求不断提升，但位于地面的前沿观察员受山地丛林地貌影响，经常难以发挥作用。到1965年大部队进驻时，前沿空中控制员已经扩大到4个O-1型飞机中队，统一划归第507战术空中控制大队，能够确保陆军部队每个营都配有1名前沿空中控制员。❶ T-28、B-26等机型日趋老化，在地面防空火力面前极为脆弱，A-1"天袭者"活塞式攻击机数量也不够，空军提出使用喷气式战机执行对地支援，生存力更强，且后勤保障集中方便。1965年波来古之战后，第2航空师得到批准可以使用B-57轰炸机和喷气式战斗机。喷气式飞机对场站、跑道要求高，陆战队和陆军着手对南越的岘港、边和、新山一三个主要机场进行扩建施工，并在1967年全部完工。

随着飞机的增多，为避免空中撞机、相互干扰，同时加强作战运用，

---

❶ MOMYER W W. Airpower in Three Wars（WW II, Korea, Vietnam）[M]. Maxwell Air Force Base, Alabama：Air University Press, 2003：300.

有必要建立一个完整的战术空中指挥和控制系统。陆军强烈反对将直升机交给第 2 航空师控制，陆战队坚持控制自己的作战飞机，因此在最终建立起的空地作战体系中主要由空军支援陆军（图 3-8）。紧急情况下，军援司令部也可以呼叫位于东京湾的航母舰载机，舰载机起飞后，由附近航空控制和报知中心，向其分配临时突击目标并指定前沿空中控制员，接受空中指挥和控制中心的调度。

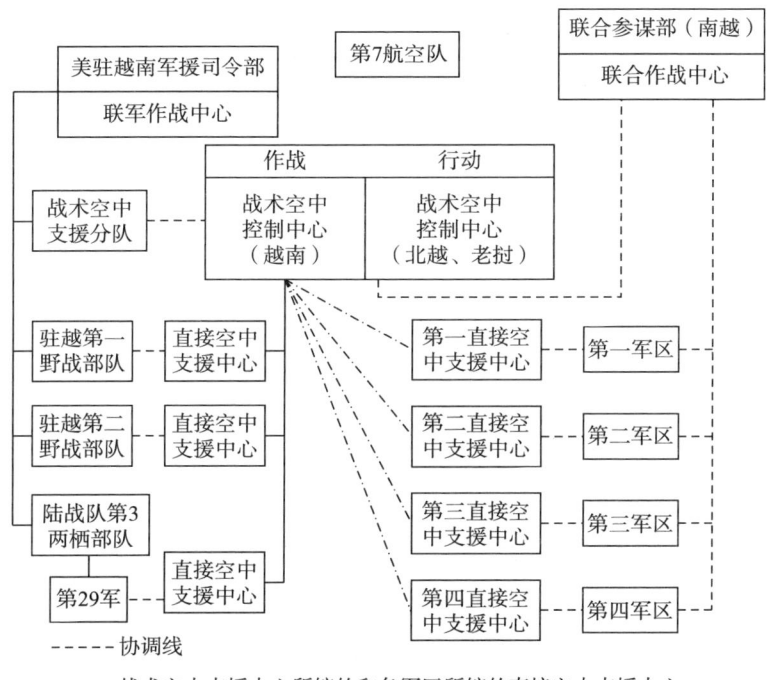

图 3-8　美越联军空地联合作战体系（1968）❶

根据这一体系安排，第 7 航空队战术空中作战中心向驻越美陆军各军派出直接空中支援中心，协助军指挥部的战术作战中心，处理空中支援申请、目标选择并提供建议等。支援中心向师、旅、营派出战术空中控制小组，其中前沿空中控制员派到陆军营一级。美军还协助南越各军区建立了直接

---

❶ MOMYER W W. Airpower in Three Wars（WW II, Korea, Vietnam）[M]. Maxwell Air Force Base, Alabama：Air University Press, 2003：307.

空中支援中心，南越空军人员任主任，美军人员任副职（图3-9）。

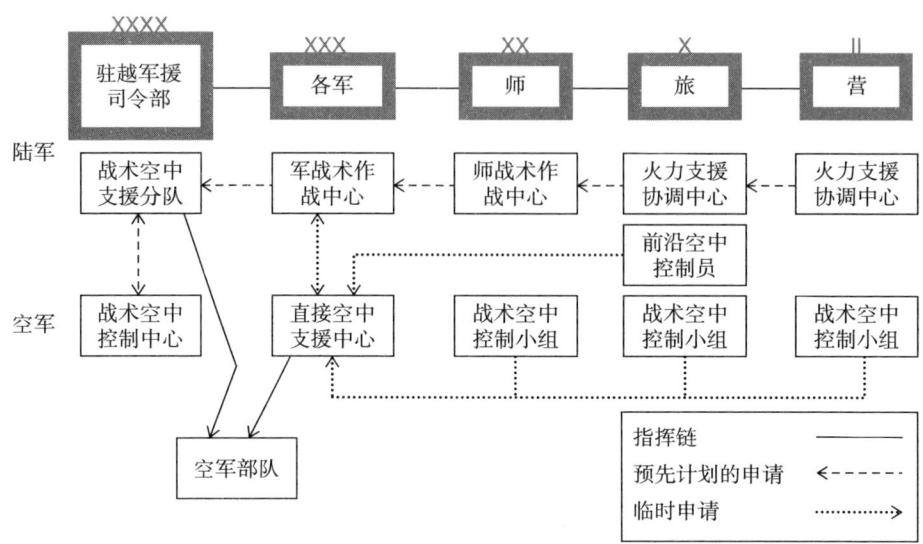

图3-9 美军联合空地作战系统❶

在具体作战中，前沿空中控制员在作战飞机抵达前提前飞临目标区，作战机起飞后通过就近的战术空中控制设施，与前沿空中控制员取得联系。由于地形高低起伏、丛林覆盖、飞机速度过快等原因，战斗机飞行员通常无法准确识别目标，需要前沿空中控制员介绍目标情况，建议突击航向、地面炮火规避及飞机负伤后迫降场的位置，战机飞行员向前沿空中控制员报告携带的武器情况，做好攻击准备。为标明敌我地面部队，一般需要地面部队使用发烟器标识交战线，前沿空中控制员进入目标航线后使用发烟火箭弹做指示，并批准、授权战斗机开始攻击。发烟火箭弹将作为双方进行航路、打击指令修订的参考坐标点。❷ 前沿空中控制员搭乘的O-1等机型可在空中徘徊数个小时，第7航空队的飞机分驻在南越各个基地，通常可在几分钟内飞临打击目标。KC-135加油机部署以后，空中支援的任务时间更长、更为灵活。依托遍布南越的雷达控制站和空中指挥控制飞机，空中

---

❶ MCGRATH J J. Fire for Effect: Field Artillery and Close Air Support in the US Army [M]. Fort Leavenworth, KS: Combat Studies Institute Press, 2010: 119.

❷ MOMYER W W. Airpower in Three Wars (WW II, Korea, Vietnam) [M]. Maxwell Air Force Base, AL: Air University Press, 2003: 302-304.

调度和指挥更为快捷高效。通常，战斗机从起飞到飞临指定区域和前沿空中控制员建立联系，大概需要15~20分钟，但支援的总时间还受地面部队的决策、战场形势等影响，一般为35~40分钟，克雷顿·艾布拉姆曾总结："任何时候空中支援都能在45分钟内办到，整个控制系统及负责支援的基地系统是陆军内没有的，像这样的机构在世界任何地方也是没有的。"❶

空对地支援任务分为预定计划任务和临机任务。1965—1968年第7航空队支援任务中65%~70%是预定计划任务，可提前几周进行规划，陆军和空军的计划可以密切沟通。❷ 战斗打响后，战斗机按照计划实施作战，打击敌军部队、集结地域、交通要道及对直升机有威胁的目标。其余的30%用来应对突发情况，执行临机任务。地面部队交战中经常遭遇意想不到的情况，对此可让地面待命的飞机紧急起飞支援，或从预定计划里抽调优先等级不高的飞机。军援司令部有权从南越任何地方抽调战斗机支援交战，繁忙时期第7航空队每天起飞750~800架次支援地面部队，1968年春节攻势和溪山战役期间，每架飞机的日出动率从平均的1.2上升到1.8。❸

空军不断改进支援地面作战的具体战术和技术。为满足多样的任务需求、打击不同的目标，在地面待命的飞机通常以双机或四机进行编组，各机混合携带普通炸弹、集束炸弹、火箭弹、凝固汽油弹等弹药。夜间对地支援方面，美军使用AC-47或AC-130投掷照明弹照相交战区，地面部队使用"T"形烟火堆指示目标，竖线指向敌军方向。1968年装备先进传感设备的AC-130飞机开始投入使用，通过微光电视（星光增益系统）或红外传感器，该机型能够精确判明敌军活动并实施打击，还能为后续攻击的飞机指示目标，到1972年时还具备了直接打击坦克等机动装甲目标的能力。❹为引导B-52通过高空轰炸实施的对地支援，美军建立了机动式地面雷达引

---

❶ ABRAMS C W. Hearings Before the Committee on Armed Services, House of Representatives, on Cost Escalation in Defense Procurement Contracts and Military Posture [R]. 93rd Cong., 1st Session., part 1: 967.

❷ MOMYER W W. Airpower in Three Wars (WW II, Korea, Vietnam) [M]. Maxwell Air Force Base, AL: Air University Press, 2003: 311.

❸ 同❷: 312.

❹ 同❷: 17.

导分队，为其提供空中定位和对地轰炸引导，引导 B-52 沿航线飞行，提供目标诸元，发出何时投弹的信号。

美军的空地联合作战为美军克服地形不利条件、应对越共灵活战术发挥了重要作用，这是法军当年不具备的能力。以战斗为例，1967 年 3 月 21 日早上的溪竹（Suoi Tre）战斗中，越军以 6 个营共 2500 人的优势兵力，四面围攻 1 个驻扎了 450 名美军的火力支援点，开战两个半小时后，美军集结了 85 架战斗机在交战地区上空，实施侦察并打击越军攻击部队，使守军成功地坚持到增援赶来，越军损失了 600 多人。❶ 当然这期间也有一些固有的问题未能得到圆满解决，如整个空地联合的指挥流程过长、响应及时度和灵活性待继续提高等。

3. 溪山战役见证了这一时期美军空地联合作战的巅峰

溪山战役中的美军空地联合作战，堪称越南战争期间美军联合作战的巅峰。1968 年北越大举进攻并围困美军溪山基地，美军发起了代号为"尼亚加拉"的空对地支援作战行动。行动第一阶段里，美军全面开展情报搜集，除了巡逻队、侦察机、无线电侦收等，附近布撒的地面传感器捕获的信息经 EC-121 传到设在泰国的情报中心，处理后将有用信息再发往前方，加强打击引导的针对性；行动第二个阶段，为美军使用各军种的飞机和炮兵对敌实施火力突击。❷

空中力量的指挥关系起初并不顺畅。海军陆战队坚持使用自己的空地系统，拒绝接受第 7 航空队的指挥，还设立限制空域禁止其他军种的飞机进入。威斯特摩兰向夏普和参联会申请授予军援司令部副司令对陆战队第 1 航空联队（除直升机外）的作战控制权，过程并不顺利，期间的种种困难甚至成为威斯特摩兰考虑辞职的"唯一原因"。❸ 最终，军援司令部副司令、第 7 航空队司令威廉·莫姆耶尔得到授权，成了"战术空中力量的唯一负责人"，统一控制战役期间的空中任务，并设置了 C-130E 飞机作为战场指

---

❶ ABRAMS C W. Hearings Before the Committee on Armed Services, House of Representatives, on Cost Escalation in Defense Procurement Contracts and Military Posture [R]. 93rd Cong., 1st Session., part 1: 335.

❷ 威廉·威斯特摩兰. 一个军人的报告[M]. 洪科, 译. 北京：生活·读书·新知三联书店, 1978: 567.

❸ 同❷：576.

挥和控制中心。作战期间由于天气原因能见度较低，50%~60%空中打击都是在机动式地面雷达引导分队的控制下进行的，B-52的打击全部依靠地面雷达引导。作战中，第7航空队可对己方前沿部队前方400~500英尺范围的目标实施打击，B-52则为1000~1500英尺，但陆战队担心误伤，要求将安全间隔定为3000英尺，约合1000米。不过形势严峻期间，这个距离经常被突破，最近时甚至不足300米。❶

战役期间，各类飞机平均每天出动架次为：战术战斗机平均每天350架次，B-52约60架次，C-130或C-123运输机12-15架次，RF-4侦察机10架次，各类前沿空中控制飞机30架次。❷ B-52平均每天向北越军队投掷1300吨炸弹，相当于一枚小型核武器，威斯特摩兰盛赞"B-52的火力打断了他们（北越军）的脊梁骨"。❸

越南战争强度虽低但战场环境更为复杂，空中力量成功地加强了地面作战。越南战争没有类似北纬38度线那样的明显的敌我分界线，大规模战役屈指可数。镇压游击战对空地联合作战的灵活性、时效性提出了更高的要求。在山地丛林环境下，地面部队的侦察、机动和火力都受限制，还易遭到伏击和包围。陆军设想的通过直升机实施空中机动作战，被证明仍有巨大的脆弱性。空地联合作战在很大限度上加强了陆军的作战行动，没有空军的支援，美国陆军将遭受更严重的损失。

越南战争中空地联合作战的发展在溪山战役中集中展现，具体表现如下。第一，支援体系更为完备，指挥和控制飞机、地面控制中心、机动雷达站、前沿空中控制机组、地面战术空中控制小组等，为联合作战体系的构建提供了完备的硬件和节点支撑，空中和地面部队的各级指挥关系、权责分配明确。第二，担任空中支援任务的主力机型大规模更新换代，朝鲜战争后服役的第二代喷气式战机多具备对地打击能力，且在敌防空环境下生存能力更强，更重要的是，朝鲜战争期间开始的战略轰炸机支援前线地

---

❶ 沃尔特·博伊恩. 跨越苍穹：美国空军史［M］. 郑道根，译. 北京：军事谊文出版社，1999：219.

❷ NALTY B C, Air Power and the Fight for Khe Sanh［M］. Washington D. C.：Government Printing Office，1973：103.

❸ 罗伯特·M. 奇蒂诺. 从闪电战到沙漠风暴：战争战役层级发展史［M］. 小小冰人，译. 北京：台海出版社，2019：243.

面部队，在越南战争时期得到了充分实践，并通过引入地面雷达引导发展成为成熟的作战形式。第三，作为受援一方的陆军进一步认识空中支援的重要性，深刻地塑造着越南战争后陆军的发展建设方向，酝酿着未来的空地一体战，越南战争以后陆军很少在没有空中支援的情况下实施分队以上的作战行动。

能呈现上述发展，得益于20世纪50年代后期战术空军司令部和大陆陆军司令部之间的良好关系。肯尼迪政府灵活反应战略下，空地联合是两者寻求共同发展的路径之一，相关研究和训练没有停滞。打击司令部（Strike Command）建立后，陆空联合作战得到进一步重视，并在大规模演习中加以检验。虽然陆军直升机问题在战争期间是双方龃龉之一且未能妥善解决，但未对空地联合产生大的负面影响。1963年陆军部发布的《陆军空中机动概念》，在大篇幅阐述直升机的作战运用时，也论及了两军种空地联合的基本程序。❶ 战争期间的1965年，国会还组建了派克（Pike）委员会，就越南战争中的近空支援问题进行调研，提出存在空中任务响应迟缓和无线电通信设备不兼容的问题，为战场上的改进和未来装备研发提供参考。❷

不过越南战争期间的空地联合仍像朝鲜战争一样，是空中优势条件下的联合，作战飞机所受的威胁较小。1972年北越开始装备SA-7防空导弹，对美军的空对地支援飞机构成了较大的威胁，但是此时美军已开始逐步退出越南战争，因此这一问题并未引起美军重视。

（三）美军开辟联合特种作战新领域并开展了大量实践

1. 研究和观察大队为联合特种作战发展积累丰富经验

1959年版《武装部队的统一行动》提出，相比军种主导的常规作战，特种作战中没有哪个军种能对行动的所有方面都负责，必须在军种间进行密切协同。❸ 越南战争是第二次世界大战后美军第一次大规模运用特种作战的战争，出现了较为复杂的联合特种作战行动。美军特种部队诞生于第二

---

❶ HEADQUARTERS, DEPARTMENT OF THE ARMY. Army Air Mobility Concept [Z]. Fort Monroe, VA: Office of the Commanding General, 1963: I-15, II-16.

❷ 道格拉斯·坎贝尔. "疣猪"A-10攻击机和近距离空中支援 [M]. 聂春明, 译. 北京: 中国市场出版社, 2015: 57.

❸ JOINT CHIEFS OF STAFF. JCS Pub. 2. Unified Action Armed Forces (UNAAF) [Z]. Washington D. C.: JPO, 1959: 80.

第三章 军种有限合作时期的联合作战（1953—1975年）★★★

次世界大战时期，被广泛用于侦察、渗透、破坏和营救等任务，同时配合主要作战行动。第二次世界大战后大多数特种部队遭裁撤，冷战时期在1952年《洛奇法案》（*Lodge Bill*）的授权下，各军种开始重建特种部队。20世纪60年代初期，特种部队受到了肯尼迪政府的重视，规模和作战运用进一步扩大。美军特种部队是最早投入到南越的美军部队之一，早期主要任务是担当军事顾问，训练南越军队，避免直接公开参与作战。随着局势升级，美军各军种特种部队均不同程度上介入了各类作战，且程度不断加深，并在中央情报局的帮助下，任务拓展到培植代理人、开展心理战等。

1964年1月，参联会授权在援越司令部下组建研究和观察大队（Studies and Observations Group，SOG），作为司令部下属的联合非常规作战特遣部队。其人员组成来自陆军特种部队（绿色贝雷帽）、海军海豹特种部队、空军特种作战部队、陆战队侦察部队和中央情报局。研究和观察大队的主要任务是对北越实施袭扰、转移对手注意力、施加政治压力、抓捕敌方人员、营救美军人员、破坏北越设施、获取情报、开展心理战等，经常越境秘密执行非常规作战行动。[1]

研究和观察大队全面听命于位于华盛顿的负责反叛乱和特种作战的总统特别事务助理，军援司令部司令对其的指挥权限则被严格限定在南越范围之内。34A行动计划（OPLAN 34Alpha）是研究和观察大队成立初期的主要行动。该行动由中央情报局于1961年启动，是一个针对北越的高度保密的隐蔽行动计划，包括特工打入、空中侦察和海上破袭等一系列准军事行动，1964年转交给研究和观察大队。不过该行动并未取得如期效果，最大的"成果"是挑起了北部湾事件，为美国升级越南战争提供了借口。不过约翰逊总统在事件的调查证词里只讲"马多克斯"号遇袭，丝毫没有提及研究和观察大队（图3-10）。[2]

---

[1] US MILITARY ASSISTANCE COMMAND, VIETNAM STUDIES AND OBSERVATIONS GROUP (1964). Annex A, Command History 1964 [G]. Saigon：MACVSOG：A-1.

[2] MOÏSE, EDWIN. Tonkin Gulf and the Escalation of the Vietnam War [M]. Chapel Hill, NC：University of North Carolina Press, 1996：67-68.

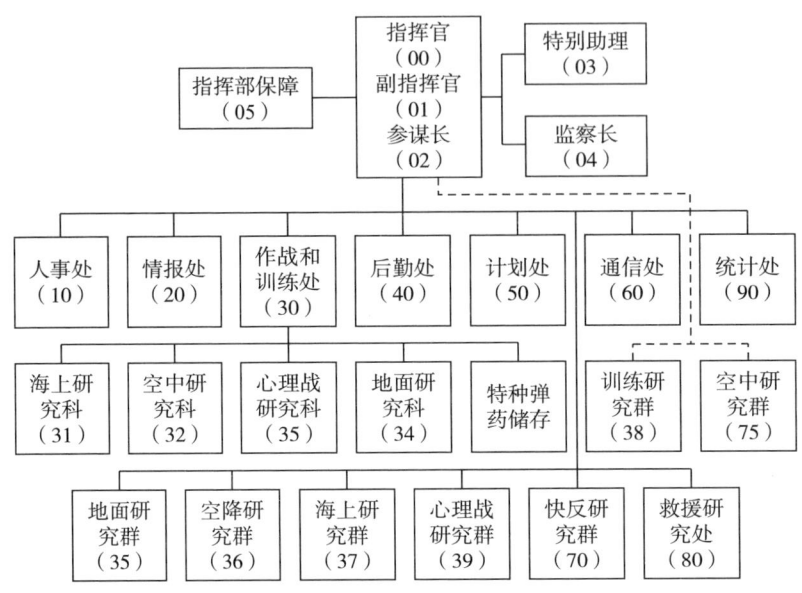

图 3-10 研究和观察大队组织结构图（1969）❶

研究和观察大队设有独立的参谋部门和齐全的各军种特种作战要素，配有专属的前沿空中控制飞机，为其任务分队提供通信和空中联络保障，呼叫和引导空中打击更为便捷，可高效地开展小规模联合作战。1965 年开始，研究和观察大队主要任务转向越境侦察、巡逻和打击等，基本模式为以 6~12 人编成小组，搭乘陆军或海军陆战队直升机渗透到任务区域，着陆后进行情报侦察，利用有利时机发动进攻。❷ 1968 年新春攻势后，研究和观察大队开始配合常规部队作战，以更大的编组实施行动，境外行动重心转向老挝和柬埔寨。1969 年为大队的全盛时期，有 394 名直接执行特种作战的美国军人（各军种具体人数不详），以及提供各类支援和勤务保障的 1041 名陆军人员、476 名空军人员、17 名海军陆战队人员和 7 名中情局特工，此

---

❶ SCHULTZ R. The Secret War against Nanoi：The Untold Story of Spies, Saboteurs, and Covert Warriors in North Vietnam ［M］. New York：Harper Perennial，2000：56.

❷ 约翰·C. 弗雷德里克森. 美国特种部队［M］. 朱振国，译. 上海科学技术文献出版社，2014：207.

外还有12 210名南越军人、少数民族武装分子和平民。❶ 之后，受制于国内反战呼声，大队的行动规模逐步缩小，于1972年被撤销。研究和观察大队作为特种作战联合特遣部队，为以后作战司令部建立下级联合特种作战司令部提供了经验。

2. 江河机动作战促进了陆军和海军的联合非常规作战

江河机动作战是越南战争期间美军少有的联合作战成功案例之一。湄公河三角洲地区人口密集、水网密布，部队常规机动方式严重受限。1965年12月，海军开始用在内河中使用加强防护和火力的舟艇，构成"强大的机枪掩体"，阻止越共利用湄公河进行渗透❷，但其后续作战运用面临跨军种的指挥问题。❸ 1966年3月一个由陆海军人员组成的联合计划委员会起草了组建湄公河三角洲机动水上部队（Mekong Delta Mobile Afloat Force，MD-MAF）的初步方案，计划使用各类武装炮艇和登陆艇等，搭载地面部队，打造高机动性作战单元，利用湄公河三角洲水系对北越的渗透实施拦截。海军为该计划提供了一支区别于传统"蓝水海军"的"棕水海军"，理想的地面部队应由两栖部队海军陆战队担任，但陆战队主力已进驻南越北方，改由陆军第9步兵师的一个旅担任步兵组成部分，与海军海豹特种部队相互配合，负责登陆摧毁补给线和站点。❹ 1966年9月，机动江河部队（Mobile Riverine Force，MRF）正式组建，代号第117特遣部队（TF-117）。

1967年2月至3月间，第117特遣部队发起"河流掠袭者1号"（River Raider I）行动，在RungSat地区执行搜索和摧毁任务，这是越南战争期间陆军和海军的第一次联合行动。❺ 在整个江河机动作战中，海军累计提供了

---

❶ 约翰·C. 弗雷德里克森. 美国特种部队［M］. 朱振国，译. 上海科学技术文献出版社，2014：209.

❷ 斯蒂芬·豪沃思. 驶向阳光灿烂的大海：美国海军史［M］. 王启明，译. 北京：世界知识出版社，1995：614.

❸ COSMAS G A. MACV: the Joint Command in the Years of Escalation, 1962-1967 ［M］. Washington D. C.: Center of Military History United States Army, 2006: 312.

❹ MESKO J, Mobile River Force Task Force-117, Mobile River Force Association ［EB/OL］. January 14, 1999 ［2020-11-11］. https://www.mrfa.org/.

❺ 同❹

4支专门与陆军协同作战的内河突击中队。❶ 随着行动的扩大,特遣部队增加了H-23和UH-1等直升机,用以加强部队侦察和医疗救护能力,部分改装直升机还发挥着空中交通管制的作用,可以呼叫陆军武装直升机、其他作战飞机前来执行空中支援,也可呼叫和引导陆军炮火支援。机动江河部队作为突击力量,后续通常有南越陆军部队跟进。为增强持续作战能力,美军打造了被称为"机动江河基地"的浮动平台,将宿舍船、修理船和补给船等系泊在一起,依靠自身动力自由移动,对作战行动提供勤务支援。

1965—1969年,机动江河部队极大地削弱了北越对湄公河三角洲的渗透和补给输送。新春攻势期间,面对越共的全线出击,第117特遣部队利用水网机动,能够迅速地转移地点,在越共形成有效攻势前挫败其行动。威斯特摩兰对此评价:"正是机动江河部队拯救了(湄公河)三角洲地区。"❷ 1970年,受美国越南战争政策调整的影响,美陆军第9师撤出,海军逐步将任务和舟艇资产移交给了南越海军。

3. 美军未充分认识到联合特种作战对联合精度的要求

到越南战争后期,美军实施了两次复杂的联合特种跨境突击营救行动。两次行动目的相近,但由于准备时间、指挥结构、部队编成等方面的不同,最终结果大相径庭。然而,美军并没有从中认识到联合特种作战对计划、战技术精细度的要求。

(1)突击山西战俘营

1970年11月突击山西战俘营的"中轴"(Kingpin,也有译"中心人物")行动,是越南战争期间美军准备最充分的一次联合特种作战行动。1970年年中,国防部负责反叛乱和特种作战的特别助理、首任研究和观察大队指挥官唐纳德·D. 布莱克伯恩(Donald D. Blackburn)提出突击位于河内以西37公里的山西战俘营,营救美军人员,得到了总统和参联会的批准。时任空军特种作战部队(空军特种作战司令部前身)司令里洛伊·马诺尔(Leroy Manor)空军准将担任行动总指挥,陆军特战专家、营救专家

---

❶ 约翰·C. 弗雷德里克森. 美国特种部队[M],朱振国,译. 上海:上海科学技术文献出版社,2014:192.

❷ MESKO J, Mobile River Force Task Force - 117, Mobile River Force Association [EB/OL]. January 14, 1999 [2020-11-11]. https://www.mrfa.org/.

亚瑟·西蒙斯（Arthur Simons）上校任副指挥兼地面行动指挥官。这一安排绕开了太平洋司令部和驻越军援司令部，极大地压缩了指挥链长度，规避了军种间的重重矛盾。8月初，"象牙海岸"联合应急特遣部队（Joint Contingency Task Group Ivory Coast）正式组建，根据在越南战争中的经验，人员主要选择了陆军和空军的人员，排除了海军陆战队。联合部队在埃格林空军基地进行了近3个月的联合训练，对任务协同、夜间飞行编组、机降作战、空对地支援等进行了全面演练，中情局还为其建造了一比一比例的战俘营模型。

11月20日夜至21日凌晨的空中行动，体现了极高的联合水平。空中突击部队分两个分队从泰国出发，搭乘了56名陆军特战队员的5架HH-53直升机和1架HH-3由1架MC-130E引导，负责提供火力支援、切断战俘营外部联系的5架A-1E攻击机由另1架MC-130E引导。机群飞经老挝上空时，HC-130P加油机为其进行了空中加油。飞行途中，1架EC-135作为空中指挥平台，1架RC-135电子战飞机负责实施电磁监控，1架EC-121T预警机负责空情威胁预警，美驻泰空军部队派出10架F-4D提供护航，另派有5架F-105G"野鼬鼠"对任务区域内的"萨姆"导弹实施电子压制。与此同时，位于北部湾的海军第77特遣舰队的3艘美国海军航母放飞了59架飞机飞临海防港，佯攻转移北越防空体系的注意力。❶

后续作战中由于情报不准，突击队没有救出任何战俘，不过联合部队在给予守军大量杀伤后顺利撤出，且只有1人受伤。作为"越南战争期间少有的联合作战成功案例之一"，"中轴"行动在联合计划、联合训练和行动实施方面堪称完美，究其原因，一是指挥安排得当，精简高效，避免了军种推诿扯皮，二是军种特种作战能力快速发展，基础稳固，三是越南战争期间常规作战的空地联合发展，为联合特种作战提供了充足的经验参考。

（2）营救"马亚克斯"号

营救"马亚克斯"（Mayaguez）号是越南战争尾声时期美军实施的一次联合特种作战（图3-11）。1975年5月，柬埔寨红色高棉在泰国湾扣押了

---

❶ The Son Tay Raid [M/OL]. http://www.airpower.maxwell.af.mil/apjinternational/apj-s/2006/1tri06/kampseng.html Nov 2012:4-5.

美国货船"马亚克斯"号,为避免"普韦布洛"号事件❶❷❸重演,美国政府依托太平洋司令部为主,运用海军、海军陆战队和空军部队实施了联合特种作战。行动期间,"马亚克斯"号被红色高棉释放,但进攻通岛(Koh Tang)的陆战队部队和空军直升机遭遇了守军抵抗,蒙受了严重损失。

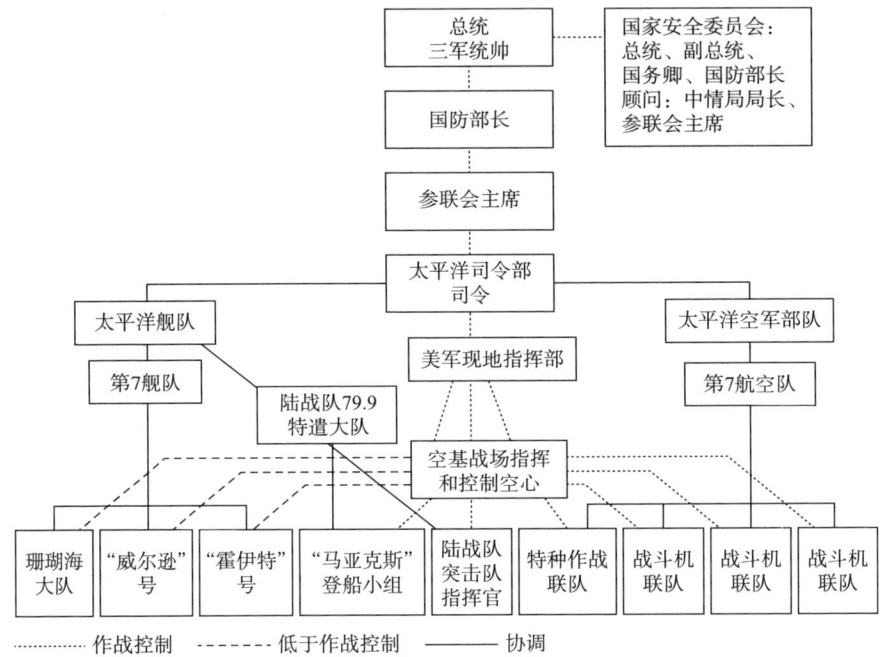

图 3-11 营救"马亚克斯"号期间的美军指挥结构❹

---

❶ 1968 年 1 月美国间谍船"普韦布洛"号(Pueblo)被朝鲜俘获,美国政府不得不做出政治妥协才换回船员,令其颜面扫地。该事件的发生,与美军混乱的指挥结构关系巨大。"普韦布洛"号间谍船在受到朝鲜海军的威胁时,太平洋司令部向其保证将得到空中支援,但第 5 航空队没有第一时间派出飞机警戒,第 8 集团军不能直接控制快速响应空中作战部队来立即实施营救,参联会、国防部、白宫战情室也无法在短时间内监督和协调跨军种的行动,种种延误最终导致"普韦布洛"号被登船俘虏。

❷ BEAUMONT R A. Joint Military Operations: A Short History [M]. London: Greenwood Press, 1993: 164.

❸ LOCHER Ⅲ J R. Victory on the Potomac: The Goldwater-Nichols Act Unifies the Pentagon [M]. College Station, TX: Texas A & M University Press, 2004: 204-208.

❹ LAMB C J. The Mayaguez Crisis, Mission Command, and Civil-Military Relations [M]. Washington D. C.: Joint History Office, Office of the Chairman of the Joint Chiefs of Staff, 2018: 199.

此次行动的失败，除了严重的情报失误，还有联合方面的一系列不足。第一，指挥关系混乱。一方面太平洋司令部远离行动区域，依旧不能对参战部队实施权威的统一指挥，部队"越往下层越分裂"；另一方面国家和军队高层依托全球通信技术的发展，从本土对前线行动施加直接控制，任务式指挥受到冲击，战场指挥官面临上级多头干预的尴尬境地。❶ 第二，行动计划制订仓促，甚至连任务代号都没有，部队准备不足，彼此不了解，联合经验欠缺。扣船事件发生后，由于美国太平洋陆军部队司令部已在1974年12月被撤销❷，美军在周边没有可用的地面部队，只能紧急通过空军 C-141运输机从冲绳运来海军陆战队人员，但陆战队的直升机等装备没有跟进，在空降突击中陆战队员只能搭乘空军的 HH-53和 CH-53直升机，而空军则缺乏两栖突击作战的训练。在空袭通岛方面，计划人员认为海军航母舰载战术飞机的威力不足，将任务赋予驻泰国的第7航空队。❸ 海军陆战队和空军的联合程度显然不如陆军和空军，更不如海军和海军陆战队之间的联合。第三，实施过程中各部队的行动协调较差，各军种部队权限不明，只能依托 EC-130作为战场空中指挥和控制中心，进行有限的临机协同。空军和海军的火力支援由于通信不兼容问题，难以有效整合❹，空对地火力支援和空中侦察存在若干明显的缺口❺。

这一事件再次暴露了美军联合方面的诸多问题，但是随着美军走入越南战争后的全面军事收缩，上述问题并没有被充分重视，直到5年后"鹰爪"行动的又一次失败，才刺激美军开始寻求变革。

---

❶ LAMB C J. The Mayaguez Crisis, Mission Command, and Civil-Military Relations [M]. Washington D. C.：Joint History Office, Office of the Chairman of the Joint Chiefs of Staff, 2018：196, 184, 179.

❷ DREA E J, etc. History of the Unified Command Plan 1946-2012 [M]. Washington D. C.：Joint History Office, Office of the Chairman of the Joint Chiefs of Staff, 2013：30.

❸ 同❶：36.

❹ VERGUN D. Lessons Learned From 1975 Mayaguez Incident[EB/OL]. (2018-12-11) [2020-11-12]. https://www.defense.gov/Explore/News/Article/Article/1710391/lessons-learned-from-1975-mayaguez-incident/.

❺ 同❶：107.

第四节　对军种有限合作时期
美军联合作战发展的评价

一、美军在越南战争期间只践行了最低程度的有限合作

文官政府的"渐进反应""逐步升级"及战略的模糊性，导致了越南战争从一开始就缺乏军事行动上的统一性，使各军种都有机会以相对独立的形式参与到越南战争中。同时，参联会的军事意见不受文官当局的信任，沦为"沉默五人组"❶，其军事咨询的功能弱化，并再次成为军种竞争和利益妥协的舞台。这种竞争蔓延到联合司令部各军种组成部队及下级司令部，强度虽然不如第二次世界大战后初期，但是更隐蔽，对联合作战的负面影响更大。

麦克纳马拉推行的"数字管理""精细管理"，将各军种部队运用率和未来预算划拨联系起来，助长了军种彼此独立开展任务的倾向。军种为追求更多的出动架次，甚至不惜减少载弹量，降低平台利用率，以换取一个更为可观的"任务数字统计"。在环境复杂、整体对抗强度却较低的越南战场上，如何以高效的联合作战实现兵力集中和兵力节约，则往往不受重视。反映在联合作战指挥体系上，便是存在明显的多头指挥，多个军事部门同时介入越南战争，但各部的利益点不同，导致作战计划、作战实施各不相同且严重缺乏统筹，最终使越南战争成为一场"打了三场战争的战争"（a war of three wars），各种作战在越南"遍地开花"，却从未能动摇越共的意志。对比下来，到战争后期1972年的"后卫 II"行动，尼克松通过轰炸逼迫北越重回谈判桌的政治目的十分明确，美军出动了以战略空军为主、空军其他飞机和海军舰载机配合的庞大机群，通过集中、持续、高强度的轰炸迅速达成了目标。

海空军的联合空战最直接地反映了上述种种问题。海军已经不复朝鲜战争中装备全面落后于空军的"困境"，且已然成为美国总统对外军事干涉

---

❶ MCMASTER H R. Dereliction of Duty: Lyndon Johnson, Robert McNamara, the Joint Chiefs of Staff, and the Lies that Led to Vietnam [M]. New York: Harper Perennial, 1997: 329.

的急先锋，在越南战争中始终坚持独立地位，多数作战中仅与其他军种维系最低程度的目标协调。今天美军在定义联合作战时特别强调"单一指挥官"，若严格按照此定义，越南战争期间海军和空军的多数联合作战实际上都算不上联合作战，连计划和行动过程中的协调都很少，只是最低限度的合作。有一种观点认为，越南战争时期海空军各自为战是由于当时的技术条件尚不能支持密切联合。实际不然，一方面，越南战争是现代空战体系发展转型的重要时期，空中指挥和控制飞机大量服役，航空电子战为各国所重视，C3I系统在战场上越来越多地运用，技术已经可以为联合提供更便捷的支撑；另一方面，从溪山战役的作战实践来看，海军、空军和陆战队共同支援地面作战，并不存在联合不起来的必然障碍。问题归根到底还是各军种不愿意联合，体制又无法提供推进联合的强制力。海空军低程度的联合对之后两军种的空战指挥系统发展也产生影响，最直接的影响便是海湾战争中空军的指挥系统无法与海军互联，相关作战计划必须由专人专机递送。

空地联合领域其实也存在类似的现象。越南战争中体现比较好的空地联合作战，在当时的作战环境下近似一种"不得不联合"的作战方式，因此得到了各方的重视，但在一些存在职能重叠的领域，如直升机的使用上，军种间同样不愿进行联合。陆军和海军陆战队自始至终未把直升机交由空军统一控制，这一方面跟联合作战指挥链过长有关，另一方面陆军和陆战队需要尽可能地在战斗中证明直升机对自身的价值，尤其是不能给空军打压它们发展直升机提供"口实"。由于缺乏中高空和低空的紧密配合，脆弱的陆军直升机经常遭受越共的打击，而这在一定程度上又给了陆军继续研发更先进的直升机以理由。

在美国历史上的多数战争中，作为两栖作战专业部队的海军陆战队，扮演了由海向陆关键节点、空地联合作战引领者的角色。但在越南战争中，海军陆战队被单纯地作为一个军级地面部队使用，和陆军部队各自负责不同的区域。战争期间，除非战事十分紧张而不得不与其他军种联合应对，多数时候海军陆战队也高度排斥与陆军、空军的联合作战。

二、指挥体制改革不彻底不系统制约联合作战发展

艾森豪威尔担任总统期间，通过1953年《6号改组计划》和1958年

《国防部改组法》两步走，建立了"双轨制"国防领导和作战指挥体制。该体制在运行中达成了加强国防部长权威、削弱军种的目的，但在推动联合作战发展方面，这次改革既不彻底，也不系统。要推进联合作战就必然触及军种的利益边界，但这次改革从一开始就避免过度刺激军种及其背后的国会势力，多数尖锐问题被回避，最终在军种间达成了"长期的休战"，军种间形成了一种长期且比较稳定的利益格局和机制性相互妥协，避免碰撞彼此的重大利益。因此，改革只是将军种主义的影响从国家安全委员会、国防部长高级领导层下移，在军队层面，军种势力依然强大，远压过联合。

说其不彻底，主要是参联会主席、联合司令部司令和联合特遣部队指挥官三级，都没有被赋予充分、足够的权威实施统一指挥。在1958年到1986年之间长达20多年的"立法冬眠期"里，参联会主席不是总统的首席军事顾问，缺乏足够的权威，无法有效统合各军种意见、发布联合作战的权威指导。参联会其他成员身兼军种参谋长，双重身份决定了其不可能以超脱军种利益的视角来审视军事政策、国防规划和资源分配，缺乏推动联合的动力。在越南战争后的军费紧缩期，军种竞争加剧，联合参谋部成为军种斗争和妥协的主要场所，而其联合计划和协调联合作战的功能弱化，并面临着人员素质不高的问题。1958年改革在法律字面上将军种参谋长剔除出指挥链，将作战指挥权赋予了联合司令部司令，但未能赋予联合司令部司令足够的"配套"权力来抵消军种的强大影响，军种控制着兵源、训练、人事、后勤和维护等"和平时期的所有事务"[1]，尤其是人事任命和经费这两条核心权力，决定了战区军种部队依旧主要由本军种参谋长领导。在上述种种因素影响下，战时联合司令部司令在指挥下属的其他军种的组成部队时，频繁遭遇来自军种的掣肘，难以建立起有效、权威的联合作战指挥。到联合特遣部队一级，指挥官要面临来自后方军种高层的多头干预，最终行动往往代表各方利益的妥协，而不具备最佳作战效能。

说其不系统，是指缺乏配套的措施来推进联合。例如，部队联合发展规划、装备和系统的联合研发、联合训练、联合演习等，虽然在法律中有

---

[1] JABLONSKY D. War by Land, Sea, and Air: Dwight Eisenhower and the Concept of Unified Command [M]. New Haven, CT: Yale University Press, 2010: 311.

所提及，但没有得到足够重视和体现，尤其是没有提出硬性或限定性的措施。军种在上述重要的建设领域依然占据着主导地位。到军队执行层面时，这些与联合作战密切相关甚至起着直接推动作用的措施，便不断被打折扣，能产生的联合效益寥寥无几。

对于改革后体制的后续运行，文官政府不仅缺乏持续关注和调整改进，还不断冲击其本来就脆弱的联合作战指挥链条。1958年指挥体制中的很多问题在美军干预黎巴嫩和应对古巴导弹危机中便已经大量浮现，但无人重视这些问题。肯尼迪、约翰逊两届政府中，美国重点在第三世界扩张影响和实施军事干预，他们经常抛开指挥链对一线部队实施直接指挥，破坏了指挥链，尤其是将战区司令部置于了一个尴尬境地。由于这一时期绝大多数行动规模较小、联合作战需求度低，某个军种部队便可执行，这无疑又助长了军种的反联合风气。

三、底层战术级联合作战不断吸收新技术持续发展

从战区指挥和东南亚战场整体来看，美军的联合作战几近倒退，但如果将关注点进一步向下拓展，会发现美军由下而上推动联合作战发展的特点依旧在发挥作用。越南战争在一定程度上堪称美军联合作战战术和技术的试验场。这些低层级的战术和技术一般情况下不涉及军种的核心利益，一定程度上还能进一步凸显军种的价值。美军在战争期间不断吸收20世纪六七十年代的技术发展，推动底层战术级联合作战进一步发展，为未来实施大规模联合作战逐步打下了新的基础。

空地联合作战中的战技术水准进步明显，且与同一时期空战体系的快速发展几乎保持了一致。从组织程序和机构建设来看，空地联合的若干种基本模式在第二次世界大战中便已确立，后续主要是根据技术和装备的发展不断改进。陆军和空军在这方面尽管有过龃龉，但合作从未中断。从越南战争中可以看到，空地联合中不仅出现了机动式地面雷达站，可以更准确地指引空中火力，还将空地联合逐渐纳入了空军正在形成的以空中指挥控制预警飞机为核心的空战体系，通过协同式发展实现了空地情报共享、指挥控制、火力效能精度的全面提高，为未来更大范围的空地联合提供了坚实的基础。同样也是得益于整体联合的提高，活跃于越南的美军特种作战部队也可以在行动中越来越便捷且精确地召唤空中火力，并在大量的战

术行动中不断积累经验、不断调整和优化。未来，这种特种作战模式将在美国的对外战争中扮演更重要的角色。

越南战争期间，尽管海空军的联合空战在整体上呈倒退状，但同时期的技术发展结合大量的作战实践，也催生出了一些联合方面的战术和技术发展。在空中指挥控制体系中，空军和海军之间多数情况下可以互通。事实证明在必要时，海军舰载机可以由空军指挥控制飞机进行通联并接受其调度，海军舰载预警机也可以为空军飞机提供指引，两个军种的空战体系在技术上可以互融组网，进而对作战空域内的海空军飞机进行统一的前端指挥。

同样重要的，还有海空军电子战在越南战争中的协同发展，从一开始就带有联合色彩，使得美军电子战规避了"各军种发展—相互干扰—统筹整改—再发展"的弯路。越南战争期间，面对北越防空体系的威胁，美海空军电子战能力发展迅速。可能是因为电子战不需要额外研发和采购新飞机平台、主要以加装电子吊舱为主，不涉及军种预算的大头，两个军种的电子战设备在发展中得到了较好的统筹，如早期的海军 ALQ-51 干扰系统和空军 QRC-160-1 干扰系统，后期的 ALQ-71 和 QRC-160-8，位于同一工作频段，性能几乎一致。❶ 在电子战设备研发和战法创新的过程中，半官方机构"老乌鸦"协会在广泛加强业内交流上发挥了重要作用，有力促进了该领域内的战术和技术联合。到 1972 年的"后卫 II"行动中，海军和空军的电子战飞机编队，已经能够共同为 B-52 提供护航和掩护，其中舰载机 A-6、A-7 等机型搭配挂载电子干扰吊舱、集束炸弹、"标准"或"百舌鸟"反辐射导弹等，以 3 机小编组的形式保障 B-52，收效较好。❷ 这也使得联合空中作战在战争末期呈现出一丝新发展的迹象，而在接下来的高技术和信息化战争时代中，电子战、电磁频谱管控、信息战、情报战等"软领域"的作用将进一步提升，这些容易产生相互干扰的领域更强调联合。

---

❶ 阿尔弗雷德·普莱斯. 美军电子战史（第三卷）[M]. 中国人民解放军总参谋部第四部，译. 北京：解放军出版社，2002：35，169.

❷ 同❶：255.

第四章

军种能力互补时期的联合作战
（1975—1991年）

《戈德华特-尼科尔斯国防部改组法》将联合的观念提升到全新的高度。"沙漠风暴"行动见证了作为一个联合团队的武装部队共同实施作战的能力。

——《联合部队季刊》创刊号❶

美军各军种仍然无法发挥各自优势，组成一支真正的联合力量。美军本来是有机会将不同军种的优势结合在一起增大战斗力的，但这个机会却被浪费掉了。技术障碍是一方面，如海军和空军通信系统不匹配。另一个障碍则是文化因素，如海军因袭独立作战的老传统，没有制订有助于与其他军种协同作战的任何重大方案。

——比尔·欧文斯❷

---

❶ JFQ FORUM. The Services and Joint Warfare：Four Views from the Top [J]. Joint Forces Quarterly（1），Summer 1993：7.

❷ 比尔·欧文斯，等. 揭开战争迷雾 [M]. 王霄，杜强，译. 北京：解放军出版社，2009：90.

第一节 军种能力互补时期影响联合作战发展的主要因素

一、连续的军事失误全面引发美国社会对联合的大讨论

越南战争过后,美军的发展建设进入短暂的低谷,需要在预算紧缩的条件下,一方面调整任务使命,一方面应对纪律松弛、军内种族歧视、社会批评等问题,联合不是"当务之急",也不为人所重视。❶ 但这期间,积压已久的联合问题开始显现,1978年代号为"绝佳珍宝"(Nifty Nugget)的联合动员和运输指挥所演习,暴露了国防组织和各军种间缺乏指导和协调、缺乏危机应对机制、职责不清、数据处理系统不兼容等问题。❷ 对此美军在1979年建立了联合部署局(Joint Deployment Agency,JDA)。这一年年初,伊朗爆发伊斯兰革命,年底苏联入侵阿富汗,对美军能力提出了严峻考验。然后在随后一系列重要军事行动中,美军连遭失败,成为刺激美军改革和发展联合作战的直接动力。

(一)"鹰爪"行动

作为越南战争后美军第一个"深思熟虑"的军事行动❸,1980年4月的"鹰爪"(Eagle Claw)行动遭遇了彻底失败,将军种孤立和联合问题带回公众视野,由此推动了美国社会对联合的大讨论。根据此次行动方案,从航母上起飞的8架RH-53海军直升机将飞往伊朗境内代号为"沙漠一号"(Desert One)的据点,与空军C-130和陆军"三角洲"特种部队汇合,然后继续突入德黑兰营救美国人质。在行动中美军遭遇沙暴,部分直升机被迫返航,在抵达汇合点后数量已不足以施展营救,随后1架直升机和1架C-130相撞,行动被迫终止。该行动如同营救"马亚克斯"号货船的

---

❶ MURRAY W. The Evolution of Joint Warfare [J]. Joint Force Quarterly, Summer 2002: 30-37.
❷ BREHM W K, VOLGENEAU E. Evaluation Plan: Exercise Nifty Nugget 78 [R]. Washington D. C.: Logistics Management Institute, 1978: 6.
❸ BEAUMONT R A. Joint Military Operations: A Short History [M]. London: Greenwood Press, 1993: 167.

翻版。作为一次多军种共同实施的复杂联合特种作战,"鹰爪"行动缺乏来自参联会主席和联合参谋部的权威指导,在每个军种"都想分一块蛋糕"❶的氛围下,行动计划没有被充分整合,直到 1980 年 3 月上旬才形成基本方案。临时组建的任务部队缺乏充分的针对性联合训练和演练,大量的战术细节没有被重视。装备使用方面,空军 HH-53 性能先进但因不能折叠旋翼不便于搭乘航母,海军 RH-53 性能尚可,但海军飞行员缺乏陆上长距飞行和救援经验,改由陆战队飞行员驾驶,而同样擅长此类任务的空军飞行员则被排除在外。

任务过程中,一系列联合问题被暴露:军种间通联不畅,空军的气象情报无法传送给海军直升机,打头阵的 C-130 在发现沙暴天气后也无法将实况发给后方跟进的海军直升机,双方没有建立任何通信安排;陆战队飞行员不熟悉海军飞机,加之飞行过程中要求电磁静默,3 架直升机因操作不当或机械故障等原因先后退出任务,导致营救无法继续;在各部队抵达"沙漠一号"时,现场分别有一名陆军、空军和陆战队的指挥官,但缺乏明显的身份标识,指挥关系不明确;在组织撤回时,飞机引擎引起的扬沙遮断了仅有的光信号通信,3 号直升机撞上 1 架 C-130,引发爆炸,造成 9 人死亡;人员撤退时,也没有组织对遗留在现场的直升机实施装备销毁。❷❸事后,詹姆斯·霍洛韦三世领导的评估组在《营救任务报告》里提出了 23 个事项,其中半数以上与联合有关。❹

(二) 贝鲁特海军陆战队遇袭事件

贝鲁特海军陆战队遇袭事件曝光了美军联合指挥体系的低效。为应对苏联在中东日益增长的威胁,1977—1979 年,美国围绕组建中东地区快速

---

❶ REARDEN S L. Council of War: A History of the Joint Chiefs of Staff 1942-1991 [M]. Washington D. C. : Joint History Office, 2012: 412.

❷ RADANYI R A. Operation Eagle Claw-Lessons Learned [D]. Quantico, VA: Marine Corps Command and Staff College, 2002: 4-6, 34.

❸ Statement of Admiral J. L. Holloway III, USN. Chairman, Special Operations Review Group. Iran Hostage Rescue Mission Report [R/OL]. Naval History and Heritage Command, 1980 [2020-08-01]. https://www. history. navy. mil/research/library/online-reading-room/title-list-alphabetically/i/iran-hostage-rescue-miss ion-report. html.

❹ 同❸.

部署联合特遣部队进行了长久的讨论，但直到阿富汗战争爆发后的 1980 年，该部队才正式组建。在指挥关系和部队定位上，战备司令部、欧洲司令部、太平洋司令部争执不下，背后是海军和陆军的争夺。1983 年 1 月，特遣部队正式升级为中央司令部，传统的陆军主欧、海军主亚的地理分区格局因此巨变，出现了新的"中间地带"。1983 年 10 月恐怖分子袭击了位于黎巴嫩贝鲁特的美国海军陆战队军营，造成 241 名军人死亡。袭击发生后，各军种对陆战队员的救治争执不下，6 名重伤员被送往更远的联邦德国，而在意大利那不勒斯就有一家海军医院。退役海军上将罗伯特·朗（Robert Lang）主持的调查显示，由于军种和联合司令部的职责混杂，从华盛顿到位于贝鲁特的陆战队部队之间存在 6 个指挥层级，过多的层级分散了指挥职责，导致无人对面临着潜在威胁的前沿部队提供情报预警或是防护指导。众议院的调查小组得出了同样结论：指挥体系过于笨重，无法适应形势需要。该事件暴露的已不仅仅是联合指挥问题，而是指挥系统是否具有基本的可靠性。国会就此开始加大对美军相关程序的审查，开始考虑对参联会进行大规模重组和改革。❶

（三）"紧急暴怒"行动

1983 年 10 月美国武力干涉格林纳达的"紧急暴怒"（Urgent Fury）行动，是越南战争结束以来美军第一次大规模作战行动。在这次"牛刀杀鸡"的行动中，最大问题出在联合上，暴露了一系列严重缺陷。首先，在兵力构成上，最初计划只包含海军和陆战队，但遭到了陆军和空军的强烈反对。在各军种"雨露均沾"原则的推动下，行动由大西洋司令部整体负责，组建了由大西洋舰队第 2 舰队司令梅特卡夫（Joseph Metcalf III）中将指挥的第 120 多国联合特遣部队（CJTF 120），具体包括以"独立"号航母战斗群为核心组建的 20-5 特遣大队（TG20-5），海军部分舰船和陆战队部队组成的第 124 特遣队，联合特种作战司令部和陆军特种部队人员组成的第 123 特遣队，来自战术空军的 8 架 F-15 和 4 架 E-3A 组成的第 126 特遣队（负责对古巴方向空中警戒），陆军第 82 空降师两个旅为主组成的第 121 特遣队，

---

❶ REARDEN S L. Council of War：A History of the Joint Chiefs of Staff 1942-1991 [M]. Washington D. C.：Joint History Office，2012：430.

第四章 军种能力互补时期的联合作战（1975—1991年）★★★

以及战略空军司令部、军事空运司令部、战备司令部等的部分分队。❶

在制订作战计划过程中，参联会建议大西洋司令部不宜制订过于复杂的联合计划，应允许各部队按其惯常的组织方式运行。因无法解决陆上部队谁指挥谁的争议，参联会主席维西（John W. Vessey）陆军上将将陆上作战地域分为南北两部，由陆军和陆战队各自负责。❷ 梅特卡夫的第2舰队指挥部临时扩大为联合部队指挥部，虽然参联会为其调配了第24机步师师长施瓦茨科普夫（Norman Schwarzkopf）少将担任陆战顾问，增加了陆空军参谋人员，但由于过于强调保密，各军种仍各自制订各自的计划，联合部队指挥部未能进行充分的协调和整合。

作战过程中，一系列问题暴露出来：联合特遣部队指挥官缺乏足够权威，参联会直接干预作战、多次变更具体计划，造成了指挥混乱；陆军游骑兵和海军陆战队未对地面行动进行协调，各自为战，作战推进不统一且缺乏配合；军种间通信设备不兼容、通信体制不同，不能就实时情况进行沟通，加剧了指挥问题，频频出现延误；联合部队没有统一的支援计划，且受制于通信设备不通，陆军申请海军火力支援的流程被严重复杂化❸❹，在向北推进过程中缺乏空中支援，进展缓慢；因缺乏飞行资质的互通认定，载有伤员的陆军直升机一度被拒绝在航母上降落；此外还有很多后勤方面的问题，如因未解决资金补偿问题，海军拒绝在舰上给陆军直升机加油等。❺ 最严重的事件是一架海军A-7"海盗"攻击机误伤了第82空降师第

---

❶ COLE R. Operation Urgent Fury: The Planning and Execution of Joint Operations in Grenada 12 October-2 November 1983 [M]. Washington D. C.: Joint History Office, Office of the Chairman of the Joint Chiefs of Staff, 1997: 30.

❷ 同❶: 31.

❸ 这里有一个常被引用的案例：陆军1名军官在登陆格林纳达后发现无法与身后的海军军舰通联，被迫通过海滩上的公共电话，打给本土的陆军部，要求其协调海军部，指挥海军军舰对其实施支援。该例在80年代中期时常被美国媒体引用，但在美军官方文献中并没有出现过，行动中美陆军、海军确实存在通信设备不兼容的问题，但替代通信方式依然存在，此例应为媒体的演绎夸张。一个相近但是可信的案例是：陆军空降部队在作战中因设备问题无法与"独立"号航母战斗群建立通信，不得不将其火力支援请求发回本土的布拉格堡，由其通过卫星通信转发给海军舰船。

❹ 同❶: 52.

❺ 同❶: 67-68.

2 旅的指挥所,造成 17 人受伤,主要原因是陆战队空海火力联络连未能与第 82 空降师的火力支援组做好协调。❶"紧急暴怒"行动暴露了美军联合作战指挥、装备、程序上的诸多问题,直指指挥系统的有效性,成为推动 1986 年改革的重要军事事件。

二、1986 年《国防部改组法》为联合发展扫除体制障碍

1958 年法案的诸多不足已形成了制约联合作战发展的体制性障碍。几届政府曾尝试改革,如肯尼迪成立了赛明顿国防机构委员会,尼克松成立了蓝丝带防务委员会,卡特成立了防务组织研究小组等,但都遭到了来自军方或国会的反对,最终不了了之。20 世纪 80 年代一系列军事失误暴露的不仅仅是联合作战问题,还引发了人们对国防体制和指挥体系可靠性的怀疑。同一时期,美军又被曝光了一系列采购丑闻,五角大楼和国防承包商浪费、欺诈、牟取暴利、滥用职权达到前所未有的程度,国防部和媒体的调查先后曝光了天价坐便器、咖啡壶、工具锤等,引发公众的极大关注。❷

面对上述一系列问题,在反思越南战争思潮的推动下,1981 年国会成立跨两院的军事改革核心小组,从立法机构开始推动军事改革。1982 年时任参联会主席戴维·C. 琼斯(David C. Jones)率先在国会听证上表达了对现行军事体制的不满,随后公开发表了《为什么参联会必须改革》一文,将参联会体系描述为"烦琐的委员会程序""充满了军种对抗和竞争",表达了对改革参联会的支持,提出要加强参联会主席的权力、设置副主席、限制军种人员、加强联合训练等❸,陆军参谋长爱德华·C. 迈耶(Edward C. Meyer)上将随即也表示支持。1983 年"贝鲁特悲剧"和入侵格林纳达

---

❶ COLE R. Operation Urgent Fury:The Planning and Execution of Joint Operations in Grenada 12 October-2 November 1983 [M]. Washington D. C.:Joint History Office, Office of the Chairman of the Joint Chiefs of Staff, 1997:54.

❷ 阿伦·米利特,彼得·马斯洛斯基. 美国军事史 [M]. 军事科学院外国军事研究部,译. 北京:军事科学出版社,1989:525.

❸ REARDEN S L. Council of War:A History of the Joint Chiefs of Staff 1942-1991 [M]. Washington D. C.:Joint History Office, 2012:450.

中暴露的问题,增强了国会改革派的决心。❶ 时任参联会主席维西试图以一系列行政改革来规避立法改革,如加强主席权力和联合需求管理等,但为时已晚。

1984年国会宣布启动改革,各路政客、学者、智库、媒体乃至公众等都参与到对改革的大讨论中。改革派的主要论点是加强参联会主席权限、推进联合、改善作战指挥链、削减军种影响力等。反对派主要为时任国防部长卡斯珀·温伯格(Caspar Weinberger)和海军部长小约翰·F. 莱曼(John F. Lehman Jr.),他们反对改革的主要理由,除了认为现有体制运行良好外,其他理由依然如第二次世界大战后一样,主打"中央集权过于严重""改革将威胁文官治军的根本原则""主席将压制不同意见""最终削弱作战司令部司令的指挥权力"等❷,并试图挑起国内对"军阀""军国主义"的恐慌和批评。

1985年形势出现了变化。国会内形成了以巴里·戈德华特(Barry Goldwater)等人为主的参议院改革派和以比尔·尼科尔斯(Bill Nichols)等人为主的众议院改革派,两者在改革问题上超越了两党成见。军队层面,刚退休的南方司令部司令保罗·戈曼(Paul Gorman)激烈批评军种干扰了他对部队的指挥,而参联会曾拒绝维护他的权力。众多联合司令部司令纷纷倒向改革派。这一年,威廉·J. 克劳(William J. Crowe)海军上将接任维西就任参联会主席,此人曾在艾森豪威尔政府担任过海军事务助理,有丰富的战区履职经历,他没有采取海军反改革的传统立场,而是站到了改革的一方。同年,海军爆出了晋升腐败案和约翰·沃克(John Walker)苏联间谍大案,大大冲击了莱曼的威信,反对派转入下风。在辩论中,改革派还成功地避免了里根总统的介入。

进入1986年,立法工作展开,里根和温伯格均表示支持改革。5月,两院分别以高票通过了改组法案。在对法案进行表决时,改革派通过适时抛出激进方案吸引了来自军种反对派的火力,维护了既定的基本内容。8—9

---

❶ STEVENSON C A. Warriors and Politicians: US Civil-Military Relations under Stress [M]. New York: Routledge, 2006: 168.
❷ LOCHER Ⅲ J R. Victory on the Potomac: The Goldwater-Nichols Act Unifies the Pentagon [M]. College Station, TX: Texas A & M University Press, 2004: 270.

月，两院法案合并为《戈德华特-尼科尔斯国防部改组法》，10月1日里根总统签署生效。该法案主要内容围绕七个目标展开：改组国防部，强化文官权力；提高参联会军事咨询的质量；为作战司令部司令履行职责划定清晰的职责，确保其权力与职责相一致；提高对制订战略与应急计划的重视；更有效地使用国防资源；改进联合军官管理制度；提高军事行动和国防部管理效能。❶

三、在法案指导下美军联合作战指挥体制得以全面重塑

加强文官权威是历次美国军事制度的重点内容。1986年《戈德华特-尼科尔斯国防部改组法》（后简称"1986年法案"）以加强参联会主席和作战司令部司令的权威来推进联合，必然引起文官的担忧。1986年法案首先以全面加强国防部长的政策指导权力来提升其权威，如指导军事任务的优先排序、指导参联会准备和审查应急作战计划等；法案新设置一名负责政策的副部长，协助国防部长加强对应急作战计划的指导和审查。❷ 此外，法案加强了国防部长办公室对各军种部的协调和统筹职能，设置一名文官审计长，加强对审计、预算、国防科研及后勤事务的管理，全面提升文官权威。

（一）参联会主席

提升参联会主席权威是重塑联合作战指挥体制的关键，是1986年改革中最核心的议题。1986年法案以法律形式规定："参联会主席是总统、国家安全委员会和国防部长的首席军事顾问。"❸ 之前授予参联会集体的权力，如协助总统和国防部长进行战略指导、制定战略计划和联合后勤与动员计划、编制预算、建立作战司令部、向国防部长提供咨询等，现在均交由主席一人，开启了强势参联会主席的时代，军种参谋长则不再享有和主席平等的地位，军种至上主义被主席权威压制。参联会主席得以跳出之前烦琐、低效且充满斗争的协调工作，在联合事务议题上可进行仲裁和"拍板"，并

---

❶ U. S. CONGRESS PUBLIC LAW 99-433. Goldwater-Nichols Department of Defense Reorganization Act of 1986 [Z]. 99th Congress, 2d Session, Oct 1, 1986, 100 STAT：993-994.

❷ 同❶：996.

❸ 同❶：1005.

直接向总统和国防部长报告。在联合作战指挥上,虽然参联会主席没有法定指挥权,但其作为国家指挥当局和作战司令部的日常沟通渠道作用得以制度化。主席接受政治指令,通过联合参谋部或作战司令部将其转换为作战命令,这项职责赋予了主席实质上的指挥权。❶ 作为首任"新型参联会主席",威廉·克劳在行使职权时依然注意寻求各军种参谋部长的集体建议,以此建立军种对新体制的信心,避免引发不必要的矛盾。

(二) 参联会副主席

通过新设立的参联会副主席加强主席权威和联合发展规划,是联合作战指挥体制的重要保障,改革后的参联会结构如图 4-1 所示。法律规定副主席为美军军衔第二的军官,可代理主席主持工作,不得和主席来自同一军种(换届过渡期除外),相当于进一步加强了主席的权威。新创建的副主席的具体职责在法律中没有详细规定,首任副主席罗伯特·T. 赫勒斯(Robert T Herres)空军上将于 1987 年 2 月上任,在国防部长指示下,主要负责信息搜集和资源管理问题,以便于主席能腾出时间处理军事政策和战略事务。副主席接管联合需求监督委员会,该委员会前身为 1984 年的联合需求和管理委员会,目的是加强军种武器研发的沟通和协调,成员为各军种副参谋长,但作为当时一项试图抵制国会改革的应急性行政措施,委员会作用有限。如今该委员会在参联会副主席的领导下得到全面加强。参联会副主席还和负责国防采办和技术研发的国防部副部长共同任"国防采办委员会"的主席,副主席可将联合需求监督委员会的意见整合到国防采办委员会的程序中,由此进一步了提升联合发展规划。

(三) 联合参谋部

参联会联合参谋部摆脱了军种的控制,保障参联会主席的职能进一步明确,作为国家指挥当局指挥工具的角色进一步加强。这种加强得益于联合军官人事制度的确立。该制度要求在参联会和各联合司令部的参谋部中设置明确的联合岗位,规定在联合岗位任职的军官其晋升率不得低于军种岗位,军官要晋升高级军衔(将官)必须有联合岗位任职经历且参加过国防大学的"拱顶石"(Capstone)课程学习。如此一来,联合岗位成为军官

---

❶ BOURNE C M. Unintended Consequences of the Goldwater-Nichols Act [J]. Joint Force Quarterly, Springer, 1998: 103-104.

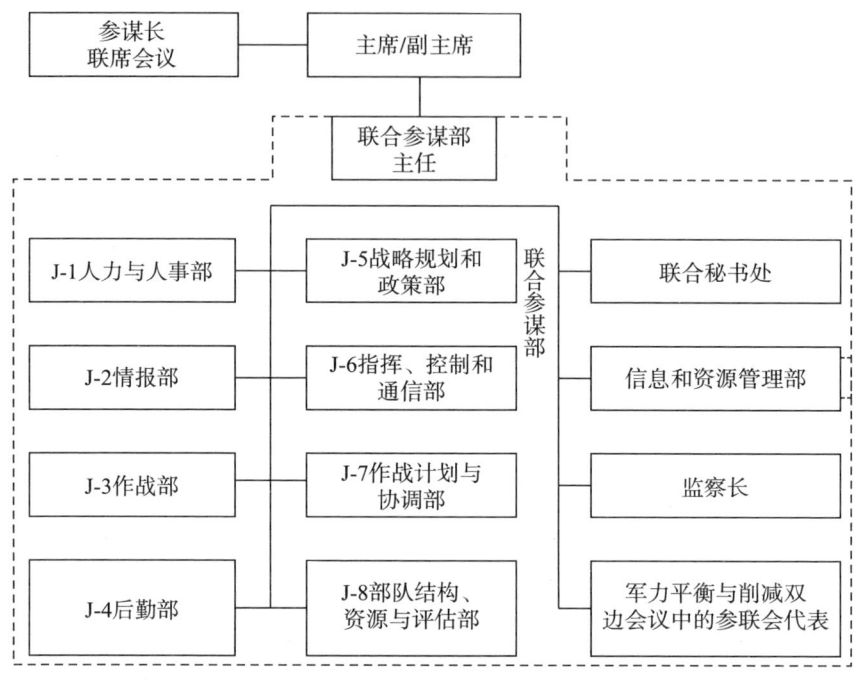

图 4-1 改革后的参联会结构图（1987）❶

成长路径上的必经之路，参谋团队素质问题得以解决，联合职业教育随之兴起。1986 年法案明确规定"联合参谋部不能作为武装部队的总参谋部运行或编配，也不应拥有执行权"❷，但其负责实际运行和维护国家军事指挥中心、国家军事情报中心等一系列关键性机构，紧靠参联会主席这一新的权力中心，地位自然高于军种参谋部。在组织机构层面，克劳恢复了濒临废弃的 J-6 指挥、控制和通信部，建立了 J-7 作战计划与协调部，以及 J-8 部队结构、资源与评估部，用以负责制定联合条令，推演分析和改进联合作战计划与兵力机构，开展军事净评估等。"坚实的军事条令对于美国战略构想的成功实施至关重要。联合条令将不同军种的能力结合起来，指导部

---

❶ Steven L. Rearden. Council of War：A History of the Joint Chiefs of Staff 1942-1991 [M]. Washington D. C.：Joint History Office，2012：456.

❷ U. S. Congress Public Law 99-433. Goldwater-Nichols Department of Defense Reorganization Act of 1986 [Z]. 99th Congress, 2d Session, Oct 1, 1986, 100 STAT：1010.

队的运用和发展。"❶ 先前零散分布于多个部门的联合条令制定工作，如今全面收归联合参谋部。

(四) 作战司令部

作战司令部的联合指挥权威得以确立，成为重塑联合作战计划和实施的关键环节。作战司令部司令专有的"作战指挥权"❷ 得到了全面加强，成为文官政府赋予军人的最高指挥权，不可让渡或转移。其主要内容包括组织和运用部队，分派任务，指定目标，对各类军事行动、联合训练、后勤等所有事关作战司令部履行使命的各方面事务，施加权威指导。❸ 具体职权包括：①行使作战控制权❹❺或将其委托下级单位行使；②对完成任务所需的部队施加权威指导，包括各类军事行动、联合训练和后勤；③与其他司令部就地理区域的边界问题进行协调，以防出现重叠工作或在交界区出现疏漏；④作为军事活动的联络中心，指导责任区内部队、国防部机构、外事部门和其他政府部门的各项活动，除非国防部长另有指示；⑤决定下属部队与外部单位的联络；⑥与军种组成部队协调，批准事关任务履行的行政、保障和后勤事务；⑦以个人名义发布政策方针，确保军事行动实施的统一性；⑧参与司令部指挥、控制和通信系统的开发和采购，指导其运行；⑨向参联会主席、国防部长呈报有关战略、战区联合部队指导方面的建议；⑩通过多种形式参与计划、项目和预算系统的工作；⑪批准或建议参谋部和下

---

❶ JOINT CHIEFS OF STAFF. Military Posture FY 1985 [R]. Washington D. C.: Government Printing Office, 1985: 9.

❷ 1986年法案将联合司令部和特种司令部统称为作战司令部（Combatant Command, CCMD），其所专有的作战指挥权的词汇也发生改变，由 Operational Command, (OPCOM) 改为 Combatant Command (COCOM)。出现这种改变，主要是因为 operational 一词，一方面有泛指的作战含义，另一方面在战役法引进后该词添加了战役层级的含义，改为 Combatant Command 指代更为明确、无歧义。另外，就 Combatant Commander (CCDR) 翻译作说明，英文直译为"作战指挥官"，但该词在汉语语境中容易和其他词汇混淆，因此本书采取意译，翻译为"作战司令部司令"。

❸ JOINT CHIEFS OF STAFF. JCS Pub. 0-2. Unified Action Armed Forces (UNAAF) [Z]. Washington D. C.: JPO, 1986: 3-10.

❹ 作战控制权，包含在作战指挥权之中，可以由任意层级的指挥官行使，相比作战指挥权，它不包括对后勤或行政、纪律、内部组织或部队训练等事务的授权性指导。这一授权已经接近于改革前的作战司令部的作战指挥权。

❺ 同❸：3-15.

属部队指挥官的任命;⑫根据《统一军事审判法典》,召集军事法庭。❶

相比1958年法案里的作战指挥权,1986年改革后的该权有三个重要新发展:一是向上对接参联会主席直通国家指挥当局,而非参联会整体;二是向下直达各军种部队,无须经军种参谋部同意或批准;三是增加了财权和人事权,指挥权行使有了强力保障。参联会出版物中还规定:如果作战司令部司令认为自己的权限、指导或控制力不足以对部队实施有效的指挥,可以通过参联会主席直接上报国防部长。❷ 由此,军种部和军种参谋部被彻底剥离了指挥权。美军还规定,作战司令部司令一般情况下不得兼任战区军种部队司令,以防某一军种做大。

四、战役法和空地一体战为联合作战发展提供了理论框架

20世纪七八十年代一系列带有高技术特征的局部战争实践,启发了美军联合作战的理论创新。在越南战争"丢失的十年"期间,世界军事革命悄然将至。1973年第四次中东战争,很大程度上是美苏两种联合作战模式的交锋:以色列一方试图按照1967年战争的打法,先以空中力量实施决定性遮断,然后地面部队在近距离空中支援下实施装甲集群快速突击;埃及则模仿苏军,以空军和防空力量为盾,地面力量为矛。战争初期,以色列遭遇两线夹击和苏制反坦克武器的重创,不得不变革作战方式。在戈兰高地,以色列空军通过对前线叙利亚军的补给车队实施遮断,成功地阻断了叙军的地面攻势,扭转了局势;在西线,以色列军以地面部队从埃军的缝隙大胆突入其后方,摧毁埃萨姆阵地等防空力量,为以空军的遮断和对地支援打开空中走廊。1973年美国陆军组建了训练和条令司令部(TRADOC)全面加强理论研究和创新。在1982年贝卡谷地之战中,以色列在充分的战场情报准备基础上,以陆军远程火炮率先对叙利亚19个萨姆阵地发起攻击,为空军进攻提供了机遇窗口和防空压制。❸ 以色列军作战展现了军种间灵活高效的相互支援和协调。同一年的英国、阿根廷马尔维纳斯群岛战争中,英

---

❶ THE JOINT CHIEFS OF STAFF. JCS Pub. 0-2. Unified Action Armed Forces (UNAAF) [Z]. Washington D. C.:JPO, 1986:3-11—3-13.

❷ 同❶:3-13.

❸ 同❶:57.

第四章 军种能力互补时期的联合作战(1975—1991年) ★★★

军在斜跨大西洋的遥远战区,展示了三军高度配合的联合远征作战。相比之下,美军这一时期联合作战的规模和水平乏善可陈,还频频遭遇严重失误。

苏军的现实威胁刺激了战役法在美军的复兴。第二次世界大战后,苏军发展出完善成熟的战略、战役、战术三级作战理论。在奥加尔科夫"现代战役具备立体、大纵深的性质"的理论指导下,苏军强调对各军兵种部队实施统一计划和指导,结合形式多样的作战样式,在预定方向发起强大的战略攻势突击,在打开突破口后以后续梯队继续扩大战果,谋取战争胜利。❶ 20世纪70年代后期,苏军组建了战役机动集群(Operational Manoeuvre Group),进一步提升联合程度。1981年9月苏军"西方-81"(ZAPAD 81)对集群及一系列新武器、新技术、新编成进行了检验。❷ 苏军作战强调战役性、联合性、机动性、毁伤性。美军还发现苏军的后续梯队不是孤立的第二梯队,而是多个梯队连续冲击,突入北约的战役纵深,瘫痪北约的指挥和控制系统,以常规能力实现战略和战区目标。❸ 这些发现极大地震撼了北约,1976年版本《FM100-5:作战纲要》中提出的依赖战术核武器和小部队分散抵抗的"积极防御"战略宣告破产。

美军术语中并非没有战役。1959年的参联会出版物里便已标出了"战役计划",是指为实现一个长期的、大型的战略目标而制订的总体计划,通常拆分成一系列相关的军事行动。❹ 但美军在战后很长时间里并不重视战役法,认为这是强加在战略和战术之间的"人为创造物",是虚伪的,没有实质内容和价值。❺ 美军的战术又是典型的军种主导,这就导致了美军在研究对苏军事策略时出现了错位,放到战略层面则层级过高、牵动过多、指挥系统笨重且涉及动用核武器,放到战术层级则明显不足以对抗苏军的战役

---

❶ SINGH J. Air Power in Modern warfare [M]. New Delhi:Lancer, 1985:54-55.

❷ CENTRAL INTELLIGENCE AGENCY. Planning, Preparation, Operation and Evaluation of Warsaw Pact Exercises [R]. Langley:Historical Collection Division, CIA, 1982:13.

❸ TOMES R R. US Defense Strategy from Vietnam to Operation Iraqi Freedom:Military Innovation and the New American Way of War, 1973-2003 [M]. New York:Routledge, 2007:107.

❹ JOINT CHIEFS OF STAFF. JCS Pub. 2. Unified Action Armed Forces (UNAAF) [Z]. Washington D. C.:JPO, 1959:54.

❺ BLYTHE JR W C. A History of Operational Art [J]. MILITARY REVIEW, November-December 2018:39-49.

集群，且能够联合的力量非常有限。20世纪从70年代中期开始，美军认识到这一问题，开始引鉴以图哈切夫斯基为代表的一系列苏军战役理论，先后提出了"中心战斗""扩大的战场""纵深战场"等带有战役性质的概念。1981年陆军高级军事研究学校开始向校官教授战役法、战役计划方面的课程。❶

战役法的复兴为空地一体战理论的提出提供了思维框架，联合作战的理论研讨兴起。1976—1980年，以地理位置上紧挨的陆军训条司令部和战术空军司令部为代表，美军一方面讨论如何将核武、化武和传统武器结合运用在现代战场，另一方面对战术空军和地面作战的结合问题展开了大讨论。❷ 在训条司令部唐·A.斯塔里（Donn A. Starry）上将的推动下，陆军和空军参谋部进行了大量研讨，认为攻防作战的关键点在于空中力量的运用。1981年3月斯塔里发布"空地一体战"理论草案，提供了基本框架，并广泛游说宣讲。同年，陆军和空军负责作战与计划的副参谋长格伦·K.奥蒂斯（Glen K. Otis）陆军中将和杰罗姆·F.奥马利（Jerome F. O'Malley）空军中将就进攻性空中支援的分配和部署签订协议，走出了空地一体战理论发展的第一步。

1982年战役法和空地一体战被一并写入当年新修订发布的陆军《FM100-5：作战纲要》，自此美军有了专属的联合战役作战理论。1984年5月空军参谋长查尔斯·A.加布里埃尔（Charles A. Gabriel）和陆军参谋长约翰·A.维克哈姆（John A. Wickham）签署协议，就空地一体战提出了31条具体倡议，涉及装备研发和采购、协调条令编写、空军基地防御、对敌防空联合压制以及战场空中遮断（BAI）等广泛议题。❸❹ 随后空地一体

---

❶ TOMES R R. US Defense Strategy from Vietnam to Operation Iraqi Freedom：Military Innovation and the New American Way of War，1973–2003［M］. New York：Routledge，2007：108.

❷ ROMJUE J L. AirLand Battle：The Historical Background［J］. Military Review，March 1986：52-55.

❸ PARK F J H. The Unfulfilled Promise：The Development of Operational Art in the U. S. Military，1973–1997［D］. Lawrence，KS：Department of History，University of Kansas，2012：257.

❹ 另外，加布里埃尔和维克哈姆为西点军校同窗和室友，私交甚好，这种私人关系也有助于陆空联合的推进。

第四章　军种能力互补时期的联合作战（1975—1991年）★★★

战理论不断发展，并于1986年版陆军《作战纲要》中进一步完善，得到了全面阐释。北约在这一时期也提出了类似空地一体战的"打击后续梯队"（Follow On Forces Attack，FOFA）作战概念。美国空军虽然未将空地一体战正式写入条令，但在其空军手册《AFM1-1：美国空军航空航天基础条令》（AFM1-1: Basic Aerospace Doctrine United States Air Force）里描述了两个或两个以上军种部队运用中的空军职责，强调空军必须高效运用以支援其他军种，并强调空军离不开其他军种。❶ 海军在其《盟军战术出版物第8号：两栖作战条令》（Allied Tactical Publication 8: Amphibious Warfare Doctrine）中也表达了联合的观点；海军陆战队则表示没有两栖任务时，陆战队空地特遣队可任意部署。❷

空地一体战从多个方面为联合作战的发展奠定了理论框架。第一，为军种的合作和效能发挥提供了崭新的联合思维框架，将朝鲜战争、越南战争时期特定环境下、局部的或战术层级的联合作战，提高到整个战区、战役层面，即联合作战将围绕战役的各空间作战、各阶段作战同步展开，紧扣并主动塑造战局走向，联合作战的意义空前提升。第二，空地一体战汲取了各国经验，突出各军种的相互支援，打破了美军联合作战相对固定的若干种作战样式，推动军种能力的创新组合和联合作战样式的全面拓展。第三，该理论受约翰·博伊德OODA（观察—判断—决策—行动）决策周期模型的影响，面对苏军这种高度复杂的现代作战体系，以"主动、纵深、灵敏和协调"为原则，强调打击苏军后续梯队创造出一个"时间窗口"❸，为部队创造防御和反攻的机遇，这种设计契合了正在萌芽初露、强调"以快打慢"的信息化战争。第四，该理论呼吁陆军和空军进一步相互放权，以提升整体作战效能，其中主要变化包括：空中遮断不再由空军单独实施，将协调权限从战区陆军下放到军一级，创建战场空中遮断（BAI）概念；近

---

❶ AIR FORCE. AFM 1-1, Basic Aerospace Doctrine of the United States Air Force [Z]. Washington D. C.: GPO, 1984: vi-vii.

❷ CARDWELL Ⅲ T A, COLONEL, USAF. Airland Combat: An Organization for Joint Warfare [M]. Maxwell Air Force Base, AL: Air University Press, December 1992: 52.

❸ TOMES R R. US Defense Strategy from Vietnam to Operation Iraqi Freedom: Military Innovation and the New American Way of War, 1973-2003 [M]. New York: Routledge, 2007: 109.

距离空中支援、战区空运、空中侦察监视支援的权限从野战集团军一级下放到军一级;由军一级协调空军,对敌防空能力实施联合压制。❶ 第五,展现了概念驱动式发展,以立足于"打什么仗"来进行装备研发和作战体系构建,而不是基于现有装备"缝缝补补"式的联合。

五、武器装备更新换代为联合作战发展提供了新物质基础

20世纪70年代中后期兴起的军事技术革命,推动着武器平台的升级换代,为联合作战发展提供了新的物质基础。里根上台后重整美国军备,自1981年开始持续增加国防开支,平均每年增加7.8%,到1985年增加到3000亿美元左右,并保持持续增长,是美国在和平年代军费增长最快的时期。❷ 在这期间,常规部队经费占比从70年代的35%上升到80年代的40%多。❸

军费投入的增加缓解了军种间的紧张关系,加快了新型武器装备的研发和列装。各军种均陆续列装了新装备,实现了主战武器平台的升级换代。空军方面,F-117A"夜鹰"隐形战斗轰炸机列装,战斗机方面形成了F-15"鹰"重型制空战斗机和F-16"战隼"多用途战斗机的高低搭配,还列装了专门用来实施近距离空中支援的A-10"雷电Ⅱ"("疣猪")攻击机。相比先前装备,这些飞机普遍装备了更先进的电子飞控系统和机载计算机,"空军终于可以看清地面情况"❹。海军加速列装"尼米兹"级核动力航母、"洛杉矶"级核潜艇,通过F-14"雄猫"战斗机和F/A-18"大黄蜂"战斗机实现了舰载机的换代,并开始服役加装了"宙斯盾"系统的"提康德罗加"级导弹巡洋舰,"阿利伯克"级驱逐舰开始建造。陆军方面列装了"七大件",分别为M-1"艾布拉姆斯"坦克、M2/M3"布雷德利"步战

---

❶ Field Circular 100-16: Theater Army, Army Group and Field Army Operation [Z]. Leavenworth, KS: US Army Arms Combat Developments Activity Concepts Development Directorate, 1984: B-3-B-7.

❷ 阿伦·米利特,彼得·马斯洛斯基. 美国军事史[M]. 张淑静,译. 北京:军事科学出版社,2014:520.

❸ REARDEN S L. Council of War: A History of the Joint Chiefs of Staff 1942-1991 [M]. Washington D. C.: Joint History Office, 2012: 428.

❹ 詹姆斯·邓尼根,雷蒙德·马赛多尼亚. 美军大改革:从越南战争到海湾战争[M]. 军事科学院外国军事研究部,译. 海口:海南出版社,1999:241.

车、"悍马"高机动通用轮式车辆、AH-64"阿帕奇"武装直升机、UH-60"黑鹰"通用直升机、"爱国者"防空系统、M270多用途远程火箭发射系统，这些新型主战平台均不同程度上进行了信息化升级或改造。

仅有主战平台还不够，更为重要的是要形成新型作战能力。在以苏联元帅尼古拉·奥加尔科夫（Nikolai Ogarkov）"军事技术革命论"为代表的一系列理论讨论中，三大能力逐渐成为未来军事能力发展方向的共识，一是远程战场侦察监视和态势感知能力，二是远程精确打击能力，三是更为快速高效的自动化指挥和控制能力。这三种能力，既对联合提出了要求，也是联合的目标之一。得益于信息技术的发展，近实时的敌态势更新数据、武器系统定位、情报数据共享、航天侦察精确测量、高带宽的保密数字通信、自动化信息融合分析、抗干扰的指挥和控制等均成为现实。❶ 里根政府推动的"战略防御倡议"，一方面推动了信息技术和自动化指挥控制技术的进一步发展和应用，另一方面其倡导的"抵消战略"思想启发美军采取不同于苏军的发展策略谋取战场优势。

对此，美军主要采取四方面措施。一是研发专门用来提升联合作战的装备，典型代表是在空地一体战理论驱动下由空军和陆军共同研发的E-8"联合监视目标攻击雷达系统"（Joint Surveillance Target Attack Radar System）预警机，简称"联合星"（JSTARS），可以执行侦察监视、目标获取、引导空中和地面打击等多样任务，极大地简化了空地联合的组织程序，提升了联合作战效能。二是加强新型武器的通用性，如这一时期的BGM-109"战斧"、AGM-86空射巡航导弹、AGM-129隐身巡航导弹等，都带有很高程度的通用性，一型导弹既可"核常兼备"搭载不同的战斗部，还可用于执行对不同目标的打击任务，各军种不需要进行过多的重复研究，只需根据用途需求调整改装即可。三是加强指挥信息系统建设。随着作战体系的日益复杂，各军种在20世纪六七十年代纷纷开发了各自的指挥和通信系统，但存在着军种间系统不通、烟囱林立、应用单一、不适用于联合作战的问题。70年代中期，美军开始联合研发联合战术信息分发系统（Joint Tactical

---

❶ TOMES R R. US Defense Strategy from Vietnam to Operation Iraqi Freedom：Military Innovation and the New American Way of War, 1973-2003 [M]. New York：Routledge，2007：117.

Information Distribution System，JTIDS)、Link16 数据链等，以加强军种间的数据互通、保密通信、定位导航和敌我识别等，于 80 年代形成初步能力。1977 年美国将 C3（指挥、控制和通信）加入情报升级为 C3I，在国防部设置专职助理国防部长和 C3I 办公室，80 年代加入计算机升级为 C4I，加强组织领导机构建设。四是全面加强战场电子战和情报能力。通过技术和组织调整，美军将 RC-135 "电子铆钉"、EA-6B "徘徊者"、EC-130 "呼叫罗盘" 及 TR-1、U-2 侦察机，以及各类卫星系统，充分融入战场环境中，全面加强己方的情报、信息和电子战优势，同时加强电子频谱管理、避免相互干扰。

军种作战能力是联合作战能力的基础。为扭转越南战争以来美军发展的颓势，同时全面推动新装备形成新能力，美军开启了"训练革命"。各军种均建立新的训练中心，设置假想敌部队；开启实战化训练和计算机模拟训练。陆军组建了国家训练中心，打造专职假想敌部队。海空军加强了相互借鉴，尤其是在飞行员训练上，空军借鉴海军"顶炮"（Top Gun）训练计划，设立了"红旗"训练计划，提高训练逼真度。各军种纷纷摒弃了以时间为尺度的训练考核制度，改为"以绩效为标准"，有助于联合作战中的武器和作战效能的评估。20 世纪 80 年代期间，美军在加利福尼亚州和内华达州进行了代号为"雏鹰"（Gallant Eagle）的系列演习，开展陆、海、空大规模机动联合演习，模拟和检验美军快速干预作战的能力。❶

第二节　20 世纪 80 年代中后期的美军联合军事行动

一、空袭利比亚行动展现了海空军联合空战的进步

（一）联合作战计划工作快速启动且过程中未见军种壁垒

1986 年美国海空军对利比亚实施轰炸的"黄金峡谷"行动，是一次典型的严格按照计划实施的联合空中作战，展现了美军在联合作战计划和执行方面的重大改进。美利矛盾由来已久，1986 年 3 月下旬，美国以欧洲司令部海军部队第 6 舰队组建了第 60 特遣部队，对利比亚发动了代号为"草

---

❶ US DEPARTMENT OF DEFENSE. Conduct of the Persian Gulf War: Final Report to Congress [R]. Washington D. C.: JPO, 1992: 356.

第四章 军种能力互补时期的联合作战（1975—1991年）★★★

原烈火"（Prairie Fire）的军事行动，意图实施惩戒，但美国随即遭到了利比亚的恐怖袭击报复。4月6日，里根要求美军尽快对利比亚再次实施军事打击，并于8日提出交战规则：目标选择上要与恐怖主义有关，要最大限度减少美军伤亡，也要尽力避免对利比亚平民的附加损伤。利比亚的5个目标被选定为打击目标，分别是位于利比亚西北部首都的黎波里方向的穆拉特·西迪·比拉尔训练营、阿齐齐亚军营和的黎波里军用机场，位于利东北班加西方向的班加西军营和贝尼纳机场。

此次行动时间紧，交战规则严格。初期计划以海军为主，主要由刚担任过"草原烈火"行动指挥的第6舰队司令弗兰克·B. 凯尔索二世（Frank B. Kelso II）中将牵头，但备选方案均因种种原因难以实现，如位于地中海的海军军舰舰炮火力不足，精准度不够，抵近射击时容易遭到利比亚反舰导弹的威胁；"战斧"式巡航导弹可用数量较少，且地形匹配制导准备时间过长；舰载机空袭能力有限，最多只能打击4个目标，在只能实施一次空袭的限定条件下，打击精度和效果得不到保证；特种作战因过于复杂也被排除在外。❶

在参联会主席克劳上将的建议下，行动改由海军和空军的飞机联合实施夜间空袭，代号"黄金峡谷"（El Dorado Canyon）行动。虽然有人批评这是"不必要的联合"❷，但要严格遵循交战规则，空军的加入是必选。欧洲司令部空军部队选择了部署于英国的第3航空队第48战术战斗机联队，该部新列装的F-111F是当时空军的主力全天候战斗轰炸机，可低空、高速突入敌纵深，火控系统优越，加装了激光指示器能够投掷"宝石路"精确制导弹药，比海军战机的打击精度高，可有效降低对市区平民的附加损伤。

凯尔索中将再次被指定为此次行动的指挥，经欧洲司令部司令罗杰斯（Bernard W. Rogers）上将的协调，欧洲战区空军和海军部队之间建立起联络，两个军种的作战计划小组统一纳入凯尔索的领导下。空军空袭计划由48战术战斗机联队指挥官山姆·韦斯特布鲁克（Sam Westbrook）上校组织

---

❶ STANIK J T. EL Dorado Canyon: Reagan's Undeclared War with Qaddafi [M]. Annapolis, MD: Naval Institute Press, 2003: 153.

❷ REARDEN S L. Council of War: A History of the Joint Chiefs of Staff 1942-1991 [M]. Washington D. C.: Joint History Office, 2012: 464.

制订,海军空袭计划由航母舰载机航空主管亨利·莫兹(Henry Mauz)准将组织制订,两个小组的计划工作同时展开,各派出一名空军资深上校和资深舰载机飞行员作为联络官,嵌入对方的计划小组,密切进行沟通和协调。4月10日,参与此次行动的2艘航母与48战术战斗机联队一部,专门进行了联合指挥控制和通信演练。

(二)最终行动方案要求海空军作战高度协同、紧密配合

所有计划最终在凯尔索处汇总、整合和完成,生成"黄金峡谷"行动方案。计划主要内容为空军F-111F负责打击的黎波里方向的三个目标,海军航母编队使用A-6E攻击机打击班加西军营和贝尼纳机场。单从打击分工来看,此次行动似乎延续了越南战争时期空战以地理区划分责任片区的做法,但行动要求对5个地点的攻击必须同时发起,以减少利比亚可能的反击,这对计划的颗粒度要求极高,对支援和空战体系的联合程度要求也高。

的黎波里方向,美军组成复杂的海空军联合空中作战体系。空军48战术战斗机联队中9架F-111F各携带4枚2000磅"宝石路Ⅱ"轰炸阿齐齐亚军营,3架携带"宝石路Ⅱ"轰炸穆拉特·西迪·比拉尔训练营,另外6架携带"蛇眼"减速炸弹轰炸的黎波里军用机场;来自第3航空队第20战术战斗机联队的第42电子战中队的4架EF-111A"渡鸦"、"美国"号航母搭载的1架海军陆战队EA-6B"徘徊者"❶,共同对的黎波里方向的利军实施高功率阻塞干扰;来自"美国"号航母的6架A-7E"海盗Ⅱ"将使用AGM-45"百舌鸟"和AGM-88"哈姆"反辐射导弹压制和打击利防空导弹,提供掩护;"美国"号上的4架F-14重型制空战斗机为F-111机群提供空中掩护和战斗空中巡逻。

班加西方向主要由海军实施打击,"美国"号航母的7架A-6E攻击班加西军营,"珊瑚海"上的8架A-6E攻击贝尼纳机场;两艘航母起飞4架EA-6B提供电子压制,8架F/A-18和2架A-7E携带反辐射导弹打击利防空系统。

---

❶ 关于为什么此次行动会出现一架海军陆战队的电子战飞机,各方面资料并没有明确说明。从技术装备来看,EF-111A和EA-6B装备的都是AN/ALQ-99先进战术电子对抗系统。该系统于越南战争后期投入使用,各军种间的不同改型区别较小,相互之间不存在干扰,也不存在指挥通联上的技术障碍。可能的推断是陆战队也希望通过参与行动积累相关的经验。

第四章　军种能力互补时期的联合作战（1975—1991年）★★★

为支援整个行动，航母编队向两个方向各派出 1 架 EA-3B "空中勇士"提供额外的电子战支援，各派出 2 架 E-2C "鹰眼"负责远程侦察、打击协调、战机控制和协调，此外还负责战斗搜救等其他任务。❶

此次行动计划非常详细，精确到每一名飞行员都只需要专注于 1 个任务，如对地打击、空中巡逻或压制防空中的一项，而不是同时执行多个任务。❷ 在计划的细化过程中，出现了军种术语不统一、作战条令有差异等问题，两个军种的联络官在协调计划中发挥了关键作用，架起了桥梁，协助计划人员敲定了诸多战术技术细节，如在防空压制和战斗机掩护问题上，空军十分担心被海军误伤等，这些问题都得以解决。❸

（三）联合行动的顺利实施得益于越南战争后美军的多方改进

4 月 14 日夜至 15 日凌晨的行动过程中，除了若干架飞机出现机械故障未实施打击，两军种的部队均严格执行了作战计划。空军指挥所设置在一架 KC-10 加油机上，其中包括美国欧洲战区空军部队主管作战的副参谋长、韦斯特布鲁克上校、海军联络官及加油机编队指挥官；海军编队指挥所里派驻有 1 名空军资深上校。受外交原因限制，空军部队此次行动往返里程约 6000 英里，且是 F-111F 机型列装后的首次实战，对人员素质和飞机可靠性提出了严峻考验，还涉及电磁静默环境下的夜间大编队空中加油等高难度科目。任务期间，利比亚的注意力集中在东边的美国航母上，没有注意到西边飞来的 F-111F 编队。美海空军战机首先在地中海上空完成了汇合，10 余种机型的 100 多架飞机顺利地编成两个方向的空中作战集群，没有出现指挥和控制上的障碍，继而按照计划，各机各司其职，同时、同步、突然对利 5 个目标及防空系统发起进攻，打击过程只有 12 分钟❹，几乎全部精准命中目标，向世人昭显了"外科手术式打击"。

"黄金峡谷"行动作为一次数天准备、一天实施的联合应急作战，虽然兵力规模较小，但展现了越南战争后美军联合作战的诸多新发展。第一，

---

❶ STANIK J T. EL Dorado Canyon：Reagan's Undeclared War with Qaddafi［M］. Annapolis，MD：Naval Institute Press，2003：162，166，167.

❷ 同❶：170.

❸ 同❶：171.

❹ BOLGER D P. Americans at War，1975-1986：An Era of Violent Peace［M］. Presidio County，TX：Presidio Press，1988：416.

此次行动联合计划快速高效、细致入里，很大程度取决于军种制订过类似的计划并进行过训练演习，联合参谋部发挥了积极作用。例如，1985年同驻英国的第20战术战斗机联队以10架F-111，跨大西洋远程奔袭位于纽芬兰地区的一个模拟机场，代号"幽灵骑士"（Operation Ghost Rider）❶；1986年3月，英国起飞的F-111再次演练奔袭地中海目标，期间与海军进行了通信和飞行程序的演练。❷ 这也展现了训练革命以来美军作战能力和战备的提升，如空军参谋长加布里埃尔（Charles A. Gabriel）所言："我们绝不会让你们（飞行员）做未训练过的事。如果每个人都遵守计划，且无人逞英雄，任务一定能成功。我们需要的不是英雄，英雄反而是一种累赘。"❸ 第二，计划设置科学，留有充分冗余。此次行动中多数飞行需要保持严格的电磁静默，是典型的依赖计划维系总体联合，如果任务期间任何一支部队出现延迟，很可能影响整个作战。对此，空军部队设置了多架备用机，但依然因夜间空中加油困难导致了十分钟的延迟，整个机群不得不加大速度、抄近路以弥补时间，这一举动可能是后续多架F-111F出现故障的主因之一。❹ 第三，行动与1986年体制改革相呼应，此次海空军的联合既是前期行政性调整的结果，又呼应了后续的以联合为导向的改革进程。第四，此次行动是少有的海军占主导的空袭行动，空袭总指挥由海军中将担任，联合空中部队主要由海军提供体系支撑。这是第二次世界大战以来十分少见的，一方面说明20世纪80年代以来军种关系得到了很大的缓和，另一方面说明军种技术互通性的加强。海军部长莱曼后来总结道："'黄金峡谷'行动的成功，证明了军种实现了切实的合作、集成和训练的互通，指出了什么才是美国武装部队军种间的真正关系。"❺

---

❶ THOMPSON W. To the Bay and Back [J/OL]. Air Forces Monthly, May 2010 [2020-12-01]. https://www.airforcemag.com/issue/2010-05/.

❷ STANIK J T. EL Dorado Canyon: Reagan's Undeclared War with Qaddafi [M]. Annapolis, MD: Naval Institute Press, 2003: 159-160.

❸ MARTIN D C, WALCOTT J. Best Laid Plans: The Inside Story of America's War Against Terrorism [M]. New York: Simon & Schuster, Touchstone Books, 1989: 311-312.

❹ 同❷: 192.

❺ LEHMAN J. Command of the Seas [M]. NewYork: Naval Institute Press, 1988: 368.

二、波斯湾护航行动检验了改革后联合指挥体制的运行

两伊战争末期，1987年7月至1988年9月美军于海湾地区开展的"虔诚意志"（Earnest Will）护航行动，是1986年改革后对联合作战指挥体系的第一次重大考验。此次行动位于中央司令部的责任区，该司令部自建立以来，已经制订了大量的地面和空中作战计划，但由于海军组成部队建设尚不完善，对海上作战的计划较为薄弱。护航行动以海军为主，在行动的筹划阶段，中央司令部司令小乔治·B. 克里斯特（George B. Crist Jr.）海军陆战队上将希望全面控制护航行动，遭到了海军的反对。最后，由国防部长出面在中央司令部下组建了中东地区联合特遣部队（JTFME），由1名海军少将指挥具体的护航行动，克里斯特对整个行动实施战略指导和监督，传达参联会的指令，由此理顺了指挥关系。❶

中东地区联合特遣部队包括：22艘海军作战和补给舰，4架空军预警和指挥飞机，8架空军加油机，5架P-3水面监视飞机，由海军陆战队和空军人员共同组成的应急陆战空地特遣部队，各军种特种部队和为其配备的巡逻艇、直升机等。❷高峰时期，规模达到了27艘水面舰船和13 700名军官。❸不同于传统的单一海军兵力实施的护航，联合特遣部队的联合情报监视、应急处置能力得到了全面提升。时任国防部长温伯格称"预警机是早期预警能力中最有价值的一部分"，国防情报局专门成立了一个特别工作组，即"波斯湾工作组"，为护航任务提供情报支援。❹

"最佳机遇"（Prime Chance）行动是与"虔诚意志"行动相配合实施的联合特种作战行动，始于1987年8月，持续到1989年6月。这是特种作

---

❶ PALMER M A. Guardians of the Gulf: A History of America's Expanding Role in the Persian Gulf, 1833-1992 [M]. New York: Free Press, 1992: 132.

❷ US DEPARTMENT OF DEFENSE. Conduct of the Persian Gulf War: Final Report to Congress [R]. Washington D. C.: JPO, 1992: 369.

❸ REARDEN S L. Council of War: A History of the Joint Chiefs of Staff 1942-1991 [M]. Washington D. C.: Joint History Office, 2012: 469.

❹ 卡斯珀·温伯格. 美国前国防部长温伯格回忆录：在五角大楼关键的七年 [M]. 军事科学院外国军事研究部，译. 北京：军事科学出版社，1991：307, 308.

战司令部❶❷于 1987 年 4 月正式成立后实施的首次实战行动,任务是通过夜间行动阻止伊朗的布雷并爆破伊朗海上设施。任务部队包括海军海豹突击队、海军特别舟艇队、陆军第 160 特种作战航空团和部分海军陆战队部队,依托科威特提供的两艘大型驳船为基地。特种作战部队通常和海军驱逐舰密切配合,空军预警机负责提供侦察情报和空情、海情预警,陆军的 MH-6 直升机装有前视红外和夜视装备,负责提供前沿空中侦察、空中指挥和控制、部队输送等任务,AH-6 直升机提供空中火力支援。行动中美军一般先通过舰机(海军军舰和陆军直升机)协同瘫痪伊朗舰艇或驱散其人员,随后登船部队搭乘舟艇或直升机,前往搜集证据或实施爆破摧毁。❸ 护航时期,规模较大的两次作战行动为 1987 年 10 月的"灵巧射手"(Nimble Archer)行动和 1988 年 4 月的"祈祷螳螂"(Praying Mantis)行动,均采取了上述作战模式,其中后者是第二次世界大战结束以来美军规模最大的海上交战行动,空军预警机、航母舰载机、水面舰艇和多军种特种部队均参与其中,指挥、控制和协同流畅。时任参联会主席克劳称"被战场上作战行动的高度联合所深深震撼"。❹

作为 1986 年改革后的首次重大军事行动考验,在美军的波斯湾护航行动中,战区司令的权威和下属联合特遣部队的组织形式在实战中得到了验证,联合作战的价值被美军认可和接受。新组建不久的特种作战司令部也得到了检验,美军联合特种作战彻底摆脱了多头、无序、军种对立的混乱状态。诚然,此次行动同"黄金峡谷"行动一样,作战规模、强度和复杂程度有限,但标志着联合作战指挥体制的全面理顺,多个影响联合作战的因素正在发挥积极作用,为之后更加高端的大规模联合作战发展铺平了道

---

❶ 1987 年美国撤销战备司令部,依托其指挥架构成立了特种作战司令部,统一指挥各军种特种作战部队。司令拥有监督特种部队人员晋升、任命、延长服役期和专业发展的独特权威,还负责开发和采购特种作战独需的物资、补给和勤务。

❷ DREA E T, etc. History of the Unified Command Plan 1946-2012 [M]. Washington D. C.: Joint History Office, Office of the Chairman of the Joint Chiefs of Staff, 2013: 58.

❸ ZIMMERMAN D J. Operations Prime Chance and Praying Mantis: USSOCOM'S First Test of Fire [EB/OL]. [2020-12-12]. https://www.defensemedianetwork.com/stories/ussocoms-first-test-of-fire-operations-prime-chance-and-praying-mantis/2/JUNE272013.

❹ REARDEN S L. Council of War: A History of the Joint Chiefs of Staff 1942-1991 [M]. Washington D. C.: Joint History Office, 2012: 471.

路。克劳在其回忆录中写道:"海湾护航为两年以后的'沙漠盾牌'和'沙漠风暴'的指挥提供了丰富经验,不过我们还是花了一些时间处理源自前任者、传统和特殊诉求的军种压力。我们确立了一个原则,指挥权必须赋予某一个个体,此人应该是最接近行动现场的。另外,此人和华盛顿之间的指挥链应该尽可能地缩短,以防层级过多带来的权限冲突和损害。"❶

三、入侵巴拿马行动全面检验了越南战争后的联合作战发展

(一) 战前计划过程充分检验了参联会和战区的关系及运行

入侵巴拿马的军事行动,是美军自越南战争结束以来规模最大的军事行动,是对 1986 年改革的一次全面检验。自"门罗主义"宣布以来,美国历来将拉美视为自己的传统势力范围。20 世纪初巴拿马运河开通后,美军进驻运河区,先后组建过巴拿马区域部队司令部、加勒比防御司令部、加勒比司令部,均为陆军主导的联合司令部。1963 年 6 月,加勒比司令部转变为南方司令部,责任区扩大到南美和中美。在冷战时期,南方司令部的主要责任是阻止苏联势力向拉美渗透、维系美洲国家组织、提供重大演习保障、打击毒品犯罪等非传统安全威胁等。整体来看,南方司令部是一个重要但非重点的机构,因此在 20 世纪 80 年代苏联全面战略收缩后,面对国内军力裁撤的呼声,南方司令部需要寻找"存在理由"和生存空间。这一时期,美国与巴拿马诺列加军政府的矛盾日益尖锐,老布什政府上台后意图推翻诺列加政权、消灭其武装力量并扶植亲美政权。

1988 年 2 月,参联会指示南方司令部司令小弗雷德里克·F. 沃尔纳(Frederick F. Woerner Jr.)陆军上将,全面修订针对巴拿马的应急计划,旨在保护美国人的生命和财产安全,确保运河的开放,制订人员疏散计划,并在可能时推翻诺列加政府。南方司令部联合参谋部 J-3 作战局和南方陆军部队司令一起,编制了代号为"复杂迷宫"(Elaborate Maze)的系列应急计划,主要内容是以大规模兵力为恫吓,威慑和迫使诺列加主动下台。随后,南方司令部进一步修改计划,将其改为"祈祷书"(Prayer Book)系列计划,具体包含四个前后连贯的计划:一是代号为"克朗代克钥匙"(Klondike

---

❶ CROWE W J. Line of Fire: From Washington to the Gulf, the Politics and Battles of the New Military [M]. New York: Simon & Schuster, 1993: 209-210.

Key）的非战斗人员疏散计划；二是向巴拿马增派部队的"邮递时间"（Post Time）计划；三是代号为"蓝色汤勺"（Blue Spoon）的联合进攻行动，意图抓捕诺列加、击溃巴拿马国防军，该计划动用各军种和特种作战部队共计2.2万人，由南方司令部行使全权指挥，美国大西洋司令部、美国运输司令部❶、战略空军司令部、太平洋司令部、部队司令部（陆军为主体的单一军种司令部）为其提供支援；四是代号为"盲目逻辑"（Blind Logic）的秩序重建和恢复计划。❷

改革后日益强势的参联会联合参谋部在制订计划中发挥了重要作用。J-3作战部主任托马斯·W. 凯利（Thomas W. Kelly）陆军中将指出，现存的巴拿马联合特遣部队主体为南方司令部陆军部队，该部常年维系在旅级规模，指挥和控制能力有限，无法对战时扩大的部队实施指挥，建议将第18空降军军部作为指挥部，计划和实施"蓝色汤勺"行动。对此，南方司令部起初并不同意，增加了13名计划人员作为回应，特种作战司令部也向其派出了特种作战计划和协调小组，毕竟此事涉及不同部门之间的利益。❸ 1989年5月，巴拿马国内出现政局波动，民选政府被诺列加废除，美国采取了增兵1900名陆军和陆战队部队的"猎人舞者"（Nimrod Dancer）行动试图施压，但未能奏效。

1989年6月，麦克斯韦·R. 瑟曼（Maxwell R. Thurman）上将出任南方司令部司令，在参联会主席指示下，全面审查了"蓝色汤勺"计划。瑟曼担任过陆军副参谋长和陆军训条司令部司令，深谙联合。8月，第18空降军军长卡尔·W. 斯蒂纳（Karl W. Stiner）中将被纳入计划审查组。计划团队研究认为行动规模越大、速度越快，成功可能性越大，必须从第82空降师和第7轻装步兵师再抽调约1万人，战时和其他军种部队统一编为南方联合特遣部队。第18空降军的作战参谋人员数量是南方司令部的两倍，擅

---

❶ 运输司令部于1987年7月组建。作为单一军种司令部的军事空运司令部在1988年9月成为运输司令部的军种组成司令部。不过各军种组成部队很大程度上保留了各自部队的作战指挥权、对工业资金的控制和本军种特有任务和相关的采购职责。

❷ COLE R H. OPERATION JUST CAUSE：The Planning and Execution of Joint Operations in Panama February 1988-January 1990 [M]. Washington D. C.：Joint History Office, Office of the Chairman of the Joint Chiefs of Staff, 1995：7-8.

❸ 同❷：9.

长进行快速部署和联合作战的计划和训练,其军部被瑟曼正式指定为此次行动的主要计划和执行指挥部,行使战时南方联合特遣部队指挥部的功能。❶ 9月中旬计划修订后更名为"旗帜救星"(Banner Savior),新任参联会主席科林·鲍威尔(Colin Powell)上将对此做出进一步指示。

1989年10月,南方司令部和参联会主席、联合参谋部进行了密切的沟通和协调,相关的针对性训练随即展开。修订后的"蓝色汤勺"编为第1-90号作战指令(OPORD 1-90),对南方联合特遣部队、联合特种作战特遣部队以及各军种和其他支援机构的职责做了规定,并在布拉格堡建立联合行动控制中心,统一指挥和控制战时输送。各作战司令部之间的支援关系也全面确定:大西洋司令部将为部队输送提供海上和空中掩护,同时防备古巴或尼加拉瓜的潜在干预;运输司令部将提供空运、海运和终端维护;部队司令部将提供民事任务部队和预备役人员增补;战略司令部为任务飞机提供空中加油,并为南方司令部提供战略侦察;战术空军司令部将提供两架预警机,提供空情预警和空中指挥控制;此外,南方司令部还将获得国防直属局的支持,包括国防情报局部署的国家军事情报支援小组(National Military Intelligence Support Team)、国家安全局密码分队及国防通信局和国防测绘局提供的相关保障。❷ 为提升行动的正面舆论效果,行动代号更名为"正义事业"(Just Cause)。

1989年11月参联会批准了第1-90号作战指令。在鲍威尔和瑟曼的指导下,斯蒂纳中将领导南方司令部开始着手进行详细的战术计划制订,完成了南方联合特遣部队90-2号作战计划(JTFSO OPLAN 90-2)。该计划明确了作战意图和目标,标定了各下属特遣队的作战任务、兵力配备和指挥与协调关系,制定了精确、严格的交战规则。瑟曼对行动实施总体指挥和指导,斯蒂纳将担任南方联合特遣部队指挥官。此次行动兵力构成上以陆军为主,为达成突然性,作战行动将由驻巴拿马美军部队和本土出动的空降部队同时发起。空军直接参战部队近3400人,来自现役空军的10个联

---

❶ COLE R H. OPERATION JUST CAUSE: The Planning and Execution of Joint Operations in Panama February 1988-January 1990 [M]. Washington D. C. : Joint History Office, Office of the Chairman of the Joint Chiefs of Staff, 1995: 9, 13-14.

❷ 同❶: 9, 19-20.

队、国民警卫队的 13 个单位及后备役的 4 个单位❶，其中第 830 航空师为主体，以空运部队为主，其他作战飞机包括 2 架 EF-111、6 架 EC-130、8 架 AC-130 空中炮艇、6 架 F-117 隐形战斗机及第 1 特种作战联队的其他飞机。❷ 海军和陆战队派出特种部队和有限的地面部队参战，没有大规模动用舰艇编队和两栖登陆部队。❸

在这期间，鲍威尔利用参联会主席的职权，对作战司令部之间的支援关系做了调整。按照 1986 年改革确立的指挥体系，空降部队输送和空运物资应该由运输司令部司令统一指挥，但是运输司令部的计划和运行依赖联合部署系统（Joint Deployment System，JDS），南方司令部担心运输司令部在运行该系统时会导致空运计划被其他部门知晓，破坏行动的保密性；斯蒂纳则怀疑运输司令部的计划系统能否满足精确到小时和分钟的作战要求。鲍威尔将运输司令部一级从行动中移除，指定其下属的军事空运司令部直接与南方司令部建立联系，减少了中间环节。❹ 11 月下旬开始，各部队陆续展开了针对性训练，巴拿马地区也开展了针对行动的"沙蚤"系列演习（Sand Flea Exercises）。到 12 月中旬，参加此次作战的地面部队已经有近一半进入巴拿马境内，其余在本土军事基地 72 小时警戒待命。❺

（二）各部队同步行动、密切配合充分展现了作战的联合性

1989 年 12 月 16 日美军一名军官被巴拿马士兵打死，次日，布什总统决定实施军事干涉，"经过多年的踌躇，五角大楼终于准备战斗了"❻。在南

---

❶ 沃尔特·博伊恩. 跨越苍穹：美国空军史［M］郑道根，译. 北京：军事谊文出版社，1999：365.

❷ COLE R H. OPERATION JUST CAUSE：The Planning and Execution of Joint Operations in Panama February 1988-January 1990［M］. Washington D. C.：Joint History Office, Office of the Chairman of the Joint Chiefs of Staff，1995：23.

❸ 关于此次行动的部队详细列表，可参考美国陆军历史司令部网址：https://history. army. mil/documents/panama/taskorg. htm 和 https://history. army. mil/documents/panama/unitlst. htm。

❹ 同❷：24.

❺ REARDEN S L. Council of War：A History of the Joint Chiefs of Staff 1942-1991［M］. Washington D. C.：Joint History Office，2012：491.

❻ BAKER Ⅲ J A. The Politics of Diplomacy［M］. West Virginia：Putnam Adult，1995：189.

方联合特遣部队指挥部和联合特种作战特遣部队指挥部的指挥下,各部队开始按计划有条不紊地进行部署。20日0时45分,作战开始,南方联合特遣部队对其作战区域内的27个主要目标发起纵深攻击。❶

作战序幕由两架F-117隐形战斗轰炸机轰炸里奥阿托的巴军高炮阵地开始,2000磅的炸弹暂时瘫痪了巴军守备,由游骑兵组成的"红色"(Red)特遣队一部趁此间隙完成伞降,击溃守军,同时另一部降落在巴拿马城东郊,夺占托里霍斯国际机场。随后,82空降师一部和游骑兵组成的"太平洋"(Pacific)特遣队乘坐运输机在机场降落,协助封锁巴拿马城。193步兵旅和海豹特种部队组成的"刺刀"(BAYONET)特遣队从陆上发起进攻,目标是巴国防军司令部,期间得到了AC-130和战术空中控制小组(TACP)的支援。海军陆战队和陆军部队组成的"永远忠诚"(SEMPER FI)特遣队控守泛美公路大桥,保卫运河区的霍华德空军基地。82空降师和第7轻步兵师各1个营组成"大西洋"(Atlantic)特遣队,和特种作战部队一同攻打第二大城市科隆。

在常规作战推进的同时,联合特种作战特遣队的下属分队也发起了突击,目标包括:突袭诺列加的私人机场,切断了其海空外逃路线;营救莫德罗监狱关押的美国特工;搜查诺列加的别墅等住所;扼守佩科拉河大桥等要点,阻断巴军的增援等。❷

各级指挥官能够在战斗前对作战地区进行详细的侦察,联合通信和电子程序确保了各部队能够在作战中实时通联,有效的指挥控制和通信保障为美军提供了战术优势。❸ 到1986年12月21日大部分战斗已告结束,部队分散到各地追剿巴军残部、搜捕诺列加,巴拿马民兵借此机会反扑美军多个指挥部,发起围攻袭扰,但在AC-130、AH-64武装直升机和大口径火炮的联合打击下,很快就被挫败,并随即遭到美军的报复和镇压。1987年1月3日,被抓捕的诺列加正式宣布投降,行动结束。

---

❶ JOINT CHIEFS OF STAFF. Joint Military Operations Historical Collection [Z]. Washington D. C.: GPO, 15 July 1997: IV-3.

❷ COLE R H. OPERATION JUST CAUSE: The Planning and Execution of Joint Operations in Panama February 1988-January 1990 [M]. Washington D. C.: Joint History Office, Office of the Chairman of the Joint Chiefs of Staff, 1995: 38-39.

❸ 同❶: IV-5.

(三)"正义事业"行动在一定程度上成为海湾战争的预演

"正义事业"行动是一项复杂的高难度作战行动,是 1986 年改革以来牵涉面最广、兵力规模最大的联合作战行动。对此,有人批评"自始至终都是陆军在唱主角"❶,也有更多人称赞这是军种合作的典范❷,甚至称其为"一年多之后海湾战争中的联合部队的重要彩排"❸。在美军联合作战发展历程中,"正义事业"行动是一个重要的里程碑。

第一,"正义事业"行动全面检验了 1986 年改革后确立的美军联合作战指挥体制。纵向上来看,指挥链从总统和国防部长,经由参联会主席,到南方司令部和南方联合特遣部队,再到下属各战术特遣队,各级各司其职,南方司令部能够在不受军种干扰的情况下制订作战计划和实施指挥。横向上,在参联会主席的协调下,南方司令部与其他担负支援任务的作战司令部,相互关系明确,受援和支援程序运行流畅,实现了集全军力量支援一场作战这一更高意义上的联合。这里,要额外提到鲍威尔,他一改克劳任期时事事谨慎的过渡性做法,"不能使自己再局限于起传声筒的作用"❹,而是积极征集各军种意见后,独自向总统和国防部长汇报,并大量加入自己的意见,提升了军事建议的时效性和质量。相应地,联合参谋部直接向主席负责,参与作战计划制订,与南方司令部密切沟通,对各项情况了如指掌,作用大大提升。

第二,从作战设计来看,"正义事业"行动见证了越南战争后美军联合作战理论的发展和实战检验,如通盘考虑整场作战的战役思想、对巴拿马全境目标同时发起打击的纵深作战思想、以绝对优势兵力首战瘫痪敌军作战体系的速决思想。以 F-117A 隐形战斗机打响第一枪,其意义已超出了单纯的航空火力准备,而是体现了 OODA 环,即通过短暂地瘫痪巴军的决策

---

❶ TRAINOR S L. Jointness, Service Culture [J]. Joint Forces Quarterly, Winter 1993-1994: 71-74..

❷ REARDEN S L. Council of War: A History of the Joint Chiefs of Staff 1942-1991 [M]. Washington D. C.: Joint History Office, 2012: 492.

❸ 沃尔特·博伊恩. 跨越苍穹:美国空军史 [M] 郑道根,译. 北京:军事谊文出版社, 1999: 365.

❹ 科林·鲍威尔. 我的美国之路 [M]. 王振西,译. 北京:昆仑出版社, 1996: 469.

周期，为美军后续作战创造"机遇窗口"。这种各作战环节密切衔接所反映出的快节奏作战，已带有信息化战争的部分特征。这背后反映了美军联合作战计划和指挥控制能力的显著提升，如鲍威尔所言"我从未见过如此复杂的作战计划和实施"❶。诚然，巴拿马国土只有7万多平方公里，但相比6年前在300多平方公里的格林纳达实施的两线推进，美军无疑取得了巨大进步。

第三，战术部队编组、战术和技术的联合性进一步提升。南方联合特遣部队所指挥的若干特遣队，多数为多军种混编部队，特种作战部队和常规部队在联合互操作性方面都取得了重大进展，能够在作战中密切合作、发挥各自所长。首次参与实战的F-117A、AH-64、"悍马"等装备表现优异，前视红外地形跟踪和地形回避雷达等电子设备提高了美军夜战能力。军种间通信问题也得到了较好的解决，战时沟通和相互支援快捷、高效，可以快速处置计划之外的突发情况。例如，在营救人质缪斯的过程中，美军直升机被巴军地面火力击中迫降，随即一支装甲运兵车部队迅速赶来接走人质。❷ 在作战中仍出现了因空地协同问题而出现的误伤，一架直升机和一架AC-130分别误击了地面部队，这些问题在海湾战争中得到了部分改善。❸ 不过，误伤问题自古至今从未根除，与联合作战更是如影相随。

第三节　海湾战争中的美军联合作战实践

一、中央司令部联合作战计划工作有序推进

（一）中央司令部建立晚但战区作战计划工作预有准备

截至海湾危机爆发之时，中央司令部仍是一个兵力配备、发展程度较

---

❶　COLE R H. OPERATION JUST CAUSE: The Planning and Execution of Joint Operations in Panama February 1988-January 1990 [M]. Washington D. C. : Joint History Office, Office of the Chairman of the Joint Chiefs of Staff, 1995: 72.

❷　JOINT CHIEFS OF STAFF. Joint Military Operations Historical Collection [Z] Washington D. C. : GPO, 15 July 1997: IV-5.

❸　同❷: V-5.

低的联合司令部。中央司令部的前身,是卡特政府于 1980 年 5 月组建的快速部署联合特遣部队。该部队序列位于战备司令部下,目的是应对伊朗伊斯兰革命和阿富汗战争,处理海湾地区危机。然而成立之初的特遣部队,既没有海外基地也没有前沿设施,指挥部位于本土远离战区,且"不拥有常备的配属部队",在危机时只能从其他司令部"借"部队,引发过各司令部之间的关系紧张。❶ 1983 年里根政府将特遣部队升级为中央司令部,总部位于佛罗里达州坦帕的麦克迪尔空军基地,并正式指定了下属组成军种部队。于 1974 年被撤销的陆军第 3 集团军重新启用,作为中央司令部陆军部队司令部,但不辖作战部队,主要负责计划和组织相关演训。中央司令部海军部队由于涉及美军中东地区部队(Middle East Force)、太平洋司令部、太平洋舰队等多支部队,职能交叉重叠,指挥关系不顺,直到"虔诚意志"护航行动期间才得以理顺。战术空军第 9 航空队被指定为中央司令部空军部队,航空队指挥官任中央司令部空军部队司令。相比战区陆军和海军部队,空军有明确的配属兵力,指挥关系固定,这是空中战役主导了"沙漠风暴"的重要原因之一。

到 1990 年 8 月伊拉克入侵科威特的海湾危机爆发前,中央司令部的主要工作是派地面部队参与中东地区的联合国维和行动,与中东若干国家开展例行性"明星"(Bright Star)演习,以及海上巡航,联合性并不明显。❷ 施瓦茨科普夫上任时,名义上负责指挥部署于中东地区 18 个国家的美军部队,但能够实际掌握的只是一个 700 人组成的参谋部,主体工作是制定战区应急计划,因而被一些人认为是"有名无实的空架子"❸。

海湾危机爆发前,中央司令部已制定了应对伊拉克入侵阿拉伯半岛的联合应急作战计划。中央司令部组建以来的核心计划为第 1002 号作战计划,起初目的是防范苏联南下入侵伊朗染指印度洋。两伊战争结束后,美国政界认为伊拉克的威胁正在超过苏联,在国防部长和参联会主席的指示下,中

---

❶ SCHENELLER R J. Anchor of Resolve:A History of U. S. Naval Forces Central Command/Fifth Fleet [M]. Washington D. C.:Naval Historical Center,Department of The Navy,2007:9.

❷ 罗伯特·帕里什,恩·安德烈奇奥. 诺曼·施瓦茨科普夫将军——一战成名 [M]. 邹可可,黄韧,孙培德,译. 北京:军事谊文出版社,1991:41.

❸ 同❷:1.

第四章 军种能力互补时期的联合作战（1975—1991年）★★★

央司令部在修订1990年度计划（即第1002-90号作战计划，OPLAN 1002-90）时，将计划焦点转移到防范伊拉克对沙特或科威特的入侵上，主题为保卫阿拉伯半岛，大致内容为调动和部署20万地面部队及与伊拉克军队实力相当的海空军作战力量，应对复杂局势。❶ 伊拉克军队是当时世界上规模最大的军队之一，是以大量苏制武器打造的现代作战体系，防空能力居世界前列，并拥有大规模杀伤性武器、"飞毛腿"战术弹道导弹等。美军的方案构想是以空军和其他部队的火力持续削弱伊拉克的攻击力量，为向沙特投送地面部队和部署防御阵地争取时间，期间地面部队将避免决定性交战，待美军拥有足够力量后再发动反攻、收复失地。❷

作战计划文件的内容十分详细，修订工作需要充分准备、大量时间和周密协调，这成为1990年春季中央司令部的首要工作。1990年7月，中央司令部举行了代号为"内窥90"（Inner Look 90，又译内部观察90）的指挥所演习，通过计算机模拟和仿真对作战计划进行了推演，对陆、海、空作战中的部队表、战斗序列、武器装备、部署、指挥与控制、作战支援等做了全面检查，其中专门点出若干需要加强联合的点，包括使用"爱国者"导弹在早期部署阶段为各军种部队提供防护、协调空中作战的联合空中任务指令、空军加油机保障海军舰载机等。❸ 当1990年8月2日伊拉克入侵科威特、海湾危机爆发时，第1002-90号作战计划中的各阶段部队部署数据、兵力计划、支援计划等尚未完成，且演习模拟的规模和强度整体偏小。不过已有的计划文本、推演检验及演习结论和经验等，为"沙漠盾牌"和"沙漠风暴"行动的计划和执行提供了重要参照。其中要特别指出的是，1990年参联会发布了由陆军主笔的《统一和联合作战条令征集意见稿》，一定程度上有助于凝聚联合作战共识，对于编写条令过程中发现的系统不兼容或计划程序差异等问题，中央战区通过临时性程序创新，有效地加强了军种在情报、作战和后勤方面的联合。❹

---

❶ REARDEN S L. Council of War: A History of the Joint Chiefs of Staff 1942-1991 [M]. Washington D. C.: Joint History Office, 2012: 508.

❷ US DEPARTMENT OF DEFENSE. Conduct of the Persian Gulf War: Final Report to Congress [R]. Washington D. C.: JPO, 1992: 350.

❸ 同❷: 351.

❹ 同❷: 352.

(二) 增兵期间作战计划由空战主导转向全面联合作战

海湾危机伊始，为防止再次出现朝鲜战争初期的被动局面，1990年8月7日美国发起了"沙漠盾牌"行动，迅速向中东地区增兵，协助加强沙特的防御。各军种的先遣部队在8月中旬部署到战区，进入了战斗巡逻和警戒状态。为防止伊拉克军队趁势南下入侵沙特，施瓦茨科普夫提出了一份要求部署15万美军部队的防御计划，兵力包括两个师、一个旅、500架飞机及含航母战斗群在内的海军支援力量。❶ 美国军政界为避免越南战争逐步升级战略的弊病，很快将有限增兵和威慑计划更替为大规模作战计划。在布什的授权下，后续兵力持续开进中东。到1990年10月底，美国已在该地部署了21万人，协助6.5万人的沙特军队保护沙特，多国部队的战时同盟也在加紧拼凑中。❷ 在此基础上，布什总统授权将地面部队规模扩大一倍，同时再增加30%的空中力量。❸

空军计划小组的"迅雷"计划构成了美军在海湾战争期间空战计划的核心。"沙漠盾牌"期间，施瓦茨科普夫的重点工作是建立中东战区前线指挥体系，接收、管理和指挥不断增多的兵力，因此无暇制订详细的联合作战计划。协调计划制订的工作由五角大楼联合参谋部负责，经过"正义事业"行动后，很少有人质疑联合参谋部在这方面的能力和技巧。❹ 联合参谋部将初期的作战计划工作交给空军参谋部约翰·A. 沃登三世（John A. Warden III）上校领导的"将死"❺（Checkmate）战略规划小组，由其配合施瓦茨科普夫制订战役计划。"将死"小组认为应充分利用隐形飞机、精确制导弹药等高技术武器装备，发挥空中力量优势，制订了代号为"迅雷"（Instant Thunder）❻ 的空中打击伊拉克的战略纲要计划。该计划是一个独立

---

❶ 罗德尼·P. 卡莱尔. 美国人眼中的海湾战争［M］. 孙宝寅，等译. 北京：当代中国出版社，2005：66-67.

❷ 同❶：75.

❸ JOINT CHIEFS OF STAFF. Joint Military Operations Historical Collection［Z］. Washington D. C.：GPO, 15 July 1997：V-6.

❹ REARDEN S L. Council of War：A History of the Joint Chiefs of Staff 1942-1991［M］. Washington D. C.：Joint History Office, 2012：511.

❺ 象棋术语，又译"将军""逼将""撒手锏"。

❻ 行动代号区别于越南战争的"滚雷"，强调快速决定性打击和瞬间制敌。

的战争慑止行动,意图通过 6 天的联合空中作战,重创伊拉克指挥体系并摧毁其关键军事能力。❶ 这一方案后来成为"沙漠风暴"空战计划的核心内容,但该计划是典型的空权制胜论,排斥空中力量以外的其他力量,不管是参联会还是中央司令部都对此存疑。

在鲍威尔的指导下,陆军、海军和陆战队军官加入了"将死"小组,之后各类文本加盖上了联合参谋部的标识,以此凸显联合和权威性。不过海军依旧更倾向于独立作战,不愿将舰载机置于联合作战的体系中。❷ 计划制订期间,刚上任数月的空军参谋长迈克尔·J. 杜根(Michael J. Dugan)上将在公开场合强调空战决胜轮,立刻遭被革职,除泄密原因外,政治考虑占很大比重,因为过于突出空军显然不符合"沙漠盾牌"行动所强调的联合精神,国防部长切尼在阐述解职杜根的理由时,批评其"缺乏判断力"和"贬低其他军种的贡献"。❸

鲍威尔和施瓦茨科普夫都认为,需要同时运用空中和地面部队才能实现国家指挥当局设定的目标。在中央司令部,计划由空中作战为主转向了联合空中作战和联合地面作战两个计划。整个 1990 年 8 月期间施瓦茨科普夫主要忙于进行总体指挥指导和在华盛顿进行各类汇报,中央司令部空军部队司令查尔斯·A. 霍纳(Charles A. Horner)中将主管了中东前线指挥部的建设工作和部队的早期指挥控制,行使了前线代理司令的角色,鉴于危机爆发后美军优先将各类飞机部署到战区,这一安排合乎情理。8 月底,中央战区前线指挥部初具规模,全面接管了作战计划工作。霍纳空军中将接收了沃登小组的空战计划,但霍纳也不认为仅靠空军就能赢得战争,毕竟伊沙边境还部署有伊拉克军队大批机械化部队。霍纳成立了自己的联合作战计划团队,吸纳了其他军种计划人员及北约和沙特的代表,地点位于利雅得市中心沙特皇家空军的地下堡垒内,代号"黑洞"(Black Hole)小组,由中央司令部空军部队参谋长巴斯特·C. 格洛森(Buster C. Closson)

---

❶ KEANEY T A, COHEN E A. Gulf War Airpower Survey: Summary Report [R]. Washington D. C.: GPO, 1993: 36-37.

❷ MAROLDA E J, SCHNELLER R J. Shield and Sword: The United States Navy and the Persian Gulf War [M]. Washington D. C.: Naval Historical Center, 1998: 184.

❸ 沃尔特·博伊恩. 跨越苍穹:美国空军史 [M]. 郑道根,译. 北京:军事谊文出版社,1999: 375.

空军准将领导。在计划过程中,"迅雷"计划由空战为主转向了多军种联合作战,6天的密集轰炸和封锁,转变为长达一个月乃至数月的全天候空战,目的也从有限的解放科威特,转变为颠覆萨达姆政权、消灭其武装力量。❶

中央司令部的地面作战计划同步展开。最初计划方案是从正面直接打入科威特,被布什和鲍威尔否决。在施瓦茨科普夫的要求下,堪萨斯州利文沃思堡指挥与参谋学院的代号为"绝地武士"(Jedi Knight)的军事计划团队参与起来,制订了"左勾拳"计划,即通过迂回合击伊拉克军队的西部防线,谋求以更小的代价取得更大的胜利。此方案与国防部另一个计划小组的方案不谋而合,得到了国防部长和参联会主席的批准。这一计划需要更多的地面部队和海空军支援,对于联合指挥和部队协同要求也高。鉴于苏联的威胁已经降低,相当于美驻欧陆军一半兵力的第7军从德国调往中东,和第18空降军共同组成战区陆军部队。不过"左勾拳"计划在作战中并没有涉及陆战队的使用,引发了中央司令部海军陆战队司令沃尔特·E.布默(Walter E. Boomer)中将的强烈不满,认为陆战队遭到了贬低。施瓦茨科普夫对此妥协,同意在地面攻势发起后陆战队也参与进攻,而不是只发挥牵制作用。两个军种各自制定自己的地面作战计划,埋下了后续作战中协同不力的隐患。

二、中央战区联合联军作战指挥关系明确且顺畅

(一)美军构建了二战后最清晰明确的战区作战指挥关系

经过1986年改革和若干次重大军事行动的检验,到海湾战争时期,美军联合作战指挥体系已经十分明确,这是以往历次战争中都难以实现的。在对接战略层级方面,作为本次战争的实施和指挥主体,施瓦茨科普夫通过参联会主席接受来自总统和国防部长的指令。在兵力需求方面,战区司令上报参联会主席,由其协调各军种部和其他作战司令部进行兵力调配。在参联会主席的指定下,中央司令部作为受援司令部,负责战区内所有军事行动。欧洲司令部、大西洋司令部、太平洋司令部、特种作战司令部、航天司令部、运输司令部、南方司令部、部队司令部和战略空军司令部负

---

❶ REARDEN S L. Council of War: A History of the Joint Chiefs of Staff 1942-1991 [M]. Washington D. C.: Joint History Office, 2012: 515.

责提供兵力和诸多职能方面的支援或保障。

在战区战役层面，施瓦茨科普夫对部署在中东战区内的陆军、海军陆战队、特种作战地面部队、战术空军部队和海军部队等，行使作战指挥权；对部署在战区内的运输司令部部队、战略空军司令部轰炸机部队等行使作战控制；对于部署在战区外、但在战区活动的部队行使战术控制。❶ 任务期间，除个别特种部队和情报单位外，各军种部队的行政管理、支援及后勤保障事务，由战区各军种部队司令部负责。

在联合部队组建方面，海湾战争中设立了联合部队地面部队司令（Joint Force Land Component Commander，JFLCC）和联合部队空中部队司令（Joint Force Air Component Commander，JFACC），海上作战相对独立，没有专门设置海上联合部队和司令。联合部队地面部队司令由施瓦茨科普夫亲自担任，部队包括了战区陆军第3集团军和部署于陆上的第1陆战远征部队（军级）。按照美军条令，联合部队地面部队司令应该由战区陆军部队司令来担任，由战区司令出任地面部队司令一方面是为了避免激起海军陆战队和陆军之间的矛盾，另一方面也更适合与阿拉伯联军地面部队司令部进行对等协调。❷ 施瓦茨科普夫挂帅地面部队司令的这种"折中安排"，类似朝鲜战争时期的麦克阿瑟，也被一些人批评为"破坏了简洁和统一指挥原则"❸。

中央战区陆军部队司令兼第3集团军军长约翰·J. 约索克（John J. Yeosock）中将，其职责降为负责联合与联军协调、战区支援行动和地面作战指导，具体为三项：一是作为中央司令部陆军部队司令部，负责整个战区内陆军各类行动、后方军事行动和各军种的后勤支援及保障，确保军事行动的持续、稳步推进；二是作为战区陆军部队，负责建立接待和维持部队的各类后勤与基础设施，并负责控制"爱国者"防空反导系统，提供要地防空；三是在作战期间作为野战集团军，指挥下属的陆军第7军和第18

---

❶ US DEPARTMENT OF DEFENSE. Conduct of the Persian Gulf War：Final Report to Congress [R]. Washington D. C.：JPO, 1992：546-547.

❷ BONIN J A. Unified and Joint Land Operations：Doctrine for Landpower [R]. Land Warfare Papers, no. 102, 2014：6, 7.

❸ 同❷：6.

空降军，实施作战行动。❶ 为加强陆军部队的指挥和控制、与联军部队的协调，第3集团军组建了外派的7个联络组和1个前沿机动备用指挥所，并利用第513军事情报旅建立了一体化作战与情报中心。❷

参与海湾战争的海军陆战队分为两部分，一部分为第1陆战远征部队，由中央司令部海军陆战队司令布默中将兼任指挥官，指挥部署在陆上的2个陆战师和1个陆战队航空联队，在地面作战中受施瓦茨科普夫的指挥；另一部分为部署在海上的两栖特遣部队，不归战区海军陆战队司令指挥，而是受中央司令部海军部队司令指挥，战时担负海上佯攻的任务。第1陆战远征部队向中央司令部提供了联络军官和参谋人员，并在陆军司令部、联合部队空中部队司令部和联军中都互派了联络军官，保持密切沟通。海军陆战队还在海军部队指挥中心"蓝岭"号上派驻了一个参谋小组，就地面作战计划和两栖作战计划进行协调。陆军和空军则为陆战队部队提供了一些通信设备，确保互通兼容性。

第9航空队司令霍纳中将兼任中央战区空军部队司令，战时担任联合部队空中部队司令。联合部队空中部队参谋部由"黑洞"联合计划小组发展扩大而来，主体为第9航空队参谋人员。随着飞机部署的增多，1990年12月战区空军按照机种类型组建了4个暂编航空师，分管战斗机、电子战与指挥控制飞机、战略空军飞机、运输机，其中由战斗机部队组成的第14航空师师长兼任战局计划处主任，负责拟制空中战役计划。作为联合空中作战的总指挥官，霍纳并不具备直接指挥其他军种空中部队的权力，而是对其行使战术控制权，即与其他军种进行协调，就分配飞机出动架次问题进行规划、协调和任务指派。霍纳还兼任战区空域管制总指挥官，对空域管制有最终决定权，以此可对其他军种的具体任务规划施加影响。这些形式，相比朝鲜战争时期的目标协调、越南战争时期的划片各自为战，有了巨大进步。此外，霍纳还担任地区防空司令，与陆军加强合作，构建联合区域防空体系。

---

❶ SWAIN R M. Lucky War: Third Army in Desert Storm [D]. Fort Leavenworth, KS: U. S. Army Command and General Staff College Press, 1994: 25.

❷ US DEPARTMENT OF DEFENSE. Conduct of the Persian Gulf War: Final Report to Congress [R]. Washington D. C.: JPO, 1992: 549.

第四章 军种能力互补时期的联合作战（1975—1991年） ★★★

海湾危机前中央司令部常备海军部队规模小，参谋作业能力有限，海湾危机爆发后第 7 舰队司令斯坦利·R. 亚瑟（Stanley R. Arthur）中将被任命为中央司令部海军部队司令。海军部队指挥部位于第 7 舰队旗舰"蓝岭"号两栖指挥舰上，海军舰船及航空兵均通过该指挥中心接受战区指挥、受领任务。为加强对接，海军部队在利雅得设立了中央司令部海军部队参谋机构，作为中央战区联合参谋部的海军代表，但其与战区陆军、空军的参谋部相比，规模较小，军官整体级别也较低。海军关注的水面作战行动相对独立，且伊拉克海上威胁能力有限，故不需要其他军种的过多配合。多国部队也没有另外构建指挥体系管参加海上拦截行动的 13 国军舰，不过缺乏统一指挥体系没有妨碍拦截行动的有效配合和顺利实施，其原因一是"虔诚意志"行动时期，美国与盟国海军已经进行了大量例行性活动，二是美国海军每年都与中东相关国家举行联合演习。美军在此次行动中动用了 6 艘航母，组成了两支航母战斗群作战编队。波斯湾作战编队含"中途岛"号、"突击者"号、"西奥多·罗斯福"号航母，由第 5 航母大队司令任编队指挥，旗舰为"中途岛"号航母；红海作战编队含"约翰·肯尼迪"号、"萨拉托加"号、"美国"号❶航母，由第 2 航母大队司令任编队指挥，旗舰为"肯尼迪"号航母。两支航母战斗群是海军参与联合空战的主要力量，通过"蓝岭"号上的指挥中心，领受来自战区和联合部队空中部队司令部的任务。

中央司令部下属的特种作战司令部，负责指挥各军种抽调过来的特种作战部队。这些部队原先驻地都在美国本土，陆军和空军的心理战和民事部队也被纳入了特种作战司令部。在海湾战争中，特种作战任务有两种，一种是实施特种作战侦察，搜查大规模杀伤性武器、"飞毛腿"导弹等重要目标，开展敌后破袭行动，进行战场救援、开展心理战等任务，另一种是与陆军和空军常规部队密切合作，实施伴动或引导火力打击等。在地面作战阶段，空军第 16 特种作战中队的 AC-130 和第 193 特种作战大队的 EC-130 还兼负对陆军和陆战队实施直接支援。❷

---

❶ 1991 年 2 月，"美国"号航母加入波斯湾作战编队，加强对预期的两栖作战的支援。

❷ US DEPARTMENT OF DEFENSE. Conduct of the Persian Gulf War: Final Report to Congress [R]. Washington D. C.: JPO, 1992: 555.

（二）多国部队联军作战主要依托美军联合作战指挥架构

海湾战争是一次典型的多国联军作战。到1991年年初多国部队总数达到70多万人，涉及28个国家，其中由美国实施作战控制的部队占总数的三分之二。❶ 多国部队空中力量方面，共有来自14个国家各军种部队的2700多架飞机，由霍纳统一制订空中战役计划、行使战术控制权并进行协调。❷ 多国部队地面部队分为西方联军和阿拉伯联军两部：西方联军主要为美国、英国、法国三国，英国地面部队配属第7军并接受其作战控制，法国地面部队配属第18空降军并接受其战术控制；阿拉伯联军方面由沙特哈立德·本·苏尔坦（Khalid bin Sultan）亲王统一指挥，编为北线联合部队司令部（JFC-N）和东线联合部队司令部（JFC-E），部署于美国海军陆战队第1陆战远征部队的左右两侧，共同从正面突入科威特。

战时，施瓦茨科普夫与哈立德直接沟通协调。多国部队组建了联军协调、通信与统一中心，紧挨中央司令部的作战室、联合作战中心和联合情报中心。该中心在"沙漠盾牌"期间，负责协调训练场区、射击场、后勤安排、电磁频谱管理等，在"沙漠风暴"期间，对多国部队的各部指挥所进行协调，明确各作战区域分界线和火力支援协调线，进行情报共享，通报作战进程等。

三、海湾战争中的美军典型联合作战行动

海湾战争是美军第一次以战役法视角设计和进行的战争，众多方面均体现了联合作战的发展。其中最具有代表性和比较性的是联合空中作战和空地联合作战。

（一）联合空中作战在海湾战争中发展趋于成熟

1. 多种因素促使空中作战必须以联合的形式实施

自第二次世界大战结束以来，空中作战历来是"关乎各军种角色和任务的最敏感的领域"，海湾战争是"第二次世界大战结束以来所有参战的固

---

❶ REARDEN S L. Council of War: A History of the Joint Chiefs of Staff 1942-1991 [M]. Washington D. C.: Joint History Office, 2012: 519.

❷ NALTY B C. Winged Shield, Winged Sword: A History of the United States Air Force, vol. 2 1950-1997 [M]. Washington D. C.: Air Force History and Museums Program, 1997: 456.

定翼飞机首次共同接受一名空军指挥官的战术控制"❶❷，联合空中作战的指挥关系十分明确。海湾战争中，施瓦茨科普夫指定战区空军部队司令霍纳中将担任联合部队空中部队司令，通过霍纳下达每天总体攻击计划和空中任务指令，对战区内各军种的空中力量统一实施指挥。

能够实现这种联合，除前文所述的体制改革方面的原因，还和美军发展状况、初步显现的信息化战争特征等密切相关。第一，空中装备的更新换代和冷战后期的裁军，使美军各类作战飞机的数量减少，不再可能出现朝鲜战争或"滚雷"行动中那样的大规模编队机群轰炸，实际作战中的飞行编队越来越小，作战计划和评估不再基于机械化战争时代的兵力或火力投射规模，而是向基于作战效果转变，因此必须加强对空战的统一指挥。第二，指挥系统、新型飞机、精确制导弹药、战场监视系统、卫星侦察及通信等一系列新装备的发展，使战场各要素的相互通联更为舒畅、便捷，联合作战中来自技术、环节和程序方面的消耗降低，美军信息与情报共享、决策、指挥和控制等能力大为提升。第三，中央司令部按照战役法的思维框架设计了"沙漠风暴"行动，空中战役作为整个战区战役计划的一部分，必须加强自身的统一指挥。在联合空战计划方面，美军在20世纪80年代末的几次行动中已经实践过，另外，太平洋司令部在制订东北亚地区联合作战应急计划时，大幅加强了第7舰队和第5航空队之间的空战计划协调，一改先前各军种各自制定空战计划的做法。上述经验都为中央司令部提供了有益借鉴。

综合考量地理环境、基础设施、敌人类型等，中东地区是近乎理想的联合空战环境。霍纳以第二次世界大战时期麦克阿瑟和肯尼的关系为效仿榜样❸，与施瓦茨科普夫密切配合，除了战略性决策和一些重要任务的分配，几乎没有证据表明施瓦茨科普夫直接干预了霍纳的作战决策。联合部

---

❶ WINNEFELD J A, JOHNSON D J. Unity of Control: Joint Air Operations in the Gulf [J]. Joint Forces Quarterly, Summer 1993: 88-99.

❷ 严格讲该描述并不准确，如陆军的小型固定翼观察机并没有完全交给联合部队空中部队控制；海军陆战队也保留了一部分飞机专门用作对地支援，而未将控制权完全交给联合部队，具体内容可见下文。

❸ CARPENTER P M. Joint Operations in the Gulf War: An Allison Analysis [M]. Maxwell Air Force Base, AL: School of Advanced Airpower Studies, Air University, 1994: 55.

队空中部队司令部的核心参谋人员来自第 9 航空队和空军参谋部，空军的指挥和控制系统发挥了主导作用，其他军种的指挥控制系统必须加以调整与其匹配。由于缺乏联合条令对空战进行明确的责任划分，在默认情况下，联合空战使用空军的条令和编组惯例。历经了 80 年代的发展，空军的硬件和武器装备有了巨大的发展，拥有隐形战机、战区连续空中加油、先进战场空中监视和战区纵深打击等能力，且这些能力多数为空军专有、其他军种不具备的，可以在联合空战中发挥特殊乃至先导性作用。

尽管空军有数量众多的先进战机，要同时支援所有军种的战机，仍然捉襟见肘。另外，在战术侦察、压制敌防空系统、指示精确制导弹药等方面，仅靠空军战机也难以完成。因此，必须通过联合扩大空战整体力量。在空军内部，战术空军和战略空军的藩篱被打破，80 年代以来，战略空军越来越多地参与到战区演习和常规应急作战中，有效提升了空中加油、侦察和打击的能力。在海湾战争中战略空军派出联络官进入联合部队空中部队司令部参与作业。

多国部队方面，英国、法国、意大利、加拿大、沙特阿拉伯、科威特、巴林、阿拉伯联合酋长国和卡塔尔的空军都在不同程度上参与了联合空战，一方面这是作为国际决心的政治信号传递，另一方面这些国家缺乏有效的空中作战指挥控制系统和作战支援能力，必须依赖美国的空中指控和任务规划系统，统一在联合作战指挥中心和空中任务指令系统的控制下作战。这对联合部队空中部队司令部提出了更高的要求：既要能够制定一套能够充分运用各国空中力量、履行作战职责的空中任务指令，还要考虑不同国家的利益考虑和政治诉求，做到统筹兼顾。

2. 海军和海军陆战队以不同的方式参加联合空战

为更好地将海军空中力量融入联合空中作战，中央司令部海军部队进行了若干次指挥和协调流程的调整。依托前沿基地，海军较早地部署到海湾地区，前期其任务主要是护航和海上封锁，以及支援可能的空地作战。整体而言，海军的空中作战模式是短期应急作战型，不具备空军指挥和控制长期性大规模空中作战的能力。

随着航母部署的增多，海军将自身空中力量融入空军主导的计划、任务分配和指挥体系中，作为空中作战的一个成员而非领导。在作战初期，海军航空兵与空军主导的空中任务指令衔接不畅，主要原因在于海军的指挥部位于海上，涉及海军的空中作战计划需要通过驻利雅得的海军联络官转发给中央战区海军部队司令，然后分发给红海和阿拉伯海的航母编队指挥官，最后再下达给各航母航空联队指挥官，而航母出于自身安全防护的考虑，通常都远离浅水区域，位置相对分散。由于海空军的指挥和通信系统无法互通，空军制订的计划无法直接传输给海军，很多指令和计划文本需要通过 S-3 巡逻机空运纸质文件或磁盘才能传达，早期的指令传递经常出现延误，并制约着联合空战的有效计划和开展。对此，有人提议将海军部队司令部及亚瑟中将置于岸上，紧邻中央司令部便于开展协调，但海军内部强大的组织压力和指挥传统要求指挥官必须位于舰上指挥，且在海军视角下大量的海上事务其重要性要高于和战区司令部的联络。另外，由于舰上空间有限，20 世纪 80 年代海军舰艇并没有大量加装专用的军种互通通信设备，战时临时加装显然也不现实。❶

为提高效率，海军加强了位于利雅得的海军参谋部，授权该部可直接与各航母就空袭计划进行协调，大大简化了流程，使海军能够更顺畅地进入空中作战计划与执行的运行周期。

海军航空力量自身的能力缺陷制约了空战联合程度的提高。一是航母部署远离陆地，舰载机十分依赖空军加油机，而加油机数量并不宽裕，这就引发了不少海空军的冲突；二是海军飞机 F-14、F/A-18 等的敌我识别系统装备不全，空中认证方式单一，在密集的空中交通环境中，美军不得不制定更为复杂的交战规则，既严格限制了超视距打击能力的使用，也增大了空域管制的压力❷；三是海军空中作战以航母为核心，海空军不同的作战计划流程和限定条件一度给联合作战带来压力；四是海军飞机缺乏足够的激光指示平台和精确制导能力，只有 A-6 等少量机型能够用作激光指示平台，且缺乏深穿透炸弹，在目标打击的选择上比较受限。不过海军也有空军不具备的一些优势，在整个联合空战中发挥了关键的作用：一是"战斧"巡航导弹，不受气象、天候条件影响，精度高，可从防区外直接打击

---

❶ WINNEFELD J A, JOHNSON D J. Unity of Control: Joint Air Operations in the Gulf [J]. Joint Forces Quarterly, Summer 1993: 88-99.

❷ CARPENTER P M. Joint Operations in the Gulf War: An Allison Analysis [M]. Maxwell Air Force Base, AL: School of Advanced Airpower Studies, Air University, 1994: 11-13.

严密防御的纵深目标，且不存在机组人员安全问题，而空军武器库里缺少此类武器；二是海军 F/A-18、A-6、EA-6 等多个机型，均可挂载哈姆反辐射导弹并加装防空压制组件，大大弥补了空军电子战飞机力量不足的问题，不过相应地这也对战前计划和战术协调提出了更高要求。

海军陆战队坚持陆战空地特遣队的任务编成，并没有将自己的航空力量完全置于联合部队空中部队司令部的控制下。越南战争结束以来，陆战队空中力量完成了主力装备从 F-4 和 A-4 等到 F/A-18、AV-8B 及 A-6 的升级换代，与此同时其核心编成陆战空地特遣队也进一步发展。海军陆战队认为自己本身即是一支联合部队，同时负责空中和地面的作战，希望能给其划定一个特定的地理区域，在该区域内任务和优先事宜都由陆战队自己决定，而不是由联合部队空中部队司令部决定，如果陆战队在完成本区域的任务时还有额外力量，则再交由联合部队指挥。

这一近似越南战争时期的安排设想，遭到了中央司令部的拒绝。出现这一分歧的本质原因是战略空袭和对地支援对有限的空中资源的争夺。在各方协商下，海军陆战队同意将所有的 A-6 和一半的 F/A-18 交由联合部队空中部队司令部控制，参与联合战略空袭，其余的 F/A-18 和所有的 AV-8B 则仍由陆战队自己控制，用来支援陆战队的地面作战。❶ 前期的联合空中作战包含地面战场准备，客观上有利于陆战队后期的地面作战，不过陆战队仍担忧不能获得足够的空对地支援。为打消陆战队疑虑，空军承诺在地面作战中将使用 B-52 为其提供支援，这类战略轰炸机被认为可以沉重打击敌军士气，历来被地面部队指挥官所青睐，由此空军和陆战队达成了协议。❷

最终，陆战队的空中力量被分为两部分：一部分纳入空军主导的空中任务指令系统，参与联合空战；另一部分由陆战队保留控制权执行对地支援任务。根据这种安排，各军种部队在战前组织了一系列演练，检验了程序运行。

3. 空军的作战方式和指挥模式主导整个联合空战

联合部队空中部队通过制定和执行总体攻击计划和空中任务指令来开

---

❶ WINNEFELD J A, JOHNSON D J. Unity of Control: Joint Air Operations in the Gulf [J]. Joint Forces Quarterly, Summer 1993: 88-99.

❷ GORDON M R, TRAINOR B E. The Generals' War: The Inside Story of the Conflict in the Gulf [M]. Boston, MA: Little, Brown, 1995: 311-312.

第四章 军种能力互补时期的联合作战（1975—1991年）

展联合作战。总体攻击计划列出达到目标的时间、任务编号、目标编号、目标名称、飞机类型和飞机数量；空中任务指令更为详细，加入了无线电呼号、弹药载荷、应答识别码、空中加油引导及程序指令、空域管制、救援、通信、干扰等具体信息，也包括海军和空军的巡航导弹及部分直升机，不过陆军战术导弹和多数直升机不计入其中。❶

空中任务指令（Air Tasking Order，ATO）是一种空军参谋作业，在海湾战争被赋予了联合的属性，成为塑造空中战局的核心文本，由霍纳中将亲自指导，其下属的指导、分配和目标参谋分队（GAT）负责具体制定，即"黑洞小组"。"沙漠盾牌"期间，美军通过执行日常性空中任务指令来开展空中防御、监视、快速反应及警戒任务，不过更重要的工作是制定"沙漠风暴"期间的空中任务指令，尤其是开战头48~72小时中的空中作战计划。在实际运行中，各部队通常都会有一些特殊要求，作战情况的变化将带来目标的变更，无数细小环节需要协调平衡。对此，各军种联络官和参谋人员共同参与空中任务指令的编制，作为桥梁协调解决上述问题。空中任务指令的页数并不固定，因每天任务不同而变，最多的一天为沙漠风暴第40天，即地面作战的第2天。这一天的空中任务指令如果通过空军的计算机辅助部队管理系统（CAFMS）传送，需要982个屏幕页面，如果使用自动数字网络报文系统传送则需要261页，很多单位使用带有调制解调器的保密电话机（STU-III）提高传输速率。❷

不同于以往战争只给各单位下达跟本单位有关的指令"片段"，海湾战争中依托战术组网，中央司令部向各部队都传送了完整的空中任务指令，这导致通信数据量超过了旧的传输设备和计算机的承受能力，一些单位反馈传输和打印指令就需要耗费5个多小时。❸ 指令成品一般以电子传输或磁盘形式传递，对于缺乏必要通信连接设备的海上航母编队则需要出动飞机来送达，全部送达数百个作战单位通常需花费数小时。"沙漠风暴"期间，多国部队日均飞行架次为2800次，为防止空域冲突、误伤，同时确保空中

---

❶ 托马斯·A. 基尼，艾略特·A. 科恩. 战争的革命：海湾战争的空中力量 [M]. 白华，译. 长春：国际文化出版公司，北方妇女儿童出版社，2001：141-142, 140.

❷ 同❶：140.

❸ 同❶：140.

加油等支援活动的有序开展，所有的军种部队都要遵循空中任务指令来实施空战，如同遵循"空战圣经"。

空中任务指令的问题是不够灵活。每一个飞行日的计划需要48小时来进行准备，即当某一天的空中任务指令正在执行时，两到三个计划小组正在制订未来两天的指令计划。这就带来了一个潜在风险，即如果形势变化过快或战损评估被延误，未来计划的制订便极可能受到干扰。其他军种并不具备类似空军计算机辅助部队管理系统的软件和系统支撑能力，这就可能导致计划在分发、沟通和执行中出现进一步延误。

美军主要依托空军的战场战术空中控制系统（TACS）对任务中的飞机进行实时指挥，该指挥系统由一系列空中指挥机和地面指挥所构成。"沙漠风暴"期间，在任何时候战区上空都有3架E-3预警和控制飞机开展侦察监视，作为空中指挥分队担负空中前沿指挥所的任务，对飞临目标区域的作战飞机进行指引和战术指挥，E-3阵位的侧翼则由海军的E-2C飞机进行补充监视，同时也担负指挥角色，U-3R和TR-1A侦察机等则负责发现目标，然后将相关信息传递给空中指挥平台。❶ 在涉及对地支援的战术前端，空军和海军陆战队的OV-10观察机及陆战队的部分F/A-18作为前沿控制机，引导飞机实施近距离支援任务。E-8联合星负责侦察运动中的伊拉克部队，也可作为指挥和控制平台，极大地简化了指挥流程。

大批量的飞机出动对战场通信保障提出了更高要求。空军EC-135作为无线电中继站提供空战场通信保障，整个战区的通信保障则主要由陆上通信线路、电台、卫星等手段组网保障，其中空军航天司令部的美国军事通信卫星系统发挥了支柱作用。海湾战争中多国部队使用了16颗军用卫星和5颗商业卫星用作通信保障，其中14颗军用卫星为美军所有，另外2颗属于北约，商业卫星及配套通信线路则为临时租用，战区的通信总传输速率可达200兆比特/秒，相当于可同时拨打39 000次电话，天基通信承担了90%的跨战区通信任务和部分战区内通信任务，并广泛担负通信中继和桥接的任务。❷ 海湾战争中的天基系统能力构成了联合作战指挥和控制的核心纽

---

❶ 托马斯·A. 基尼，艾略特·A. 科恩. 战争的革命：海湾战争的空中力量 [M]. 白华, 译. 长春：国际文化出版公司，北方妇女儿童出版社，2001：183.

❷ 同❶：184-185.

带之一,被认为是"一个未加宣扬的革命性变化"❶。

4. 联合空战在战场上呈现出灵活多样的表现形式

"沙漠风暴"行动中的空中战役分为四个阶段。第一个阶段为开战第一周,目的是夺取制空权、摧毁伊拉克战略作战能力,重点打击核设施、大规模杀伤性武器以及指挥控制系统;第二个阶段计划是第 7 至 10 天,重点是压制科威特和伊拉克南部境内的防空力量;第三个阶段为第 8 至 39 天,除继续攻击前两个阶段里的目标类型,将重点转向科威特和伊拉克南部境内的伊拉克军队地面部队,为地面作战实施战场准备;第四个阶段为第 39 至 43 天,重点是对地面作战实施空中支援。❷ "沙漠风暴"期间联合空中作战计划组织图如图 4-2 所示。

开战日最能体现空战的联合性。1991 年 1 月 17 日凌晨,美军陆海空 3 个军种分别以 3 种不同的打击形式,同时对伊拉克发起进攻,拉开了联合空战的序幕。第一支部队为"诺曼底"特遣队,部队包含了来自空军第 1 特种作战联队的 4 架 MH-53J"铺路微光"直升机和陆军 101 陆航旅的 8 架 AH-64"阿帕奇"攻击型直升机,编为两个分队,攻击位于边境地区的两个伊拉克军队防空雷达站,其中 MH-53J 装备了尖端夜视仪、前视红外、全球定位系统、惯性导航多普勒雷达、电子对抗、地形跟踪和回避雷达等先进设备,负责为"阿帕奇"提供夜间导航和目标指引。❸ 2 时 20 分"诺曼底"特遣队发起进攻,共打出了 27 枚"地狱火"导弹、近百枚 70 毫米口径火箭弹和数千发 M230 型 30 毫米口径航炮,摧毁了两个雷达站,为后续的空中进攻打开缺口。❹ 第二支打击力量为空军第 37 战术战斗机联队的首批次 30 架 F-117A 隐形战斗轰炸机,深入伊拉克腹地,于 2 时 35 分投下了首波

---

❶ 沃尔特·博伊恩. 跨越苍穹:美国空军史[M]. 郑道根,译. 北京:军事谊文出版社,1999:374.

❷ 同❶:379.

❸ WINNEFELD J A, JOHNSON D J. Unity of Control: Joint Air Operations in the Gulf [J]. Joint Forces Quarterly, Summer 1993: 380.

❹ 关于空袭时间,有说法是 2 时 20 分,见:沃尔特·博伊恩. 跨越苍穹:美国空军史[M]. 郑道根,译. 北京:军事谊文出版社,1999:380;另有说法是 2 点 38 分开始打击,见:SCALES R H. Certain Victory: United States Army in the Gulf War [M]. Fort Leavenworth, KS: U. S. Army Command and Staff College Press, 1994: 158.

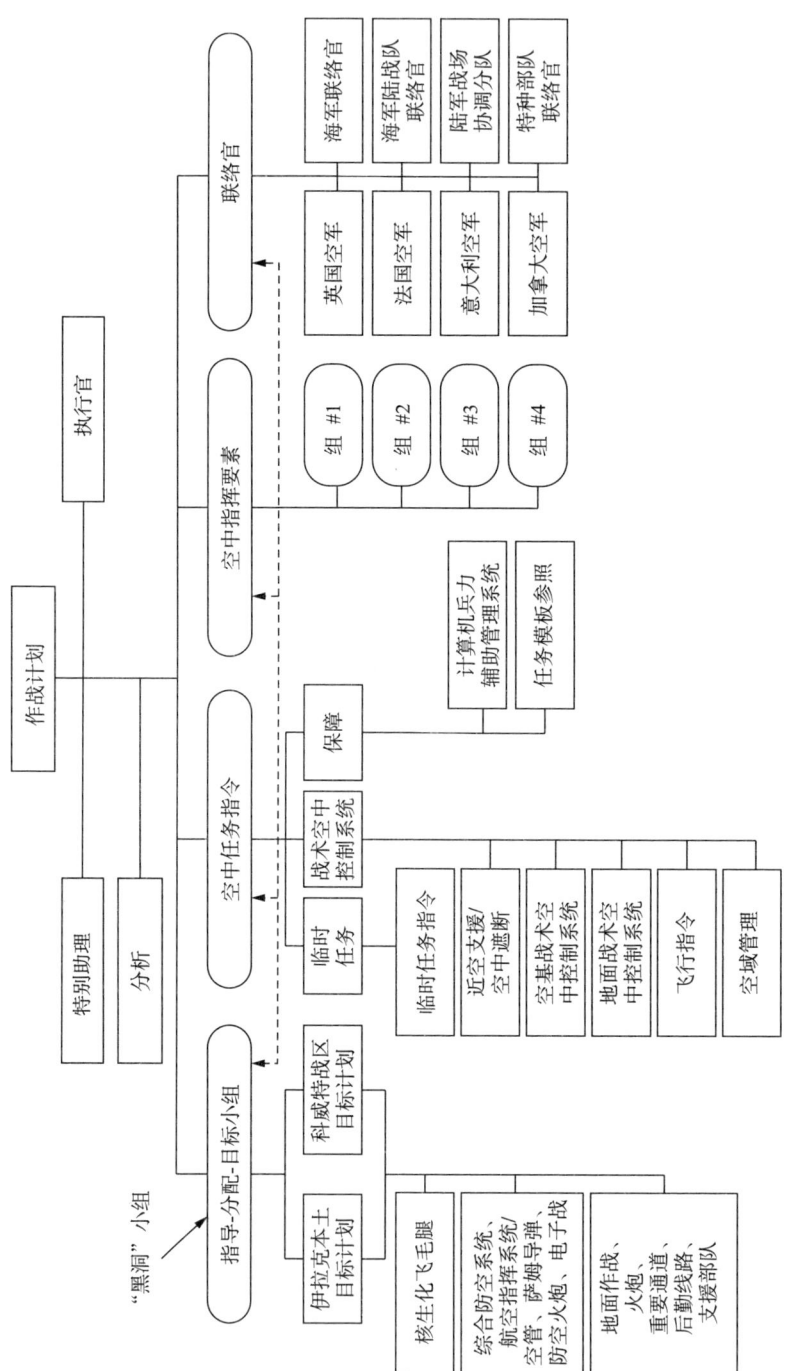

图 4-2 "沙漠风暴"期间联合空中作战计划组织图

资料来源:WINNEFELD J A, JOHNSON D J. Unity of Control: Joint Air Operations in the Gulf [J]. Joint Forces Quarterly, Summer 1993: 88-99.

精确制导炸弹，在5分钟内对巴格达约20个防空系统、指挥控制系统、通信系统、电力设施及领导机构发起打击，并在1小时内又对另外25个同类目标及化学设施等进行了打击，短时间内瘫痪了伊拉克军队的指挥和反击能力。❶ 第三支打击力量为来自海上和空中发射的巡航导弹，空军第8航空队的7架B-52G轰炸机从本土路易斯安那州的空军基地起飞，历经15小时飞临中东地区，发射了35枚AGM-86C巡航导弹，与此同时，海军战列舰"威斯康星"号、"密苏里"号及导弹巡洋舰"圣哈辛托"号、"邦克山"号发射BGM-109"战斧"式巡航导弹与之配合，共同打击伊拉克境内的通信中心、机场、导弹发射阵地和炼油厂等固定目标，开战首日海军共发射了116枚"战斧"，接近战争中发射总数的一半。❷ 在首轮联合打击的同时，美军的E-3预警机和若干架多国部队战斗机保持在沙特领空的例行空中战斗巡逻，吸引伊拉克雷达的注意力，发挥了牵制和欺骗作用。

3支力量的联合打击在伊拉克军队防空系统上撕开了缺口，为当天后续的650架飞机开辟了空中走廊。伊拉克军队此时既没有意识到也没有能力应对美军的迅猛开局攻势。后续大批次的由电子战飞机和反辐射导弹构成的进攻性防空压制打击，进一步重创了伊拉克军队的防空能力、指挥和控制能力。

首日傍晚，陆军接到命令使用战术导弹系统打击了一个SA-2防空导弹阵地，协助空中部队打开空中走廊，但该武器并没有被列入空中任务指令，导致空军在为弹道协调空域上花费了很长时间，直到午夜才打出导弹，但这次攻击的精度和距离超出空军预期，随后空军提出希望获得18具导弹系统的控制权，陆军则只给了2具。❸

美军第一天的联合打击行动远超出了自身的预估，导致第二天的空中任务指令难以落实。随之而来的空中加油航线上的恶劣天气、战损评估不足等，导致美军不得不对计划做出调整，取消了一些飞行任务。空战开始

---

❶ 罗德尼·P. 卡莱尔. 美国人眼中的海湾战争[M]. 孙宝寅，等译. 北京：当代中国出版社，2005：82.

❷ 同❶.

❸ CARPENTER P M. Joint Operations in the Gulf War: An Allison Analysis [M]. Maxwell Air Force Base, AL: School of Advanced Airpower Studies, Air University, 1994: 57.

后的第二天和第三天，受恶劣气象条件影响，一半以上的 F-117A 飞行任务失败或被取消，一些飞机不得不改用精度较差的雷达制导炸弹等，而第四天和第五天，计划打击驻科威特伊拉克军队的 200 架可用的 A-10 只出动了 75 个架次。❶ 不过得益于 20 世纪 80 年代美军各军种空中力量已经进行过不少联合行动和训练，这些意外未对联合指挥和空战产生实质性的负面影响。

为提升打击效率，提高指挥与控制的灵活度，美军在科威特战区内设置了"杀伤箱"（Kill Box）（图 4-3）。科威特战区内伊拉克军队目标众多，天气比较恶劣，美军投入了大股兵力对其实施空中打击，伊拉克军队则通过燃烧石油释放浓烟进行反制。为避免误伤、防止重复打击，美军需要更为科学地规划各军种的飞行任务，由此设置了"杀伤箱"概念，即边长为30 英里的正方形区域，细分为 4 个象限，以此规定不同飞机进入不同杀伤箱的时间和路线，并在空中任务指令中加以明确，凡在杀伤箱中的作战飞机都可以对临时目标进行标定和打击。❷ 这种设置避免了众多飞机的航线冲突，简化了从发现和确定目标再到打击的指挥流程。美军尽可能地将指挥和控制飞机及作战飞机反复分配到某个特定的杀伤箱内执行任务，以使飞行员能够进一步熟悉区域内的地理环境和敌情，提高作战效能。美军并没有按照军种分配杀伤箱，几乎在每个杀伤箱内都有多个军种的飞机共同作战，且相互配合，如陆战队的 F/A-18 与空军的 F-111 在同一个杀伤箱内为执行轰炸任务的 B-52 护航。❸

5. 作战过程中出现了三种不同类型的困难或分歧

第一种是为提高对一些特定目标的打击效率，必须进一步提高体系的联合度。如"飞毛腿"导弹，其本身军事威胁并不大，但有较大的政治影响，且时敏性极高，以当时的美军空战体系很难及时发现并对其实施打击。美军不得不拿出一部分力量来专门应对，用于对付"飞毛腿"导弹的兵力

---

❶ 托马斯·A. 基尼，艾略特·A. 科恩. 战争的革命：海湾战争的空中力量 [M]. 白华，译. 长春：国际文化出版公司，北方妇女儿童出版社，2001：163.

❷ US DEPARTMENT OF DEFENSE. Conduct of the Persian Gulf War: Final Report to Congress [R]. Washington D. C.: JPO, 1992: 135-136.

❸ PARSONS J D, REGALA B T, PAANANEN O H. Marine Corps Desert Storm Reconstruction Report: Third Marine Aircraft Wing Operations [M]. Alexandria, VA: Center For Naval Analyses, 1992: 111.

约为原计划的 3 倍,开战初的头 6 天,每天出动超过 100 架次,此外还投入 A-10、F-15E 和"联合星"等飞机。最终美军通过数量提升和改进任务编组形式,提高了击毁"飞毛腿"的概率。在防御上,美军创新了一些新形式,如将空中平台与陆军"爱国者"防空导弹系统联网,由空中预警机为防空雷达提供先期预警,提升跟踪和拦截效率。❶ 这种联网是一个巨大的进步,一定程度上出现了网络中心战的色彩。

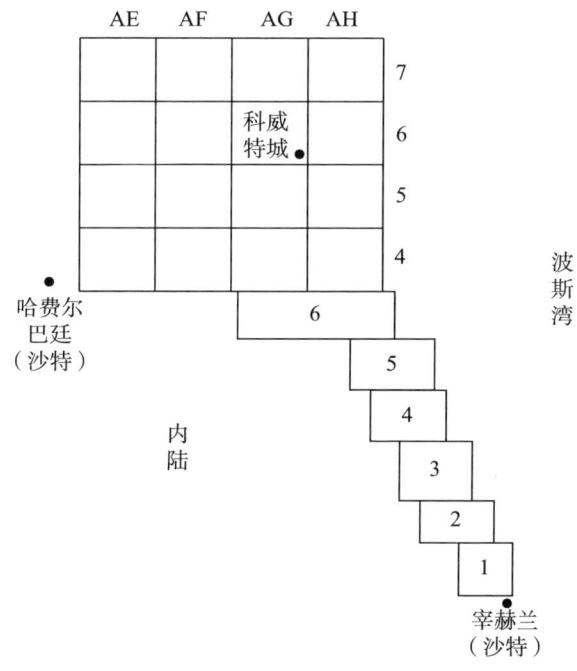

图 4-3 海湾战争期间的空管区域和杀伤箱 ❷

第二种是有限的特定资源制约整体效能的发挥。如加油机的分配,海军和陆战队不断抱怨自己缺乏足够加油机的支援,认为联合部队空中部队司令部总是倾向优先保障空军飞机,空军对此辩解他们优先考虑的是目标

---

❶ 沃尔特·博伊恩. 跨越苍穹:美国空军史 [M]. 郑道根, 译. 北京:军事谊文出版社, 1999: 386.

❷ BROWN R J. U. S. Marines in the Persian Gulf, 1990-1991: With Marine Forces Afloat in Desert Shield and Desert Storm [M]. CreateSpace Independent Publishing Platform, 2015: 131

和打击效率，而不是军种。出现这种争论的主要原因还在于美军整体空中加油能力有限，无法保障众多的战机，本质仍然是对抗环境下不同军种对稀缺资源的争夺。这种问题，在高强度的作战中会更为普遍，解决这一问题主要靠平时科学的规划和部队建设。

第三种是由于对战场认知的不同而引发的分歧。如陆军和空军在为地面作战态势塑造上的分歧，反映了不同军种、不同作战需求之间的矛盾。陆军和陆战队认为空军过于关注指挥和控制系统、交通线、机场等一些目标，这些都属于遮断范畴，而地面部队最关注的当面伊拉克军队地面部队却没有被给予足够的重视。对此，中央司令部成立了一个由战区副司令卡尔文·沃勒（Calvin Waller）中将领导的联合目标委员会，就地面指挥官关注的问题提出建议，并试图介入空中任务的决策和分配。这一举措引发了空军的强烈反弹，空军认为联合部队空中部队的参谋部已经编配了足够的其他军种人员来共同筹划任务分配问题。❶ 1991年2月中旬，美军将科威特和伊拉克南部的伊拉克军队地面部队列为空袭重点，伊拉克军队迅速被压制并陷入瘫痪，空军和地面部队的分歧并没有造成太大的负面影响。

6. 海湾战争是美军联合空中作战发展成熟的标志

海湾战争中的空战是第二次世界大战结束以来美军规模最大、强度最高的空战。中央战区空军部队司令作为联合部队空中部队指挥官成功地指挥了联合空中作战，是美军联合作战发展史上的重要里程碑。能够达到这种联合程度的，在过往美军历史上只有第二次世界大战中所罗门战役期间的仙人掌航空队。

联合空中作战的顺利计划和实施，得益于1986年改革确立的指挥体制和理顺的权责划分，也与美军各方面的发展密切相关。从30多个机场、6艘航母和若干两栖攻击舰上起飞的大批飞机，在有限的空域和密集的友军炮火中实施了形式多样的作战行动，没有出现严重的误伤，并能在缺乏及时战损评估的情况下保持了空中作战的灵活性、有效性和连贯性。美军汲取过往"逐步升级""零敲碎打"式的渐进作战方式，各军种的作战飞机在统一指挥控制下密切协同、相互配合，以联合达成了短时间的极大释能，

---

❶ WINNEFELD J A, JOHNSON D J. Unity of Control: Joint Air Operations in the Gulf [J]. Joint Forces Quarterly, Summer 1993: 88-99.

制造了带有决定性的效果，充分体现了"集中"这一作战原则。在联合空中作战的计划和执行中，军种色彩被淡化，取而代之的是遮断、近距离空中支援、防空压制、空中加油等作战职能。各军种作战飞机频繁混合编组，发挥各自特点，实现能力互补，为联合作战发展提供了宝贵经验。

海湾战争中也存在一些联合的不足，如直升机和军种坚持保留的部分固定翼飞机仍未纳入联合空中作战，各军种空中作战指挥系统尚不能互通互联，等等，这些都是美军下一步发展的重点内容。

不过必须看到海湾战争的空中作战环境过于理想，绝对优势的空中力量掩盖了指挥和控制中的一些问题。对手方面，伊拉克军队对空威胁能力有限，尤其是几乎不具备由海对海、由海对空的威胁能力，因此美海军和陆战队不需要过多考虑海上防空和部队防护的问题，能够将自身的飞机"安心地"交由空军实施战术控制，共同参与对地攻击。如果陆地和海洋的空中作战同时面临高强度威胁，各军种部队的作战优先事宜必然出现冲突，这种情况下很难想象海军会将舰载机交给空军控制。从海湾战争中的联合空中作战实践来看，结合其理论、条令、训练等发展状况和认知水平，当时的美军无力解决上述对抗环境下的联合问题，而美军真正重视起这一问题，则是在近20年后提出的"空海一体战"。

作为一次"成熟"的联合作战，海湾战争中的联合空中作战带有浓厚的空军色彩，主要指挥官、参谋团队、指挥系统、作业流程等均由空军主导。有一些研究认为，成熟的联合作战是各军种平等地参与作战，这种表述在美军里也经常出现，但其强调的是各军种法律地位平等且都是作为国家武装力量的一部分参与战争、不能过于强调某个军种的地位和利益，而涉及具体联合作战行动往往由某一军种主导才更符合作战实际。各军种参战兵力比例一致、参谋比例一致、"平等决策"的理想情况在现实中几乎不可能存在。海湾战争期间，整个联军共投入固定翼飞机2780多架，总飞行架次超过11.2万，其中美国空军占1300多架，约占了总数的一半，美国海军陆战队240架，美国海军400多架，联军其他国家共计600多架❶；多国部队固定翼飞机执行攻击任务共计4.6万架次，其中美军占比88%，美国

---

❶ US DEPARTMENT OF DEFENSE. Conduct of the Persian Gulf War: Final Report to Congress [R]. Washington D. C.: JPO, 1992: 164.

空军独占60%❶。不管是力量占比还是指挥能力，海湾战争期间只有中央战区空军具备指挥大规模联合空中作战的能力，而正是美国空军高度的专业化发展才赋予其独特的大规模空战指挥能力，这也是其他军种不具备也不可能投入大把人力、财力去发展的能力。回到"联合与专业"这对辩证关系上，即联合不能制约各军种专业能力的发挥，而是应通过最优组合让多种专业共同发挥出最大效能。

（二）空地联合作战由战术联合向战役联合延伸

1. 联合地面部队构建了完善的战场协调控制机制

"沙漠风暴"中联合部队地面部队共包含5个军级规模的部队，这是美军自第二次世界大战以来规模最大的地面进攻行动，战场自西向东依次为第18空降军、第7军、北线联合部队、海军陆战队第1陆战远征部队、东线联合部队，其中第7军为"左勾拳"的主攻，第18空降军负责西线突击，第1陆战远征部队和2支阿拉伯联军负责正面攻入科威特，另有一支两栖特遣部队从科威特海上正面实施佯攻，计划牵制7到11个伊拉克军队师❷。各军级部队均有建制内的直升机、小型固定翼飞机等空中力量，联合部队空中部队在战役上与各军紧密配合，战术上提供各类空中支援。来自波斯湾的海军部队也对地面进攻实施支援，其力量包括1支两栖特遣部队、2艘战列舰、2个航母战斗群以及若干护卫舰、扫雷舰等，重点是支援于科威特滨海地区实施的地面作战。❸ 大规模地面作战于1991年2月24日凌晨4时打响，共持续了100小时，成功地解放了科威特并重创了伊拉克军队。

大规模作战需要广泛的战场协调和控制。美军从战区到基层作战单位建立了广泛且严格的协调和控制措施，包括部队分界线、前进调整线、火力支援协调线以及火力界线等，多数已列入条令或标准操作规程。对于行进中的部队而言，作战协同和控制的关键是各类联络官，其中包括了陆军联络小组、特种作战部队联络小组、空军前沿空中控制员及联络官，海军

---

❶ 托马斯·A.基尼，艾略特·A.科恩. 战争的革命：海湾战争的空中力量 [M]. 白华，译. 长春：国际文化出版公司，北方妇女儿童出版社，2001：191.

❷ JOINT CHIEFS OF STAFF. Joint Military Operations Historical Collection [Z] Washington D. C.: GPO, 15 July 1997: V-5.

❸ US DEPARTMENT OF DEFENSE. Conduct of the Persian Gulf War: Final Report to Congress [R]. Washington D. C.: JPO, 1992: 239.

第四章 军种能力互补时期的联合作战（1975—1991年）★★★

陆战队空海火力联络连等。各联络小组部署在侧翼作战部队之间、各级指挥所之间、各军种部队和联军部队之间，增配了卫星通信设备，方便协调作战计划，确保部队之间的协同。

2. 地面作战大量参照了战役法和空地一体战理论

美军地面部队作战体现了战役法，大量参考了"空地一体战"理论。不管是战役法还是空地一体战，都强调充分协调陆、海、空作战系统的作战能力，对战场的全正面和全纵深同步实施打击，当面、纵深和后方的各类作战要相互关联，互为创造有利条件，以便在作战中能够在适当的时间和地点迅速转移和集中决定性的作战威力。❶

"空地一体战"中的四项基本原则是主动、灵敏、纵深和协调，在作战中均有体现。第一，在海湾战争中，空中力量在空袭的前三个阶段对伊拉克本土及军队实施了全面打击，其中施瓦茨科普夫额外要求空中力量在地面进攻前需要摧毁伊拉克军队50%的装甲车和火炮，体现了通过空中力量主动全纵深打击敌军、塑造有利陆战场态势的联合战役思想。第二，陆军各军的战场协调分队（Battlefield Coordination Element，BCE），进驻第9航空队的战术空中指挥中心，向空军提出陆军在空地联合作战中的具体要求，以为空军制定空中任务指令或空中支援计划提供权威参考。不过陆军并没有获得空地一体战中所设想直接控制空中力量的权限。第三，空军和陆军在机动、火力、情报、防空、心理战、特种作战等一些具体职能领域内，联合程度进一步加强，战区司令部设置了大量联合职能中心统管某一职能，提高使用效能。例如，在联合空战进行的同时，美军通过陆运和空运将第7军秘密向西移动了150英里，将第18空降军向西移动了260英里，如果没有战区空运的大力支持和空袭的大力策应，此次"万福玛丽"（Hail Mary）行动很难实现。❷ 第四，海湾战争中出现了陆军对空战的直接作战支援，体现了空地一体战中倡导的协调使用陆军力量压制敌防空系统的思想。1月17日空战首日，第7军的1-27野战炮兵营接到任务摧毁位于科威特境内距边境30公里处的阿尔-阿布拉克（al-Abraq）的SA-2导弹阵地，从发射点到

---

❶ US DEPARTMENT OF DEFENSE. Conduct of the Persian Gulf War: Final Report to Congress [R]. Washington D. C.: JPO, 1992: 238.

❷ JOINT CHIEFS OF STAFF. Joint Military Operations Historical Collection [Z] Washington D. C.: GPO, 15 July 1997: V-8.

目标距离达100公里，该营使用陆军战术导弹系统（amy tactical missile system，ATACMS）于18日0时42分发射导弹摧毁了SA-2阵地，为后续空袭打开空中走廊，这也是第二次世界大战结束以来陆军第一次在实战中使用战术导弹。❶ 不过这类案例并不多，且陆军战术导弹也没有纳入空中任务指令系统。

3. 以近距离空中支援为代表的联合战法继续提升

1991年1月29日的海夫吉战斗是"沙漠风暴"期间第一次空地联合战斗。交战中，美国海军陆战队第1轻型装甲步兵营面对优势伊拉克军队，迅速呼叫了炮兵、直升机和A-10攻击机等提供联合火力支援，阻滞了伊拉克军队的进攻。隐藏在海夫吉一栋建筑物里的两支侦察分队在躲过伊拉克军队搜查后，向指挥所报告了伊拉克军队情况，指示和修正多国部队飞机和炮兵对伊拉克军队实施联合火力打击，为后续反击提供了有力情报。此次战斗中，一架AC-130被伊拉克军队击落，自此AC-130在此场战争中不再被允许进行昼间飞行。❷ 战斗期间还出现了严重误伤事件，A-10发射导弹误击了一辆轻型步战车，7名成员罹难，另外还有4名陆战队员死于己方地面火力。❸ 这使美军不得不对支援程序重新加以明确和规范，后续的大规模地面作战中，美军将装甲运兵车顶部涂上了橙色荧光粉，给多国部队士兵发放了能发射红外信号的臂章等，以此帮助飞行员识别敌我目标。❹ 自古以来误伤都是战争中难以避免的，但在联合作战的环境下，误伤格外显眼，"沙漠风暴"中美军共有148人阵亡，其中35人死于己方火力误伤，M1坦克的18次毁伤事故中有9次来于己方火力。❺

地面指挥官对近距离空中支援整体上较为满意。在"沙漠盾牌"期间，空对地支援更多是防御性的支援任务。地面作战开始后，多国部队动用大批飞机投掷凝固汽油弹点燃了伊拉克军队陷阱中的石油，并炸毁了与陷阱

---

❶ SCALES R. CERTAIN VICTORY：The U. S. Army in the Gulf War ［M］. Lincoln, NE：Potomac Books, 2006：192-193.

❷ MORRIS D J. Storm Over the Horizon：Khafji—the Battle that Changed the Course of the Gulf War ［M］. New York：Free Press, 2004：229-230.

❸ 罗德尼·P. 卡莱尔. 美国人眼中的海湾战争 ［M］. 孙宝寅, 等译. 北京：当代中国出版社, 2005：109.

❹ 同❸：120.

❺ 同❸：142, 148.

第四章 军种能力互补时期的联合作战（1975—1991年）★★★

连接的石油管线和泵站，B-52猛烈轰击伊拉克军队阵地削弱其士气，清扫雷场障碍。头两天地面作战推进过快，伊拉克军队抵抗弱，空中支援的整体需求比预期要少很多，如计划内的多个可在10~20分钟飞临目标的A-10攻击机组，都没有使用。❶ 对此，霍纳创建了"推进式近距离空中支援"模式，即权限适当下放，将作战飞机"推送给"与敌军接触的地面部队，通过空中指挥和控制中心这类"飞行战术指挥所"，与部署到各军的空中联络官建立联系，询问其是否有需打击的目标，如无，则由空中指挥和控制中心将用于支援的飞机转用遮断或其他任务。❷ 实践证明，这种方式比保持飞机和机组人员待命反应更为灵敏，更加适合高速机动的陆地作战。多种机型担负了近距离空中支援的任务，主要有F-16、F-15E、F-111、A-10等，不过随着这些飞机越来越深入伊拉克军队后方纵深，A-10易遭攻击的弱点也开始显现。❸ 战争期间的实践探索显示最佳近距离空中支援是4机编队，两两分别携带不同的弹药，可以应对各种情况。

作为空地一体战的"专属"装备，E-8"联合星"的投入运用，是海湾战争中空地联合作战的一大发展亮点。"联合星"由陆军和空军联合开发，依托波音707为平台，研发并加装了联合监视目标攻击雷达系统，用来帮助地面指挥官发现、确定纵深目标并引导打击。在瞄准模式下，机载雷达系统可锁定4公里×5公里的区域，提供该区域内部队集结地或单个车辆的详细位置信息，其精度足以满足空中或炮兵打击的要求；作为监视平台时，"联合星"可扫描数百公里范围的区域，可对150平方公里内的区域实现全天候覆盖，并绘制25公里×20公里的扇形目标区域，海湾战争中能够覆盖整个科威特和伊拉克南部大部分区域。❹ "联合星"还可以检测并识别移动目标和静止目标，其雷达获取的信息可近实时传输给地面站或空中指挥机（图4-4）。

---

❶ 罗德尼·P. 卡莱尔. 美国人眼中的海湾战争 [M]. 孙宝寅，等译. 北京：当代中国出版社，2005：121.

❷ SCALES R H. CERTAIN VICTORY: United States Army in the Gulf War [M]. Fort Leavenworth, KS: U. S. Army Command and Staff College Press, 1994: 189.

❸ ANDREWS W F. Airpower against an Army: Challenge and Response in CENTAF's Duel With the Republican Guard [M]. Maxwell Air Force Base, AL: Air University Press, 1998: 61.

❹ 同❷：167, 169.

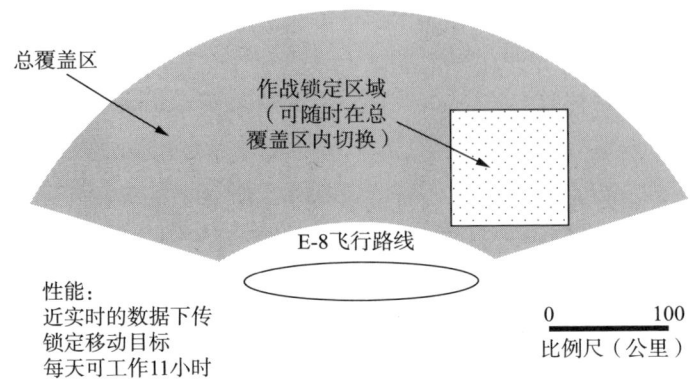

图 4-4 "联合星"的覆盖范围❶

海湾危机爆发时，两架 E-8 原型机正在欧洲司令部责任区内进行试验，施瓦茨科普夫建议将 E-8 原型机投入中东，加强战区空中监视，但遭到了空军参谋部系统开发部的反对，研发人员担心意外战损将可能中断整个项目，战区空军司令霍纳也不愿接受 E-8，原因是担心该机及配套的地面站会给已经濒临极限的战区支援系统带来额外负担。然而 1990 年 12 月后的多云天气导致常规成像侦察效率下降一半左右，与此同时 E-8 在欧洲的试验取得了成功。在国会的介入下，2 架 E-8 及 6 个地面站被部署到中央战区，6 个地面站分别配属到战区战术空中指挥中心、战区陆军主指挥部、战区陆军前沿指挥部及海军陆战队第 1 远征部队、陆军第 7 军和第 18 空降军，各地面作战部队的空中侦察监视得到了强力补充，第 7 军作为主攻部队获得了"联合星"支援的优先权，而第 18 空降军处于西部沙漠，由于通信问题时常无法接收"联合星"的数据，作为替代，第 18 空降军利用了法军第 6 轻型师的荷鲁斯（Horus）全天候雷达系统，用来发现移动目标，引导阿帕奇和多管火箭炮系统（Multiple-Launch Rocket System，MLRS）开展夜间行动。❷

4. 陆军和空军仍存在大量分歧并影响到作战协同

作为空地一体战理论提出以来的第一次大规模空地联合作战，陆军和空军分歧不断。一是对于空中力量的定位问题，尽管施瓦茨科普夫和霍纳

---

❶ SCALES R H. CERTAIN VICTORY: United States Army in the Gulf War [M]. Fort Leavenworth, KS: U. S. Army Command and Staff College Press, 1994: 167, 169.

❷ 同❶: 168, 169.

极力排除空战决胜论,但随着空中战事的推进和精确打击功效的彰显,越来越多的人认为仅靠空战就能赢得战争,认为空战应独立成单独的战役。陆军方面极力反驳此类观点,地面指挥官倾向于将空中力量视为削弱敌人和塑造战场的手段。分歧的核心仍是军种对作战主导权的争夺。二是在支援地面作战的空袭目标选定上各方存在分歧。施瓦茨科普夫作为战区司令要时刻关注如何落实国家指挥当局的战略指示,在轰炸科威特战区阶段,他要求联合空中部队初期重点打击伊拉克军队的第二梯队、第三梯队,即伊拉克军队的重型师和共和国卫队,目的是防止伊拉克军队主力逃回本国,彻底摧毁萨达姆的战略能力,但是地面部队各军指挥官则更关注伊拉克军队前沿阵地的当面之敌,尤其是伊拉克军队的各类火炮及化学武器。❶ 针对这些问题和分歧,施瓦茨科普夫汲取了越南战争教训,避免自己微观管理野战部队,给下属更大程度的自主权,这就导致上述目标问题难以解决,地面作战和空中作战人员各执一词,时常出现紧张对立。

陆军和空军的矛盾集中体现在战场空中遮断上。尽管80年代陆军和空军开展了一系列密切合作,签署了多个备忘录,但在地面作战准备上两个军种仍然存在着认知和文化上的巨大偏差。空军的作战原则是集中控制和灵活执行,空中作战可能涉及数百个不同的作战单位,但整体上都是易于计划、观察和指导的;相比之下,陆军作战要素涉及成千上万的士兵和单位,并广泛地分布在多样的地形之中,需要通过更为繁琐的战术、技术和程序来实施作战。❷ 联合作战要求各军种必须以共同的视角来审视战场,协调彼此行动、互相补充、整合力量来达到战区司令的目标,然而不同的作战原则和文化制约着联合的达成。"战场空中遮断"(Battlefield Air Interdiction,BAI)于发展空地一体战的31条倡议中提出,是指为直接支援地面作战,由地面指挥官提出的对敌地面目标实施的空中打击,是在广阔空间里实施纵深作战的必要手段,战场空中遮断通过阻断敌军的增援、补给和限制敌军机动自由来孤立敌军,或在敌军进入浅近地域前对其实施打击,迟

---

❶ 托马斯·A. 基尼,艾略特·A. 科恩. 战争的革命:海湾战争的空中力量[M]. 白华,译. 长春:国际文化出版公司,北方妇女儿童出版社,2001:144.
❷ SCALES R H. CERTAIN VICTORY: United States Army in the Gulf War [M]. Fort Leavenworth, KS: U. S. Army Command and Staff College Press, 1994:174.

滞或攻击其后续梯队。❶

　　根据陆军和空军的协议，空中遮断由空军独立于地面部队之外单独开展，可深入敌纵深和后方打击战区司令批准的目标，而战场空中遮断则是由陆军军级指挥官指定目标，通常更靠近地面战术部队，是军级部队塑造战场纵深态势的关键之一。根据空地一体战理论，战场空中遮断不是战术飞机对友军前方目标的随意攻击，而是必须用在对于机动作战最关键的目标上，军级指挥官需要谨慎地选择推进路线，并详细分析和计算哪些敌军目标对其作战构成威胁，然后通过整合和同步空中力量，打击高价值目标创造协同效应。战场空中遮断的作用也不仅仅是消耗或摧毁敌军目标，更重要的是剥夺敌军作战体系的行动自由、自我维持能力和抵抗意志，为决定性作战创造条件。因此，军级指挥官对战场空中遮断寄予厚望，但实际上他们并没有获得在欧洲战区实验空地一体战时所渴望的对空中力量的控制权❷，空袭目标的决定权主要还在空军。

　　在战区空军司令看来，其优先任务是指挥和控制战区联合空中作战，战场空中遮断并不是当务之急。从条令性文件来看，在美军1989年联合出版物1-02《国防部军事及相关术语词典》中并没有提及战场空中遮断这一词条。《空军手册1-1》（*Air Force Manual* 1-1）中只是将战场空中遮断作为空中遮断的子类，未做更多解释，另外尽管空地一体战被写入了陆军作战纲要，但从来没有被空军视为核心作战指导理论。❸ 在行动初期霍纳尽可能地简化空地联合流程，只设定了两类进攻目标，分别对应空中遮断和近距空中支援，战场空中遮断并未被重视。战区陆军在计划过程中提出希望在地面作战前摧毁科威特战区内伊拉克军队50%的火炮、装甲和机械化装备，摧毁能够威胁美军前沿部队的伊拉克军队火炮的90%，并优先打击指挥和控制设施、炮兵、坦克和装甲车、后勤设施等。陆军平均每天提出110个目

---

❶ DAVIS R. The 31 Initiatives：A Study in Air Force-Army Cooperation [M]. Washington D. C.：Office of Air Force History，1987：58-59.

❷ 托马斯·A. 基尼，艾略特·A. 科恩. 战争的革命：海湾战争的空中力量 [M]. 白华，译. 长春：国际文化出版公司，北方妇女儿童出版社，2001：149.

❸ CARPENTER P M. Joint Operations in the Gulf War：An Allison Analysis [M]. Maxwell Air Force Base，AL：School of Advanced Airpower Studies，Air University，1994：38，39.

标，但是战区空军作业流程则要求目标必须被反复确认，且在打击前 4 小时再进行一次确认，然而陆军提出的很多目标都是可机动的时效性目标，这无疑增加了战区侦察情报系统的重负，通常只有不到一半的目标能进入空中任务指令。❶ 从反馈机制上来看，在配属给陆军的空军联络官完整接收到空中任务指令之前，各师并不知晓其所提交的目标是否被列入了空袭计划或已被打击。❷

围绕战场空中遮断双方分歧不断，陆军试图通过战区联合目标委员会介入空军的计划流程，空军则发现陆军提交的大量目标并不存在或已被打击过了。❸ 不过随着空袭的顺利推进，联合部队空中部队取得了绝对的制空权，使其可以简化对地打击流程，赋予飞行员在目标选定和打击上更多的自主权，执行更多的空中游猎任务；而另一方面战区空军改变飞行任务模式，逐渐减少了针对单个目标的飞行架次，转为扩大打击面，这使其能够增加对陆军提名目标的打击，满足联合目标委员会提出的一些要求。根据战后统计，战区陆军共向空中任务指令提交了 3067 个目标，其中 1241 个被列入空中任务指令，另外有 1582 个则直接转交给空军的目标计划人员或飞行联队，由其在"杀伤箱"内较为自主地实施打击，而不列入空中任务指令。❹

地面作战后期，地面作战和空中作战的多个协同出现了问题，导致多数共和国卫队师逃脱了被歼灭的命运。问题主要出在对火力支援协调线（Fire Support Coordination Line，FSCL）的分歧上，传统上该线划于地面部队锋线向前 15 英里左右处，在该线范围以内空中支援必须在地面或空中前沿控制员的指导下实施攻击，以防出现误伤，且程序相对复杂，对气象条件和控制程序要求高，但海湾战争中该线最远被划到了 100 英里处。❺ 空军认

---

❶ SCALES R H. CERTAIN VICTORY: United States Army in the Gulf War [M]. Fort Leavenworth, KS: U. S. Army Command and Staff College Press, 1994: 179-180.

❷ 同❶: 178.

❸ CARPENTER P M. Joint Operations in the Gulf War: An Allison Analysis [M]. Maxwell Air Force Base, AL: School of Advanced Airpower Studies, Air University, 1994: 43.

❹ KERRICK C D. US Army Central Command Military Intelligence History [Z]. April 1991: 6-74. 转引自 SCALES R H. Certain Victory: United States Army in the Gulf War [M]. Fort Leavenworth, KS: U. S. Army Command and Staff College Press, 1994: 189.

❺ 同❸: 60.

为，该线之外的直升机和战术导弹都应该交由联合部队空中部队司令控制，统一列入空中任务指令。陆军则不仅不交出直升机的控制权，还拒绝在协调线范围以外限制使用直升机和导弹。2月27日第18空降军发起的大范围直升机空中机动，实际上破坏了协调线，而空军战术指挥中心对这一陆军行动毫无所知，误伤风险急剧猛增，空军迫不得已大量减少出动架次，对逃亡伊拉克军队的空中打击遭受严重限制。❶❷ 另外由于陆军和空军未能就协调线的动态调整保持实时沟通，协调线之内陆军火力也未能和空袭充分结合，出现了多个火力空白区，使伊拉克军队有机会逃脱了被歼灭的命运。

除空地联合，陆军和海军陆战队的作战协同也不理想，双方的地面和空中力量不能交叉支援对方军队，陆战队也得不到陆军火炮和战术导弹的支援。在军级层面，两军种的地面作战未能实现同步协调，作战过程中第7军因交通问题行动出现延误，而正面打入科威特的陆战队则突进过快，一慢一快导致伊拉克军队主力在美军迂回包围合拢前就已经向后退出了科威特战区，美军围歼共和国卫队的目标未能完整达成。

5. 空地联合远未达到空地一体战理论设想的程度

海湾战争中的空地联合作战，为之后的联合作战发展提供了丰富的参考。中央司令部参照空地一体战设计了"沙漠风暴"中的地面作战，但要看到1986年陆军作战纲要中的"空地一体战""在战争中并没有实现，且由于强大充分的空中力量也没有迫切的需求去实现部队的整合"❸。空地一体战中的很多概念远远超前于当时部队状况，绝不是针对当时装备和部队结构所编写的操作手册，如当时的陆军只有新部署的陆军战术导弹系统和攻击直升机具有纵深打击能力，整个战役的纵深打击主要还是由空中力量完成。不过这一系列新构想还是在"沙漠风暴"中有所体现，并开创了一种新的战争方式和思维模式，即不再按军种区分计划，而是通过陆海空的联合火力优势对敌人实施全纵深的打击，分割敌作战体系，孤立当面敌军，地面部队则在敌无力防备之际向其发起突击，于纵深扩张战果。

---

❶ 托马斯·A. 基尼，艾略特·A. 科恩. 战争的革命：海湾战争的空中力量 [M]. 白华，译. 长春：国际文化出版公司，北方妇女儿童出版社，2001：148.

❷ CARPENTER P M. Joint Operations in the Gulf War: An Allison Analysis [M]. Maxwell Air Force Base, AL: School of Advanced Airpower Studies, Air University, 1994: 63.

❸ 同❷: 50.

第四章　军种能力互补时期的联合作战（1975—1991年）★★★

各军种的地面作战理论被证明切实可行。陆军倡导的空地一体战和海军陆战队的机动战理论相得益彰，陆军和海军陆战队就机动和火力支援控制措施、空中支援程序、作战计划和报告格式等内容进行了统一，这些举措和实践对于未来联合地面作战发展意义重大。❶ 当然，海湾战争中空地联合作战也存在诸多问题，如前文大量提到的陆军和空军之间的分歧和矛盾。如果把陆战队也加入考察，则会发现空地联合作战中实际上是两套空地模式在运行，一套是陆军和空军之间的联合作战，另一套则是海军陆战队空地特遣部队的合同作战，这种差异可追溯到第一次世界大战后空中力量的兴起，历史传统悠久。如何进一步提升联合、是否有必要统一等，都是下一阶段要解决的问题。

要始终注意空地联合作战只是地面作战的一个切面。从整个"沙漠风暴"行动来看，空中作战和地面作战通过战场准备、态势塑造等加强了联合，而在战术层级对于大多数地面部队各级指挥官而言，其主要职责是如何在交战中运用好建制内力量，一个陆军指挥官在交战中可能需要其他军种的支援，但不可能将希望都寄托这上面。也可能是基于上述视角，阿伦·米利特认为，海湾战争中近距离空中支援只是为地面作战扫清了道路，但胜利的决定性因素主要来自多国部队的重型火炮和火箭炮。❷ 罗伯特·斯凯尔斯则指出，联合作战指挥官就像音乐指挥一样，必须相信各个部门即使没有指挥也能根据乐谱各司其职，指挥官负责为各部设置节拍和标定重点，作战必须有详细的计划，要能使各部精准理解，且各部可在尽可能少的直接指示的条件下执行任务。❸ 联合作战可以最大限度地节约力量，使每一种力量都用在最重要的地方，提升整个部队的作战效能，但绝非取代军种作战。

---

❶ US DEPARTMENT OF DEFENSE. Conduct of the Persian Gulf War：Final Report to Congress [R]. Washington D. C.：JPO, 1992：297.

❷ 阿伦·米利特，彼得·马斯洛斯基. 美国军事史 [M]. 张淑静，译. 北京：军事科学出版社，2014：543.

❸ SCALES R H. CERTAIN VICTORY：United States Army in the Gulf War [M]. Fort Leavenworth, KS：U. S. Army Command and Staff College Press, 1994：107, 108.

第四节　对军种能力互补时期美军联合作战发展的评价

一、美军通过联合实现了军种力量的组合运用与能力互补

从越南战争正式结束的 1975 年到海湾战争的 16 年里，美军联合作战经历了从低谷走向复苏的发展过程。反映在各个作战实践中，军种不再像越南战争时期只进行有限的、附有条件的联合作战，而是通过联合指挥的加强，在作战中实现了组合运用与能力互补。在这一过程中，部分行动中呈现出了军种作战体系融合产生新能力的迹象，但由于美军尚没有统一指导全军的联合作战理论，没有完备的联合条令对大量的战术、技术和规程进行规定，且不少系统和装备仍存在不兼容的问题，所以很多联合作战行动都是按照主导军种的作战方式来实施的。因此综合来看，这一阶段美军的联合作战主要是条块式、拼图式的组合运用，实现了军种能力的互补，但通过联合生成全新能力则需要到下一发展阶段了。

20 世纪 80 年代初美军一系列严重的军事失误，引发各界对美军基本指挥能力的质疑，这种质疑在相当程度上甚至与联合无关。任何一个国家的武装力量都存在不同的组成部分，各国由于历史、传统、现状、战略需求等差异，可能并不一定采取相对复杂的联合作战，但要赢得战争就必须统筹使用各组成部分，进而达成整体作战的协调有序，尤其是要减少武装力量运用时来自内部的摩擦和阻力。对于美军而言，长期的军种主义传统和历史发展过程，使其武装力量结构呈现出各军种能力界限分明但又存在一定交叉的矛盾状况，美国作战行动又多是海外行动，结果便是一旦面临复杂一些的行动，不通过联合很难达成。80 年代初短短四年里爆出三大失误，分别从不同角度暴露出美国武装力量的运用连基本的协调、有序都难以达成，指挥能力大幅下降，更不要提通过联合实现整体能力的提升。"鹰爪"行动失败表面看是行动中意外因素过多，背后的质疑是美军作战计划能力已经下降，考虑不周且存在大量的想当然；贝鲁特事件暴露的是突发情况下指挥链是否能有效运营，背后的质疑是面对战略突袭美军是否能在第一时间做出有效反应；入侵格林纳达中的种种混乱，则全方位暴露出美军作战运用中的种种不足，背后的质疑是美军是否还能组织和实施复杂的大规

模作战行动。

历经1986年作战指挥体制改革后，联合作为一个核心要素被嵌入美军的作战指挥。战区作为"军种力量的实际运用者"权力得到加强，由此全面加强了军种力量的组合运用，实现了作战中的能力互补。指挥能力的恢复体现在80年代后期四年里的三次军事行动中。空袭利比亚证明了在空中作战领域，空军和海军可以组合运用，根据作战实际需求相互补位；波斯湾护航行动证明了在海上作战领域，各军种可以实现彼此优势的发挥和能力互补，应对复杂环境的挑战；入侵巴拿马则证明了美军依然具备组织和实施复杂军事行动的能力，具备通过联合实现军种能力灵活组合运用的能力。

"沙漠风暴"行动是上述一系列行动的集大成者，实现了多军种大部队的高效组合运用和多方位互补。海湾战争中美军联合作战呈现出很多发展，各军种部队在战区的统一领导下，整体运用高效，战役、战术联合均有新发展，这在本章已论述过，不再赘述。海湾战争由于是军事发展史中多个维度视角下的分界点，经常呈现出一种"新不新、旧不旧"的难以明确进行学术界定的状态。本书从联合作战实践视角考察，结合前后时间段里美军的其他动作和发展，认为海湾战争是1986年改革的最终检验，是在美军全方位推进联合作战发展之前，对当时美军军种作战能力在旧的组织框架下的一次优秀的组合运用，并带有很多机械化战争的特征，因此很大程度上是"旧时代的最后一仗"：一是整个作战的条块性、阶段性特征十分明显，空战、陆战两大战场尚没有实现全过程、全方位的密切联动；二是具有明显的工业时代的数量消耗思维，集结了庞大的军队，数量优势一定程度上遮蔽了对联合运用的探索；三是战区军种部队的指挥框架尚未能有效调整以适应联合的需求，尽管技术发展已经赋予了打破军种界限的可能；四是没有联合作战的统一指导理论和共同思维，各军种的传统作战思维依然十分明显，突出反映在空军的空权制胜论，因此还引发了和其他军种的矛盾；五是作战中军种"拼接"痕迹较明显并带有隐患，如战争初期，空军和海军仍然按惯例沿海岸线划分彼此任务区，两架伊拉克军队F-1战斗轰炸机沿海岸线南下时，美军两个军种都没发现，宰赫兰后勤枢纽因此遭遇了重大险情。[1]

---

[1] 比尔·欧文斯,等.揭开战争迷雾[M].王霄,杜强,译.北京：解放军出版社,2009：88.

二、重塑联合作战指挥体制是该时期联合作战发展的关键

从 1986 年改革到海湾战争的不到五年间的时间里,之所以能够实现对各军种力量的有序组合运用,得益于改革将两大关键节点打通,一是参联会主席被赋予了高于各军种参谋长的地位,能就军队建设和作战指挥事务直接向总统和国防部长汇报,有力地压制了军种主义对重大事务的干预和掣肘;二是战区司令被赋予人事和预算两大核心实权,成功地抵消了军种部对战区军种部队千丝万缕的隐形控制,战区司令第一次能够在不需要总统特批的情况下,依照法律条文规定,行使对战区各部队的统一指挥。

为什么加强参联会主席和战区司令部可以有效提升联合,可从戈登·纳萨内尔·莱德曼的理论视角进行解释,他在研究美国 1986 年改革的《改组参联会》[1] 著作中,提出了军事体制的三对基本矛盾,即集中与分散、职能型职责与地区型职责、专业化观点与综合化观点。从这个视角来看,1986 年指挥体制改革是全面协调了上述三对矛盾,在对立统一中推动了向前发展。按照莱德曼的理论视角进行解释,联合和军种的矛盾贯穿了上述三对矛盾,联合作战的发展代表了集中、地区型职能、综合化观点,军种的发展则展现为分散、职能型职责、专业化观点。三对矛盾过于倾向哪一边都不利于军队的建设和使用,过于倾向于联合,可能导致军队建设能力出现滞后,过于倾向军种,可能在战时运用出现联不起来的问题。美军第二次世界大战以来的历次改革,都贯穿了上述三对矛盾。相比历史悠久的军种,联合无疑是一个新事物,而美国的军种主义历经第二次世界大战后其影响力额外强大,因此战后 1947 年改革、1958 年改革的主线,都是加强文官领导、削弱军种、加强联合,但在三权分立的体制下,军种得到了国会的支持。联合难以得到根本上的加强,在缺乏联合需求的漫长越南战争中,军种进一步增强,并逐渐走向了矛盾的反面,最终制约了武装力量的整体运用。

80 年代初一系列军事失误,将国会推向了军种的对立面,由此才能推动 1986 年重塑联合作战指挥体制的改革。1986 年改革本身不是什么重大创

---

[1] LEDEMAN G N. Reorganizing the Joint Chiefs of Staff: The Goldwater-Nichols Act of 1986 [M]. London: Greenwood Press, 1999.

新,它的主要内容在1958年改革中都有所体现,但1958年改革显然不具备1986年改革的天时地利人和:民众和国会反对集权,加上艾森豪威尔由军人转身担任总统本身也是个颇为特殊的角色;严控预算背景下,核武器和核战略一直在解构常规力量的联合运用;军种和国会的利益相互绑定,等等。

必须看到,联合作战指挥体制的建立和重塑对于联合作战发展十分关键,但绝非唯一要素。指挥体制本身只是一个制度性框架,联合作战各相关要素不可能自动进入这个框架并主动运行,需要后续不断的建设对体制本身进行维护和发展,更重要的是要通过实践运行对其进行检验和调整优化。

同样依照莱德曼"三对基本矛盾"进行解释,如果一国的军种发展程度明显不足、专业性不强、功能职能尚不稳定,那这时候贸然仿照他国建立比较强势的联合作战指挥体制,将有可能进一步制约军种能力的建设,最终导致军队能力全面平庸化。从这个角度来看,联合作战指挥体制改革需要考虑当时的时代背景,脱离当时的环境而过于超前,结果很可能是在运行中走形变味、背离初衷。

三、美军联合作战发展契合了战争形态转变的关键时间点

20世纪70年代中后期至80年代是战争形态转变的关键时段,高技术战争已经来临,信息化战争渐露端倪。新的战争形态必然带来作战的全面变革,联合作战逐渐成为基本作战样式。

高技术武器装备深刻地改变了战争面貌,尤其是打破了传统按陆、海、空物理域划分的作战空间,各军种单独作战已难以适应新的战场环境。以精确制导武器为代表的新武器发展,赋予了地面武器装备越来越强的对空、对海能力,海上装备在全面提升对空能力时还具备了向陆地纵深打击的能力,空中装备的对海、对陆能力同样进步显著。这一轮高技术驱动下的攻防武器装备发展,使单一空间的对抗已经几乎不再存在,非对称作战日渐普遍,这就要求在作战计划、指挥和实施中,尽可能多地将各种作战要素纳入其中,这就势必要求打破传统的陆、海、空军种的组织壁垒,实施联合作战。在这种发展趋势下,各军种依然相互割裂的作战体系,将可能在大战中一败涂地。在研究第四次中东战争和马岛战争中,美军充分认识到上述变化,认为必须加强联合作战指挥实现对各军种力量的组合运用。"虑

诚意志"波斯湾护航行动便是美军面对多空间交叉威胁的一次联合尝试，不管是伊朗还是伊拉克都具备陆对海、空对海的威胁能力，海湾地区的美海军必然面临重重威胁。对此，美军加入空军预警机为水面舰船提供大范围侦察预警，加入特种作战部队提高任务部队靠前处置的能力，但尽管如此，"斯塔克"号护卫舰还是遭受了伊拉克"飞鱼"导弹的袭击。

尽管战场上主战平台数量有所减少，但战争节奏在加快，强度在提高，突然性增大，全纵深打击成为可能，这都对作战效能的集中提出了全新要求。印度空军准将贾斯吉特·辛格分析认为，F-117携带精确制导炸弹的一个攻击架次，产生的效能相当于第二次世界大战时期4000架次飞行投掷9000枚炸弹，或越南战争时期95架次飞行投掷190枚炸弹。❶ 在这种作战效能下，战争时间已经被极大地缩短。军种的传统指挥链兼具指挥和管理职能，虽然可靠但不一定高效，尤其是涉及跨军种、多军种作战时链条漫长、程序拖沓，已经难以适应战场高速、快节奏、高强度的特点。对此，美军重视联合作战，突出首战的效能集中，空袭利比亚时美军两个编队同时对5个目标发起空袭，入侵巴拿马时美军联合部队同时对27个目标发起突击，海湾战争中开局的全面空袭等，至今仍是各国研究联合作战的重要案例。

传统的陆海空之外，电磁空间和太空的重要性日渐提升，战场空间日趋复杂。对此，如不加强联合管控，存在大量信息设备的战场上将可能出现大量的相互干扰，影响自身作战体系，反之如果联合管理得当，将可有效赋能传统作战。美军在80年代里重视起电磁频谱管理、电子战等虚拟空间的能力建设，并从一开始就比较注重联合规划。海湾战争中美军的电磁频谱管理和电子战均在联合作战中扮演了重要角色。

最后，当代武器及弹药越来越昂贵，给经济带来的负担不断增加。80年代里根政府早期的扩军政策也给美国经济带来巨大负担，美军此时发展联合作战，也含有优化军费使用、提高装备运用综合性价比等的考虑。在冷战后的大裁军中，这种考虑将更加明显。

---

❶ SINGH J. Air Power and Joint Operations（Second Edition）[M]. New Delhi：KW Publishers Pvt Ltd，2008：167.

四、支援保障体系在联合作战的计划和实施中重要性提升

美军军事行动主要在海外执行,对于作战支援保障体系的要求高。随着战争形态的转变、作战方式的转型,支援保障体系对于联合作战的计划和实施越来越重要,且须与联合作战本身同步发展。

联合作战对军事运输的联合性提出要求。长期以来美军军事运输工作由各军种分别掌握,缺乏统一指挥,直到1978年的"绝佳珍宝"演习将这些问题暴露出来。1979年参联会指导组建了联合部署局(JDA)用于协调和监督美国本土内部和跨战区的军事运输事务,但职权有限,由战备司令部代管。80年代初参联会主席在试图合并陆军军事交通管理司令部和海军军事运输司令部时,遭到了军种和国会的反对。直到1986年改革时,运输司令部的组建才被正式提上议程并进行了广泛的讨论,1987年7月运输司令部正式组建,但是组建初期的运输司令部面临着各军种组成司令部不愿交权的情况,鲍威尔在美军入侵巴拿马前加强了其权威,确保了"正义事业"行动中的运输保障,"沙漠盾牌"期间运输司令部权威得到了全面加强。❶ 这一系列调整确保了美军可以对军事运输力量和商业运输实施统一指挥和全球统筹运用,紧密围绕战区联合作战需求安排运输工作的优先事宜,避免了密集运输工作中出现的争夺运输工具及机场和港口拥挤等情况。"沙漠盾牌"期间,运输司令部首先以空运优先向战区部署陆军空降师和陆战队人员,协助加强地区防御,之后根据中央司令部的计划分批次有序运进物资。海湾战争运输司令部共输送了约50万人员和近千万吨各类作战物资,确保了联合部队的有序部署。随着联合作战的增多、联合部队构成复杂度的提升,联合军事运输将更为重要。

指挥控制信息系统得到全面重视,成为下一步联合作战发展建设的重点内容。海湾危机爆发后,中央司令部立刻着手在沙特阿拉伯组建前方指挥控制和通信系统,于8月底完成了前方指挥部的建设,也即海湾地区信息系统中心。美军随后根据部队的部署情况和作战计划,不断集成各个级别、不同类型的指挥信息系统,在数千台计算机的辅助下,中央司令部构建起

---

❶ DREA E J, etc. History of the Unified Command Plan 1946-2012 [M]. Washington D. C.: Joint History Office, Office of the Chairman of the Joint Chiefs of Staff, 2013: 59-60.

完备的战区 C3I 系统。具体分为三个层次：第一层次为是依托全球军事指挥和控制系统为主体的战略指挥系统，直通本土的总统、国防部长；第二个层次是由中央司令部前方指挥部和各战区军种指挥中心构成的战区指挥系统，用于对战区各部队实施指挥；第三个层次是从各战区军种指挥控制中心向下搭建的战术指挥系统，用于执行战术行动的指挥和控制。

上述系统确保了战争期间指挥控制信息的基本传递，但联合作战的信息传输和计算需求显然超过了之前的预期，整个系统不堪重负，需要下一步继续加强建设。此外，还存在很多因过去军种分立而产生的问题，如前文提到的战区空军和海军指挥系统彼此不通的问题，在具体战斗中由于众多平台信息系统不兼容出现的问题也非常多，也都是之后美军需重点解决的问题，如 EA-6B 的电子战会干扰当时新改装的 F-15E，一些战机的通信信号可能会干扰精确弹药的雷达制导信号，等等。

最后要提及的是情报。尽管情报是一项作战支援职能，且美国在 60 年代初便组建了国防情报局，但长期以来在军种竞争环境影响下，各军种情报的共享与融合程度，并不比作战上的联合高上多少。海湾战争中信息化战争的特征和联合作战的形式，对美军情报提出了双重要求，仅靠各军种、各部队自己的情报能力显然已经无法满足作战需求，但当时国防部和战区"都不具备支援海湾战争这种规模战争行动的情报能力"❶。对此，美军效仿第二次世界大战时期太平洋战区联合情报中心的经验，在国防部和战区组建了两级联合情报中心，以此为枢纽加强国防部、各军种、战区及美国情报界的全面统筹，理顺战争期间的情报支援基本流程。❷ 针对各部的不同需求，国防情报局在"虔诚意志"行动期间"波斯湾工作组"的经验基础上，组建了 11 支国家情报支援小组（National Intelligence Support Team，NIST）派驻战区各部。海湾战争是美军联合情报发展中的里程碑，战争后，美军不仅加强了军队内的情报联合，还全面加强了与国家其他部门情报机构的合作，开始快速构建所谓的"大联合情报体系"。

---

❶ ESTVANIK R D. Intelligence and the Commander：Desert Shield/Storm Case Study［M］. Newport，RI：Naval War College，1992：16.

❷ MARCHIO J D. The Evolution and Relevance of Joint Intelligence Centers［J/OL］. ［2013-02-04］. Studies in Intelligence, 2006（1, 49）. https://www.cia.gov/csi/studies/vol49no1/html_files/the_evolution_6.html.

第五章

全面推进联合时期的联合作战
（1991年以来）

现代战争的本质要求我们作为一个联合团队作战。这在昨天很重要，在今天很重要，而且在明天将更加重要。

——约翰·M. 沙利卡什维利❶

今天的联合部队司令官告诉我，只要能满足他们的作战需求，他们不在乎能力来自哪个军种。

——埃德蒙·詹巴斯蒂亚尼❷

---

❶ JOINT CHIEFS OF STAFF. Joint Vision 2010 [Z]. Washington D. C. ：Joint Staff，Pentagon，1996：Title page.

❷ GIAMBASTIANI E. Operation Iraqi Freedom：Operations and Reconstruction（H. A. S. C. No. 108-15）[Z/OL]. Committee on Armed Services，House of Representatives，October 2，2003 [2020-01-19] http：//commdocs. house. gov/committees/security/has275000. 000/has275000_0. HTM.

第一节 全面推进联合时期影响联合作战的主要因素

一、推进联合成为美应对军力削减和战略扩张的战略途径

后冷战时代,美国走向全面战略扩张,但国防预算和军队规模急剧减少。华沙条约组织(以下简称"华约")和苏联解体后,美国迫切地寻求冷战后的世界领导地位,急于在所谓"历史终结"的"民主浪潮"中构建"世界新秩序",政治、军事、文化、外交广泛出击。美军作为急先锋开始了大规模海外军事干预行动,并提出了同时应对两场地区战争的能力要求。根据美国国会研究署统计,20 世纪 80 年代美国海外用兵次数为平均每年 2 次至 3 次,到 90 年代该数值提升到每年 6 次至 7 次,进入 21 世纪后该数值继续提高。❶ 但与此同时,苏联军事威胁消失,美国在自下而上的防务评估后,开始压缩军费和军队规模。美国国防部 1990 年总预算为 2930 亿美元,到 2000 年为 2672.2 亿,如以 2000 年的货币价值计算,1990 年的 2930 亿美元约合 2000 年的 3712.8 亿美元,相当于十年间美国军费削减了近三分之一。❷ 兵力规模方面,现役部队总人数从 1990 年的 206.9 万削减到 2000 年的 138.5 万,其中陆军现役师从 14 个裁到 8 个,空军现役战斗机和攻击机中队从 56 个裁到 46 个,海军总舰船数从 435 艘削减到 313 艘,陆战队保留了 3 支远征部队的基本规模,截至 2000 年,美军总人数和各军种部队规模的最终压缩数量均超过了 1995 年版《国家军事战略》中提出的目标。❸❹

苏联威胁的消失固然解放了大批美军专守部队,但美军事干涉任务多、

---

❶ TORREON B S, PLAGAKIS S. CRS Report R42738: Instances of Use of United States Armed Forces Abroad, 1798-2020 [R]. Congressional Research Service, Updated January 13, 2020: 12-18.

❷ COHEN W S. Annual Report to the President and the Congress [R]. Washington D. C.: Departpent of Defense, 1999: B-2.

❸ 同❷: C-1, D-2.

❹ JOINT CHIEFS OF STAFF. National Military Strategy of the United States [R]. Washington D. C.: Office of Chairman, JCS, 1995: 17.

战线广、对象和环境复杂,实际用兵需求不减反增,迫切需要一种新的部队组织形式,能够灵活适应各类任务需求。20 世纪 80 年代中后期复兴的联合作战,成为美军的战略选项。1992 年版《国家军事战略》中提出规模缩小的美军不能成为"空心军队",为达成威慑和危机反应任务,部队必须能够快速反应并在抵达地点后立即投入战斗,要实现这一要求就需要实现更高层次的联合和充足的高素质人员,官兵必须在平时就学习技能,建立起执行联合和联军作战所必需的信心和主动性,对战区司令、前沿存在、部队战备、训练、能力开发和新装备研制等都提出了联合方面的要求。❶ 1995 年版本《国家军事战略》更加强调联合,将其重要性进一步提升,提出"现代战争要求美军必须联合作战",要求各军种要发挥各自的独特能力,互相补充,并指出了各军种在联合作战中的基本职责,该版战略还将联合作战与信息化战争及美军现代化建设关联起来,提出要加强侦察情报、数据传输和处理、互操作性、系统融合等能力,提升部队作战的同步协调,并对一系列新装备、新系统的研发列装提出了具体要求。❷

在一系列战略和政策的指导下,联合作战逐渐成为后冷战时代美军最主要的战略发展方向之一。1996 年 7 月时任参联会主席约翰·M. 沙利卡什维利(John M. Shalikashvili)签发了纲领性指导文件《2010 年联合构想》(*Joint Vision* 2010),由此凝聚联合共识,驱动美军作战构想、作战条令的开发,将美军联合作战发展带入了"快车道"。1997 年《国家军事战略》指出"美军必须作为一支整体的联合部队准备战斗,充分互通、无缝整合","打造成一支'全频谱部队'",并在文件中大量引述了《2010 年联合构想》的内容。❸ 美军在这一版战略中开始在官方文件中频繁使用"联合部队"这一表述。联合不再只是手段,联合本身也成了美国军事转型、信息化建设、系统升级换代的主要目的之一。到 2004 年版《国家军事战略》时,联合已经贯穿了整版战略的各个章节,38 页的文本中美国"武装部队"出现了 61 次,而"联合部队"出现了 48 次,"联合构想"在历经了第二版

---

❶ JOINT CHIEFS OF STAFF. National Military Strategy of the United States [R]. Washington D. C.: Office of Chairman, JCS, 1992: 8, 18, 23, 24, 26.

❷ 同❶: 8, 13, 14, 15, 18, 19.

❸ 同❶: 4, 17, 21.

即《2020年联合构想》后,成了2004年《国家军事战略》中独立的第5章❶,联合已牢牢立足于军事战略之中。

二、美军联合作战理论体系迅速建立起来并快速发展成熟

美军联合作战理论体系包括联合条令、联合概念、联合构想及相关的各类学术研究。海湾战争的胜利充分证明了联合作战的功效,战争实践中的大量摩擦也使美军认识到必须建立一套完整的理论体系来指导联合部队建设和作战。

在总结战争经验教训的基础上,1991年11月美国参联会发布了联合出版物1号文件《美国武装部队的联合作战》(Joint Pub 1: Joint Warfare of the US Armed Forces),为美军提供总纲式的理论认识框架,其中第一章阐述了美军的目的、现代战争的性质和条令的作用,第二章阐述了联合作战中的价值观,第三章阐述了战争的基本原则、指挥权的行使、国家层级的考虑事项及多国行动,第四章介绍了联合战役相关内容。该文件一大特点是从联合战役的视角引述了多个美军战例,援引各军种名将有关联合的论述,以此凝聚共识、为联合作战提供思维框架,对当时各军种的作战理论产生了重大影响。

《美国武装部队的联合作战》指出:"联合条令将为美军的计划和作战提供一个共同的视角,并将从根基上塑造我们对战争的认知和训练。"❷ 由此开启了美军系统性的联合条令编研工作。1992年海军发布《由海向陆》白皮书,空军发布《航空航天基本概则》,不同于80年代海空军有选择地参与联合作战,在这两个文件中,海空军均承认未来作战是联合作战,自身将作为战区或联合特遣部队的一部分共同完成任务,全面加强与其他军种的协调和配合。对于长期强调军种特殊性、奉行独立作战的海军,这一转变颇具历史性。1993年3月,传统上不重视条令编写的海军在诺福克建立了海军条令司令部(Naval Doctrine Command),负责"就海战问题达成共

---

❶ JOINT CHIEFS OF STAFF. National Military Strategy of the United States [R]. Washington D. C. : Office of Chairman, JCS, 1992: 23-26.

❷ JOINT CHIEFS OF STAFF. Joint PUB 1: Joint Warfare of the US Armed Forces [Z]. Washington D. C. : GPO, 1991: 9.

识",编写海军条令,并"在联合和多国作战条令开发中提供来自海军和海军陆战队的声音,确保海军条令、教育训练、作战和演习与联合作战相一致"❶。空军则于1997年2月成立了空军条令中心(Air Force Doctrine Center,AFDC)❷,专职负责编研空军基础和作战条令,参与联合条令编写工作。

1992年7月参联会颁布了联合出版物1-01《联合条令体系、联合条令、联合战术技术与规程的开发程序》,明确了条令编写相关规则,美军联合条令体系进入高速发展阶段。联合条令由参联会主席签发,是指导全军联合作战和训练的权威性法规文件。具体由联合参谋部J-7作战计划与协调部负责,在制订过程中广泛汲取各军种、联合司令部、联合参谋部各部门、相关院校等单位的意见建议。到1993年9月,整个体系中,已发布、开发中、测试中、修订中的联合出版物共计112部,具体包括:2部战略级顶层(Capstone)条令《美国武装部队的联合作战》和JP0-2《武装部队的统一行动》;参考性出版物10部,编号1开头,为条令开发程序、概要、词典、图标、宗教支持等,暂时不成体系;❸ 战役级支柱(Keystone)条令5部,编号JP2-0至JP6-0,分别为情报、作战、后勤、计划及指挥控制通信和计算机(C4系统)方面的纲要;战术条令95部,对应2至6各个系列,共有95部,其中作战3系列最多,下有57部。❹

联合条令体系的建立,直接影响了军种条令体系,后者不能与前者冲突。1991年至1994年之间的条令编写,主要基于海湾战争总结、各军种现行条令及以往经验,且美军尚未形成对未来作战的统一构想,因此存在诸

---

❶ TRITTEN J J. Naval Doctrine... From The Sea [M]. Norfolk, VA: Naval Doctrine Command, 1994: 3, 4.

❷ 该中心于2007年与航空航天学院的条令、研究和教育中心合并,成立了空军大学下属的"柯蒂斯·E. 李梅"空军条令开发与教育中心。

❸ JP1-0《联合作战人力支持》(*Personnel Support to Joint Operation*)为1998年初首次颁布,并不在初期的体系中。在之后的体系发展和调整中,人事和人力资源相关条令逐渐增多,占据了更多的编号,而多数参考性出版物被从1系列中移除,也有部分保留,如JP1-02《国防部军事及相关术语词典》。

❹ JOINT CHIEF OF STAFF. Joint PUB 1-01: Joint Publication System Joint Doctrine and Joint Tactics, Techniques, and Procedures Development Program [Z]. Washington D. C.: GPO, 1993: IV-4.

多分歧，导致很多条令的实际使用时间不到 2 年。例如，对比 1993 年 6 月的陆军 FM100-5《作战纲要》和同年 9 月的 JP3-0《联合作战纲要》❶，其中对联合作战的各方表述极为相似，不免使人怀疑陆军主导了联合作战条令，其颁布之时也是下一版修订的开始之时，新版《联合作战纲要》于 1995 年 1 月颁布。同一年，JP2 至 6 系列纲要制定或修订完成，"拱心石"支柱条令得以确立，进入了平均每 4 年至 6 年更新一版的稳定节奏，由此美军联合作战条令体系趋于成熟。在国家战略、战争经验、作战构想、作战概念、理论研究等的驱动下，联合条令的内容不断更新换代，且这一工作从未中断过。

联合构想体系和联合概念体系逐步建立，并与联合条令体系形成了机制性、系统性、程序性的互动，相互促进，共同发展。1996 年 7 月发布的《2010 年联合构想》意在"为武装部队在充满挑战和不确定的未来发展中，提供一个作战模板，它必须成为军种和作战司令部构想的基准"❷。《2010 年联合构想》里分析认为信息技术、新武器装备、系统融合技术等的发展，将改变作战样式、提升战斗力，必须推动美军的联合转型，并由此提出了主导机动、精确交战、聚焦后勤、全维防护 4 项适用于全军的作战概念，目的是达成效能集中，赢得全频谱优势。❸ 该构想还明确了从概念到能力的流程，即在共同的框架和语言体系中，以联合试验和训练不断进行检验，进而转型条令、教育、训练、组织和装备等❹，最终达成构想中所提出的能力

---

❶ 美国陆军历来重视条令编写工作，其训练与条令司令部运行几十年之久，经验丰富，而陆军作为"空地一体战"的提出者和主推者，一直都是联合作战的热衷倡导者，1993 年版 FM100-5 第一章第一句话便是"条令是作为联合团队一员的美国陆军，对如何进行战争和非战争军事行动的主张"，文件中多次强调陆军作战与联合作战的相通、相似之处，突出战役法，这似乎是在急于寻求对联合作战及未来发展规划的主导，在战后预算大削减的背景下难免引发其他军种的反感。不过陆军确实对联合作战的理论发展产生了较大的影响，如 90 年代中期美军开始强调的"全频谱部队""全频谱优势"，其主要来源之一便是 93 年 FM100-5 所提出的"全维作战"（full-dimensional operations）。

❷ JOINT CHIEFS OF STAFF. Joint Vision 2010 [Z]. Washington D. C.：Joint Staff, Pentagon, 1996：Title page.

❸ 同❷：11, 19-25, 32.

❹《2020 年联合构想》中增加了领导力、人事和设施。见于 JOINT CHIEFS OF STAFF. Joint Vision 2020 [Z]. Washington D. C.：Joint Staff, Pentagon, 2000：34.

要求。❶

在总结科索沃战争经验教训的基础上，2000年5月参联会主席亨利·H. 谢尔顿（Henry H. Shelton）签发了《2020年联合构想》，继承和发展了前一版中的4项作战概念，并更加强调决策优势、信息战、联合作战指挥与控制、多国和跨机构行动等。❷ 随后，各军种纷纷提出了各自的军种构想。为推动构想落地、为部队建设提供具体指导，1996年美军开启了联合作战概念的编制工作，并于1999年完成了首个指导全军的联合作战概念——《快速决定性作战框架概念》（*A Concept Framework for Rapid Decisive Operation*）。伴随着训练、试验及实战的检验，其中的精华内容进入了相关联合条令。2003年美国国防部发布的《联合作战概念》和随后一系列参联会主席指令，明确了联合概念体系的构成、编研模式、开发程序、更新制度等，联合构想不再作为独立文件出现，联合概念成为联合条令编制的主要理论驱动。各军种的构想和作战概念，与联合概念和构想层级对应、相互匹配。由于军种不再具有先前的政治影响力来直接争取利益，联合概念因其巨大的部队建设引领作用，成为军种新的博弈平台。这一点在后续的空海一体战、当前的全域战开发中均有体现。

创办《联合部队季刊》（*Joint Force Quarterly*，JFQ）交流平台，以此为中心，辅以其他军事期刊、智库研究报告、军事院校学位论文、军事专著等，打造联合作战学术研讨"共同体"，不断为联合概念和条令的开发注入新鲜血液。1993年在鲍威尔的推动下，参联会依托美国国防大学创办了《联合部队季刊》，作为"参联会主席的联合军事和安全研究期刊"，公开面向政府内外的国家安全从业人员，就广泛的联合议题分享信息、交换观点，重点内容是联合条令和理论、联合作战分析、联合教育训练等。❸ 该杂志有三大特点，一是其中相当多的文章为"以史带论，以事带论"，在细致分析历史上或当前行动中某个战例的基础上，引出理论观点，绝大多数文章有

---

❶ JOINT CHIEFS OF STAFF. Joint Vision 2010 [Z]. Washington D. C.：Joint Staff, Pentagon, 1996：33.

❷ JOINT CHIEFS OF STAFF. Joint Vision 2020 [Z]. Washington D. C.：Joint Staff, Pentagon, 2000：30, 31.

❸ 联合部队季刊官方首页 [EB/OL]. (2021-03-02) [2021-10-10]. https://ndupress.ndu.edu/JFQ/.

详细注释,学术规范,冷战后美军系统重构对联合作战的理论认知,很大程度上得益于此;二是区别于官方文件的致力于凝聚共识,该期刊推崇观点争鸣,经常就同一个议题刊登若干篇观点迥然相反的文章,如对海湾战争时期美军联合程度的探讨经久不衰且观点分野极大,恰如鲍威尔在创刊号致辞所言"激起辩论和反驳,激发各军种官兵的思考","在争议、辩论、新想法和新见解中,窥探最优秀的头脑之间冷静而生动的互动"❶;三是理论研究人员和现役军官构成了两大作者群体,后者主体为中校和上校军衔,通常有联合任职经历,理论升华和实践经验在此交汇和碰撞。

三、军事转型和网络中心战推动联合作战迈向一体化发展

海湾战争作为一场过渡性战争,既体现了工业时代信奉的数量优势、质量优势及消耗战思想,又体现了高速运动战、指挥联网和精确打击等信息时代新特征。❷ 冷战后美国综合国力遥遥领先于其他各国,在以高新信息技术群为代表的科技领域具备明显优势。美国引领信息技术变革,于20世纪90年代率先开启了国家信息基础设施建设,并迫切希望把科技优势转变为军事优势。1992年国防部发布了《国防科学技术战略》,阐述了军事战略、科技战略和科技管理问题,按照需求牵引和技术推动相结合的原则,提出了主要推进领域和关键技术。随后1994新版《国防科学技术战略》,进一步提出了5大联合作战能力需求,分别为实时掌握敌情并与己方部队共享;通过全球机动迅速进入战区决战;投入更适合战斗的部队以最小的代价达成目的;确保太空利用;应对对美国本土和前沿部队构成威胁的大规模杀伤性武器、弹道导弹、巡航导弹。❸ 随后国防部出台了《联合作战科学技术计划》《基础研究计划》和《国防技术领域计划》3项支撑性计划文件,依据《2010年联合构想》的能力要求,设计了未来国防科技各领域的发展目标、任务和进度要求等。这些文本平均每1年或2年更新一次,由此

---

❶ POWELL C L. A Word from the Chairman [J]. National Defense University:Joint Force Quarterly,Summer,1993:5.

❷ 比尔·欧文斯,等. 揭开战争迷雾 [M]. 王霄,杜强,译. 北京:解放军出版社,2009:104.

❸ 《当代世界军事转型史》课题组. 当代世界军事转型史 [M]. 北京:军事科学出版社,2018:152-153.

第五章　全面推进联合时期的联合作战（1991年以来）★★★

美国形成了"1个战略、3个计划"的科技规划体系，发展联合作战始终是主线内容之一。

在美国认识和推进军事事务革命的过程中，联合作战始终是一个重要领域，与技术变革、信息制胜、体系融合等概念密切交织。时任国防部净评估办公室主任安德鲁·马歇尔（Andrew Marshall）自20世纪70年代便密切关注奥加尔科夫等的军事技术革命论，研究后认为只靠技术并不足以实现变革，应大力倡导"军事事务革命"，主张统一结合技术、理论和编制才能实现军事能力的重大跃升，这三要素也为美国规划联合作战发展提供了重要的参考框架。威廉·S. 佩里（William S. Paley）任国防部长时期接受了马歇尔的观点，提出了以"系统集成"理论推进军事事务革命，即通过信息技术将整个部队凝聚成更紧密、更高效的作战系统。比尔·欧文斯（Bill Owens）在1994年至1996年任参联会副主席期间，继续发展了"系统集成"理论，指出面对军事革命"至关重要的是把各军种打造成融为一体的有效作战力量，即联合"❶，他主张大力发展情监侦、指挥控制和通信、精确打击能力，对国防部现行指挥体系、军种结构、作战概念和理论、训练教育等进行了全面审视，并通过联合需求监督委员会推进国防部系统的互通性和一体化。

如果说海湾战争之前的联合作战是为了加强统一指挥和军种力量的条块式排列组合，在军事事务革命的讨论和推进中，联合作战的含义进一步丰富，要求通过集成融合各军兵种的系统，生成新的作战能力，是一体化联合作战（Integrated Joint Operation）的先声。克林顿第二个任期内全面推进军事事务革命，不可避免地迎来了多方阻力，名称也更改为温和一些的"军事事务转型"，但联合作战与军事变革的紧密关系已经为各方共识，广泛进入了各类作战构想和概念、战略性发展规划、武器系统开发、作战指导等。

重视体系构建、减少平台投入的武器装备研发思路，加快了联合作战的基础建设。不同于80年代美军主战装备系统性、规模性的更新换代，在预算削减、装备越来越昂贵及大力倡导联合的背景下，美军严控"硬件"

---

❶ 比尔·欧文斯，等. 揭开战争迷雾［M］. 王霄，杜强，译. 北京：解放军出版社，2009：3.

项目，以信息化、一体化为指导，转而加强"软件"建设，为联合作战纽带和内聚力的加强提供了基础。90年代入役的B-2A、B-1B轰炸机，DDG-51"阿利伯克"级"宙斯盾"驱逐舰等，以及在研的F-22战斗机项目，均为80年代或更早期就上马的项目。新项目如1993年启动的"联合先进攻击技术"轻型战斗机项目，即后来的F-35项目，则改由国防部统一领导、各军种联合参与研发。联合性不明显的项目则受到严格限制，到21世纪初拉姆斯菲尔德任期内，"十字军战士"火炮、"科曼奇"直升机等项目则被直接取消。

软件方面，美军历来重视指挥信息系统的建设，从20世纪50年代开始，其指挥控制系统的建设一直领先于各国，但由于历史、体制、传统等原因，存在着各军兵种系统间通联和互操作性差的问题。尽管80年代美军已经认识到问题，采取了一些措施，海湾战争仍然暴露了大量不足，亟待改进。冷战后军工企业的大合并、标准化和通用化的加强，为系统建设提供了新的便利条件。1992年美军启动了规模庞大且复杂的C4I系统一体化工程，旨在将"烟囱"林立、各自为战的小系统，集成为开放、互通兼容的分布式大系统。具体包括：提出了"武士C4I"（C4IFTW）计划，提高战场情报共享、加快信息传输和处理、减少军种信息系统，组建一体化体系；将全球军事指挥控制系统（WWMCCS）全面升级为全球指挥控制系统（GCCS），将原有的2.1万个系统和软件改造为600多个子系统和软件；构建C4I体系结构，由国防部统一管理、定义和开发C4I系统；建设国防信息系统；推行标准化战略，加强通用性和互通性，统一军用数据链和软件等。❶ 各军种配套提出了自身的C4I一体化计划，包括陆军的"企业"，海军的"哥白尼"，空军的"地平线"，陆战队的"海龙"计划等。此外，一些非直接相关项目也在推动联合作战发展，如陆军的数字化部队建设、空军主导的太空力量建设，以及反导预警和拦截系统等。战区层面，1995年美军开始研制战区作战管理核心系统（Theater Battle Management Core System，TBMCS），以此作为战区各军种作战软件的总接口，进行整合，于2000年通过多军种评估，并于阿富汗战争开始运用。

---

❶ 《当代世界军事转型史》课题组. 当代世界军事转型史 [M]. 北京：军事科学出版社，2018：160-162.

"网络中心战"作为美国军事转型的"核心组件"[1],极大地推动了联合作战的发展(图5-1)。20世纪90年代以来大型商业公司广泛利用互联网提高业务能力,牵引组织结构变革,转型商业模式,为军事转型提供了新启示。1997年海军作战部长杰伊·L.约翰逊上将在海军学会年会上提出了网络中心战概念[2],随后美军方和学界开始了密集研究,1999年学者戴维·S.艾伯茨(David S. Alberts)等人初步定义了网络中心战,即"通过信息优势来获得行动优势,通过网络中的传感器、决策系统和打击系统之间的信息共享,加快指挥速度,提高作战强度和已方生存率、自我协调能力,总之,通过有效连接战场上的作战单元将信息优势转化为战斗力"[3],主张美军以"网络中心战"指导全军的信息化和网络化建设,很快引起了高层重视。2001年7月国防部向国会提交了《网络中心战》专题报告,全面阐述了内涵、战略、概念及构想、全球信息栅格、与两版《联合构想》的关系、计划和方案等,内容极其丰富,总报告达1000多页,提出要在物理域、信息域、认知域3个域内及各域之间达成同步。[4] "网络中心战"很快被国会接受,开始广泛出现于美军各类战略性文本。2001年国防部提出了C4KISR创新项目,开发建设能将各作战空间中的传感器、指挥控制中心和武器平台集成一体的网络中心结构,标志着网络中心战雏形的形成;2004年,美军通过海军部队网(FORCEnet)、空军C2星座(C2 Constellation)和陆军陆战网(Land War Net)加速推进网络中心战能力建设。[5] "网络中

---

[1] WILSON C. Network Centric Warfare:Background and Oversight Issues for Congress[R]. Congressional Research Service,2004:Summary.

[2] 海军率先提出这一概念,与海军作战的特点有关,海军单艘舰船的各部门必须密切协同才能发挥平台的作战能力,任何一个薄弱环节都将使整个平台的功能大打折扣,"一损俱损"。"宙斯盾"系统全称为"全自动作战指挥和武器控制系统",实现了舰载相控阵雷达系统、武器系统和指挥决策系统的综合集成,以应对高速、远程、密集的反舰威胁。海上编队作战更依赖各部分的密切协同,且能获取的信息基础设施支持较少,因而对信息网络体系更为敏感。

[3] ALBERTS D S. Network Centric Warfare:Developing and Leveraging Information Superiority[M]. CCRP Publication series,2nd Edition,2000:2.

[4] Network Centric Warfare:Department of Defense Report to Congress[R]. Department of Defense,2001:3-7.

[5] 梁炎. 网络中心战的实施与应用分析[M]. 北京:国防工业出版社,2011:13,62.

心战"工程浩大、包罗万象，其建设是一个循序渐进、不断更新发展的过程，时至今日该工程仍在继续。

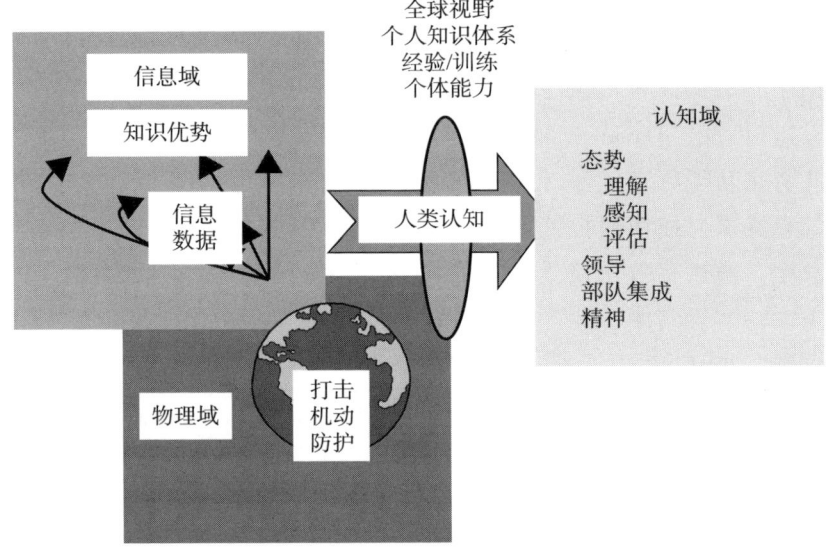

图 5-1　网络中心战提出的作战域❶

冷战后美国的一系列军事转型措施对联合作战发展产生了深远影响。第二次世界大战时期联合作战的重点在指挥权和分工，海湾战争时期各军种的能力能够实现条块组合、相互补充，但就作战体系的自身运维仍主要由各军种掌握。根据信息化战争时代网络中心战的构想，未来在信息优势和战场单向透明的环境下，军兵种的作战体系将被解构为各作战要素，体系运维将得以最大化地集中和简化，指挥官可以灵活选择任意要素进行组合，实现作战效能的最优解。这即是美式一体化联合作战的图景。

四、调整作战司令部体系，成立专职的联合作战开发机构

海湾战争后，为适应预算环境、应对国际形势变化、加强联合作战指挥，美国大幅度调整了全球作战司令部体系，主线是撤销单一军种司令部，

---

❶ Network Centric Warfare: Department of Defense Report to Congress [R]. Department of Defense, 2001: 3-8.

全面组建联合司令部。1992年的《统一指挥计划》，撤销了战略空军司令部的作战司令部地位，新组建了战略司令部（Strategic Command，STRATCOM），战略空军部队在行政上听命于新组建的空军空中作战司令部（Air Combat Command，ACC）❶，指挥上和海军核部队一起听命于战略司令部，由此核力量全部纳入联合司令部指挥体系。在本土美军部队的指挥关系重建上，涉及各军种利益较深，军方高层内部出现较大分歧，最终参联会主席鲍威尔的意见占了上风，即扩编大西洋司令部，将其由一个以海军为主的司令部，扩大为下辖陆军部队司令部❷、空中作战司令部、大西洋舰队和大西洋海军陆战队部队的联合司令部。1993年10月新的大西洋司令部正式运行，为区别新旧，其英文缩写由LANTCM变为ACOM，字母A表明了其在联合司令部中的引领地位。

鲍威尔的考虑是，美军现行联合作战指挥体制在海外运行顺畅，经过了战争检验，但本土部队中仍然有强烈的军种主义倾向，这显然不适合再继续组建单一军种司令部。随着海外驻军的减少，本土的联合训练将越来越重要，"要使联合成为一种生活方式，而不只是偶尔搞搞演习"，新的大西洋司令部除战区职责外，被赋予了联合力量集成器的角色，即组织联合训练和战备，检验联合条令，以及参与本土民事支援活动等。❸ 至此，美国作战司令部体系中不再存有单一军种构成的作战司令部，保留的和之后组建的作战司令部均为联合性的，其标准术语也转变为地域性作战司令部（Geographic Combatant Command）和职能性作战司令部（Functional Combatant Command）两类，但联合司令部（Unified Command）和特种司令部（Specified Command）的称法并未在法律条文上彻底消除，时常也会出现于一些文

---

❶ 长期以来，战略空军部队的建设和指挥相对独立，一段时间内其与战术空军的关系堪比军种间的关系。80年代后期，在多方原因和作战实践驱动下，战略、战术空军的界限日渐缩小。冷战后美国空军将战略空军司令部、战术空军司令部和军事空运司令部合并，组成了空中作战司令部。该司令部于1992年6月开始运行，与战略司令部同步。该司令部组建之初，空军试图将其推为单一军种司令部，遭到了反对，最终仅作为空军的军种主要司令部之一。

❷ 美国部队司令部（FORSCOM）在此次调整中被降级为陆军部队司令部，作为大西洋司令部下的陆军组成司令部，它是最后一个被撤销的单一军种司令部。

❸ DREA E J, etc. History of the Unified Command Plan 1946-2012 [M]. Washington D. C.: Joint History Office, Office of the Chairman of the Joint Chiefs of Staff, 2013: 67-68.

本里。

与此同时，美军开启了以联合为导向的第二次训练革命，即以联合作战条令为依据，以各战区联合作战需求为牵引，强化基础性联合训练，加强部队的联合性，培养联合文化。与之配套的相关指令和法规也逐步完善，为联合训练提供权责依据，其中最具代表性的为参联会主席指令CJCSI3500系列，包括《联合训练方针政策》《联合训练总体计划》《联合训练手册》《通用联合科目表》等。90年代中后期，随着美军转型和联合作战发展的推进，依靠联合参谋部、各类工作组、各军种及"兼职"的大西洋司令部多头推进，显然无法应对日益激增的联合事务和快速变化的形势，且大西洋司令部新组建以来由于经费和责任区问题一直争议不断。1997年一个国防研究小组提出组建联合部队司令部来负责本土现役和预备役部队的战备与训练，另外也有研究表明各战区司令部的军种部队司令部尚不能充分行使领导联合特遣部队的职责，围绕大西洋司令部的存废又引起了新一轮的激烈讨论。❶

1999年10月大西洋司令部改编为联合部队司令部（US Joint Forces Command，USJFCOM），缩小了地区性职责，作为"联合部队集成器、联合部队训练牵头代理人及联合部队试验的国防执行代理人"❷，全面加强联合作战能力开发的组织领导，战时由其统一向海外派遣联合作战部队。联合部队司令部的组成军种司令部和下属联合司令部基本不变，联合作战中心、联合战斗中心、联合作战分析中心、联合指挥与控制作战中心、联合通信支援中心等职能中心的重要性提高。联合部队司令部主要职责包括：一是接管联合概念的开发和试验，负责联合作战构想、概念和条令的编研工作，成立当年便被赋予了全球信息栅格顶层需求论证、网络中心战验证、互操作系统开发等任务❸，同时还推出了"快速决定性作战"概念，试验、模拟、实兵演训同步展开；二是在美军日渐成熟的联合训练体系中地位独特，负责美军80%的联合组训，身兼示范和保障单位、落实顶层设计路线规划

---

❶ DREA E J, etc. History of the Unified Command Plan 1946-2012 [M]. Washington D. C.：Joint History Office, Office of the Chairman of the Joint Chiefs of Staff, 2013：75-76.

❷ 同❶：77.

❸ Network Centric Warfare：Department of Defense Report to Congress：[R]. Department of Defense, 2001：9-6, 11-4.

者、通用标准和程序制定者、兵力承训和提供者、能力开发主导者等多个角色,和国防部长办公厅、联合参谋部构成了"三脚椅",成为联合训练组织领导体制的核心机构;三是负责协调联合院校教育和职业军事教育体系的构建,对各院校的联合课程比例设置、教员的跨军种任职、学员的跨军种就读等作出相关规定,在战后进行联合经验教训总结,推广联合文化和思维,等等。

"9·11"事件后,2002年10月北方司令部组建,联合部队司令部不再具有地区性职责,成为职能性作战司令部,接收了参联会和联合参谋部的若干训练指导机构,职责扩大的同时层级和组织关系得以简化。2003年6月国防部《训练转型实施计划》提出了开发联合知识培养与分发能力系统、国家联合训练能力系统、联合评估与赋能系统三大系统,相互协调、联合互动,为个人、部队创造更好的训练条件,加强训练效果评估和检验,联合部队司令部负责其中"重中之重"的国家联合训练能力系统。❶ 面对反恐战争的需要,美军在训练体系中增加了"大联合"概念,即要求文职人员、预备役等都参与到联合教育训练中。伴随着美军转型的全面推开,联合部队司令部被赋予了引领和监督转型的职责,实际上已经成为"转型司令部"和"未来司令部"。2011年8月,主要因预算原因,联合部队司令部被裁撤,联合参谋部J-7接管了其主要业务和相关的联合中心,包括联合概念发展验证、条令编修、训练政策制定、人员教育训练政策协调等,其他职能转给其他部门和作战司令部。此时美军能力开发体系、联合训练体系、教育体系等都已经构建成熟,联合水平极大提高并已历经若干次战争的检验。正如冯鄂东等提出的:"美军已经从联合作战的'必然王国'向'自由王国'迈进。"

五、一系列海外干预行动为联合作战发展提供了实践检验

冷战后美国频繁进行海外军事干涉,主要形式为非战争军事行动(MOOTW),即除与战争密切关联的大规模作战以外的军事行动,通常在美国境外进行,也包括对民事当局的支持,一般涉及空中、陆上、海上、太

---

❶ 《当代世界军事转型史》课题组. 当代世界军事转型史 [M]. 北京:军事科学出版社,2018:412-413.

空和特种作战部队的结合,并与政府机构和非政府组织的工作互相补充。❶ 20 世纪 90 年代美国疯狂进行海外干预,期间也不断检验联合作战的部队结构、作战方式,暴露了问题、积累了经验和教训,客观上推动了联合作战的发展。

(一) 执行索马里维和的"恢复希望"行动

1992 年 8 月至 1994 年 4 月美军在索马里的维和行动,是冷战后美军第一次较大规模的非战争军事行动,实践证明此类联合行动的复杂性和困难性同样不容轻视。1992 年 8 月中央司令部根据老布什总统指令,开展"提供救援"(Provide Relief)行动,通过海陆空三路向索马里运送食物实施人道主义援助。为应对索马里复杂的安全形势,12 月中央司令部启动"恢复希望"(Restore Hope)行动,扩大兵力规模,组建索马里联合特遣部队(JTF Somalia),通过控守要点和要道、提供安保,协助联合国在索马里的维和行动和各类援助活动,这一行动得到了多国的响应。美国海军陆战队和特种部队率先登陆,在摩加迪沙附近海滩建立阵地,控制了机场和港口,海军工程团整修了道路、仓库、港口等基础设施,后续部队陆续进驻,美军最终兵力达到了 2.5 万人,其他二十多个国家提供了 1.3 万人。❷ 美军联合特遣部队以陆军第 10 山地师为主体,参谋人员以陆军为主,多数没有联合和联军作战的经验。❸ 这导致部队在联合部署阶段便出现疏漏,运输司令部指出,陆军未在联合作战计划和执行系统(JOPES)中填报有效的运输需求,迫使运输司令部必须用电话、电文等临时手段进行沟通,运送陆军装备的船只也没有列进分时段部署数据(Time-Phased Force Deployment Data)中,导致空运、海运效率低下,延缓了整体部署。❹

---

❶ JOINT CHIEFS OF STAFF. Joint Pub 3-0: Doctrine for Joint Operations [Z]. Washington D. C.: GPO, 1995: V-1.

❷ JOINT CHIEFS OF STAFF. Joint Military Operations Historical Collection [Z] Washington D. C.: GPO, 1997: VI-4.

❸ DIXON J C. Untied Nations Operation in Somalia II: United Nations Unity of Effort and United States Unity of Command [D]. Fort Leavenworth, KS: Army Command and General Staff College, 1996: 99.

❹ POOLE W S. The Effort to Save Somalia, August 1992-March 1994 [M]. Washington D. C.: Joint History Office, Office of the Chairman of the Joint Chiefs of Staff, 2005: 25-26.

美联合特遣部队指挥上分别对接联索团、中央司令部、总统特别事务助理等,未能完整落实中央司令部的计划。之后,此次行动目的从人道主义援助异变为军事干涉。负责抓捕索马里军阀要员的游骑兵特种部队的进驻,使特种作战司令部也部分介入了指挥链。这种多头指挥是导致1993年10月3日至4日"黑鹰坠落"事件的重要原因,表现在:一是游骑兵的抓捕行动未与第10山地师充分沟通,严重缺乏预案和支援,危机爆发后快速反应部队的一个连花了近一个小时才驶出营区前往救援;❶ 二是特种作战司令部司令韦恩·A. 唐宁(Wayne A. Downing)陆军上将为游骑兵提供的空中支援AC-130已部署到邻近的肯尼亚,但被中央司令部司令约瑟夫·P. 霍尔(Joseph P. Hoar)陆战队上将禁止使用,主要理由是担心附带损伤;❷ 三是没有任何一个上级单位为联合特遣部队提供情报,部队只能依靠联索团的民事军事行动中心(Civil-Military Operation Center,CMOC)获取有限的情报。此次失败的主要指挥责任落在霍尔身上,根据1986年法案他有权力也有义务确保驻索马里美军部队的统一指挥和联合作战。❸ 该行动为美军提供了联合作战政策指导、战区司令权职履行、联合情报支援、部队搭建、联合指挥、系统使用等诸多方面的教训,对美军武力维和、条令编写、系统开发等产生了巨大影响。

(二)颠覆海地军政府的"恢复民主"行动

1994年美军干预海地的"恢复民主"(Uphold Democracy)行动展现了联合军事行动的新发展。1993年10月海地陷入骚乱,1994年1月克林顿指示大西洋司令部保罗·D. 米勒(Paul D. Miller)组建第180联合特遣部队,第18空降军军长亨利·H. 谢尔顿(Henry H. Shelton)中将担任行动指挥,其军部作为特遣部队指挥部。明确任务目标后,谢尔顿立刻召集人员评估形势和制订计划,组建了联合指挥、控制和情报系统,使联合指挥部尽早进入运行状态。从1月到9月特遣部队围绕计划进行了14次演练,陆军、

---

❶ FORAKER Ⅲ J C. Operational Command and Control:Lessons for Today's Joint Force from Grenada, Somalia, and Kosovo [R]. Newport, RI:NAVAL WAR COLLEGE, 2007:6.

❷ POOLE W S. The Effort to Save Somalia, August 1992-March 1994 [M]. Washington D. C.:Joint History Office, Office of the Chairman of the Joint Chiefs of Staff, 2005:83.

❸ 同❶.

空军、海军、陆战队及海岸警卫队共同参与了代号为"大岩石"的三场大规模演习，并依托大西洋司令部的"灵敏供应者"（Agile Provider）演习对参战部队实施联合训练、模拟入侵行动。此次行动共调动 34 000 人，按计划 21 000 人将在海地登陆，行动方式包括了特种作战、空降突击、两栖登陆等。❶ 其间，美国拉拢英国和多个拉美国家，组建多国联合特遣部队，并得到了联合国安理会的授权。汲取了"黑鹰坠落"的情报教训，9 月联合参谋部 J-2 情报部和 J-3 作战部派出人员组建了海地联合情报特遣队，协同国务院深入研判海地形势。联合可部署情报支援系统（Joint Deployable Intelligence Support System）发挥了情报"融合剂"的作用，打通了战略、战役、战术以及各部队间的情报流动。❷

面对美国的外交施压和战争威胁，1994 年 9 月 18 日海地军政府妥协。美军在无激烈抵抗的情况下进入海地，行动重点随即转向消除骚乱、抓捕叛军、秩序重建、维稳等。1995 年 3 月联合国联海特派团接管了维和行动，"恢复民主"行动结束。尽管没有出现激烈交战，此次行动仍是一次难得的实践检验，其中最大的亮点是陆军特种部队和第 10 山地师的 3800 多名士兵及 116 架直升机，搭乘清空了甲板的"美国"号和"艾森豪威尔"号航母前往海地，这是美军首次使用航母部署陆军作战部队，该命令直接来自大西洋司令部司令米勒上将。❸ 陆军中将谢尔顿的指挥部则直接设置在"惠特尼山"号（Mount Whitney）❹ 指挥舰上，同时指挥陆上和海上编队的行动。这些"创举"在几年前还是不可想象的，应主要得益于大西洋司令部在推进联合上的不断尝试和努力。

---

❶ JOINT CHIEFS OF STAFF. Joint Military Operations Historical Collection ［Z］Washington D. C.：GPO, 15 July 1997：VII-2.

❷ 同❶：VII-3.

❸ 同❶.

❹ 根据美国海军大西洋水面部队的官网介绍：时至今日，"惠特尼山"号（LCC 20）仍是美国海军唯一的联合指挥舰，作为指挥部，可独立满足舰队或联合特遣部队的指挥需求，具备指挥海战、空战和陆战的能力。见于：https://www.surflant.usff.navy.mil/lcc20/.

(三) 干涉波黑战争的"精选力量"行动

美国领导北约于 1995 年 8 月 30 日至 9 月 14 日在波黑地区实施的"精选力量"（Deliberate Force）行动，是北约成立以来规模最大的一次联军联合军事行动，重创了塞族武装，一定程度上是科索沃战争的预演。东欧剧变后巴尔干地区陷入动荡，波黑是焦点，1992 年美国纠集北大西洋公约组织（以下简称"北约"）国家组成维和部队开始了干预。"精选力量"行动名义上是保护进驻波黑的联合国维和部队（UNPROFOR），实际目的是以打促谈。此次行动共有 15 个国家的 5000 多名人员参与，可用飞机 400 多架，其中 260 架为陆基飞机分布在 5 个欧洲国家的 18 个空军基地，其余飞机主要部署在亚得里亚海上的 3 艘航母上，美国 4 个军种的空中力量均参与了行动。❶

位于意大利维琴察的盟军第 5 战术航空队主要指挥所担任联军空中作战中心（CAOC），负责制定每日空中任务信息计划（ATM，类似空中任务指令），计划可覆盖时间从 24 小时到 30 天不等，作战实施中由空中战场指挥和控制中心（ABCCC）EC-130 等机型进行战术指挥。❷ 对地支援方面，维和部队在基塞尔雅克组建了空中行动控制中心（AOCC），对接联军空中作战中心下的空中支援行动中心（ASOC）申请和协调空中支援，但其本身作为维和部队的一部分对北约空中力量无实际控制权，维和地面部队各营则配置了战术空中控制小组（TACP）进行空中打击的末端引导。❸ 行动期间，8 个北约国家共飞行 3535 架次，2470 架次为深入波黑的作战任务，包括近距离空中支援、战场空中遮断、压制敌防空系统、战斗侦察和搜救等；1065 架次为支援任务，包括空中先期预警、空基战场指挥和控制、电子侦察和电子支援、空中加油、常规搜救等；美军 4 个军种共飞行了 2087 架次，其中打击为 1499 架次。❹

此次行动在联合作战发展方面：一是检验了北约的联军联合空中作战

---

❶ OWEN R C. Deliberate Force: A Case Study in Effective Air Campaigning, Final Report of the Air University Balkans Air Campaign Study [M]. Maxwell Air Force Base, AL: Air University Press, 2000: 200.
❷ 同❶: 80.
❸ 同❶: 46.
❹ 同❶: 331, 335.

指挥体系，及其在联合国维和框架下开展行动的可行性；二是投入并实验了诸多新系统，包括空中战役计划工具、联合态势感知系统、应急战区空中计划系统等❶，全面提升指挥控制能力；三是行动虽小但各军种机型参与广泛，重视卫星运用，引入了无人机，初步构建起空天地一体的联合情报支援体系。

行动也暴露了诸多不足：一是军种间围绕任务分配仍存在冲突，海军对空军集中式的指挥方式仍存不满；二是通信带宽不足，两个运行中的航母离得太近会使卫星通信系统几近瘫痪，制约了军种间互通；三是陆战队仍不熟悉空军的航空管制。❷ 此外，直升机被严格控制使用，未能纳入联合空袭，这是因为识别、拦截和控制旋翼飞机的难题没有解决，而1994年4月"提供安慰"（Provide Comfort）行动中，美国空军F-15战斗机曾在伊拉克北部击落两架美陆军"黑鹰"直升机。在波黑冲突中如果误击联合国或人道主义救援直升机容易引发政治风波，限制直升机使用带来的风险要小得多。最终，数量有限的旋翼机被严格控制在3000英尺以下空域飞行，而固定翼机在5000~10 000英尺间实施打击，在10 000英尺以上进出战场。❸

（四）空袭伊拉克的"沙漠之狐"行动

海湾战争后美伊矛盾不断，美不时对伊拉克进行小范围打击。1998年初围绕核武核查问题双方矛盾再次激化，美中央司令部实施"沙漠惊雷"（Desert Thunder）行动集结陆海空兵力，但未能起到威慑萨达姆的效果。同年12月17日至20日，美军联合英军实施"沙漠之狐"（Desert Fox）行动，这是海湾战争结束以来美国对伊拉克规模最大的一次空袭。行动由中央司令部司令安东尼·C. 津尼（Anthony C. Zenni）陆战队上将指挥，涉及英美各军种部队共3万多人，另有1万名人员部署在战区外负责提供支援。4天的行动中，美军和英军共动用了各军种300多架作战和支援飞机，飞行650多个架次，其中300多架次为夜间空袭，另外发射了90枚空射巡航导弹和325枚"战斧"导弹实施防区外打击；海上兵力为包括"企业"号、"卡尔·文

---

❶ OWEN R C. Deliberate Force: A Case Study in Effective Air Campaigning, Final Report of the Air University Balkans Air Campaign Study [M]. Maxwell Air Force Base, AL: Air University Press, 2000: 56.

❷ 同❶: 336.

❸ 同❶: 309, 398.

森"号两个航母战斗群在内的共计40余艘军舰；美国陆军在科威特部署5000余人提防伊拉克的陆上反击。❶ 美军和英军共打击了97个目标，美军打击了总目标的85%，其中75%被判定为"高效打击"。❷

此次行动在联合方面有以下三个特点。一是C4ISR系统展现成效。战区层面，中央司令部通过新部署的联合战术地面站（JTAGS）、战术数据报告系统（TACDAR）、新型全球广播系统（GBS）等，有效提升了态势共享、目标获取、任务分配、毁伤评估等能力。空中方面，美军使用E-3、E-8、EC-130、RC-135等多型侦察、预警和指挥机，组成严密的联合空中侦察和指挥控制体系。海上方面，航母通过"雅典娜挑战"（Challenge Athena）计划利用商业通信卫星，极大地扩展了航母战斗群的数据通信和指挥能力。❸ 另外，航天系统支撑作用更为明显，并开始用于战损评估。"沙漠之狐"从投弹强度来看近乎"沙漠风暴"，但打击效率提升显著。二是海军"唱主角"，海空军的"地盘之争"有所淡化。海军以"战斧"导弹、EA-6B、"哈姆"反辐射导弹等打响首轮空袭，瘫痪了伊拉克防空体系、打开空中走廊，海军作战飞机在历经了信息化改造后均具备了投掷精确制导弹药的能力，承担了一半的打击任务，不复"沙漠风暴"时期的"窘境"。三是各军种主力机型悉数参战，其中B-1B、装备了改进型夜间低空导航和红外瞄准系统的F-14均为首次参战。四是美军在中东地区长期维持西南亚联合特遣部队（JTF-SWA），例行性的禁飞任务和不时的联合打击行动使各军种彼此熟悉，沟通协调便利。"沙漠之狐"还展现了非接触作战、防区外打击等，但因目标不明确，军事上的成功并没有带来政治上的主动。

---

❶ CONVERSINO M J. Operation DESERT FOX：Effectiveness With Unintended Effects［R/OL］.（2020-12-17）［2021-10-10］. https：//www. airuniversity. af. edu/Portals/10/ASPJ/journals/Chronicles/conversino. pdf.

❷ BALL G. 1998-Operation Desert Fox［EB/OL］.（2021-03-05）［2021-10-10］. https：//www. afhistory. af. mil/FAQs/Fact-Sheets/Article/458976/operation-desert-fox/.

❸ MILLER K P. The Legacy of Operation Desert Fox［J/OL］. Hook Magazine, Fall 2018［2021-10-10］. https：//kevinmillerauthor. com/thelegacyofoperationdesertfox/.

第二节 科索沃战争中的美军联合作战实践

一、干预行动以空战为主,两条指挥链并行发挥作用

冷战结束以来,北约持续武力干涉巴尔干问题。1998年5月至1999年初,针对南斯拉夫科索沃问题,北约制定了军事干预计划,提出了两个独立但彼此关联的方案:一是进行一次类似"精选力量"的有限空中反应行动,在特定时段打谈结合;二是进行一场分阶段的大规模空袭,对科索沃和南联盟全境的各类目标实施打击,以持续施压逼迫米洛舍维奇政府妥协。最终北大西洋理事会选择了第二个方案,并将第一个方案吸收进第二个方案。北大西洋理事会授权北约秘书长索拉纳可下达命令空袭南联盟境内目标,代号"联盟力量"(Allied Power),作战目的是自由地实施空战,孤立并削弱在科索沃的塞尔维亚军及安全部队,逼迫南方撤出科索沃,停止敌对行动,削弱南国家整体实力。在空袭目标选定上,北约高层保留了对贝尔格莱德市中心或有较大附加损伤的目标的审批权,其余目标的审批权下放给军事指挥官。北约各国在地面力量使用上未能达成一致,故不派地面部队进入科索沃,也未设置陆军组成部队司令部。

此次行动中北约和美军的指挥链并存且有大量交叉,指挥关系复杂。负责行动总指挥的韦斯利·克拉克(Wesley Clark)陆军上将,既是北约盟军欧洲部队最高司令(Supreme Allied Commander Europe,SACEUR),又是美国欧洲司令部司令,对应两条指挥链。在美军指挥链上,克拉克直接下级为美国欧洲司令部空军部队司令约翰·P. 江珀(John P. Jumper)空军中将。

在北约作战指挥链上,克拉克直接下级为詹姆斯·O. 埃利斯(James O. Ellis)海军上将。埃利斯身兼多职,作为美国海军欧洲部队司令,兼任盟军南欧部队司令,是"联盟力量"的直接指挥,对各国参战空军实施作

战控制或战术控制,还是美军"贵重铁砧"(Noble Anvil)❶ 联合特遣部队指挥官。

埃利斯的下级为迈克·C. 肖特(Michael C. Short)空军中将,身兼美军第 16 航空队司令和盟军南欧空军部队司令双职。战时肖特为参战的美军联合部队空中部队司令,同时也是盟军联合空中部队司令,通过设于意大利维琴察的联军空中作战中心(Combined Air Operations Center,CAOC)负责具体指挥空战。美军参战的 B-1、B-2、B-52、F-117、E-3C、KC-135 和部分侦察机的作战控制仍由江珀保留,但战术控制权交由肖特,美军其他参战飞机由肖特直接实施作战控制。联军空中作战中心通过制定和发布空中任务指令,指挥联军和联合空中作战,另外为隐形作战飞机制定了专门的空中任务指令。❷

此外,美军还组建了联合信息战特遣部队、陆军"鹰"特遣部队、负责搜索和救援的联合特种作战特遣部队,相对独立,不在北约指挥链里。北约指挥链中除了肖特指挥的盟军联合空中部队,还有南欧盟军海军部队、盟军联合部队后勤控制中心、快速反应部队等,未专门设置陆军部队。

二、美军各军种以不同形式首次共同参与了联合空战

(一)美国空军运行一体化空战中心并承担主体空袭任务

作为一场以空袭为主的军事行动,"联盟力量"行动充分展现了海湾战争以来大规模联合、联军空中作战的新发展,展现了一体化联合空战体系的新特点,集中体现在指挥中心的变化上。驻于意大利维琴察、隶属于第 5 盟军战术航空队的联军空中作战中心,是此次空战的神经中枢,主要由美

---

❶ 为干预巴尔干半岛,1998 年美国欧洲司令部依托第 16 航空队和第 6 舰队分别组建了"灵活铁砧"(Flexible Anvil)和"天空铁砧"(Sky Anvil)两支联合特遣部队,目的是通过"战斧"和空袭打击塞军进行施压。1999 年 1 月,两支特遣部队合并为"贵重铁砧",即"联盟力量"行动中美军的参战联合部队,由埃利斯上将担任联合部队指挥官,第 16 航空队和第 6 舰队的参战部队成为"贵重铁砧"的军种组成部队。和北约盟军部队一样,"贵重铁砧"也没有设置陆军组成部队。

❷ NARDULLI B R, PERRY W L, PIRNIE B, et al. Disjointed War [M]. Santa Monica, CA: RAND, 2002: 25-26.

国空军第 16 航空队负责运行，人员由战前 400 人迅速增扩到 1300 人。❶。波黑战争后，该中心进一步发展为一体化、信息化的综合作战指挥系统。"联盟力量"行动特别强调与政治、外交的配合，目标批准程序复杂，交战规则严格，且经常出现需要当天立即打击的目标，这就导致留给中心制订任务计划的时间有限。

对比过往的联合空中作战指挥与控制，联军空中作战中心具备以下新的优点。一是首次大规模运用 C4ISR 系统。各种情报、监视和侦察资源都可连接到联军空中作战中心，由中心统一分析情报、综合目标清单、做出决策并发出打击指令，大大缩短了 OODA 周期，能够满足空中任务指令制定的时限要求，并可为正在执行任务的作战飞机快速分配新目标，然后由机载战场指挥与控制中心引导飞机转向新目标。得益于装备的通用性和互联性的加强，海军 F-14 侦察吊舱和海上巡逻机获取的情况也都可传输到空战中心。二是进一步加强天基系统能力的运用。"联盟力量"行动中，整体的飞机数量和飞行架次远不及海湾战争，但数据通联需求更大。在美军所有战区司令部里，欧洲司令部的陆基通信能力是最有力和最灵活的，但仍需进一步扩大能力。得益于欧美国家发达的军用和民用通信设施，行动中北约可以大量增加军用卫星标准战术接入点、重新排列通信需求顺序、租用商用卫星和光纤系统、重新分配联合广播系统等，加强了对天基通信系统的运用。军用和商用卫星系统联合提供的宽频带互联通信，其带宽为海湾战争的 2 倍。❷ 天基系统还在情报领域发挥了重要作用。三是广泛使用了回传（Reachback）技术。依托联合全球情报通信系统这一力量倍增器，美军可以将 U-2 这类侦察范围大、通信需求和处理要求高的平台所侦获的信息，通过高速数据通信网络，发送给分布于全球的处理中心共同分担情报处理的任务，而不需要把分析人员都集中在空战中心，也不需要像海湾战争时期大量向战区派驻国家情报支援小组（NIST），降低了部署成本。不过这一举措也挤占了其他战区的资源，对这些战区当前任务中的情报工作造成了负面影响。

---

❶ US DEPARTMENT OF DEFENSE. Report to Congress：Kosovo/Operation Allied Force After-Action Report [R]. Washington D. C.：JPO, 2000：45.

❷ 同❶：46.

美国空军除负责运行联军空中作战中心外，还在联合空袭中占主导地位。"联盟力量"行动的78天中，北约共出动1000多架飞机，总飞行架次3.8万，约为海湾战争的1/3，其中作战飞机架次为2.1万；北约盟国为美国提供了部署基地和空域开放，除美国外其他派兵参战的12国，共投入了324架有人和无人飞机，飞行架次1.5万，占总数的39%。❶❷ 美国空军出动作战飞机总数占北约参战飞机总数的54%，在行动中执行了约1.9万飞行架次，美军还另外执行了约1.15万空运架次。❸ 美国空军首次试验了空军远征部队的概念，首次将B-2A投入实战等。"南联盟的防空系统是美军在战斗中遇到过的最厉害的防空系统，但它并不是最先进的，国际武器市场能够买到先进得多的系统"，对此美军投入了大批力量压制南防空系统，RC-135和EA-6B出动架次与一场大规模战争预想的相当。❹ 作战中，南联盟对空导弹发射数与1991年的伊拉克相近，相当于北约单机遭遇的导弹数是海湾战争时的3倍，但北约只损失了2架飞机。❺

（二）海军和陆战队参战兵力少但在体系支撑上功能显著

美军的联合空中作战主要由空军、海军舰载机部队、陆战队航空兵共同实施，海军在空战支援上发挥了重要作用。不过行动初期海军对此次联合空战并不积极，仅提供了少量可发射"战斧"式巡航导弹的海军舰艇，统一纳入了空中任务指令。在"精选力量"行动中，海军提供了两艘航母，然而1999年3月24日的首次空袭中航母并未出现。出现这种情况的原因有两点：一是美国政府在起初并未将空袭南联盟视为一场战争，而是类似

---

❶ US DEPARTMENT OF DEFENSE. Report to Congress：Kosovo/Operation Allied Force After-Action Report [R]. Washington D. C.：JPO，2000：65，78.

❷ PIERSOL B, etc. Kosovo Case Study-First 18 Months：March 1999 to September 2000 with Addendum Comparing NATO-UN Interactions In Bosnia IFOR And Kosovo KFOR [C/OL]. 2009 [2020-12-01]. www. dodccrp. org/files/case_ studies/Kosovo_ case_ study. pdf.

❸ 围绕"联盟力量"行动，美国空军共飞行了30 018架次，包括11 480次空运、8889架次的战斗机任务、322架次轰炸机任务、6959架次加油机任务、1038次情报监视和侦察任务、834次特种作战和496次无人机任务。详见：BALL G. 1999-Operation Allied Force [R/OL]. Air Force Historical Support Division，2012 [2020-12-12] www. afhistory. af. mil/FAQs/Fact-Sheets/Article/458957/operation-allied-force/.

❹ 同❶：67.

❺ 同❹：65.

"精选力量"行动的升级版,因此未下令大幅调动部队和改变全球兵力部署;二是海军自身有严格的航母轮换时间表,在"联盟力量"行动进行的同时,美国海军需要为伊拉克的禁飞区行动提供空中力量,在1998年朝核危机后的亚太地区维系军力存在,另外还与巴西和几个北约国家有训练演习,除"西奥多·罗斯福"号外没有多余的航母可以派往此次行动❶。

美海军参与联合作战主要体现在以下三点。

一是加强了联合空中作战的整体力量。4月6日,"罗斯福"号航空母舰抵达战区,航母舰载机随即通过加入空中任务指令开始参与作战,至6月9日行动结束,航母舰载机共飞行4270架次,其中3055个战斗架次,共计摧毁了447个战术目标和88个固定目标,F/A-18、EA-6B、F-14等主力机型均具备了投放精确制导弹药能力,并在实战中首次使用了联合直接攻击弹药(JDAM),而F/A-18发射AGM-154精确滑翔炸弹则是海军首次实战检验了自身的防区外空对地精确打击能力。此次行动是海军有史以来作战精度最高的一次作战,附带损伤小,自身零伤亡。❷

二是在作战支援方面发挥了更重要的作用,有力地弥补了空袭范围扩大后出现的能力缺口。海军舰载机广泛参与了近空支援、空中遮断、电子战支援、空中战场指挥和控制等任务,其中:海军各型侦察机以相当于参战空军侦察力量1/5的兵力,担负了整个作战中近1/3的侦察工作,合391架次,3840飞行小时,其中E-2C在填补战区空中侦察缺口方面发挥了重要作用;F-14被用作前沿空中控制机,为50%的近距离空中支援任务提供支持;舰载的14架海军EA-6B和从意大利阿维亚诺起飞的8架陆战队EA-6B,为盟军空袭任务提供电子战支援,发射了整个行动中47%的"哈姆"导弹,合1600多个架次,6700飞行小时,还作为唯一的防区外电磁干扰机,广泛地支援B-2A、B-1B、F-117和北约国家飞机。❸

三是协助空军进行空域管制。"这是美国作战中遇到的最复杂和最富有挑战性的环境",作战飞机高频穿越繁忙的商业空运区,商业和私人飞机、

---

❶ GREGORY R H. Turning Point: Operation Allied Force and the Allure of Air Power[D]. Fort Leavenworth, WA: Army Command and General Staff College, 2014: 40-41.

❷ NATHMAN J. Triumph in Kosovo: Naval Aviation Keys Allied Success [J]. Naval Aviation News, September-October 1999: 2-11.

❸ 同❷.

人道主义物资运输机等频繁进出战区,而敌军防空系统始终在运行,这就要求空域精确分层。海军在空中调度和空域管控方面发挥了重要作用,尤其是在与民航空管协调沟通方面提供了宝贵支持。此外,还有一个小细节,参战各军种机组均配备了通用的手提式RPC-112B型救生无线电通信设备,便于联合搜救,不过由于联合训练和演练不足,营救行动中的协同并不理想。❶

(三) 陆军通过将反炮兵雷达融入空战指挥发挥特殊作用

在科索沃战争期间,美军组建了由陆军部队构成的"鹰"特遣队(Task Force Hawk),由美陆军第5军军长约翰·W.亨德里克斯(John W. Hendrix)直接指挥,部署在阿尔巴尼亚,防备南军的越境突袭。"鹰"特遣队是一个完整的空中突击旅战斗队,核心装备是24架AH-64"阿帕奇"攻击直升机,还拥有UH-60、CH-47、C-12等支援和运输直升机,战斗、作战支援、勤务保障单元齐全,共有5350人,必要时其可扩建为一支规模更大的联合特遣部队。❷ 北约高层担心附带损伤,未授权"鹰"特遣队使用多管火箭炮系统和战术导弹系统。由于缺乏成熟的条令和必要的训练,且高层对"阿帕奇"的使用定位尚不明确,"阿帕奇"在"联盟力量"行动中依然没有融入空中任务指令。

5月,"鹰"特遣队部署到位,其下属情报单元立刻开始运行,拥有"猎人"(Hunter)无人机、EH-60电子战直升机和RC-12"护栏"电子战飞机等,配合地面反炮兵雷达可以获取更准确的情报信息。陆军的战场情报搜集工作更为灵活。例如,通过观察平民晾衣服或小孩玩耍情况来判断塞族武装的行动规律等❸,而这些正是空军所欠缺的。在意识到高层不会动用"阿帕奇"后,5月25日开始,"鹰"特遣队的情报人员向联军空中作战中心提供了600个目标的信息,空战中心在反复核查过后,通过无线电将目标发往空中指挥和控制中心,由其传递给前沿空中控制飞机引导末端打

---

❶ US DEPARTMENT OF DEFENSE. Report to Congress: Kosovo/Operation Allied Force After-Action Report [R]. Washington D. C.: JPO, 2000: 48, 72.

❷ PHILLIPS R C. Operation Joint Guardian: The U. S. Army in Kosovo [M]. Washington D. C.: Government Printing Office, 2007: 15.

❸ DIXON R. UAV Employment in Kosovo: Lessons for the Operational Commander [D]. Newport, RI: Naval War College, 2000: 5.

击，从确认目标到发射弹药整个过程只需 5 分钟。❶

为进一步加快流程，"鹰"特遣队向空战中心提供了一些可以运行陆军自动纵深作战协调系统（ADOCS）软件的笔记本电脑，帮助空军加快目标处理和任务分配，否则空军、陆军双方信息交换中存在太多的专用缩略语，沟通存在障碍。

随后，一个从炮兵雷达到作战飞机的联合作战系统建立起来了。5 月 26 日，在一次支援科索沃解放军的行动中，通过临时搭建的指挥网络，陆军 A/N TQP-36 和 A/N TQP-37 反炮兵雷达侦获的塞族武装火炮信息，可直接传递给空中的作战飞机，极大地提升了空中打击的精度和时效性（图 5-2）。❷ 反炮兵雷达还可以精准识别对空欺骗诱饵，自此后，北约对位于科索沃的塞军军事目标打击效果有了显著提升。

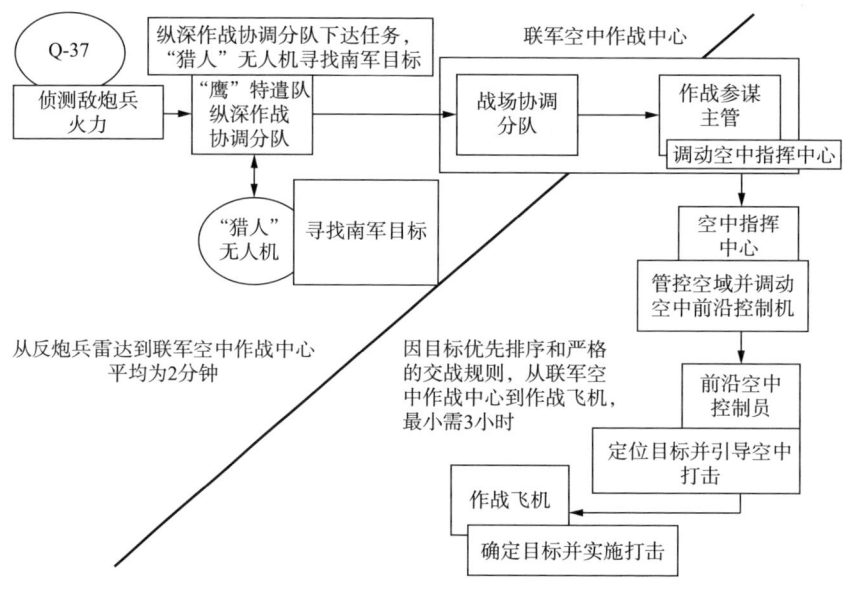

图 5-2　反炮兵雷达融入联合空战示意图❸

---

❶ GREGORY R H. Turning Point：Operation Allied Force and the Allure of Air Power [D]. Fort Leavenworth, WA：Army Command and General Staff College, 2014：131.

❷ PRIEST D. Kosovo Land Threat May Have Won War [N]. Washington Post, 19 September 1999：A1.

❸ NARDULLI B R, PERRY W L, PIRNIE B, et al. Disjointed War [M]. Santa Monica, CA：RAND, 2002：91.

战后，有人认为"鹰"特遣部队对米洛舍维奇的地面部队形成了威胁，可能是促使他决定投降的因素之一。❶ 不过，欧洲司令部空军部队司令江珀强调，反炮兵雷达对于行动胜利结束"发挥了重大作用"，相比之下"阿帕奇"的作用是第二位的。❷ 类似的战例在海军陆战队也有体现，同样是通过反炮兵雷达为空军 A-10 或 F/A-18 提供地面目标信息。❸ 相比昂贵的空中侦察平台，此类联合方式效费比极高。科索沃战争中，识别南军伪装始终是空中力量面临的难题，如果上述地面部队能够尽早部署到位，且尽早与空军进行联合，加强战场协调分队，便可更早改善陆战场情报搜集和目标工作。

（四）缺乏地面视角、联军数据互通性差限制了空战效果

科索沃战争展现了美军在联合作战指挥中心、联合空中作战体系、联合空中作战行动及联军作战方面的诸多新发展，与此同时还是一系列新武器、新弹药、新编组的试验场，尤其是无人机和网络战在此战中引起世人关注，并将在之后的联合作战发展中占据重要一席。然而，此次战争也暴露了联军、联合作战中的问题。

"盟军充分展现了不进行空中和地面联合作战的战略缺陷。"❹ 战后引发最大争议的问题是未在联合部队中设置陆军部队司令部，导致作战和目标视角单一，后续联合空中作战效能较低。一般说来，在联合特遣部队的作战中，联合目标协调委员会中都应至少有一名地面部队指挥官的代表，通常为战场协调分队主管，负责代表地面部队向空中任务指令提供打击目标。科索沃战争中北约各国政治上未能达成一致，最终不派遣地面部队参战。相应的，"贵重铁砧"联合特遣部队和联军部队中都没有设置地面部队司令和相应的部队指挥机构，这种试图完全依靠"以空制陆"的方案直接降低了联合作战的威慑效果和整体作战效能，也导致了战后北约在抢占科索沃关键地域时的滞后。

---

❶ US DEPARTMENT OF DEFENSE. Report to Congress: Kosovo/Operation Allied Force After-Action Report [R]. Washington D. C.: JPO, 2000: 75.

❷ GREGORY R H. Turning Point: Operation Allied Force and the Allure of Air Power [D]. Fort Leavenworth, WA: Army Command and General Staff College, 2014: 134.

❸ 同❷: 169.

❹ GORDON Ⅳ J, NARDULLI B. The Operational Challenges of Task Force Hawk [J]. Joint Forces Quarterly, Autumn/Winter 2001-02: 56-57.

由于不存在地面战场准备等任务，空军主导的指挥中心未吸纳陆军联络官和代表。在目标选定中，克拉克认为应把塞军地面部队列为打击重点之一，空军部队司令肖特则主张进行大规模战略轰炸，肖特认为"为北约的胜利铺平道路的是对塞尔维亚的作战重心实施战略打击，而不是消灭在科索沃的塞尔维亚坦克与部队"，打击科索沃南军部队"是对空中力量的一种浪费，对达成北约既定目标起不到什么作用"。这实际上是对敌"重心"研判的分歧，根源是空军战略空袭和陆军近距支援的内在观念之争，在行动前期肖特的观点占上风，但对南联盟境内的战略空袭很显然并没有让南政府屈服，速战逼降已然破产，北约不得已继续增兵。由于缺乏地面部队深入作战地域提供战场情报和前端引导，空军自身又缺乏在山区和气象不良的条件下发现和识别地面军事目标的经验和能力，加之科索沃的南军已有针对性地做好了各项反空袭措施，北约后续对科索沃南军目标的打击效率整体偏低。后续陆军提供的地面情报融入了空战指挥体系，但为时已晚，仍然不足以支持达成目的。

上述情况是"联盟力量"实际耗用时间比原计划时间长出近2个月的重要原因之一。从"使南联盟倒退16年"的最终结局来看，20世纪末的这场联合空中作战很大程度上退回到规模战、消耗战、摧毁战的旧范式上了。这充分说明，不管是以哪种作战样式为主，在联合作战计划阶段便应该充分吸纳各军种观点，以更宽阔的视野来研究敌作战体系和战略重心。

在联军作战方面，最大问题是北约盟国和美国间存在着较大军事能力差距，阻碍了战时联军作战效能的发挥。深层原因则是美国和盟国的数据库缺乏兼容性，信息防护保密等级各不相同，且缺乏指导解决这一问题的权威的联军和多国作战条令。这导致战术网络难以通联，作战各阶段都不断出现高保真数字数据无法传输的问题，数据交换和刷新经常遭遇延误，导致整体作战反应时间被拖慢，削弱了临机打击紧急目标的能力；南欧战区内部组建了一个联合数据网络，但该网络由诸多不相干的战术数字系统组成，传输系统和电文格式各不相同，很多信息只能退回去，继续依托烟囱式的层级结构逐级汇总、审核和上报；按照美军做法应设置联合界面控制官（JICO）小组负责专职统筹各部队的战术数据系统，但欧洲司令部和其他盟国均没有此类经验和做法，最后只能从美国本土陆军部队抽调训练小组应急；缺乏高保密的通用通信系统，作战中不得已使用一些保密性差但各国均配备的系统;作为第一次在大规模作战中全面使用网络技术的行动,一些重要网络没有得到充分保护,而且并非所有的计算机硬件和软件都有保密特性,等等。❶

科索沃战争是北约自建立以来的第一次局部战争规模的军事行动,最终胜利证明了北约的有效性,而上述一系列问题很大程度上来源于冷战后各国安全政策和军事发展战略的差异。

第三节 阿富汗战争中的美军联合作战实践

一、联合作战计划和部队编成均突出空袭和特种作战

早在克林顿政府时期,美国就制定了推翻塔利班、全面搜剿"基地"组织的计划,中央情报局已着手与阿富汗反塔利班武装力量建立了初步联系,但后来由于克林顿被弹劾事件不了了之。2001年"9·11"事件爆发后,布什政府发表讲话,向恐怖主义和庇护"基地"组织的阿富汗塔利班政府开战,开启了全球反恐战争第一战。此时的中央司令部不再是海湾战争时期的"年青司令部",已然成为后冷战时代作战行动最多、经验最为丰富、任务最为饱满的战区司令部之一。根据国家指挥当局的指示,时任中央司令部司令汤米·弗兰克斯(Tommy Franks)确定了军事目标,包括:铲除塔利班领导层,瓦解"基地"组织利用阿富汗作为训练和补给基地的图谋,避免人道主义灾难,加强和稳定新政府。❷ 根据1998年8月美军使用导弹袭击"基地"组织据点的"无限抵达"(Infinite Reach)行动经验来看,单纯空袭无法达成上述目标。

中央司令部制定了以空袭和特种作战为先导、大部队跟进的联合作战计划,代号"持久自由"(Enduring Freedom),具体方案包含4个阶段:一是展开密集侦察,进行战场情报准备,该项工作自2001年9月中旬启动;

---

❶ US DEPARTMENT OF DEFENSE. Report to Congress: Kosovo/Operation Allied Force After-Action Report [R]. Washington D. C.: JPO, 2000: 50-51. .

❷ Press Conference with General Tommy Franks, US Central Command [EB/OL]. [2020-12-12]. http://www.centcom.mil/news/press_briefings/fran1030.html,4 September 2002.

二是作战开始阶段,对阿富汗实施全面空袭,掌握制空权,派遣地面特种部队进入,配合北方联盟等反塔利班武装力量实施军事行动;三是继续追剿和打击阿富汗境内的塔利班和"基地"组织分子;四是组建联合部队,重建秩序,防止塔利班卷土重来。该计划有两大特点,一是准备时间短,从总统定下决心到作战开始只有20多天的时间,反映了中央司令部快速制定应急计划的能力和各部队的高战备水平;二是视联合特种作战为"联合作战、军种无缝协作的重要体现"[1],将其提升到事关战争全局的高度。

在海湾战争的十年之后,美军战区联合作战指挥已经高度成熟且稳定。阿富汗战争中,为便于总统和国防部长随时掌握情况,弗兰克斯位于本土佛罗里达州坦帕军事基地负责总体指挥,中央司令部前方指挥中心位于沙特阿拉伯的苏丹王子空军基地。中央情报局潜伏在阿富汗的准军事力量也参与军事行动,布什授权将其指挥权移交给弗兰克斯。

联合部队方面,中央司令部空军部队司令查尔斯·F.瓦尔德(Charles F. Wald)中将转变为联合部队空中部队司令,同在苏丹王子空军基地设置了联军空中作战中心(CAOC),对各军种的空中部队统一进行指挥;中央司令部海军部队司令兼第5舰队司令查尔斯·W.莫尔(Charles W. Moore)海军中将,转变为联合部队海上部队司令,指挥部位于巴林,莫尔将海上部队编为第50特遣部队(TF-50),指定托马斯·E.泽立波(Thomas E. Zelibor)少将在"卡尔·文森"号航母上开设前方海上指挥部,负责指挥空中作战、海上拦截、由海向陆力量投送等;中央司令部陆军部队司令兼第3集团军军长的保罗·T.米科拉谢克(Paul T. Mikolashek)转变为联合部队地面部队司令,指挥参战的陆军和陆战队的陆上部队,并在乌兹别克斯坦南部偏远的卡尔什-卡纳巴德(K2)建立基地,为后续兵力投送提供中转;特种作战是此次行动的重中之重,由中央司令部联合特种作战司令部司令阿尔伯特·M.加兰德(Albert M. Calland)海军少将指挥,参战的各军种特种作战部队编为代号"匕首"(Dagger)的北方联合特种作战特遣部队(JSOTF-N)和代号为"利剑"(Sword)的南方联军联合特种作战特遣部队(CJSOTF-S),"小鹰"号航母为特种部队提供前沿海上基地,K2基

---

[1] BOWMAN S, DALE C. War in Afghanistan: Strategy, Military Operations, and Issues for Congress [R]. Congressional Research Service, 2009: 9.

地为其提供前方指挥所。

另外，盟国也参与了此次行动，因此作战带有联军性质，上述瓦尔德、莫尔、米科拉谢克三名中将，相应地分别兼任联军联合部队各组成部队的司令。

二、阿富汗战争期间的美军联合作战实践新发展的体现

（一）海军和空军首次实现了一体化联合空中作战

2001年10月7日，美军以海空军联合空袭拉开了战争序幕。由于阿富汗远离美军陆上空军基地群，且中央司令部空军部队这一时期还负责对伊拉克的禁飞区行动，位于北阿拉伯海的海军"企业"号、"卡尔·文森"号、"西奥多·罗斯福"号3艘航母❶的舰载机构成了空袭主力，陆战队出动了2艘两栖攻击舰和舰载机，海军舰艇发射的"战斧"巡航导弹则一如既往地承担了对阿全境防空系统、指挥机构、重要兵营等的首轮打击任务，为后续战机进入打开窗口。❷ 参战的空军F-15、F-16等部署于中东基地和中亚的临时基地，B-52和8架B-1B部署于迭戈加西亚，10架B-2从本土起飞。❸ 阿富汗国家落后，防空主要靠高射炮和便携式防空导弹，对美军威胁很小，AC-130很早便加入了空袭，第一个周空袭后阿防空体系基本瘫痪。打击方面，三艘航母平均每天共出动舰载机60~70架次，空军轰炸机平均每天出动6~8架次，便可对阿军造成沉重打击。❹ 战略性空袭持续到12月23日塔利班政权垮台，共76天，期间美军共出动6500个打击架次，打击了120多个固定目标、400多个车辆或火炮目标、塔利班和"基地"组

---

❶ 在战略空袭阶段，美国航母还包括"小鹰"号常规动力航母，但主要用作搭载特种部队，另外英国派出了"卓越"号航母编队和能够发射"战斧"导弹的两艘潜艇。下列数据统计中，如未加说明，则不包括英军和其他盟国的飞行架次。

❷ BEREITER G. The U. S. Navy in Operation Enduring Freedom [M]. Washington D. C.：Naval History & Heritage Command，2016：4.

❸ LAMBETH B S. Air Power against Terror：America's Conduct of Operation Enduring Freedom [M]. Santa Monica, CA：RAND Corporation，2005：250.

❹ 安东尼·H. 古德斯曼. 阿富汗战争的经验教育：战斗、情报、部队转型和国家建设 [Z]. 北京：知远战略与防务研究所，2016：19.

织的大量兵营（图 5-3、图 5-4）。❶

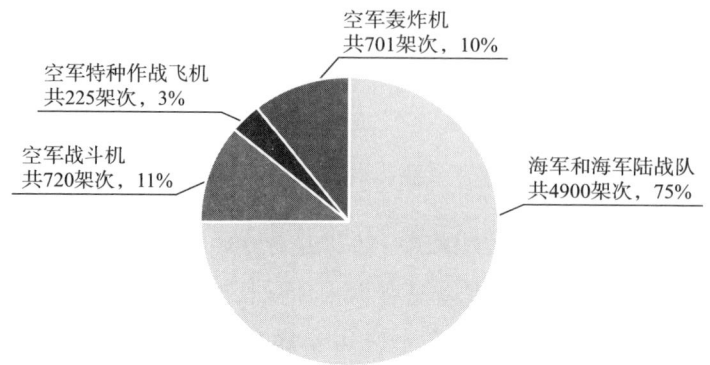

图 5-3　76 天空袭中各军种出动架次及比例❷

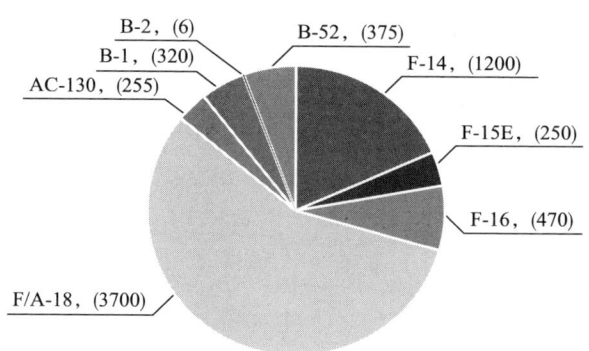

图 5-4　参战主要机型出动架次及比例❸

这是美军第一次在远离战区基地的地域发起的战争。舰载机的任务往返通常需要 5 小时至 8 小时，从中东起飞的空军战斗机需要 10 小时至 14 小时，前驻迭戈加西亚的轰炸机需要 14 小时，本土起飞的 B-2 需要 44 小时。❹ 为保障战机的长途奔袭，美国空军、海军及英国皇家空军共计执行了

---

❶　LAMBETH B S. Air Power against Terror：America's Conduct of Operation Enduring Freedom [M]. Santa Monica, CA：RAND Corporation, 2005：248.
❷　同❶.
❸　同❶：50.
❹　马克斯·布特. 战争改变历史：1500 年以来的军事技术、战争与历史进程 [M]. 石祥, 译. 上海：上海科学技术文献出版社, 2011：382.

8000多次空中加油任务。❶❷ 相比前几场局部战争，此次行动出动架次总数要小很多，一方面是因为阿富汗国家落后，空袭目标较少，另一方面则是空战效能提高了，弹药命中率高达75%，而在海湾战争和科索沃战争中该数据为45%。❸

此次空中作战是对军事转型的一次考验，兰德公司研究人员认为是"美国空军和海军第一次实施的真正意义上的一体化联合空中打击行动"❹。第一，在指挥部人员构成上，海军飞行员第一次在联军空中作战中心担任要职，包括联合部队空中部队副司令，联军空中作战中心夜间作战主任，夜间作战导航、任务分配和目标主任，以及各主要参谋部门的副职。❺ 位于沙特的联军空中作战中心通过每天发布空中任务指令来指挥联合作战，海军已经接受了这种指挥模式。第二，海空军的空战指挥系统实现了互联，空战中心的任务指令可直接传输给航母编队。任务过程中海空军的指挥控制、保密通话、数字通信等不再存在隔阂。海军战斗机广泛地为空军飞机提供护航和战斗巡航掩护，海军也承认没有空军的加油保障，舰载机也难以跨越如此长的距离实施持续作战。第三，空战体系结合得更为紧密，作战效能全面提升，RC-135、U-2、E-3、E-8、EC-130、E-2、P-3及"全球鹰""捕食者"无人机等众多机型共飞行1300多个架次，组成了严密的情监侦网络和空战场指挥体系，第16号、第11号数据链的普及使战场各飞机能够共享位置信息，获取近实时的空战态势图，目标数据可在5秒至10秒内完成传输，不再需要通过无线电语音详细报告。❻ 此外，负责战场监视的"捕食者"等无人机还能将图像和视频实时传送回中央司令部、联军空战中心和中央情报局兰利总部，有力地加强了作战评估和战况掌握。弗兰

---

❶ BEREITER G. The U. S. Navy in Operation Enduring Freedom [M]. Washington D. C.：Naval History & Heritage Command，2016：4.

❷ LAMBETH B S. Air Power against Terror：America's Conduct of Operation Enduring Freedom [M]. Santa Monica，CA：RAND Corporation，2005：249.

❸ 同❷.

❹ 同❷：50-51.

❺ 同❷.

❻ 同❷：249，254.

克斯称:"接收和传送数据的带宽变得与弹药和燃料同样重要了。"❶

由于担心误伤非战斗人员引发国际舆论,中央司令部制定了严格的交战规则,将空袭授权严格控制在联军空中作战中心。这导致当出现关键人物这类"时敏性"目标,由于审批程序较长,空袭频繁错过机会。11月以后,美军地面特种作战部队陆续进入了阿富汗境内,可以获取精准的一手情报,但审批权限仍未下放,导致后续空中力量在支援地面作战中不够灵活。

塔利班政府垮台后,联合空中作战的主要职责转向支援地面作战或袭击偏远地区的敌军目标,地面作战成为影响飞行架次多少的主要因素。进入2002年,美国在中亚的军事基地逐步建成,部分空军战机部署到前沿,海军航母编队则把重心转向伊拉克,筹备下一场战争。塔利班和"基地"组织科技水平低,没有明显的作战体系节点和重心,且大量藏兵于民,强调高技术和网络中心战的美军可以在战斗中将其快速击溃,但难以将其根除。

(二)特种部队、空中打击和反政府武装密切结合

"持久自由"行动开创了一种全新的美军作战和干预模式,即地面特种作战与空中打击相结合、美军精锐配合反政府武装,联合推翻当地政府。这也是21世纪第二个十年里美军介入利比亚战争、介入叙利亚战争和打击"伊斯兰国"的基本模式。阿富汗战争中的主要地面作战从2001年10月开始,持续到次年3月,以"蟒蛇"行动的结束为标志。作战中,美军以特种部队作为先头部队率先进入阿富汗境内,与各地反塔利班势力建立联系,指导和训练武装力量,同时为空中打击提供准确有效的目标信息和引导。美军在阿富汗周边组建了两支联合特种作战特遣部队,即北方的"匕首"特遣队和南方的"利剑"特遣队。"匕首"特遣队以陆军、空军特种部队为主,以K2基地为依托;"利剑"特遣队以海军、陆战队的特种部队为主,以"犀牛"前沿基地(FOB Rhino)为依托。❷

---

❶ FRANKS T. American Soldier [M]. New York: Regan Books, 2004: 174-175.

❷ K2空军基地位于乌兹别克斯坦南部,由美国陆军和空军部队于9月末开设,作为联合前进基地;"犀牛"前沿基地位于阿富汗南部境内的一个沙漠机场,由海军和海军陆战队组成的第58特遣队于11月25日开设,为开设该基地,第58特遣队实施了长达400海里的"由海上陆"空中突击,被认为是海军史上距离最远的两栖突击。见于:BEREITER G. The U. S. Navy in Operation Enduring Freedom [M]. Washington D. C.: Naval History & Heritage Command, 2016: 10.

第五章　全面推进联合时期的联合作战（1991年以来）★★★

2001年10月"匕首"特遣队的首批18支精锐小组进入阿富汗境内。每个小组包含12名陆军特种作战队员、1名或2名中央情报局准军事人员、1名来自空军特种作战司令部的作战控制员。控制员负责为空中打击标引目标和确定地理坐标，定位信息可通过手持多波段电台直接发送给空中机组人员，机组利用机载电脑将信息直接输入联合直接攻击弹药的GPS制导系统。❶ 空中力量方面，一系列技术改进使空地联合更为便捷：F-15、F-16等战机加装了联合战术信息分发系统（JTIDS），可以直接与前线的地面控制员进行数据互联；"捕食者"无人机可将侦察视频实时传给地面部队、空中的AC-130，从而实现战场态势实时共享；依托地面部队的精准指引，空军的打击精度也随之提升，甚至能将重型炸弹直接投掷到武装分子躲藏的洞穴入口处，等等。❷ 尽管如此，在实战中误伤依然难以避免。

10月20日，美军特种部队和反塔利班北方联盟会师，为其提供武器和训练，地面战斗正式随之展开。11月5日美军特种部队和北方联盟杜斯塔姆部（Dostum）开始对阿富汗第二大城市马扎里沙里夫发起地面进攻，这是首次较大规模的地面交战。守军和北方联盟兵力比为8比1，但美军特种部队通过与空中机组进行通联，从地面将目标信息传输给飞机，使用雷达和激光指示器引导精确打击，对于需要进行范围性轰炸的目标，则通过6位至8位的通用坐标进行标识。❸ 空中支援摧毁了塔利班和"基地"组织的重装备、指挥所，严重摧垮了其士气，最终人数占优的守军向人数不足1000人的杜斯塔姆部投降。由于阿富汗境内基础设施落后、燃料供应不足，空军战斗机飞行距离过远且暂时无法大量部署到阿富汗境内，海军舰载机和前驻迭戈加西亚的B-52成为空中支援主力，F-14被广泛地用于目标指示和前端引导。

这一时期，康杜兹、赫拉特、巴格拉姆等地的交战均为上述模式。其中在喀布尔外围的潘杰希尔谷地战斗中，在各型飞机的猛烈空中支援下，1500人的北方联盟部队战胜了十倍于己的塔利班军队，其中B-52参与近距

---

❶ LAMBETH B S. Air Power against Terror: America's Conduct of Operation Enduring Freedom [M]. Santa Monica, CA: RAND Corporation, 2005: 259.

❷ 同❶: 254, 257.

❸ 迈克·德龙. 我在指挥中央司令部——阿富汗和伊拉克战争真相 [M]. 张春波, 潘守永, 译. 北京：东方出版社, 2006: 47, 53.

支援并投掷了大量2000磅精确制导炸弹。❶ 进入12月美军特种部队和阿富汗士兵开始抓捕要员和搜剿敌军,尽管联军不断取得胜利,但无法彻底消灭"基地"组织和塔利班残部的主干力量。

(三)"蟒蛇"行动展示了空地联合战斗的新发展

网络中心战、快速决定性作战和基于效果作战正在推动军事行动中联合作战的演变。"蟒蛇"行动体现了新时代的作战概念,即使用分散部署的轻装地面部队,以空中精确打击为后盾,但由于战前缺乏全面联合规划等一系列原因,这一概念未能达成预期效果。❷

2002年伊始,美军由巴格拉姆和坎大哈空军基地大量运进地面部队,计划通过一次以美军部队为主的大规模空地联合作战清除塔利班的威胁。2002年3月2日至16日,美军在沙伊科特谷地实施了"蟒蛇"(Anaconda)行动。该行动计划首先以特种部队机降占据高点进行实时侦察,同时引导空中打击,迫使塔利班部队向北退却,然后美军精锐地面部队将乘坐"支奴干"直升机赶到,与其他部队一同形成包围圈,在空中火力支援下围歼塔利班部队。

可能是由于之前作战过于顺利,美军对此次联合作战的准备严重不足,导致在行动初期出现了大量意外。3月2日作战开始,原计划以B-1B轰炸进行前期战场火力准备、分散敌军注意力、掩护阿富汗军队进入阵位,但第一架B-1B出现故障不得不返航,其返航在指挥系统里传递了错误的指令,第二架B-1B和2架F-15都中止了攻击转为返航,美军原计划的削弱敌军效果并未达成,尤其是能对直升机构成威胁的火炮没有被摧毁。在此期间,一架AC-130因导航故障,误击了已经进入谷地的阿富汗军队和特种部队,造成了人员伤亡,整个部队一度陷入混乱。山谷东侧的美军地面部队在机降时,遭遇了严阵以待的敌军并陷入围困,依靠"阿帕奇"的火力支援才得以维持防线。但在呼叫空中支援上,陆军常规部队和特种部队采用的是两种通信体制,出现了任务重复和重叠,妨碍了计划制订,延缓了

---

❶ 马克斯·布特. 战争改变历史:1500年以来的军事技术、战争与历史进程[M]. 石祥, 译. 上海:上海科学技术文献出版社, 2011:384.

❷ KUGLER R C, BARANICK M, BINNENDIJK H. Operation Anaconda: Lessons for Joint Operations[R]. Washington D. C.: National Defense University, 2009: viii.

支援效率。随着美军战机源源不断地进入战场，在 E-3 空中指挥和地面前沿空中控制员指示下，美军成功抵御了敌军的进攻，进入夜间 AC-130 出动继续支援。

到战斗第二天，美军空地联合已经趋于熟练，但位于巴格拉姆的特种部队指挥部，命令海豹小组前去替换位于山谷制高点的陆军特种作战部队。在陆军 160 特种作战航空团输送海豹小组的途中，负责侦察的 AC-130 未能发现敌情，导致直升机在降落时忽然遭遇了敌军便携式防空导弹和大口径机枪的威胁，直升机迫不得已另选着陆区域，但在规避机动中一名海豹队员从机上坠落失踪，海豹部队降落后其任务随即转变为营救行动。特种部队复杂的指挥体制束缚了营救行动，因双方无线电频率不通用，海豹无法与负责战场监视的陆军特种作战部队建立联系，无法得知战况，被迫卷入战斗。3月4日，美军7人阵亡，11人受伤，是美军自索马里"黑鹰坠落"以来单日战斗死亡人数最多的一天。❶ 这一天空中支援力度加大，B-52 对山谷和山脉沿线的敌军投放了新型温压炸弹和大量其他弹药，随后美军增派了更多直升机，一个 A-10 中队被紧急部署到巴格拉姆基地参与作战，战况开始被扭转。到3月16日美军已击毙了数百名敌人，重创了敌军，但仍有不少人逃走，美军未能彻底摧毁敌军。

尽管"蟒蛇"行动充分反映出美军空地联合战斗发展进入了新阶段，但仍出现不少失误。总结其原因如下：第一，在行动开始前，未能将先前作战中相对分散的部队结构和指挥关系进行统一，地面部队、空中部队、特种作战部队之间缺乏权威的统一指挥，部队之间无法共享战场态势；第二，地面部队未与空中部队进行密切的计划沟通，也未对空中支援的程序作出特殊说明，一旦出现意外，现行程序反应滞后；第三，中央司令部制定的严格的交战规则和审批程序，限制了对地支援的目标选择，空中部队司令也因此未将控制权适当下放给陆军部队；第四，战前未能组建战术协调机构，根据美军条令，空地联合作战中空军应帮陆军在军一级组建空中支援作战中心（ASOC），且两军种要互派协调官或联络官，但此次作战为旅级部队战斗，双方都未重视协调性机构，只能在战时仓促组建；此外，

---

❶ 安东尼·H. 古德斯曼. 阿富汗战争的经验教育：战斗、情报、部队转型和国家建设［Z］. 北京：知远战略与防务研究所，2016：59.

情报失误和战前缺乏联合训练也是重要原因。❶

"蟒蛇"行动给联合作战发展提供了很多启示。一是现阶段彻底脱离军种的部队结构,在规模大一些的战斗中风险太大。此次行动中陆军没有重型装备和火炮,建制内只有迫击炮,过于依赖空中火力,一旦出现意外难以有效应对。二是即使已经构建起一体化的战场指挥和信息体系,缺乏充分的战前计划和准备,战时部队也很难达成"自主协同"。三是误伤和意外不可避免,部队素质是在遇挫后重建优势的基础。"蟒蛇"行动中尽管前期出现混乱,但在作战过程中美军迅速调整空地作战体系,展现出联合条令和联合训练带来的成效。

(四) 后续反叛乱作战继续推动联合作战实践发展

"蟒蛇"行动之后塔利班和"基地"组织基本上无力再组织大规模军事反扑。随着美军开始筹备"伊拉克自由"行动,北约逐步加大在阿军事存在,以联合国授权的国际安全援助部队(International Security Assistant Forces)的角色运行,负责阿富汗后续的反恐维稳、秩序重建等一系列事务。美军驻阿富汗部队成为中央司令部的一个下属联合司令部,在国际安全援助部队中依然占据领导地位。"持久自由"行动由此进入了长达13年的漫长反叛乱作战❷,其间呈现出一些联合作战的发展。

在"全球反恐战争"的旗号下,美军大联合作战体系支撑下的"定点清除"日渐成熟。具体分两种:一是以飞机、导弹或无人机等实施远程定点清除,精准击杀目标人物,如2005年击毙"基地"组织头目扎卡维、2020年1月击毙伊朗将军苏莱曼尼等;二是以特种部队抵近目标实施近距定点清除或抓捕,其中最典型的为2011年5月击毙本·拉登的"海神之矛"行动(Operation Neptune Spears)。上述这些行动从最终"交战"层面

---

❶ KUGLER R L, BARANICK M, BINNENDIJK H. Operation Anaconda:Lessons for Joint Operations [R]. Washington, D. C.:National Defense University, 2009:ix-xiv.

❷ 2014年12月28日,时任美国总统巴拉克·奥巴马发表声明,宣布结束在阿富汗的作战任务。同时开启新行动"自由哨兵"(Operation Freedom's Sentinel),"与我们的盟友和伙伴合作,作为北约坚决支援任务的一部分,继续培训、建议和协助阿富汗安全部队。我们将继续从事反恐,打击'基地'组织残余势力,确保阿富汗再也不会被用作袭击我国的平台"。Operation Enduring Freedom comes to an end [EB/OL]. [2021-01-01]. https://www.army.mil/article/140565/Operation_Enduring_Freedom_comes_to_an_end/.

来看用兵规模非常小，但为了达到异常的高精度，对整个大体系支撑的要求实则更高，对战略指导、联合计划、情报共享、指挥协调、部队部署、后勤保障、掩护策应、资源统筹等方方面面都有非常高的要求。美军在此方面已经积累了大量实践经验。

美军以小规模战斗和技术进步为牵引，进一步加强空地联合作战能力。2002年3月"匕首""利剑"两支特种部队合并为驻阿富汗特种作战联合特遣部队（SOJTF-A），随后美军在阿富汗的作战行动以特种作战为主，各军种特种部队搭乘直升机出击。位于巴格拉姆的空中支援行动中心（ASOC）负责制定每日空中支援作战任务计划，交由中央司令部联军空中作战中心，由其统一为驻伊拉克和阿富汗的美军部队制定空中任务指令，以有效利用稀缺资源。由于战场多变，飞行员很少能提前收到确切、翔实的目标打击信息，多数攻击由地面的联合终端攻击控制人员（Joint Terminal Attack Controller，JTAC）引导。联合终端攻击人员出现于2003年版的《联合出版物3-09.3：近距离空中支援的战术、技术和程序》❶，是和前沿空中控制员（FAC）、战术空中控制小组（TACP）类似的一种空中支援协调小组，被广泛运用于阿富汗战场。近些年里该小组也频繁活跃于利比亚、叙利亚战场上，是美军军事干预行动中的核心组件之一。

装备方面出现了类似笔记本的便携式综合终端，集成了定位、激光测距瞄准、无线电通信、数据传输等功能和相关软件，提升了空地通联的效率；远程视频增强型接收器"漫游者"（Remote Optical Video Enhanced Receiver，ROVER）大量使用，加强了从无人机等监视平台下载图像和视频的能力；作战飞机上也加装目标定位仪吊舱，其拍摄的影像可以直接下载到地面的视频终端上，使地面人员可以共享飞行员的视野，等等。需要指出的是，由于阿富汗战场上不时发生的误伤、误炸友军事故，时至今日美军历版《近距离空中支援》条令都强调空地双方必须按"9行简报"进行语音沟通和确认，绝不能单纯地依赖上述数字技术设备。

联合作战的理论内涵不断扩大，逐步超出军事范畴。美军在阿富汗及之后在伊拉克进行的反叛乱行动，对于塔利班和"基地"组织这类"网络

---

❶ JOINT CHIEFS OF STAFF. Joint Publication 3-09.3：Joint Tactics, Techniques, and Procedures for Close Air Support（CAS）[Z]. Washington D. C.：2003.

化"的敌人，美军总能取得常规战斗上的胜利，但"既没有消灭它们，也没有摧垮它们的抵抗意志"❶，反而让自己陷入漫长的战略泥潭。这也即托马斯·哈默斯所说的"第四代战争"，需要政治、军事、经济和宗教各领域都作出努力方能取得成功，美军及其盟友也意识到，需要致力打造一支有战斗力、多种族成分的军队和警察部队，并将安全部队与省区重建小组进行整合，将盟军、阿富汗安全部队、阿政府文职机构、非政府组织等组合为小组，再部署到某一区域协助重建，提供一揽子政务服务，推动国家重建和中央政府势力范围的加强。❷

从这点看，美军及盟军在阿富汗和伊拉克的目的实际上已经远远超出了以往的军事和作战范畴。为指导联合部队的各类行动，美军联合作战条令体系也发生变化。在1999年的美军联合出版物体系中，上述非交战性职能集中在JP3-07《非战争军事行动》中，其下位条令为JP3-07.1《东道主国内卫》、JP3-07.2《反恐》、JP3-07.3《维和行动》、JP3-07.4《反毒品行动》、JP3-07.5《非战斗疏散行动》、JP3-07.6《人道主义救援》等。❸到2012年美军从伊拉克撤军之时，JP3-07已经被《稳定行动》替代，之前下位条令只剩下JP3-07.3《维和行动》、JP3-07.4《反毒品行动》，其他条令均向上提升了一个等级，《东道主国内卫》现为JP3-22，《反恐》为JP3-26，《人道主义救援》为JP3-29、《非战斗疏散》为JP3-68，另外新增JP3-08《机构间协调》。❹由这种变化可见美军官方对联合作战理论认识的转变。

---

❶ COLLINS J J. Understanding War in Afghanistan [M]. Washington D. C.: National Defense University Press, 2011: 47.

❷ 托马斯·X. 哈默斯. 机弦与石子：论21世纪的战争 [M]. 阎卫平，译. 北京：中国市场出版社，2013：157.

❸ JOINT CHIEFS OF STAFF. Joint Publication 1-01. 1: Compendium of Joint Pubilcations [Z]. Washington D. C.: GPO, 1999: Forward vi.

❹ JOINT CHIEFS OF STAFF. Compendium of Key Joint Doctrine Publications [Z]. Washington D. C.: JPO, 2012: 10.

第四节　伊拉克战争中的美军联合作战实践

一、联合作战计划充分体现了多域"并行作战"色彩

2002年阿富汗战争大规模作战阶段刚结束，美国布什政府便将矛头转向伊拉克，明确了对伊拉克的政治目的和总体战略目标，即以先发制人和速战速决为指导，推翻萨达姆政权，为伊拉克新政府的组建提供支持；摧毁伊拉克的大规模杀伤性武器及其基础设施；摧毁恐怖分子在伊拉克的网络，震慑其他支持恐怖主义的国家，等等。根据政治目的，中央司令部制定了相应的作战目标，包括：击败伊拉克部队或迫使其投降；瘫痪伊拉克军队的指挥控制系统和安全部队；取得并保持制空权、制海权和制太空权；摧毁伊拉克战术弹道导弹、大规模杀伤性武器及相应的基础设施；解除萨达姆政权，等等。

2002年9月中央司令部将指挥部迁往卡塔尔，各军种部队的调遣部署、战前演练随即展开。11月至12月，中央司令部举行了"内部观察"指挥所演习，对第1003V号作战计划进行推演。联合部队司令部、第5军、部署于中东地区的美军部队等也进行了相应演习活动，其中联合部队司令部主持的"千年挑战-2002"（Millennium Challenge-2002）演习最具有代表性，模拟了中东地区的高强度冲突，参演兵力达1.35万人，涵盖各军种，演习空间范围涉及本土13个州、17个模拟中心和9个实兵演习场，重点检验和发展"快速决定性作战"作战理论，提高联合部队的战技术水平和联合作战能力。❶ 该演习很多内容直接进入了中央司令部的作战计划，2003年1月中央司令部最终确定了"伊拉克自由"（Iraqi Freedom）行动的作战方案。

不同于以往计划将作战划分为若干个前后连贯的阶段，此次作战计划充分展现了"并行作战"的特点，即空中作战、特种作战、地面作战同步同时展开，并根据实际形势在行动中灵活、快速地变更和调整计划。按照计划，特种部队将于3月19日先行渗透进入伊拉克境内，与伊拉克反政府

---

❶ 樊高月，符林国. 第一场初具信息化形态的战争：伊拉克战争 [M]. 北京：军事科学出版社，2008：44.

势力等汇合,对一些重要目标实施夺控和破坏,48 小时后海军和空军将对伊拉克全境数百个目标同时发起空袭,地面部队则在空袭发动 9 个小时后,从南部和北部同时发起进攻,向巴格达推进。由于土耳其战前临时变卦不同意美军借道,美军被迫将北线部队通过海运重新部署到南方,同时立刻改用特种部队和空中突击部队在北方开辟战线,完成了作战方案的快速调整。由于美国临时获得了萨达姆行踪情报,空袭"斩首"行动提前发起,整个作战也同步提前开始。

二、联合作战指挥体系基本上依托战区现行组织建立

"伊拉克自由"行动是 21 世纪以来美军投入兵力规模最大的联合作战行动,对此美军主要依托已有的战区和战区军种部队司令部架构来构建联合作战指挥架构。不同于阿富汗战争在本土进行总体指挥,此次行动弗兰克斯和副司令约翰·阿比扎伊德(John Abizaid)陆军上将进入位于中东卡塔尔的指挥部。各级指挥部的指挥和情报传输已经打通,无人机能够不断将战场情况传输回来,再辅助以美国有线电视新闻网(CNN)的现场报道,中央司令部指挥部的态势屏能够实时反映战场上各部队的进展,便于司令在后方掌握情况和实施指挥。❶

弗兰克斯设置了以下联军联合部队司令:联军地面部队司令(Combined Forces Land Component Commander,CFLCC)由中央司令部陆军部队司令兼第 3 集团军军长大卫·麦基尔南(David McKiernan)中将担任,战时指挥部位于多哈,负责对战区内所有地面部队实施指挥,包括陆军第 5 军及其下属各师、海军陆战队第 1 陆战远征部队,以及英军地面部队;联军空中部队司令(Combined Forces Air Component Commander,CFACC)由中央司令部空军部队司令部兼第 9 航空队司令米切尔·莫斯利(Michael Moseley)中将担任,战时指挥部位于苏丹王子空军基地,负责运行联军空中作战中心,对中央战区内美国空军、海军、陆战队飞机及盟国飞机实施作战控制,同时对从欧洲战区起飞参与行动的飞机实施战术控制;联军海上部队司令(Combined Forces Maritime Component Commander,CFMCC)由中央司令部海

---

❶ 汤米·弗兰克斯. 美国一兵[M]. 何小云,等译. 北京:军事谊文出版社,2005:393.

军部队司令兼第 5 舰队司令提摩西·J. 基廷（Timothy J. Keating）中将担任，负责中央战区范围内的海上行动，并与欧洲战区第 6 舰队就"战斧"导弹和舰载机空袭问题进行密切协调；联军特种作战部队司令（Combined Forces Special Operations Component Commander, CFSOCC）由中央司令部特种作战司令部司令阿尔伯特·加兰德（Albert Calland）海军少将担任，对美军及参战盟国的特种部队进行指挥。❶ 中央司令部海军陆战队司令由太平洋司令部海军陆战队司令兼任，负责向中央战区提供部队，不具备作战的实际指挥权。

除上述联军联合特遣部队，中央司令部还下设以下几支直属部队：负责战后局势管控的后续管理联军联合特遣部队（Combined Joint Task Force's Consequence Management, CJTF-CM）；联合心理战特遣队（Joint Psychological Operations Task Force, JPOTF）；联合跨机构协调大队（Joint Interagency Coordination Group, JIACG）等；与此同时美军驻阿富汗的第 180 联军联合特遣部队继续运行。❷

对比阿富汗战争，会发现多位联合部队指挥官参加过"持久自由"行动。一方面指挥官们之间有实战中的合作经验，且彼此熟悉，能够在复杂且时常出现分歧的指挥中起到"润滑剂"作用；另一方面，中央司令部各级指挥机构刚经历了一次局部战争的考验，运行更为流畅，能够支撑更复杂的联合作战行动。其中，联军空中作战中心，已先后指挥了"南方监视"和"北方监视"行动、"南方焦点"（South Focus）行动，指挥和控制经验丰富，空军航空航天远征部队的任务编组形式，已在中东形成了例行性的轮换机制，并在实践中不断检验和提升空战中心的指挥能力。

三、伊拉克战争期间美军联合作战实践新发展的体现

（一）联合空中作战实现全面联合催生一体化新能力

1. 联合空中作战程序清晰明确且作战效能明显提高

伊拉克战争中，美国空军、海军、海军陆战队的飞机及防区外巡航导

---

❶ PERRY W L, DARILEK R E, ROHN L L, et al. Operation Iraqi Freedom: Decisive War, Elusive Peace [M] Santa Monica, CA: RAND Corporation, 2015: 250.

❷ 同❶: 250-252.

弹实现了全面联合，统一由联军空中作战中心指挥和调度。空战的首要问题不再需要考虑如何联起来，而是如何进一步提升联合空中部队的运用，使其产生"1+1+1>3"的效果，进而产生一体化新质能力。

联军空中作战中心采取了"从战略到具体任务"的方法来分配联军空中力量，即空中部队目标要始终与联军总司令相一致，支持其目的的达成。兵力分配建议处理程序是从战略计划部门开始，然后到指导、兵力分配与目标选定部门，再到制订空中进攻计划，最终形成空中任务指令。伊拉克战争中美军空战规模比阿富汗战争要大得多，联军空中作战中心使用"联合一体化优先目标清单"和"时敏性目标和动态目标选定程序"，来确保目标工作的灵活性、加强联合性。❶

早在"伊拉克自由"行动开始前，美军便持续不断地对伊拉克进行局部空袭。从2001年6月到2003年3月19日，美英联军累计出动了21 736架次飞机，打击伊拉克349个防空目标，摧毁了606个火力点❷，并对伊拉克的力量体系和防空系统有了充分的情报积累，也为美军战时的制空权提供了保障。

3月19日至5月1日的大规模作战阶段，联军共动用飞机约1800架，90%为美军飞机，其中700架为美国海军和海军陆战队所有，来自5艘航母、2艘两栖攻击舰及岸上航空兵；联军总飞行架次为41 404次，其中从航母、两栖攻击舰上起飞架次约14 000次，从海上发射"战斧"导弹802枚，空军发射空射巡航导弹153枚。❸美国陆军的固定翼侦察机也纳入了联军空中部队司令的指挥范围，但直升机则依旧未纳入。弹药使用方面，大约68%为精确制导弹药；各型激光制导炸弹约占制导弹药消耗的43%，500磅GBU-12型使用了7000多枚，用量最多；联合直接攻击弹药约占1/3，重达2000磅的GBU-31型使用超过5000枚（表5-1）。❹

---

❶ MOSELEY T M. Operation IRAQI FREEDOM-By The Numbers [R]. CENTAF：Assessment and Analysis Division，2003：4.

❷ CORDESMAN A H. The Iraq War：Strategy, Tactics, and Military Lessons [M]. Westport：Praeger，2003：253.

❸ LAMBETH B S. Combat Pair：the Evolution of Air Force-Navy Integration in Strike Warfare [M]. Santa Monica，CA：RAND Corporation，2007：57，60.

❹ 同❶：11.

表 5-1 "伊拉克自由"行动期间联军飞行架次❶

机型	美国空军	美国海军	海军陆战队	商业飞机	英国空军	澳大利亚空军	总数
战斗机	8 828	5 568	3 794	—	1 736	302	20 228
轰炸机	505	—	—	—	—	—	505
加油机	6 193	2 058	454	—	359	—	9 064
运输机	7 413	—	—	—	—	263	7 676
指挥和控制机	432	442	75	—	112	—	1 061
情报侦察与监视机	452	357	305	269	273	—	1 656
救援机	191	—	—	—	—	—	191
其他	182	520	320	—	1	—	1 023
总数	24 196	8 945	4 958	269	2 481	565	41 414

注：不包括特种作战部队、陆军旋翼和临时盟友的飞行架次。

2. 海空军联合加强，陆战队飞机全部纳入联合空战

空战指挥机构的人员构成、指挥信息系统和弹药等多方面均彰显了联合性的提高。海军人员比例进一步增大，占到空战指挥中心总人数的20%。曾担任美国海军打击和空中作战中心主任的尼克斯海军少将，担任联军空中部队副司令，与莫斯利紧密合作，空战中心核心部门作战计划处主管由1名空军和海军上校轮流担任，战前第5舰队与第9航空队专门就空战中心的人员资质需求进行了周密计划和协调，进行了速成培训。❷❸ 部队层面，每个航母的舰载机联队都向空战中心派驻了代表，确保本联队能够被分配到合适的任务，航母上也派驻有空军联络官。空中任务指令能够实时地传递给航母，航母上设有舰载航空兵专门搜索特定任务指令的程序，不再需要像海湾战争时"翻遍全文"，另外航母通过加装一套远程终端接收系统，可

---

❶ PERRY W L, DARILEK R E, ROHN L L, et al. Operation IRAQI FREEDOM： Decisive War, Elusive Peace [M] Santa Monica, CA： RAND Corporation, 2015：153.

❷ MOSELEY T M. Operation IRAQI FREEDOM-By The Numbers [R]. CENTAF： Assessment and Analysis Division, 2003：7, 11.

❸ LAMBETH B S. Combat Pair：the Evolution of Air Force-Navy Integration in Strike Warfare [M]. Santa Monica, CA： RAND Corporation, 2007：61-62.

以直接接收空军 RC-135 侦获的高密级信号情报。由于海军的激光制导炸弹效果受沙尘暴干扰，空军为海军提供了联合直接攻击弹药，确保其作战的延续性。海湾战争时期海军和空军的空战指挥与通信系统不兼容、指挥传统和作战方式存在分歧、碍于军种狭隘观念争功争利等，没有再出现。因此有人盛赞"空军与海军的空中打击行动已经完全结合为一体"，"再也不存在过去盛行的狭隘观念和极端利己主义思想"，基廷在战后总结中称"这场战争的联合作战是我所见到水平最高的战争艺术"。❶

海军陆战队航空队首次完整地融入了联合空战。海军陆战队向来坚持陆战空地特遣队的任务编组形式，历次战争中不愿将自身航空部队的指挥权交出去，海湾战争中陆战队只将一半的航空部队交给联合部队空中部队司令指挥，剩下一半仍由陆战队自己掌握。2002 年秋，莫斯利召集了一次有关战区空中部队运用的会议，达成了一项协议，即：陆战队可以就近距离空中支援制订自己的空中计划，但必须按照空中任务指令的格式来编制，并在制定完成后纳入战区空中任务指令统一发布；在合适的时机陆战队需要参加纵深打击任务，作为回报联军空中部队也会为陆战队提供空中遮断和近距离空中支援；为确保上述安排能够运行，陆战队必须向联军空中作战中心派出最好的军官作为联络官，共同筹划整个战区的空中行动。❷❸ 这一安排将陆战队航空力量从本军种的编成结构中解放出来，纳入战区的统一指挥，利于提高航空管制和作战运用的效率。尽管陆战队不像陆军一样与空军有长期的合作机制和联合训练，但在接受战区统一安排的空地支援方面，展现出很多比陆军更高的灵活度。

3. 联军通过加强目标类型统筹提高打击和支援效率

此次战争中联合空中作战关注的问题已经不是"如何联起来"，而是如何通过联合带来更大的作战效果。对此，联军空中作战中心指定了 5 类目标用来加强任务统筹：一是预先计划好的目标，即至少提前 72 小时指定的目

---

❶ LAMBETH B S. Combat Pair: the Evolution of Air Force-Navy Integration in Strike Warfare [M]. Santa Monica, CA: RAND Corporation, 2007: 62.

❷ KOMETER M W. Command in Air War: Centralized versus Decentralized Control of Combat Airpower [M]. Maxwell Air Force Base, Alabama: Air University Press, 2007: 142.

❸ PERRY W L, DARILEK R E, ROHN L L, et al. Operation IRAQI FREEDOM: Decisive War, Elusive Peace [M] Santa Monica, CA: RAND Corporation, 2015: 162.

标，需列入空中任务指令；二是时敏性目标，即稍纵即逝、来不及制定空中任务指令的目标，要求指挥官必须以任何可用的资源尽快打击；三是近距离空中支援目标，由地面部队提出申请，且在打击过程中需要地面战术空中控制小组进行引导；四是弹性或可重新界定的目标，在编制空中任务指令过程中被指定的目标，不如时敏性目标紧迫，但也不能等到下一个空中任务指令，可以由飞机变更任务前去打击；五是高价值目标，需要特殊关注的目标，如伊拉克领导层，这类目标本身不涉及空中作战计划流程，但需要得到合适层级的审批，一旦审批通过，应根据实际标记为上述4种目标的一种，进行打击。❶

为了更有效地攻击转瞬即逝的目标，同时发挥"震慑"效果，中央司令部和联军空中部队将3类目标确定为时敏性目标，包括领导层、大规模杀伤性武器相关目标和恐怖分子，另外将那些具有高度机动能力、但不易捕捉的目标界定为动态目标，对其打击采取与时敏性目标一样的流程，即从其他任务中临时调拨飞机，或是指定飞机在空中巡逻待命。大规模作战阶段美军总共攻击了156个时敏性目标和686个动态目标。❷

目标分类作用的最显著体现是3月20日和4月7日的两次"斩首"行动。萨达姆及部分伊拉克军队高层官员均为高价值目标，有限的动向情报主要来自中央情报局线报，具有很强的时敏性，但同时又要由美国政府高层做出最终决策。第一次打击由于是战争刚开始时，美军使用F-117和"战斧"导弹实施了空海联合打击，且高度重视不同波次打击间的时间衔接，避免首波打击不成打草惊蛇。第二次打击时已是大规模作战中期，美军直接调动空中待命的B-1B，前去投放了大当量制导炸弹，一次性将目标彻底炸毁。不过由于种种原因，两次"斩首"均未能成功击毙萨达姆。随后的"震慑"作战阶段，则主要打击政府机构和要员住地、伊拉克军队指挥控制系统、通信网络、共和国卫队兵营等，基本上都是列入空中任务指令的预先计划好的目标。不过从战后统计来看，固定目标已经不是空袭的主体目标（表5-2）。由于伊拉克军队抵抗较弱，且考虑战后国家重建事

---

❶ PERRY W L, DARILEK R E, ROHN L L, et al. Operation IRAQI FREEDOM：Decisive War, Elusive Peace [M] Santa Monica, CA：RAND Corporation, 2015：258.
❷ 同❶：156.

宜，美军放弃了很多对基础设施目标的打击，转为执行其他任务。

表 5-2 "伊拉克自由行动"中各类空中任务的数量及占比❶

目标类型	DMPI	
	数量/个	比例/%
确保制空权和空间优势	1 441	7.2
打击地面固定目标	234	1.1
压制敌政权目标	1 799	9.0
弹道导弹和大规模杀伤性武器	832	4.2
杀伤箱遮断和近距离空中支援	15 592	78.4
总数	19 898	99.9

注：DMPI 为期望平均打击点，每架飞机根据其任务类型和武器能力，给定一个期望平均打击点架次等量倍数，用来更好地衡量空袭效能。

支援地面作战成为联合空中作战的首要任务，杀伤箱遮断和近距离空中支援所打击的目标占比高达 78.4%，可以保持 24 小时连续支援❷。这一点变化深刻地反映了空战场和陆战场的紧密结合，很大程度上呈现出 80 年代"空地一体战"所构想的图景。杀伤箱在海湾战争时已有实践，战后各军种进一步发展了该概念，使其逐渐成为联合火力控制的一种新方式。近距离空中支援要求地面或空中控制员的密切引导，杀伤箱与其范畴不同，是指在地面部队前方划定的特定长宽高的三维空间，目的是用来整合空中和地面火力，杀伤箱的开闭由地面指挥官掌控，当地面指挥官关闭杀伤箱时，空中力量必须在地面或空中的控制引导下才能实施作战，需要严格履行近距离空中支援程序；当杀伤箱被打开时，空中力量可进入空间自由攻击，不需要控制引导。❸ 得益于指挥关系的理顺，近距离空中支援机制也十

---

❶ PERRY W L, DARILEK R E, ROHN L L, et al. Operation IRAQI FREEDOM：Decisive War, Elusive Peace [M] Santa Monica, CA：RAND Corporation, 2015：154.

❷ COCHRAN D, HAIDER A, STATHOPOULOS P. Reshaping Close Support：Transitioning from Close Air Support to Close Joint Support [R]. Allemagne, Germany：Joint Air Power Competence Centre, 2020：52.

❸ AIR LAND SEA APPLICATION CENTER. Multi-Service Tactics, Techniques, and Procedures for Kill Box Employment [Z]. Washington D. C.：GPO, 2009：1.

分明确,并通过大量的信息设备,联成了高效的空中支援申请—应答网络。具体内容将放在之后的空地联合专门论述。

4. 联合战术信息分发系统在联合空战中大范围运用

相比阿富汗战争,伊拉克战争中美军空战体系的机型使用和组网形式在此次作战中并无明显变化,一大新发展是改进后的联合战术信息分发系统(Joint Tactical Information Distribution System,JTIDS)首次在联合空战中大范围运用,并与战区作战管理核心系统密切结合。

联合战术信息分发系统自70年代便已开始研发,是指为陆、海、空三军范围内飞机、导弹、舰艇、坦克、预警机及指挥中心等联合使用的一种集通信、导航和敌我识别为一体的综合系统,采取16号数据链作为数据通信标准,具有高保密、抗干扰、容量大、兼顾语音通话和数据传输等特点。该系统于海湾战争时期首次使用,90年代中后期开始在美军推广。阿富汗战争中美军使用该系统实现了空中各型侦察机、预警机和指挥控制机的空中数字联网。到伊拉克战争时该应用已经推广至战区指挥中心和各军种部队,以空中作战领域应用度最高。

在战争期间,所有装备该系统的飞机的位置、呼叫信号、类型、武器装载、燃料状态、频率、任务状态、飞行阶段和武器释放的数据都可以在联军空中作战中心显示。这类信息只要稍加利用便可广泛用于空中作战管理,空战中心能够就此掌握战场上飞机的详细动态情况,非常有助于临时性任务的指挥和调度,在打击时敏性或动态目标、执行杀伤箱遮断和近距离空中支援中成效显著。

但因为联合战术信息分发系统的信息提取需要专门的工具和人员,当时空战中心只有联合接口管控单元的部分操作员具备此项能力,导致在作战中这类信息并不是总能得到满足,这也说明该系统未来有更大的应用前景。❶

(二)联合地面作战实现了各军种及特战的高度整合

伊拉克战争见证了时至今日美军联合程度最高的地面作战,并充分体现了战役法。如麦基尔南中将在总结时提到的:"这一次联合战役中,我们

---

❶ PERRY W L, DARILEK R E, ROHN L L, et al. Operation IRAQI FREEDOM: Decisive War, Elusive Peace [M] Santa Monica, CA: RAND Corporation, 2015: 161。

连续不断地动用了空中、地面及海上部队、特种作战部队及信息作战力量。"❶ 联合的发展体现在3个方面：一是陆军和陆战队部队组成了联合地面部队，实现了统一指挥，作战行动高度配合；二是联合特种作战不再单独实施，而是与地面常规作战紧密结合，优势互补；三是空地联合效能进一步提升，赋予地面部队强大的非对称优势。地面作战多方面联合的实现，使美军各部队能够充分联动、共同实现战役目标，是美军能在"伊拉克自由"行动中践行并行作战、同步作战、机动作战、全纵深作战等理念的重要原因。空地联合由于是空战场和陆战场的结合，将在下一节单独论述。

1. 陆军和陆战队在联合指挥下有效达成了战役协同

将参战陆军和陆战队部队统一置于战区陆军部队司令的指挥下，是联合地面作战一项重大发展。在朝鲜战争、越南战争和海湾战争中，陆战队均不愿被置于陆军部队司令的指挥下，必须由战区司令出面兼任地面部队司令才能实现地面作战的联合指挥。这一状况在阿富汗战争时期开始改变，米科拉谢克陆军中将已经能够指挥进入阿富汗的海军陆战队部队，但由于部队规模小、任务分散，体现得并不明显。在伊拉克战争中，麦基尔南中将作为联军地面部队司令，实现了对陆军第5军和陆战队第1远征部队两个军级部队的统一指挥。陆军第5军军长华莱士中将主要指挥第3机步师、第101空中突击师和第82空降师等，负责南部西线进攻，第3机步师为主攻部队。第1陆战远征部队司令康维中将负责指挥陆战1师、第2远征陆战旅、英军第1装甲师等参战部队，负责南部东线进攻。这种陆军负责左路迂回主攻、陆战队负责正面推进的部署与"沙漠风暴"行动十分类似，但在那次作战中，陆战队第1远征部队未能与陆军达成战役协同，进军过快，致使第7军尚未充分形成迂回包围之势，伊拉克军队主力便向后撤出了科威特战区。

"伊拉克自由"行动中，在麦基尔南的统一指挥和控制下，两个军种的部队达成了卓有成效的战役协同。3月20日地面作战打响后，右路陆战1师和英军部队向北对正面的伊拉克军队发起牵制性作战，为左路第3机步师

---

❶ CORDESMAN A H. The Iraq War: Strategy, Tactics, and Military Lessons [M]. Westport: Praeger, 2003: 349.

向西北快速挺进和部署提供掩护。右路部队在取得初步优势后,康维将攻打巴士拉、控守南部油田及战略要点的任务留给英军第1装甲师等部,陆战队主力部队继续北上。3月23日第1陆战远征部队与第3机步师右翼在纳西里耶首次汇合,通过钳形攻势完成了对伊拉克军队中部、南部作战集团的战役分割。随后第3机步师继续沿赛马沃、纳杰夫、卡尔巴拉一线向巴格达进军,一路上以高速机动作战突破伊拉克军队层层防线,攻夺城市、歼灭守军等耗时性任务则留给了第101师和第82师。陆战队则沿东面舍特拉、库特一线向巴格达进军,一路夺控战略要点、油田和军事设施等,遭遇了较顽强的抵抗。进入4月,第3机步师已经临近巴格达,陆战队果断放弃强攻库特,改从侧面越过,以尽快与第3机步师对巴格达形成合围。4日中午,第3机步师占领巴格达南部的巴格达机场,其他部队随即通过空运开赴,4日晚陆战队先头装甲部队抵达巴格达东郊,5日美军完成对巴格达的合围,7日美军从多个方向向巴格达发起进攻,11日巴格达市宣布投降。

在陆军部队开始对巴格达实施占领时,陆战队继续向西北挺进,4月13日与开辟北方战线后南下的陆军部队共同进入提克里克。之后,大规模作战告一段落,5月1日布什宣布在伊拉克主要作战行动已经结束。美军继续维稳、搜剿残敌、搜捕伊拉克前政要,以及搜集大规模杀伤性武器证据。陆战队第26陆战远征团还被直接置于第101空中突击师的作战控制下,继续向北方作战。❶ 这之后,根据任务需要,陆战队和陆军打破建制进行战术混编并联合执勤等日益普遍。

2. 联合特种作战成为联合地面作战不可分割的部分

美军在战后总结中写道:特种部队正在成为联合作战中新的关键要素。美军历来重视特种作战,但在越南战争、海湾战争等大规模战争中,特种作战通常独立于常规地面作战单独实施,如搜查大规模杀伤性武器、抓捕关键人物、战斗搜索和救援、渗透破坏等。"持久自由"行动中,特种作战部队发挥了重大作用,有人甚至将其称为"美国的第一场特种作战战争"❷。

---

❶ PERRY W L, DARILEK R E, ROHN L L, et al. Operation IRAQI FREEDOM: Decisive War, Elusive Peace [M] Santa Monica, CA: RAND Corporation, 2015: 102.
❷ CARNEY J T, SCHEMMER B F. No Room for Error: The Story behind the USAF Special Tactics Unit [M]. New York: Ballantine Book, 2002: 271.

这一经验促使美军在"伊拉克自由"行动中,将特种作战视为不可分割的一个战役组成要素,中央司令部特种作战司令部有以下4支联合特种作战部队,分别为:北部联合特种作战特遣队(JSOTF-N)、西部联合特种作战特遣队(JSOTF-W)、中部海军特种作战大队(Naval Special Warfare Task Group Central,TG-Cent)和第20特遣队(TF-20)。❶

联合特种作战部队和常规部队紧密结合,建立了牢固的北方战线,为战役布势发挥了支撑作用。根据美军原定的作战计划,特种作战部队将先行进入伊拉克北方联络库尔德人武装,为借道土耳其的第4机步师开辟通路,共同建立北方战线,最终与第3机步师实现对巴格达的南北夹击。土耳其拒绝第4机步师借道的临时外交变动,将可能使北方战线无法开辟。北方的伊拉克军队第5军可能南下阻挡美军北上,而北方大片的山区也可为伊拉克军队的溃散部队提供藏匿,加大美军维稳和国家重建的难度。对此,北部联合特种作战特遣队发挥了关键作用,该部队是一支联合部队,包括:第173空降旅,下有2个步兵营、1个炮兵营和1个装甲营;第26陆战远征团❷;第86空军应急反应大队;第250战场医护组;第353特种作战大队;第10特种部队群。❸ 其中第173空降旅为常规作战部队,原计划是配属给第4机步师,后临时更改添加到特种作战部队中,是一个完整的旅战斗队,拥有M1坦克等重型装备。

"伊拉克自由"行动开始不久,北方联合特种作战特遣队里的特种部队在"战斧"导弹的打击掩护下,先行进入库尔德人聚落区,联络反政府武装,一部夺取了伊拉克北部埃尔比勒地区的巴舒尔机场,另一部对伊拉克东北部临近两伊边境的苏莱曼尼亚的一处"安萨尔"恐怖组织营地发动了"维京战锤"(Viking Hammer)突袭行动。❹ 随后,第173空降旅从意大利

---

❶ PERRY W L, DARILEK R F, ROHN L L, et al. Operation IRAQI FREEDOM: Decisive War, Elusive Peace [M] Santa Monica, CA: RAND Corporation, 2015: 104.

❷ 早期的大规模作战中,第26陆战远征团并未列入北方联合特种作战特遣队的序列,而是在巴格达战事之后增添进来的,主要任务是对摩苏尔实施占领。

❸ 同❶: 105.

❹ 与阿富汗战争类似,早在伊拉克战争开始数周前,中央情报局已经派遣了至少两个特别行动小组进入伊拉克北部库尔德人聚落区,为后续美军特种部队的进入做先期准备。

第五章　全面推进联合时期的联合作战（1991年以来）

出发，通过空投和机降在埃尔比勒地区快速形成了常规武装战斗力，第82空降师也派出一部进入苏莱曼尼亚地区，形成了两大犄角，使美军成功地开辟了北方战线。4月10日、11日，在库尔德人的协助下，北方的美军联合部队成功攻占了基尔库克和摩苏尔，并与刚结束巴格达战斗的美军部队形成了对提克里克的南北合围。

其他联合特种作战部队也与常规部队密切合作，全面提升了整体作战能力。西部联合特种作战特遣队负责在伊拉克广袤的西部沙漠地区，搜查伊拉克军队部署的战术导弹，阻止伊拉克军队在西部沙漠上行动，切断伊拉克与叙利亚、约旦的陆上通道等。西部特种部队与第101空中突击师一部联合夺占了鲁特拜的H2、H3机场，在沙漠建立了牢固据点。中部海军特种作战大队任务是协助美国海军及陆战队、英军部队保卫港口、滨海油田、隔断海上走私、监视伊朗等，据称有250名海豹突击队队员参与了"伊拉克自由"行动，是越南战争以来海豹突击队出动规模最大的一次。[1] 第20特遣部队绰号"黑色特遣队"，直接听命于战区司令执行特殊任务，其人员主体来自陆军但未公开具体部队，可能来自三角洲部队，战争中以营救女兵杰西卡·林奇和保卫哈迪塞大坝而著名。营救林奇行动是一个联合特种作战与常规作战相结合的典型案例，来自多支特种部队的人员组成的任务小组负责营救，一支陆战队部队则通过在营救地点附近发起进攻来掩护营救小组。

伊拉克战争充分证明了特种作战在联合作战中的作用，且特种作战正在成为新的关键因素。如麦基尔南中将称赞道："我并不指挥他们（特种部队）……在作战行动开始前，我们就已感觉到了特种部队的重要作用……他们对我们取得作战胜利起着巨大的作用。"[2]

虽然作战中的美军特种部队基本都是由多军种特战人员组成的联合部队，但在与常规部队的初期合作上并不舒畅，尤其体现在北部联合特种作战特遣队中。起初特种部队并不欢迎173空降旅的重型装备，认为这只会导

---

[1] PERRY W L, DARILEK R E, ROHN L L, et al. Operation IRAQI FREEDOM：Decisive War, Elusive Peace [M] Santa Monica, CA：RAND Corporation, 2015：124.
[2] CORDESMAN A H. The Iraq War：Strategy, Tactics, and Military Lessons [M]. Westport：Praeger, 2003：365.

致作战灵活性的下降，另外双方数据链仍存在不通的情况。这些都反映了训练、条令、组织及文化认知上的差异。不过因为有战区司令的指挥权威和可替代的互通信息系统，上述两者其实并不存在"联不起来"的必然障碍，核心依旧是如何通过联合进一步提升整体效能。

（三）一体化空地联合作战崭露头角并引发陆战变革

1. 空地联合改变作战方式并全面赋能地面作战部队

时任联合部队司令部司令埃德蒙·詹巴斯蒂亚尼海军上将曾总结说："'沙漠风暴'行动中，我们的空地作战只有10%是一体化的，而在'伊拉克自由'行动中，这比例跃升为90%。"[1] 相比十二年前，美军空中部队和地面部队的联合作战能力有了质的跃升。1991年"沙漠风暴"行动严格划分了4个前后衔接的作战阶段，通过不断增加目标摧毁数量来逐步积累优势，体现的仍是工业化时代的数量优势和消耗战思想。地面部队则在最后一个阶段才登场，作战部署上是自西向东一字铺开，仍然有浓厚的线性作战特征。因此很多人认为海湾战争的实质是机械化战争的最后一战，空战场和陆战场依旧各自为战，且矛盾重重，未实现真正的联合。

到2003年伊拉克战争时，美军的主战装备虽然没有大的变化，但军队能力建设目标、指挥信息系统、作战理论和条令、部队训练和演习等方方面面，正在朝向联合作战大力转型，并与军队信息化建设互为支撑，历经了多次实战检验。这种潮流下，空地联合由此得到全面加强，并呈现出一体化特征。

空地联合和网络中心战概念相结合，全面赋能地面部队，同时助推地面作战部队规模的缩小。信息、机动、火力和防护是地面部队亘古不变的4项基本追求，空地联合赋予了地面部队这4项能力全面的、质的提升，推动着《2020年联合构想》中的主宰机动、精确打击、全维防护和聚焦后勤等概念走向落地。过去难以想象的地面作战方式成为现实，如陆战和空战同步开始、地面部队连续进行"跳岛式"机动作战、特种部队直插敌后方纵

---

[1] GIAMBASTIANI E. Operation IRAQI FREEDOM: Operations and Reconstruction (H. A. S. C. No. 108-15) [Z/OL]. Committee on Armed Services, House of Representatives, October 2, 2003 [2021-01-19]. http://commdocs.house.gov/committees/security/has275000.000/has275000_0.HTM.

深，等等。空地联合和战场各类信息的互通，极大地为地面作战部队"减轻负重"，同时增强了情报和火力优势，伊拉克战争中美军担负主要地面作战任务的为3个半师（82空降师未满编）和若干个旅，总数仅为海湾战争时的三分之一，部队规模的缩小意味着补给线的缩短，部队便可以更快的速度推进，因此第3机步师才能实现3天250多英里这一史上最快的地面推进速度。❶ 空地联合提升了特种作战能力，散布于伊拉克北部山区的特种部队，可以便捷地接收来自战区的各类情报，享有"捕食者"无人机的"定制式"空中侦察保障，还可呼叫空中支援，以"战斧"或飞机投放精确制导弹药打击目标，使特种部队成为联合作战体系中一个新的关键节点。

在战役层级上，空中作战与地面作战密切协调，体现于地面作战的每一个重要节点。例如，开战首日当地面部队越过伊科边境线时，除了海上炮火支援和空中支援，"战斧"导弹等还在持续不断地打击巴格达的指挥和控制中心，为地面部队的开进提供了掩护和策应；3月25日当第3机步师受阻于沙尘暴不得不暂缓攻势进行调整时，空中部队加强了对巴格达南部伊拉克军队机动部队的打击，防止其趁恶劣天气南下突袭美军地面部队；在第3机步师绕城而过继续向前推进时，空中部队会实施打击将敌军逼困在城内；北部战线的开辟也大量得益于空中部队的支援，等等。整个"伊拉克自由"行动中，地面各主要部队形成了良性的水平互动，地面部队又与空中部队形成了良性的垂直互动，全面提升了联合部队的整体作战效能。

2. 陆军和海军陆战队呈现两种不同的空地联合模式

联军空中作战中心机构内部设有陆战队航空兵联络官、海军联络分队、特种作战联络分队，以及陆军战场协调分队（Battlefield Coordination Detachment），可就各军种作战需求问题广泛进行沟通和协调，是空中支援的总出口。具体到战术、技术和程序层面，伊拉克战争中陆军和陆战队呈现了两种不同的空地联合模式。空地联合整体机制如图5-5所示。

陆军部队第5军方面，由联军空中作战中心协助在军部组建了空中支援行动中心（ASOC）。该中心的人员和设备主要来自空军第4空中支援行动

---

❶ KREPINEVICH A F. Operation Iraqi Freedom: A First-Blush Assessment [R]. Washington D. C.: Center for Strategic and Budgetary Assessments, 2003: 20-21.

大队（Air Support Operations Group），与军情报官和火力官共同对目标选定和火力协同效果进行分析，向联军空战中心提交目标和空中支援申请，并在飞机进入作战地域后将其引导进入师级或下级部队的控制范围。第4空中支援行动大队负责向第3机步师、第101师等派出战术空中控制中队（Tactical Air Control Squadron）❶，这些中队协助师指挥所建立空地联合作战系统，构成师级战术空中控制小组（TACP）的主体，并向下继续在旅级、营级部队部署战术空中控制小组，陆军营一级的控制小组中编有联合终端攻击控制人员（JTAC），是陆空军联合的末端节点（图5-6）。

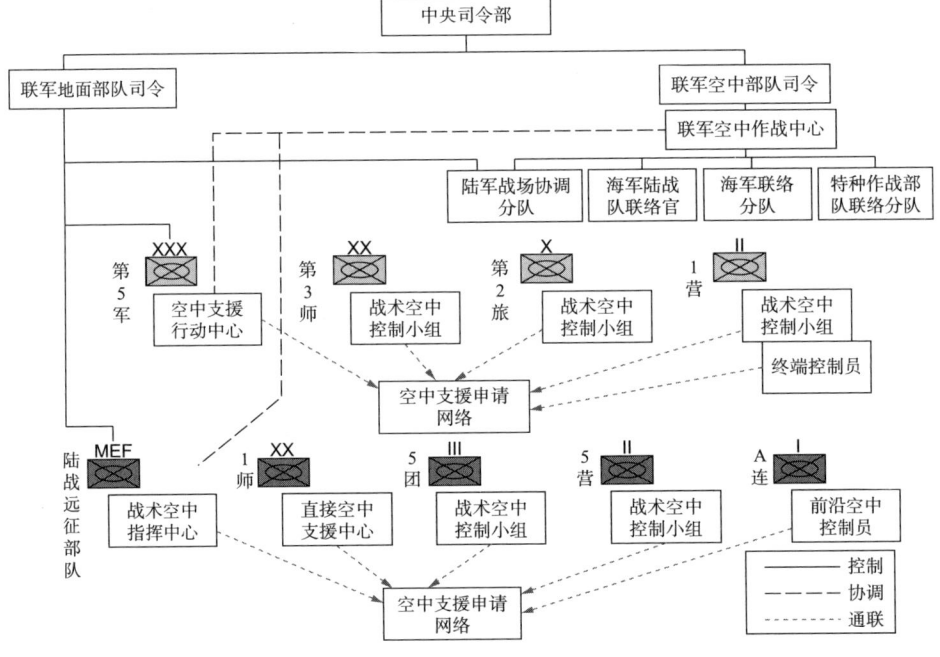

图 5-5　伊拉克战争中的美军空地联合机制 ❷

---

❶ KIRKPATRICK C E. Joint Fires as They Were Meant to Be：V Corps and the 4th Air Support Operations Group During Operation Iraqi Freedom [R]. Arlington, VA：AUSA's Institute of Land Warfare, 2004：1-3.

❷ PERRY W L, DARILEK R E, ROHN L L, et al. Operation IRAQI FREEDOM：Decisive War, Elusive Peace [M] Santa Monica, CA：RAND Corporation, 2015：169.

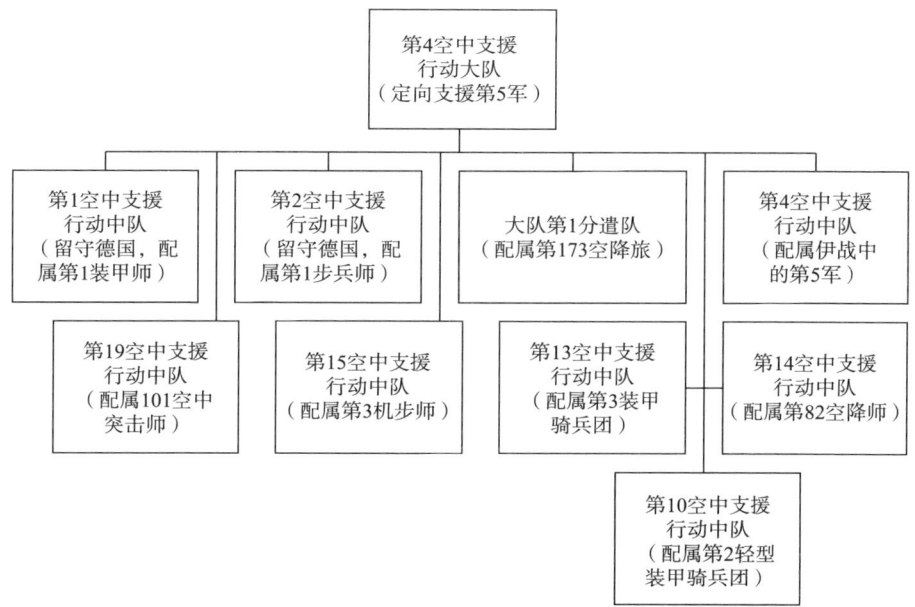

图 5-6　战争期间空军第 4 空中支援行动大队及配属陆军情况❶

对比陆军，海军陆战队的空地联合机制要更为灵活一些，并大胆突破了 20 世纪 90 年代末的陆战队军种条令❷。海军陆战队虽然与联军空战中心达成了临时协议，但陆战队航空兵多数情况下仍由远征部队（军级）指挥部的战术空中指挥中心（TACC）进行指挥，可以相对独立地制订空中作战计划，并负责作战区域的空域管制，陆战队第 3 航空联队还向战术空中指挥中心派出了一支近距作战协调小组，用以提高其空对地支援参谋作业能力。陆战队对应陆军军部空中支援行动中心的机构，为直接空中支援中心（Direct Air Support Centre，DASC），但不同于陆军十分依赖空军的帮忙组建，陆战队对空军依赖较少，因此可以将支援中心的配备级别进一步下放，配到陆

---

❶ KIRKPATRICK C E. Joint Fires as They Were Meant to Be：V Corps and the 4th Air Support Operations Group During Operation Iraqi Freedom [R]. Arlington, VA：AUSA's Institute of Land Warfare, 2004：9.

❷ ENDURING FREEDOM COMBAT ASSESSMENT TEAM. Initial Observations Report, Operation Iraqi Freedom：Command and Control of Aircraft and Missiles [R]. Quantico, VA：Commandant of the Marine Corps, November 2003：4-5.

战 1 师、塔拉瓦特遣队、英军装甲 1 师的师级指挥所，负责充分整合炮兵和空中火力，申请和引导空中支援。陆战队的团、营一级配有战术空中控制小组，而前沿空中控制员配到了连一级，比陆军向下多延伸了一级。陆战队还利用 4 架 KC-130 组建了一个机载直接空中支援中心，负责不间断地对作战区域内的旋翼飞机实施控制，加强与固定翼飞机的协调。❶

3. 空军持续优化支援方式，杀伤箱遮断成为核心概念

空军方面采取了一系列改进措施来加强对地支援。一是充分发挥装备特点，空中任务指令在面对大量应急性对地支援时应接不暇，对此空军加强"联合星"和无人机在空中实时任务重新分配、引导打击新目标方面的运用，收到良好效果。打击平台方面，所有战机都可以投掷精确制导弹药，F-14 已从纯制空战斗机发展为一款成熟的多功能战斗机，广泛地用于打击、侦察和目标引导，很多机组人员都获取了前沿空中控制员（FAC）专业资格认证。二是优化指挥方式，随着战争的推进，一些关乎后续伊拉克重建但无碍于地面作战的目标被从打击清单中去除，联军空中作战中心简化了目标流程，使空中任务指令更快捷、更灵活，大量的飞机都是在飞行中接收任务。三是通过联络官改进任务编组形式，加强空地联合的计划工作。例如，派驻在陆军师指挥所的空军联络官，协调联军空中作战中心预先安排支援机群升空待命，在有需求时一般 5～10 分钟近距离空中支援就能完成，如果是其他任务转过来的飞机，通常需要 5～30 分钟不等。❷ 陆战队也为每个地面作战营都派驻了 1 名飞行军官，用来加强空地沟通。❸

伊拉克战争中，杀伤箱遮断和近距离空中支援（Killbox Interdiction/Close Air Support，KI/CAS）成为空地联合的核心概念。高速的地面推进和频繁的机动迂回作战，使陆战场呈现出非线性、流动性、敌我交织的状态，

---

❶ PERRY W L, DARILEK R E, ROHN L L, et al. Operation IRAQI FREEDOM：Decisive War, Elusive Peace [M] Santa Monica, CA：RAND Corporation, 2015：164.

❷ Third Infantry Division (Mechanized) after Action Report Operation IRAQI FREEDOM [R/OL]. [2020-09-11] https：//www. globalsecurity. org/military/library/report/2003/3id-aar-jul03. pdf：138.

❸ MILKOVICH N D. AirLand Battle Redux：Evolutions of Air-Ground Integration from the Gulf War to Operation Iraqi Freedom [D]. Fort Leavenworth, KS：School of Advanced Military Studies, 2018：44.

传统的空中遮断容易造成误伤,而战场空中遮断则流程过长,不适合快节奏作战。对此,对地支援的空战规划人员提出运用海湾战争时期首次大范围使用的杀伤箱概念,他们认为在急剧变化的作战空间中,预先指定的遮断任务可能是无效的,杀伤箱十分有助于在一定的时间和空间内,强化对非固定目标的武装侦察和空中打击,从而提升空对地打击的连续性和支援效率。

这一建议得到采纳。为减少冲突、统一标识参照并加强联合火力,伊拉克战争中的杀伤箱由中央司令部统一制定,采用平行于经纬线的投影地图,按照每30分经线和纬线(约30海里)标记为一个"杀伤箱"(Kill Box),每个杀伤箱再按照10分经线和纬线(10海里)的距离间隔划分为9个"键位"(Keypads),作1至9编号,布局类似电话拨号盘。❶ 中央司令部就此发布了《杀伤箱和近距离空中支援标准作业程序》,对火力支援协调线和杀伤箱的关系做了界定:杀伤箱如果关闭,飞机必须在接受地面控制的情况下方能实施打击;杀伤箱如果开启,飞机可自由攻击;位于火力支援协调线以内的杀伤箱,默认为关闭状态,由联军地面部队司令通过空中支援行动中心或直接空中支援中心开启;位于火力支援协调线以外的杀伤箱,默认为开启状态,联军地面部队司令通过联军空中作战中心将其关闭(图5-7)。❷

4. 陆空联合整体良好但围绕杀伤箱出现一系列分歧

陆军和空军的联合作战系统整体运行良好,火力支援部队、师战术指挥所、战术空中控制小组和空中控制人员之间通过信息组网协调工作进展顺利,赋予了地面部队全面一体化空地优势。联军空中部队为担任主攻的第3机步师分配了大量近距离空中支援架次,平均响应时间在5~15分钟,在进攻作战中效果显著,而在时间短、反应速度要求快的反击战斗中,野战炮兵火力起主要作用,即使附近就有飞机,飞行员仍需要较长时间进行目标搜索和识别确认。科索沃战争中由"鹰"特遣队首创的利用反炮兵雷达为飞机提供目标信息的做法,此次作战中未得到联军空中作战中心的授

---

❶ PERRY W L, DARILEK R E, ROHN L L, et al. Operation IRAQI FREEDOM: Decisive War, Elusive Peace [M]. Santa Monica, CA: RAND Corporation, 2015: 158.

❷ Third Infantry Division (Mechanized) after Action Report Operation IRAQI FREEDOM [R/OL]. [2020-09-11]. https://www.globalsecurity.org/military/library/report/2003/3id-aar-jul03.pdf:107-108.

权，可能原因仍是担心产生误伤，尽管反炮兵雷达提供的 10 数网格坐标能够精确到 1 米，理论上可适用于联合直接攻击弹药。❶

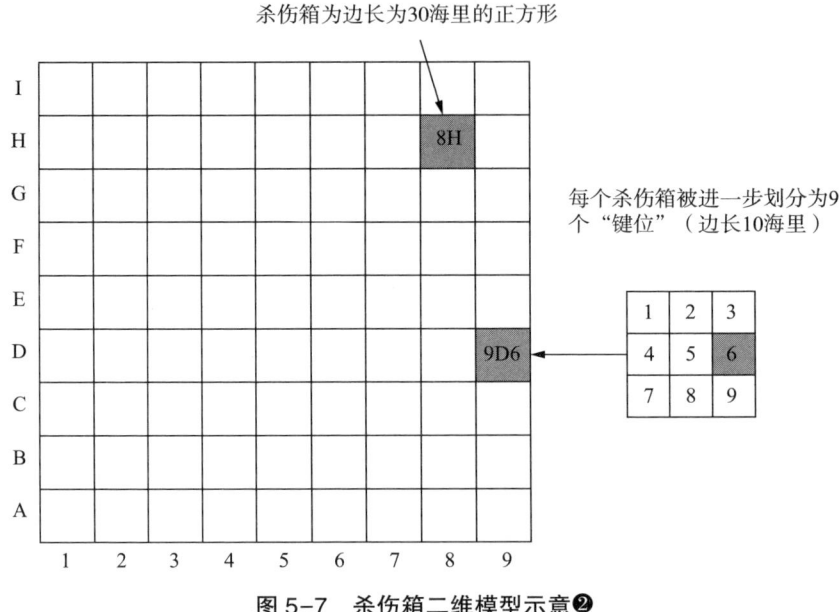

图 5-7　杀伤箱二维模型示意❷

整体而言，"近距离空中支援、空中遮断火力和陆军野战火炮有效保障了师（第 3 机步师）的行动自由权"❸，期间还出现了地面部队进逼将伊拉克军队赶出掩体、再由空军空袭将其消灭的这类复杂且极具风险的联合战术动作。此外，一系列指挥信息系统得到了检验。其中最具代表性的为自动纵深作战协调系统（Automated Deep Operations Coordination System，ADOCS）的应用，通过联入战区作战管理核心系统，它综合集成了战场各类信息和多类任务管理模块，功能覆盖了战场空间协调、目标指示、火力管理、空中任务指令处理、陆航运用等，在空地联合方面其具备的战区空

---

❶ PERRY W L，DARILEK R E，ROHN L L，et al. Operation IRAQI FREEDOM：Decisive War, Elusive Peace ［M］. Santa Monica，CA：RAND Corporation，2015：165.

❷ 同❶：159.

❸ Third Infantry Division（Mechanized）After Action Report Operation IRAQI FREEDOM［R/OL］.［2020-09-11］. https://www.globalsecurity.org/military/library/report/2003/3id-aar-jul03.pdf：99-100.

中目标管理功能、作战空域协调申请管理功能,十分便于地面部队与联军空战中心进行协作,全面提升了支援效能。❶

由于各军种作战认知存在差异,空地联合中出现一些分歧不可避免。联军地面部队司令部担心地面部队推进过快冲出火力支援协调线范围,将协调线划到距离前锋部队140公里处,与空中支援杀伤箱出现了交叉。第5军空中支援行动中心坚持认为火力支援协调线以内全部都是近距离空中支援,拒绝在线内区域打开杀伤箱,所有空中支援必须在地面人员的控制下实施。这种安排有其理由,部队高度机动和敌我交织的战场态势很容易造成误伤,此类事故在美军作战中向来不少见,开战不久F-15就误击了一具陆军多管火箭炮系统。❷❸ 但是这种安排也削弱了空中支援的灵活性,尤其是第5军将具有前沿空中控制员资质的机组人员也视为打击力量,不允许其在协调线以内执行空中控制和引导打击的任务。

将所有的空中支援都集中于地面控制,导致第5军空中支援行动中心被大量的空地通信淹没,指挥效率下降,显然它并不具备集中协调和控制大范围空中支援的能力。一些已经进场的飞机则在等待指令期间中耗尽了燃油,被迫返航。更严重的是,战场态势塑造受到了阻碍,陆军师标准武器系统射程为100公里,而100~140公里之间的伊拉克军队部队时常"无人关照"。

此外,陆军战术导弹系统未列入战区空中任务指令,第5军单方面地制定了长宽为16公里、高6万英尺的行动限制区域,以及宽达20英里、高6万英尺的射击弹道空域,这对空中部队的航路与加油区规划产生负面影响,尽管第5军最终将行动限制区域缩小到长宽3公里,但由于战术导弹系统在战场上频繁转移阵地,仍给战术行动中心和火力支援部门带来了严峻的空

---

❶ 戴维·卡门斯. 美军网络中心战案例研究·作战行动 [M]. 毛翔,孟凡松,译. 北京: 航空工业出版社, 2016: 125-127.

❷ 截至2003年4月底,美英军共阵亡169人(美军137人),其中11人死于友军误伤,比例为6.5%,而在海湾战争中,美英共阵亡172人(美军148人),其中44人死于友军误伤,比例25.6%。相比之下比例有了大幅下降。

❸ KREPINEVUCH A F. Operation Iraqi Freedom: A First-Blush Assessment [R]. Washington D. C.: Center for Strategic and Budgetary Assessments, 2003: 23.

域管理和火力协调挑战。❶ 不过随着战事推进，到围攻巴格达时上述问题已基本得到解决。

5. 海军陆战队因地制宜，空地联合更为灵活和高效

海军陆战队将杀伤箱和近距离空中支援视为两种相互独立的支援形式，没有像陆军一样将两者混合、交叉使用，这极大地简化了支援程序。海军陆战队拒绝按照陆军的方式划置一条火力支援协调线（FSCL），而是坚持依照自身传统划置了战场协调线（Battlefield Coordination Line，BCL），距离一般在前锋部队向前20公里至30公里处，即炮兵的有效射程，距离远远低于陆军140公里的画线。陆战师直接空中支援中心设置的杀伤箱距离比作战协调线更远，领受支援陆战队任务的作战飞机有更大概率进入一个开放的杀伤区，可相对自由地作战，这与支援陆军部队形成鲜明对比，以至于很多飞行员主动要求支援陆战队而不是陆军。❷ 长期以空地特遣队形式组织训练的陆战队，对空中支援的运用也更为娴熟。在战役开始不久，海军陆战队在部队东侧打开了杀伤箱，由空中力量为其提供右翼掩护，作战飞机可以自由地在伊拉克军队第3军、第4军的驻守地域内搜寻和打击目标，且临近科威特的空军基地、波斯湾上的航母，空中加油需求少，可频繁出动，重创了伊拉克军队"巴格达"师和第10装甲师，陆战队还将Q-36反炮兵雷达的侦察信息融入直接空中支援中心，由中心处理后直接发送给作战飞机，收到较好的效果。❸

出现这种迥异于陆军的安排，主要原因在于陆战队通过临时协议保留了对自身航空兵的控制权，可以独立制定空中作战和支援计划，协调线以内的空中支援多数情况下由陆战队飞机实施。作为陆战队军种内成熟的空地合同战术，其一体化程度显然要比军种间的联合高得多。对于协调线之外的杀伤箱，直接空中支援中心实际上的主要作用是提供目标信息，很少介入具体空袭行动。这也是联合地面作战参战部队因地制宜选择空地联合

---

❶ PERRY W L, DARILEK R E, ROHN L L, et al. Operation IRAQI FREEDOM：Decisive War, Elusive Peace [M] Santa Monica, CA：RAND Corporation, 2015：166.

❷ KOMETER M W. Command in Air War：Centralized versus Decentralized Control of Combat Airpower [M]. Maxwell Air Force Base, AL：Air University Press, 2007：143.

❸ 同❶：162, 163, 173.

机制的一个体现。

6. 空地联合向人口密集且环境复杂的城市作战延伸

在密集城市环境中进行空地联合是联合作战的另一大发展。城市环境中火炮弹道受干扰较多,使用精确制导弹药的近距离空中支援被证明效果显著。在围攻巴格达中,美军使用攻击机按照火力类型建立了若干杀伤区,使用"捕食者""全球鹰"等各型无人机密切监视和跟踪,A-10、"鹞"式、攻击直升机等在地面人员的目标审核和精准引导下,使用"地狱火"导弹、陶氏导弹、机炮等进行攻击。

萨达姆倒台后,在后续反叛乱作战中,城市环境下的空地联合进一步发展。美军设计了"钥孔"(Keyhole),即以城市中心为圆点、三维分段式、标记水平距离和高度的一种参照系,通用于陆军迫击炮、直升机、空军和海军的固定翼飞机。依据该参照系,计划人员可对建筑物进行编号、标记参考点和划分作战片区,避免空域或火力冲突,机组人员则需要花费若干小时研究标记在"钥孔"上的目标和计划,可以有效避免友军火力误伤。❶ 这一系列创新使美军联合作战向人口密集的复杂城市区域延伸。

第五节 对全面推进联合时期美军联合作战发展的评价

一、联合作战正式发展成为美国的标准"战争方式"

尽管美军联合出版物中曾称"联合作战是美国的军事传统""美国战争方式以联合作战为特征"且自独立战争以来便是如此❷,但如果综合考虑各类作战中联合的次数和程度、人员的心理接受度等因素,海湾战争以后联合作战才真正成为美国的标准"战争方式"。

海湾战争结束以后,美军进入全面推进联合时期,这一过程持续至今

---

❶ MILKOVICH N D. AirLand Battle Redux: Evolutions of Air-Ground Integration from the Gulf War to Operation IRAQI FREEDOM [D]. Fort Leavenworth, KS: School of Advanced Military Studies, 2018: 45-46.

❷ JOINT PUBLICATION 1-01. 1. Compendium of Joint Publication [Z]. Washington D. C.: GPO, 23 April 1999: A-1.

仍然未见衰减之势。这二十多年里，美军联合作战建设包括：理论方面，建立起庞大且成熟的联合作战条令体系、概念体系，为联合作战的计划、组织和实施提供参照依据和通用程序，为训练和作战提供"标准动作"规范，为联合的发展不断注入新鲜血液；体制方面，在军队高层通过参联会主席颁布各类法定性指令，加强联合发展的统一规划，通过作战司令部对全球美军部队实施统一指挥、制定各战略方向联合作战计划，且几乎所有的军事行动都以联合特遣部队的形式执行，不再出现恶性的军种竞争；训练方面，联合训练与军种训练同等重要，同样为必须、必训，各类联合演习遍布美国本土和全球各地；装备方面，着力解决不同装备之间的互通性、兼容性问题，打通平台之间和系统之间的联系，不断加强信息化建设；领导层面，联合作战已从应对预算压缩，发展为国家指挥当局的战略手段，广泛用于各类军事威慑、施压和作战，对联合部队的关注贯穿于《国家安全战略》《国防战略》《国家军事战略》及《战区战略》和《军种战略》，联合地位无可撼动；人员层面，联合教育体系建设完备，不断在实战中增加人员的联合经历和经验，联合文化逐渐深入人心；基础设施方面，继续加强全球联合基地网络，依托天基系统能力为整个联合作战提供强大的综合信息保障，等等。

海湾战争之后，是信息化战争加速到来和快速发展的二十多年。在一系列的作战实践中，联合行动被证明其效能明显高于单一军兵种部队行动，联合作战被证明是适应新战争形态的作战方式。作战实践推动能力建设，能力建设拉动实践发展，联合作战由此真正成为美国武装力量的发展和使用框架。在发展中，新技术、新概念、新理论、新空间、新装备等都可以继续融入联合这一开放的体系，促使其不断向前发展。在实践中，不管是推翻国家政权的大规模作战或战役，还是多国联军作战、全球反恐、军事威慑，甚至救灾、援助等，各军种部队均在联合作战的框架内加以综合运用。对于美军而言，无论是今日，还是未来很长一段时间里，联合作战都是其标准"战争方式"。

二、实践指向高度鲜明并在实战中不断解决新难题

战争实践极具暴力性、盖然性、偶然性，其带来的结果便是作战能力难以通过"建设指标"来精确衡量，最终只有通过战争方能起到全面检验的效果，进而引领下一步的能力建设和发展。海湾战争以后美军联合作战发展全面推开，不再停留在检验 1986 年改革确立的指挥体制。在全面推进联合的过程中，美军可谓每打一仗便解决若干问题，发展循序渐进，且实践指向高度鲜明。在不同发展阶段中，美军各类作战实践一方面不断将问题暴露出来，提供经验和教训，另一方面推动后续的持续改进，在这种循环中实现了能力的迅速发展。条令在这一循环发展中扮演着关键纽带作用，通过联合经验教训总结和条令更新程序，每经历一场大仗，联合条令便要经历比较大幅度的调整，反映新变化，规范下一阶段的训练和作战。

索马里武力维和期间的"黑鹰坠落"，使美军迅速从海湾胜利中清醒过来，认识到联合作战即使行动规模小、对抗强度低，也极具复杂性，不能按照过去传统的军事观点来认识。索马里维和行动中美军的联合作战实践并不成功，但使美军认识到在联合方面仍有巨量的工作要做，不可能一蹴而就，更不可能自动形成联合。诸如统一联合指挥链、周密开展联合计划、加强联合演练等问题，在干涉海地中便得到了重视，此次行动中美军开始试验新型联合信息设备，随后每次行动中，美军都逐步试验新装备，而不是一次性将其大量投入实战。

联合空中作战的发展尤为体现了发展上的循序渐进。"精选力量"行动重点检验了北约的联军联合指挥体制，为科索沃战争奠定经验基础，阿富汗战争时期美军派进地面特种部队，汲取了科索沃战争中空权难以有效达成目的的教训。"沙漠之狐"行动检验了海军主导下的空战体系进行高强度作战的能力，为阿富汗战争的联合空战提供了宝贵经验。到伊拉克战争时，联合空战首次实现了对所有固定翼飞机的统一联合指挥，各军种的空战指挥系统实现互通，情监侦、指挥控制、打击平台的军种界线被打破，构成了一体化联合空战体系，相比海湾战争已然发生了巨变。

空地联合方面，体现出的则是内涵的不断扩展和复杂度的不断提高，由此引发的军种分歧也比较多。空地联合作战很长时间内对于美军而言就是一种战术运用。海湾战争后，空地联合的内涵在实践中扩展到战役层面，再由战役层面的需求向下拓展出新的战术级需求，逐渐形成了一体化空地联合作战，最终在伊拉克战争中得到充分展现和全面检验。

除了作战表现，还有很多其他支援性、职能型能力在不断发展，作战空间不断拓展，地位不断凸显，如信息战、联合情报、联合后勤、C4ISR

等。另外作战空间也在不断拓展，海湾战争证明了天基系统能力的重要性，成为战后体系能力建设的重要组成部分，卫星性能和战时发射能力不断提高，能力更强且更为灵活。网络空间的对抗始自科索沃战争中的黑客大战，随着 21 世纪全球互联网终端的普及，网络作战日渐凸显。2009 年美军在战略司令部下组建网络司令部，到 2011 年利比亚战争时，网络空间行动已经能与战场上的联合作战形成联动，进一步拓展了"硬软杀伤结合"的内涵。美国先后于 2017 年、2019 年升格网络司令部（Cyber Command）和太空司令部（Space Command）为一级作战司令部，并在 2019 年正式成立第 6 个独立军种太空军（Space Force）。

三、伊拉克战争是迄今为止美军联合作战实践的巅峰之作

伊拉克战争是迄今为止美军联合程度最高、强度最大的大规模陆海空联合作战实践。其意义之于联合作战，犹如第二次世界大战之于现代战争，海湾战争之于高技术局部战争，值得反复研究。

1999 年提出的"快速决定性作战"是美军在伊拉克战争中的理论指导，这也是美军第一次在实战中以最新的联合作战理论指导各类行动。该理论的实质可表述为：以信息优势为其前提，以全面网络化为支撑，以知识为中心，以"天生"的联合部队与能力为依托，以效果为指向，以摧毁敌抵抗意志为着力点，以分布式多维度精确打击为战法核心，以并行计划为保障。仅仅 4 年后，这一理论便被用于实战。快速决定性作战把联合作战提升到一个全新水准，需要一种复杂的、互联互通的、网络化的情监侦和通信系统，能在实战中把数据分析和可用于作战的信息实时传递给战斗末端。

这里不免要回顾美军首个以联合为主思想的作战理论，即空地一体战，它为海湾战争时的美军作战提供了参考，然而作战分 4 个阶段和战场分两大空间的实践做法，显然不符合空地一体战的设想。由于 90 年代美军对外军事行动以海空军为主，直到伊拉克战争美军才基本上实现了空地一体战中的种种设想，并有所发展，如果以 1986 年陆军《作战纲要》首次全面、系统阐释该理论为起点，空地一体战从理论到实战共耗时了整整 17 年。

伊拉克战争多方面体现了快速决定性作战，对于推动联合作战从军种组合向新质作战能力生成、推动范式转型，起到了开创性作用。第一，美国着力影响和打击伊拉克抵抗意志，美国动用国家各种手段力量，全面对

伊拉克施压,试图迫使其屈服,美军以"斩首"拉开战争序幕,通过联合空中作战打击全纵深的重要目标,通过联合地面作战夺控大型城市、消灭伊拉克军队武装,以此产生压倒性的"震慑"效果。第二,以知识为中心是实现快速决定作战的前提,美军在战争中初步践行了网络中心战,在强大的网络信息体系的支撑下,依托战区作战管理核心系统,将各军种的作战管理系统和软件统一连接起来,显著加强了联合指挥与控制能力,实现了作战知识库、数据库共享,生成了通用作战图,尤其是情监侦联合一体化加强,实现了战场的单向透明。中央司令部的战场态势平均每 2.5 分钟便能刷新一次,相比过往作战有了质的飞跃。❶ 第三,伊拉克战争实现了分布式多维度精确打击,对伊拉克境内所有敌作战重心实施同步打击,全面提升了作战效能,加快了作战节奏,传统的线性作战已经被拉开了代差。

伊拉克战争全面检验了 20 世纪 90 年代以来美军条令、组织编成、训练、装备、战略和政策、人员、基础设施等构成的发展框架。这里也需要看到,相比 12 年前,伊拉克战争中的美军主战装备的变化其实并不大,尤其是陆军、海军的主战装备基本没有太大变化,主要更新换代的是各类指挥信息系统,在武器物理性能和化学杀伤能力已经濒临极限的当今,这些信息赋能系统将发挥更重要的作用。

尽管如此,作战中仍然存在不少问题。例如,各军种源自对作战的不同理解,分歧和矛盾依然常有,很多问题涉及军种作战的特有思维,很难通过联合条令来解决,从长远上看只能通过加强人之间的理解来不断减少认知壁垒;军种之间组织壁垒依然存在,涉及军种的发展与转型,同样不可能一蹴而就;误伤问题依旧存在,大规模作战阶段,联军 11 人死于友军误伤,占阵亡总人数 6.5%,不过相比海湾战争时期的 44 人和 25.6% 的比例,已经有了巨大进步。❷

---

❶ 樊高月,符林国. 第一场初具信息化形态的战争:伊拉克战争 [M]. 北京:军事科学出版社,2008:175.
❷ KREPINEVICH A F. Operation IRAQI FREEDOM: A First - Blush Assessment [R]. Washington D. C.: Center for Strategic and Budgetary Assessments,2003:23.

四、利比亚战争和叙利亚战争中未有大的发展突破

伊拉克战争后,美军陷入了长达十年的反恐和反叛乱作战。在阿富汗和伊拉克,美军"终于"实现了长期以来同时进行两场战争的"夙愿"。这将美军的联合作战实践,从备战高强度的高端战争,拖入了漫长的低强度作战中,大量的联合作战行动均为小规模、战术级行动,且表现形式相对单一,尤其是由于没有迫切的作战需求,更大的联合作战体系得不到实践检验。唯一有所亮点的是2011年5月击毙本·拉登的"海神之矛"联合特种作战行动,在特种作战司令部下属的联合特种作战司令部的统一筹划和指导下,各军种部队、国家情报部门实现了周密合作,最后由海军海豹六队抵近目标将其击毙。此次行动中情报是关键的关键,相对之下,美军联合特种作战早已有成熟条令,联合训练常态化,反而没有体现出太多的发展特点。

2011年,"阿拉伯之春"席卷了大中东地区,局势的动荡为美军的战争干预提供了借口。2011年3月美国伙同北约盟友,发起"奥德赛黎明"行动(Operation Odyssey Dawn),挑起利比亚战争,短时间内推翻了卡扎菲政权。2011年叙利亚战争爆发,2014年8月美国及其盟国以打击"伊斯兰国"恐怖组织为由,发起"坚定决心"行动(Operation Inherent Resolve),至2017年年底基本摧毁了"伊斯兰国"的主体部分,自2017年4月开始,美国及其盟国又多次以各类理由对叙利亚进行军事打击。

悉数这两次战争,美军的联合作战实践表现出高度的相似性。第一,以海军和空军的联合空袭,打击政治、军事目标,逼迫领导人下台。总的来看,相比之前美军发动的战争,在这两场战争中,联合空中作战的强度和规模要小很多,其中"奥德赛黎明"行动达成了目的,并检验了2007年刚组建的非洲司令部(Africa Command)的运行和指挥能力。不过美国对叙利亚的武力干涉,至今仍然未能达成其政治目的,2021年年初拜登政府上台后再次下令空袭叙利亚。第二,地面作战主要参照阿富汗模式实施。在利比亚,美军特种部队和中央情报局人员一同进入,主要工作是与当地反政府武装建立联系,打代理人战争,同时在作战中担任军事顾问,并引导来自北约的空中支援。在叙利亚,美军也是派驻小股部队,为伊拉克国民军和反政府武装"叙利亚民主军"提供培训、担任顾问,在作战中通过联合终端攻击控制人员（JTAC）加强情报共享、协调和引导空中打击。相比之下，美军在叙利亚的作战强度要远高于在利比亚的作战强度。第三，无人机在联合作战中的地位攀升，一方面原因是美军始终未派出大部队参战，另一方面是无人机确实在联合作战中表露出更大的潜力，尤其是其具备察打一体能力，一定程度上已经可以取代一些程序相对复杂的联合作业。在叙利亚战争中无人机使用日趋成熟，在刺杀伊朗将军苏莱曼尼中达到高峰。

在这两次战争中，还有一大特点，是互联网与联合作战的紧密结合。互联网是心理战、舆论战、影响战的重要平台，在与战场行动联合运用后，可以发挥出直触敌方意志的效果。互联网更是重要的情报来源。利比亚战争中，除依托互联网进行公开来源情报搜集外，北约还广泛勾连反政府人事，让其通过谷歌地球、推特、手机短信等，向北约发送政府军的动向和力量情况，经过北约的线上培训后，一些人甚至可以直接与联合终端攻击控制人员进行网上通联，向其汇报可用于直接打击的具体坐标信息，这些工作都得到了战场上 EC-130J 心理战飞机的配合。❶ 叙利亚战争中，叙利亚被多次全国性断网，网络作战已然来临。网络的攻防与维护都与联合作战密不可分，美军已修订多版 JP3-12《网络空间作战条令》。

---

❶ GREGORY R H. Turning Point: Operation Allied Force and the Allure of Air Power [D]. Fort Leavenworth, KS: Army Command and General Staff College, 2014: 197-199, 203.

对美军联合作战发展的总体分析

通过渲染负面因素,在对手内部制造摩擦,滋生恐惧、焦虑和疏远,破坏其若干重心间的协作,颠覆对手所依赖的那些正面因素,从而切断对手用以维系有机整体所必需的精神纽带。与此同时,建立我方抵御负面因素的制衡机制,以减少内部摩擦,并展现勇气、信心和机敏,从而建立维系精神纽带所必需的人际互动,使我们能够作为一个有机整体,塑造局势,适应变化。

——约翰·博伊德❶

如果敌人拥有空中优势,己方就不可能取得战争的胜利。事实在于,没有哪个拥有空中优势的国家曾屈从于敌人的武力而在战争中失败。

——约翰·A. 沃登三世❷

---

❶ BOYD J R. Patterns of Conflict [M/OL]. Atlanta, Georgia, http://www.d-n-i.net, 2005: 125.
❷ WARDEN Ⅲ J A. The Air Campaign: Planning for Combat [M]. New York: Brassey's, Inc, 1992: 129.

第一节　美军联合作战发展的总体影响因素

借鉴法国年鉴学派历史学家布罗代尔的"三重历史"视角❶，纵观贯穿了美军联合作战战场实践及发展的各类影响因素，可划分为：长期性影响因素，有很长的变化周期，贯穿于美军联合作战的整个发展，对其产生持续影响，且时至今日依然在发挥影响；中期性影响因素，变化周期较长，一般为几个十年，能够系统地重塑整个联合作战，尤其是在某一个重要阶段里发挥了关键影响；短期性影响因素，变化很快，且会对联合作战在短时间内产生直接的、当下的影响。

一、长期性影响因素

（一）美国反集权的政治传统

军队天然带有浓厚的国家政治属性，一国的军队建设、作战方式必然深受本国政治传统的深远影响。脱离了政治因素去孤立地考察军事制度，得不出全面、深入的观点，更可能在借鉴学习中走上歧途。自建国以来，自由主义始终是美国的主流意识形态。❷ 美国早期移民者多数是欧洲宗教改革的受迫害者，自 1607 年弗吉尼亚殖民地建立以来，美国人便排斥集权，尤其担心在"新大陆"上出现一支可能剥夺公民权利或压迫多数人的强大军队。在立国之初的制宪会议中，美国大量借鉴了法国启蒙运动中倡导的权力制约与平衡思想，设计了行政、立法与司法的三权分立，将权力分散到不同的国家部门中，以防独裁者的出现。这种政治传统对美国社会的影响是全方位的，并深刻地塑造着美国的主流价值观、认识论和思维模式。

集中是战争和军事的基本原则之一，也是联合作战的基本原理之一，要实现集中必然需要赋予军事指挥官相应的集权。然而这一条常识，在美国政治传统中遭遇了长时期的被抵制和意识形态化。在美国人的传统认知

---

❶ 费尔南·布罗代尔. 菲利普二世世代的地中海和地中海世界 [M]. 唐家龙，曾培耿，等译. 北京：商务印书馆，1996：序言，4，8.

❷ 塞缪尔·亨廷顿. 军人与国家：军政关系的理论与政治 [M]. 李晟，译. 北京：中国政法大学出版社，2017：129.

里，军事上的集权往往与军阀画等号，随时可能脱离文官的控制，对整个民主制度构成威胁。自建国以来，美国对军队的控制是全方位的：一是在国家层面，赋予行政部门领导总统以三军统帅的角色，但发展规划和预算则长期由国会把持，确保军队不会被"有野心者"控制；二是在行政部门内部，建立两大军种，且鼓励两大军种的适度相互竞争，确保对军队的分化控制；三是奉行"战时建、平时撤"的军事传统，在每次大战后迅速给战时英雄将领"降温"，避免其军事影响力继续做大。这三大项措施时至今日依旧在发挥作用。

这些影响的结果是，长期以来美国军事制度以一种军事上较为低效的方式在运行。从19世纪后期开始，为应对战争的变化，各国纷纷开始加强军事集权，建立总参谋部体制，美国却对此始终保持高度警惕，直到第二次世界大战时迫不得已，才汲取了英国经验，构建了相对松散的参联会。第二次世界大战胜利使美军各军种获得了前所未有的声望和影响力，战后改革的主线之一便是削弱军种，加强文官控制。美国通过1947年改革改变了国防领域中的权力格局，总统—军种的两层结构，转变为总统—国防部长—军种三层结构，加强了纵向的分权，但扶植文官国防部长的目的并没有达到，这才有了1958年建立双轨制继续分割军种权力的改革。1986年改革加强了参联会主席和战区司令的权威，重塑了联合作战指挥体制，与之配套的是大量加强文官权威的举措，以形成对军队"新兴权力中心"的进一步制衡。

综合下来，美国反集权的政治传统始终影响着联合作战的发展。相比德国、苏联等的总参谋部体制，同时期的美军指挥制度集权能力要弱得多，并不总是能以一种军事上高效的方式运行。然而，作战对效能、效率的追求是无限的，由于不可能实现较高程度的军事集权，美国探索了大量其他替代性方式，发展出联合作战上的"美国经验"。

（二）根深蒂固的军种主义

不同于大陆国家，美国军种的建立和分化有较长的历史渊源，始自宪法里的不同表述。美国建国不久，便成立了与战争部分立的海军部，两大军种并行发展，但发展路径迥然不同，形成了不同的军种文化和利益集团。在整个19世纪里，美国陆军职责是扩大国家版图和担负戍卫职责，东西两大洋、南北无强敌的地缘政治环境，使美国并没有组织和实施大部队作战的现实需求，华府可以直接对前线作战的部队实施指挥，逐步建立起陆军讲究集中指挥的作战文化。相比活动范围仅限于北美大陆的陆军，美国海军在海外殖民地掠夺、海外利益拓展、海外冲突中扮演了重要角色，并与美国依赖海外进出口的工商业界保持了良好的合作关系，形成了联系紧密的利益团体，并进一步向那些代表工商业界的国会议员群体延伸。由于广泛地分布于全球海域，且受制于通信问题，加之海军传统作战突出舰长的权威，海军反集中控制的传统逐渐形成。陆海军的指挥差异，也反映在双方参谋部门构建上，陆军较早地建立起军种参谋部体制，而海军长期奉行委员会体制，要松散很多。源自不同作战特点的军种专业主义，进一步扩大了两个军种之间的差异。因此，很长时间内美军的联合作战都是"不得不联合"的两栖登陆作战。

由于背后利益集团不同、战略理解和作战认知不同、部队指挥和结构不同，陆军和海军始终存有较深的隔阂。源自军种间的相互冲突在各国都存在，但悉数各国少有美国如此多的冲突案例，这与前一点中提到的三权分立、反军事集权密切关联。在战时和大举扩军阶段，军种的冲突主要体现在对作战问题的不同理解上，但在和平时期，尤其是在预算紧缩时期，军种之间的冲突时常不可调和，这些矛盾直接制约着联合作战指挥体制的建立、战场上联合作战的实施。每个军种都渴望发展成为可以承担绝大多数军事任务的"超级军种"，但联合讲求的是组合运用，意味着要对各军种进行"剪裁"，这就必然招致军种的反对，国会势力一旦介入，问题将更复杂。

这一系列问题直到1986年改革才有所解决。这一次国会站到了军种主义的对立面，主要原因在于80年代初连续的军事失败，引发了公众的巨大关注和对美军基本能力的质疑，依赖选票的国会不得不正面回应公众。长期以来三权分立和军种主义混杂的复杂且顽固的利益网络终于得以打破，改革才得以实施。在文官权威和联合全面加强的今日，军种主义及暗藏的相互斗争依然存在。近年来美军不断炒作反介入和区域拒止对手威胁，就此提出了空海一体战、多域战等概念，试图扩大军费"总蛋糕"，其间各军种之间依旧交锋不断。

(三) 来自战争形态演变的推动

战争形态是指以主战兵器技术属性为主要标志的战争历史阶段性的表现形式和状态。从冷兵器到热兵器战争，再从机械化战争到信息化战争，战争的空间在扩大、毁伤强度在提高、手段在增多、通联能力在提高，为不同作战力量的组合运用提供了越来越多的可能，即越来越呼吁联合作战的发展。在这过程中，如继续不重视联合，就好比速射火器出现后依然坚持密集队形、坦克出现后仍坚持步兵冲锋、航母出现后仍坚持战列舰决战等。从这个意义上讲，科学技术推动战争形态演变，进而不断对联合作战提出新要求，推动联合作战发展，而联合作战反过来又为新的战争形态中的战法创新进行了大量尝试。

由于国内有浓厚的反集权政治传统、根深蒂固的军种主义，在发展联合作战上美军面临着比其他国家同行更大的阻力，技术驱动的战争形态演变往往起到了根本推动力的角色。这一方面源自战争面貌的巨大改变，促使美军不得不加以适应和调整，另一方面则来自对手的逼迫。如第二次世界大战时期，德军闪击战中运用的空地联合战术，可谓机械化战争时代具有代表性的联合作战方式之一，这一创新带来了陆战效能的全面提高，不管是闪击法国和苏联，还是北非战场上阻击美英联军，都发挥了重要作用。美军的空地联合也是在与德军的交锋中不断发展且成熟起来，进而奠定了战后几十年里的基本模式。核战争时代为了应对战略核武器的威胁，美国发展防空反导能力，对美军侦察预警、指挥控制、打击力量的联合提出了全新要求，并推动联合继续发展。当新兴技术推动战争向信息化战争演进时，美军为适应新的时代变化，继续加强联合作战，并向一体化联合作战发展。

二、中期性影响因素

（一）联合作战指挥体制改革

联合作战指挥体制改革意味着权力的重新分配、指挥关系的重新梳理、军队各部分职责的重新明确等，对于发展联合作战往往具有"牵一发而动全身"之效果，但指挥体制本身不可能自动按照改革者的设计初衷来运行，指挥体制改革首先应契合当时的时代背景，在改革确立后还需要后续的不断践行与维护，甚至二次创新。

纵观 20 世纪的美军历次改革，并非每次改革都能成功，达成预期目的。如同历史上的重大改革一样，任何改革都必然涉及利益结构的重新组合，会遭到旧有利益集团的反对。美军联合作战指挥体制改革主要有两次，艾森豪威尔的 1958 年改革和戈德华特、尼科尔斯主导的 1986 年改革。两次改革在过程中都经历了大量的利益博弈,面临重重阻力,最终分别艰难地达成了名称都叫《国防部改组法》的两部法案。然而,法案最终结果完全不同,1958年法案只是实现了军种的"休战",法案中有关联合作战的大量条文,无法在实践中落地,最终导致美军在越南战争中进入了"有限的军种合作",出现了联合作战发展的倒退。相比之下,1986年法案在推动联合作战发展上要成功得多。

出现这种差异的原因,首先跟美军所处的内外环境密切相关。艾森豪威尔的两步走改革时期,美国上下对联合作战的认识依然停留在传统自由主义观念中,很多人认为联合即集权、发展联合作战必然导致总参谋部的出现;各军种在经历了第二次世界大战后初期的激烈冲突后,达成了一定的妥协和和解,正趁新一轮技术发展,加速拓展自己的掌控领域和利益范围,争取更大的利益份额;核战略的确定,则使联合作战暂时不是战略的必要之需。在这样的环境下,就算建立了联合作战指挥体制,在实践中也难以运行。从后续干涉黎巴嫩和应对古巴导弹危机便可看出,有关联合的问题无人重视,无人解决,这种状态持续到整个越南战争。

相比之下,1986年改革所处的内外环境发生了巨大改变。其中,越南战争后的美国社会大反思,在一定程度上冲破了自由主义反集权的传统思维,为加强参联会主席和战区司令的职权提供了社会思想基础。对比两版《国防部改组法》的内容,1986年法案很多内容上都是重申了1958年法案,但因为所处的时代环境和条件不同,结果大相径庭。1986年改革后,美军分别以空袭利比亚、波斯湾护航行动、入侵巴拿马进行了阶段性检验,最终在海湾战争中加以全面检验,收效良好,进而得以建成了稳定的联合作战指挥体制。

(二) 有针对性的作战理论创新

美军军种主义盛行,和平时期在军队建设中突出联合必然会招致或多或少的阻力。针对某一特定对手进行联合作战理论创新,是影响美军联合作战发展的重要因素。

第二次世界大战前美军两栖作战的发展,很大程度上得益于对日作战的准备工作。自日俄战争之后,美国便开始关注日本在远东的种种行为,第一次世界大战前便将日本列为美军主要作战对手之一,两栖作战成为备战打仗关注的首要作战方式。对此,不仅陆海军联合委员会制定了"橙色"

系列计划，海军和海军陆战队院校还大量进行理论研究和兵棋推演，在大萧条后全面加强了实兵演练，组织若干次囊括各军种的联合大演习，最终使美军一进入第二次世界大战便展现出高水平的两栖作战。相比之下，第二次世界大战前的空地联合作战，并不像两栖作战的敌情指向那么明显，反而走了空中力量分散部署的弯路，直到北非碰壁才得以纠正。

冷战前半期，美国试图以战略核武器威慑苏联，不重视联合作战。随着20世纪70年代中期苏联核力量迎头赶上，威慑逐步失效，而苏联常规武装的大纵深立体作战及后来的战役机动集群等，使欧洲大陆军事平衡倒向苏联一方。对此，美军于80年代初提出了空地一体战，该理论与近乎同时期提出的战役法，成为美军联合作战发展的重要里程碑，牵引了后续十余年的联合发展。但必须看到，空地一体战的成型是缓慢的，1982年文本里设想的大多数内容，实际上在2003年的伊拉克战争中才基本实现，从另一个角度看，某种程度上也是空地一体战指导了美军联合作战二十多年的发展。

伊拉克战争大规模作战结束不久，美国战略与预算评估中心、兰德公司等，开始针对中国等国所谓的"反介入和区域拒止"威胁能力，提出空海一体战理论。这一理论在2009年正式进入美军联合作战概念，于2011年完成概念的初步研发。针对上述"威胁"，陆军则主导了多域战理论的提出和开发，同样也进入了联合作战概念。这两个理论紧密关联，核心是破击反介入和区域拒止能力，发展当前和未来的联合作战能力，而人工智能、大数据、无人机等新技术群的兴起，都将对当前美军联合作战发展产生显著影响。

（三）军种建设及发展规划

美军联合作战能力不是凭空产生，军种作战能力是联合作战的能力基础。军种的建设同样需要周期，其中装备论证、研发和采购等，耗费时间较长。美军现役主战装备，从上马到最终服役，均经历了十到二十年的时间，列装部队后再加上训练和检验，则还需要若干年，方能最终形成战斗力。从这个角度来看，军种的发展规划对联合作战发展的影响是巨大的。越南战争时期联合作战陷入低谷，跟50年代各军种的发展规划密切关联，各军种都倾向于发展本军种特有的先进装备，在第二次世界大战后新一轮军备技术竞赛中占领先机，以至于大量的联合性质的装备和训练无人关注。

历史也证明，如果军种建设能够在发展规划中注入联合的要素，将对之后的联合作战提供巨大的发展便利。海湾战争中的空地联合作战中，A-10攻击机和E-8"联合星"大放异彩，两者当年上马的原因并不相同，前者是空军与陆军达成妥协的结果，后者则是陆军和空军共同推动的结果，但在实战运用中都发挥了超出预期的效果，尤其是"联合星"将空地联合作战向前推动了一大步。从这里可见，虽然军种建设有周期，但只要规划得当，同样可以对联合作战起到推动作用。

海湾战争后，美军越来越重视统筹联合和军种的发展，这也是加强资源利用、统筹整体建设、提高效费比以应对90年代裁军的一大良方。因为有"联合"这一各军种共同的"帽子"，加之参联会主席权威得到加强、联合相关机制逐步成熟等其他因素，美军十分少见的在预算大削减的环境下没有爆发军种冲突。

三、短期性影响因素

（一）特定环境中的关键人

在美军联合作战发展历史中，重要的关节点往往需要关键人来加以推动。这些人因其特定的经历或个人才智，在直面当下问题时发挥了关键作用。

从联合作战指挥体制层面来看，每一次改革或调整都有关键人在其中推动。杜鲁门有感于第二次世界大战时期美国工业和军事资源的大量浪费，任期上致力于推动构建国防部的统一领导；艾森豪威尔经历更为特殊，担任过第二次世界大战时期欧洲战区司令、首任北约司令，对联合有超前的理解；戈德华特议员作为一名第二次世界大战老兵，熟悉军事，致力于推动以联合为导向的1986年改革，等等。

在战场联合作战创新层面上，则涌现出更多的关键性人物，在某一特定情况下解决了某个问题、推进了联合，其经验又得以保留和推广，进而推动联合作战发展。当然，战场还大量存在反面案例，即因为种种原因不愿推动联合、甚至反对联合。从作战经验层面来看，个体的经验传承能在复杂环境下、不完美体制下发挥出"润滑油"的作用，这是美军在朝鲜战争中依旧能实现较高水平联合作战的重要原因。

这里额外需要提到一点，即新的指挥体制建立后，首次重大军事行动的指挥官，其意义十分关键。指挥官如果有志于且有能力运用新体制推动联合作战，将对体制的后续发展产生极大的推动作用，但如果指挥官本身对联合毫不敏感，依旧按照旧模式实施军事行动，则很可能让改革的成果大打折扣。美军在正反两方面都有鲜明的案例。

当然，从联合作战大的局面来看，总是将发展寄希望于关键人从机制上并不可取，而且关键人也并不总能"战胜旧势力"。因此，美军不断加强联合训练、联合教育，大力培植联合文化，将岗位轮换和联合交叉任职写入《美国法典·第十编》。毕竟联合作战行动类型广泛、需要应对的情况多样复杂，而行动最终还要落实到个体人，此时加强个体人，便是加强整个联合作战。

（二）战场上现实作战需求

战场上迫切、直接的作战需求，往往最能催动联合作战在短期内迅速改进。尽管在平时建设中，各军种都倾向于发展可独立完成各项任务的能力，但战争实践反复证明，仅靠单一军种不可能达成理想结果。相比之下，联合作战可以通过组合军种能力，应对形式多样的作战需求。在美军联合作战发展历史中，战场上的作战需求发挥了重要的推进作用，一方面通过战时大量行动实践，检验和发展联合作战，另一方面则是在联合作战发展的低谷时期，起到了托底的作用。

朝鲜战争爆发于美军军种冲突最激烈的时期，但战争一爆发，面对迫切的现实需求，各军种纷纷走向联合。空地联合作战是第 8 集团军能够抵御朝鲜人民军、守住釜山防线的关键，而按照当时美国陆军的动员和部署速度，单靠陆军是难以完成这一任务的。由于机场和地理位置问题，空军出现了力量缺口，此时海军舰载机被纳入联合空战，扩大了力量规模，相比各军种各自为战，极大地提高了整体空战效能。越南战争中也是如此，面对丛林山地中的越共游击队，地面火力受限制过多，由此促进了空地联合作战的发展，且发展出水平较高的战术级联合作战。由于战况的需要，越南战争中美军还实现了空战体系整体与地面作战的结合。这一系列经验，最终都推动了美军联合作战的发展。

（三）部队之间的相互通联

部队之间的相互通联水平，会直接影响作战中联合的程度，且在信息化战争中，该因素的作用越来越大。早期联合作战，如南北内战、第一次世界大战、第二次世界大战等，战场通信手段整体相对简单。反映在作战中，即军种部队之间不存在明显的通信壁垒和巨大的通联需求，且还有替代通联方式，可以适应相对较慢的整体作战节奏。随着战后电子技术的飞速发展、保密通信要求的提高、电子战的兴起，各军种开始发展各自的专业性通信设备，逐渐增大了联合作战的通信困难，且基层部队面对越来越高的通信技术壁垒，可选的替代性措施在减少。朝鲜战争中，海军飞机和空军飞机便已出现通信体制不一的情况。然而由于朝鲜战争之后美军没有应对大规模、高强度战争的现实需求，这些问题都未得到充分重视。涉及具体行动，则主要通过联合作战计划中的通信计划，对战时通信的手段、方式和规律等做出要求。这种通联安排对于漫长且各部队相互间比较熟悉的越南战争尚且有效，但对于临时性或大规模作战任务，则可能疏漏百出。

通信问题是"鹰爪"行动失败的主要原因，也是入侵格林纳达不利的重要原因，通联问题被暴露出来，但解决需要过程，直至海湾战争美军还面临着两大军种空战指挥系统不通的问题。不过海湾战争之后，这些问题得到了较快的解决，美军着力加强不同系统之间的兼容性、互通性、互操作性，使美军各军种能够步伐比较一致地进入数字时代，有力地避免了再出现通联问题、再"返厂"的恶性循环。随着信息化战争作战节奏的极大提升，通联问题在联合作战中的作用越来越突出。这一问题解决得好，可极大提升作战效能；解决不好，不仅难以达成既定目标，还可能引发部队的混乱。

第二节　美军联合作战发展的主要特点

一、美军联合作战发展中始终夹杂着大量政治性因素

美军联合作战的发展从来就不是一个纯军事话题，而是夹杂着大量的政治性因素在其中，并深刻地体现在美军联合作战指挥体制的构建过程中。美军联合作战的发展历程，一定程度上是在"政治正确"和军事效能之间不断达成妥协。这是认识美军联合作战需要首先明确的基本观点之一，如不加以辨析，则有可能在学习借鉴中陷入认识误区。

意识形态始终影响着美军联合作战发展。信奉自由主义的美国人天生

对集权充满了不信任，对军事上的集权亦充满忌惮。联合作战要求指挥权的统一，这就导致长期以来联合作战难以上升到体制层面，更多只停留在战场层面。第二次世界大战期间美军高级将领积累了巨大的个人威望，对文官政府构成了"潜在威胁"，而朝鲜战争中麦克阿瑟的抗命，彻底引爆了美国对军政关系的担忧。自此开始，在战后美军联合作战体制层面的发展上，始终面临着来自自由主义思潮的压制，任何加强参联会主席权力的举措都会被认为是在建立总参谋部，战区司令也被很多人称为"一方军阀"（Warlord）。这些观念直到越南战争后的"思想解放"才有所减轻。时至今日，美军想要加强军队上层的集中管理和指挥权限，依然面临着重重障碍。

三权分立的政治体制、大资产阶级专政的国家性质，决定了军事事务从来不是单纯的安全事务，背后是庞大的军工利益集团，且与金融利益集团高度绑定。这些利益集团以国会为桥梁，形成了与各军种千丝万缕的利益纽带。选举出来的"利益代言人"美国总统，同样也牵动着这样那样的利益。联合是集中增效，意味着生成同样的能力需要的投入将减少，这就会危害到上述集团的利益。当前美军稳定的联合作战体制，很大限度上得益于冷战结束后美国军工产业的重新洗牌，在企业兼并和整合过程中，联合成为了新的发展路径和利益增长点，由此才能换来各方的稳定支持。

联合作战始终是第二次世界大战后美国政府用以统筹经济和军事建设的重要手段。冷战期间，除约翰逊、里根少数几届政府等，多数政府在任时期总体上采取保守的军费政策，即避免给经济带来过大负担。通过加强对军队的统一领导和联合发展来减轻经济负担的思路，在杜鲁门时期便已形成，但朝鲜战争使其暂时中断，战后艾森豪威尔传承了这一思路，并几乎贯穿了整个冷战时期。不过由于同时期还面临着其他阻力，整体上未能有效推动联合。冷战后的克林顿政府，将联合视为应对裁军和军费压缩的有效替代方案，并进一步上升到战略高度，正式确定了联合作战的特殊地位。

二、联合作战发展建立在绝对制空权、制海权基础上

从第二次世界大战后的作战实践来看，美军联合作战都是建立在绝对的制海权和制空权的基础上，这是任何国家都难以比肩的优势，仅凭这一点，就足以让试图学习美军联合作战的国家三思而后行。美军的制海权、

制空权并不总是意味着联合在制权争夺中发挥了多大作用，极为强大的军种能力是基本。

在很多场景和语境下，联合和军种似乎构成了一对矛盾，但细致梳理，两者实际上不属于同一个范畴。军种是一个明确的实体，承载的是能力，联合则是一种运用方式，承载的是路径。从这个角度看，美军联合作战发展之所以能够引领潮流、为各国所效仿，一方面是其联合的指挥体制、条令、训练、理论研究等搞得好，但另一方面绝不能忽视背后强大的军种能力。

美军的专业主义、美国的实用主义、酷爱冒险和极致的民族精神，这些"软件"结合美国强大的科技和工业等"硬件"优势，深刻地塑造了美国的军种能力。早在第二次世界大战时期，美军陆军航空队便能够实现跨大洋远距飞行执行轰炸任务。冷战时期美空军的全球部署、全球打击便已成"常规操作"，任务往返距离动辄超过一万公里。这种军种能力至今也是世界上绝大多数国家不具备的。相比美国空军在世界上的领先地位，美国海军毫不逊色，其航母战斗群俨然是"世界警察"的符号象征。更为重要的是，美国空军和海军已经历数次战争和重大军事行动，积累了极其丰富的作战和训练经验，以及全球不同地区的基础情报，这是通过装备建设难以获得的宝贵财富。在智能化时代来临之际，这些经验和情报还可作为基础、底层数据，大量地用于智能化辅助指挥系统的开发、构建和训练，从而进一步加强美军的决策优势。美军海空军还进行了大量看似"疯狂"但极为挑战装备性能极限的试验，如20世纪60年代美军便试验了在航母上起降C-130运输机，试验取得了成功，但因效率太低最终没有采取。相比之下，美国陆军不那么突出，但美国陆军是一支基本上不在本国进行作战的部队，具有丰富的海外行动经验，海外陆军行动中对联合的需求又是最高的，这使陆军长期以来都是联合的主推军种。

美军联合作战就是建立在上述成熟且完备的军种能力基础上。冷战后美军联合作战发展得之所以如此迅速，跟军种的能力密不可分。彼时，美军军种的能力和作战模式已经高度成熟且趋于稳定，联合的工作很大程度上就是桥接和组合，继而研究如何更好地运用、产生新的能力。这就避免了在发展联合的过程中各方都在变、最终什么也统不起来的问题。在美国网络信息技术的加持和网络中心战的指导下，各军种的指挥信息系统联得很快。当然，由于军种作战的差异性，联合作战中出现分歧是难以避免的，这些问题就需要联合条令加以规范。

三、海军陆战队时常扮演联合纽带和示范的特殊角色

海军陆战队是小军种，所以它的发展史就是不断在美军其他军种威胁之下求生存的历史。❶ 这种特殊的生存环境迫使海军陆战队不断在联合领域有所突破，发展成一支小型的"联合军种"，并在历史上经常扮演联合纽带和示范的角色。

两栖作战是很多国家现代联合作战的肇兴，对于美军亦是如此。19 世纪末当美国开始海外扩张时，海外远征作战对两栖作战提出了要求，海军陆战队为保生存，开始专注于这一领域的专业化发展。海军陆战队不仅组织了相关的理论研究和条令开发，还在对日作战计划中占据了主要位置，两次世界大战期间，海军陆战队主导了多次各军种共同参加的联合演习，为美军在第二次世界大战中大量的两栖作战奠定了基础。

尽管海军陆战队处于海军部的直接领导下，但在作战中海军陆战队经常与其他军种共同作战。海军陆战队可以和陆军共同执行登陆和陆上作战任务，可以与海军共同进行两栖作战，可以参与空军主导的空中作战。然而这种万金油式的发展导致其专业职能一度有所淡化，成为第二次世界大战后军种冲突的焦点问题之一，直到朝鲜战争再次证明了陆战队的专业价值。之后的每次重大军事行动或战争，都有陆战队参与。不过在军种主义的大背景下，陆战队一度也与联合作战渐行渐远，如越南战争时期坚持按地域划分责任区，而不是按职能；海湾战争时期不愿服从战区陆军部队司令的指挥，迫使战区司令担任联合部队地面部队司令等。不过从伊拉克战争实践来看，陆战队已经充分融入了联合地面作战。

海军陆战队空地特遣队的任务编组，一直是美军空地联合作战的重要示范模板。早在 20 世纪 20 年代，海军陆战队便在全军率先试验了利用俯冲攻击实施近距离空中支援，并在加勒比地区的干预行动中进行了尝试。这些经验领先于世界，并为欧洲各国所关注和借鉴。朝鲜战争将陆战队的空

---

❶ 比尔·欧文斯，等. 揭开战争迷雾［M］. 王霄，杜强，译. 北京：解放军出版社，2009：140.

地合同战术与陆空军的空地联合作战进行了比较，事实证明陆战队的空地合同技术要高超得多，在作战中为其他军种提供了大量有益借鉴。近一点再到伊拉克战争，陆战队在空地联合的整体运用上要远远强于陆军，是发展空地联合作战的重要参考和借鉴。

四、战术联合从未中断且始终由下而上推动联合发展

一些观点认为，联合作战的发展是由战略级向下延伸至战役层级，联合的发展最终体现在战术层级，战术级联合是联合的高级阶段。

这对于美军并不适用。美军很早便重视两栖作战，但这里并不存在战略、战役上的联合考量，两栖作战就是一种需要联合才能实现的特定作战样式。同样，在空地联合方面，美军一开始便将其视为一种得到空中加强的地面作战样式，这属于战术、技术和操作层面的内容。诸如空中部队通过遮断敌后方为地面部队创造战机，这类战役协同是存在的，但美军长期不承认战役法，导致这类内容受到的重视也不够，美军各军种对此认识则也更不相同。朝鲜战争中，为了阻断人民军的攻势，美国空军对其实施了遮断，但这一行动很快招致了陆军的反对，第8集团军更渴望得到近距离空中支援，以解当面之急。这再次说明在美军认知里，此类联合仍然是一种战术运用。在联合低谷的越南战争中，战术级联合又有了进一步发展，尤其是溪山战役中已经展现出可以媲美当今的完备的空地联合作战体系。战术级联合的发展，确保了联合作战的几个关键节点始终未被忽略，并始终有所发展。

70年代末美军开始重视战役法，标志着美军作战思维转型的开始。尽管先前也有很多带有战役性质的联合作战，但直到此时美军才真正认识到战役联合问题，形成了对战争的新认识框架。空地一体战即是美军联合战役理论，为之前已有发展的战术级联合提供了新的安放框架，不再仅仅将其视为传统军种能力的一种战术补充或延伸，而是赋予其更多的作战内涵和意义。

美军非常擅长将新出现的技术快速运用到战术领域，推动战术联合的发展，战术联合则为战役联合提供了新的能力选项。这种发展路径使美军在规划联合作战发展时，更注重对可行性的考虑，因此美军的联合作战理论具有较强的实操性。海湾战争后美军形成了联合构想和联合概念体系，近相当于美军的联合战役作战理论，在理论的落地过程中也会大量进行战术细节的试验和建设。所以从这个角度来看，美军的联合作战能力发展既存在由上而下的指导，也存在由下而上的内生推动。相比很多国家单纯的由上而下推动式发展，美军的发展模式操作性更强、能力生成更快。

五、作战实践丰富不断为联合作战发展提供实战检验

实践是检验真理的唯一标准，战争是检验一切能力建设和发展的终极标准。当今世界，几乎没有哪个国家像美国这样频繁地发动战争，并在战争中检验和检讨各项能力发展。美军的联合作战发展史，也是一部联合视角下的美国战争史。作为全面战争的第二次世界大战，为美军现代联合作战若干种基本模式的构建起到了奠基作用，其中不少内容沿用至今。朝鲜战争初期检验了兵力空虚背景下，联合作战在重大应急作战中的作用。越南战争原因相对复杂，大量实验和验证了战术联合，但战役层面联合很差，成为越南战争后军事反思中的主要教训之一。20世纪80年代初连续的军事失败继续"佐证了"越南战争的教训，进而推动了以联合为导向的1986年改革。改革之后，美军立刻分别在以空战、海战、地面行动为主的三次作战中，运行新体制，到海湾战争进行了全面检验。海湾战争后全面推进联合的发展过程中，美军每打一仗便解决若干问题，实践指向高度鲜明。最近二十年里，美军逐步建立起完备的联合作战体系，最终使联合作战成为美国的"标准战争方式"，与此同时，网络、太空等新空间，也正在加速融入联合作战能力体系。

要额外一提的是，美军虽然作战实践多，要能够形成经验教训驱动下一步发展，还离不开美军较高的资料公开化和研究社会化。联合作战毕竟涉及各军种的直接利益，因此每次大的军事行动后，参联会历史办公室、军种历史部门、联合部队司令部、智库、院校学者等，都会对行动中的方方面面进行详细的研究，集智集力，推动经验教训的深入剖析。不断汇聚内外研究力量，是美军联合作战能够快速发展的重要原因之一。这也符合现实情况，按照美军的全球战备状态，在重大军事行动后，依托几名参谋去做全面总结，很显然是不现实的。

海湾战争之后，美军于20世纪90年代大肆进行全球干预，于21世纪打响全球反恐战争，在历经丢失的十年后，美军重返亚太，再次转向应对

大国竞争。从空海一体战到跨域能力集成，再到近年来的多域战、全域战，美国正在形成一套剑指中国的新联合作战理论，如同20世纪70年代末开发空地一体战对抗苏联一样。尽管在概念研究阶段中，美国加入了大量新技术、新概念的表述，但在最基本的指挥控制、情报侦察、火力打击方面，终还是要落到具体平台、具体任务小组、具体网络，必然在当前的作战和演习中有迹可循。

第三节　美军联合作战发展的局限性

一、长期强欺弱，缺乏强对抗环境下的实战经验

在第二次世界大战之后的七十多年里，尤其是海湾战争以来的三十多年，美国打的都是弱国，并形成了相对固定的作战模式，即"战斧"等防区外巡航导弹首先打击要害目标，为后续空中部队打开窗口、开辟走廊，电子战飞机掩护空中机群实施精确打击，同时视情况向地面派出常规部队和特种部队。美军在这些年里做的很多发展工作，相当程度上就是让这一套程序运行得更为流畅，并大量地写入联合条令。其核心观念还是基于OODA的以快打慢，以及基于五环打击理论的体系破击。但是，上述作战模式是基于美军充分享有制空权和制海权条件下的，且对手均不具备完备的陆海空作战体系，尤其是不具备对等的反制能力，因此美海军和空军均不需要担心自身的生存与防护问题。联合作战中关键性资源的分配冲突，无法在上述作战模式中体现。

假设，美军对手拥有和美军相近且完备的作战体系，即使对手方面尚无法形成高程度的联合，但同样可以对美军海军、空军和后方基地等构成一定的威胁，反映在联合作战中，必然出现以下情况：海军出于舰队防护考虑，不会像阿富汗战争时期将舰载机都投入对地打击和支援；海空军发射的防区外巡航导弹很可能被敌军防空系统拦截，导致空战窗口无法打开；出于优先扫除高威胁目标的需要，空军不会将主要力量用于对地支援；陆军缺乏空中支援和掩护，不愿贸然进入交战区域，也难以通过战术导弹协助空军打击敌防空系统，等等。

美军先前的作战中不需要考虑上述这些问题，然而一旦作战的对抗性

增加，上述问题将呈几何倍数增长。在打弱国时美军联合作战尚且还暴露出大量问题，在对抗与自身相近的作战体系时，美军极可能遭受更为严重的伤亡，这将进一步加剧美军自身内部的意见分歧和指挥负担，并可能引发内部混乱。从近年美军联合及各军种发展情况来看，美军已经认识到上述问题，相关的研究和建设工作已经在紧锣密鼓地进行。

二、利益难均衡，军种周期性相互冲突依然存在

受制于诸多长期性因素的影响，美军直至今日仍存在比较突出的军种相互冲突，且呈现周期性特征。尽管美军在 2006 年的《联合作战纲要》就明确提出了 6 项联合职能，即有助于联合部队指挥官整合、同步和指导联合作战行动的、集成在一起的相关能力和活动，具体为指挥与控制、情报、火力、运动和机动、防护、维持。❶ 但在实际运行中，这些职能依然存在于军种中，需要通过复杂的程序和下属组成部队的指挥结构，加以协调和整合。

当前美军正在加紧研究的多域战，很大程度是陆军为了争夺预算新提出来的概念。2012 年美国从阿富汗和伊拉克撤军后，之后两年陆军的预算遭遇了断崖式下降，预算所占比重跌至 30% 以下。2014 年陆军首次提出"跨域战"，2016 年转变为"多域战"，并迅速将其写入 2017 年的陆军条令出版物 3-0《作战纲要》（*ADP* 3-0：*Operations*）。这一概念提出后即引起高层关注，2020 年在参联会的主导下，多域战进一步发展为"全域战"，各军种纷纷参与其中，试图在未来联合作战发展中谋求一席之地。在这一过程中，各军种更关注能发展什么，而不是通过联合实现什么。

目前来看各军种筹划的项目各异，明显是借此概念争取更多的发展经费。随着概念推动的深入，军种对全域战理解的不统一开始显现，主导权之争、领域之争等问题开始浮现，且经常直接触及各军种的核心利益地带。例如，陆军始终在谋求远程反舰导弹新项目，这就必然遭到来自海军和空军的反对。另外，多域战涉及大量的新概念、新技术，背后都关乎研发、采购和经费划拨，也都将是军种竞争的领域。至于全域战何时能形成战斗

---

❶ JOINT CHIEFS OF STAFF. Joint Publication 3-0：Joint Operations [Z]. Washington D. C.：GPO, 2006：III-1.

力,尤其是能否适应高强度对抗环境,则仍需较长的时间来检验。

三、体系容错低,联合支援和保障体系过于庞大

美军联合作战均为海外远征作战,且追求高精度和低伤亡,这导致其在发展过程中联合支援和保障体系越来越庞大,即"矛头"越来越尖锐,但"包袱"越来越大,相应的体系薄弱环节越来越多。

联合支援和保障体系包括:侦察情报体系、通信保障体系、运输投送体系、前沿基地体系、工程维护体系、后勤保障体系、全球基地体系等。相比于美军现役各军种主战装备,上述支援和保障体系的装备和设施整体上较为老旧,存在大量的固定节点,目标特征明显易识别,隐身隐藏、生存防护等能力弱,抗毁能力差,战时必然成为对手打击的重点,且一旦被打击将会对后续的联合作战产生连锁影响,可能被进一步打乱作战节奏,体系运行容错率低。对于这些问题,美军已经许久没有从作战对抗的角度进行过考量,是较大的薄弱环节。

美军联合作战的指挥、控制和实施,高度依赖天基系统为其提供通信保障、定位导航、侦察监视、导弹预警、战场环境监测等。海湾战争中天基系统在支撑联合作战方面发挥了关键性作用,被誉为"一个未加宣扬的革命性变化"❶。随后战争里,天基系统的应用不断扩宽、作用不断提升,对于美军联合作战的重要性不断提高,时至今日已经有不可替代的支撑能力。然而,随着越来越多国家拥有了反卫星能力,天基系统已不再安全,战时一旦被打击或干扰,将对美军整个联合作战产生负面影响。

类似的还有网络空间,美军联合作战高度依赖各式各样的计算机网络,很大程度上增大了被干扰的概率。尽管美国掌握了芯片和网络领域核心技术,但在信息化时代全面来临的 21 世纪,各国的起步其实是相对一致的,至少差距要比常规作战主战装备之间的差距小很多。美国很难再像传统作战空间一样,享有绝对的优势。

---

❶ 沃尔特·博伊恩. 跨越苍穹:美国空军史[M]. 郑道根,译. 北京:军事谊文出版社,1999:374.

第七章

美军联合作战发展的启示

有两种不完全的知识,一种是现成书本上的知识,一种是偏于感性和局部的知识,这二者都有片面性。只有使二者互相结合,才会产生好的比较完全的认识。

——毛泽东❶

各国军队,特别是那些差异极大的国家,是无法借由抄袭彼此而壮大的。

——里·阿米斯德❷

---

❶ 毛泽东. 毛泽东选集. 第三卷 [M]. 北京:人民出版社,2009:818.
❷ 里·阿米斯德. 资讯作战——以柔克刚的战争,2008 年版第 34 页。

一、全面提升认识，从战略上重视联合作战发展

战争形态的巨变，要求必须从战略上发展和加强联合作战。在信息化战争全面来临、智能化战争初露端倪的当代战争中，必然是快节奏、高强度、多维并进的体系性交战，以制敌体系为目的的首战的意义越来越大，甚至可能出现首战即决战的极端情况。这对平时联合作战指挥体系的构建与维护、联合作战兵力编组的训练与战备、联合情报体系的运行与警戒等多方面提出了全面挑战，必须在平时就不断加强建设，时刻准备应对突发事态，这一点极端重要。第二次世界大战、朝鲜战争、越南战争作为现代战争的典型代表，整体作战节奏相对较慢，单位时空内的作战效能释放较低，联合作战指挥机制和联合部队可以在战争爆发后边打边筹建。然而自海湾战争以来，这种临战而建的做法已经不再现实，而军事问题的技术分化日益增强，大量的细节也不可能在临战节点中得到有效统筹。

从优化国家资源使用、减轻经济负担的大战略角度来看，必须发展和加强联合作战。一方面，伴随着国际形势的逐步转向、大国间博弈的日益加剧，全球经济整体发展趋势开始放缓，经济发展出现一定的减缓在所难免。另一方面，现代武器装备越来越昂贵，且维护和保养成本日益攀升，必须加强战略管理，精打细算，将现实需求和军力建设科学地联系起来。联合作战将可在统筹经济建设和军力发展中发挥重要作用，即一是加强联合发展规划，减少重复建设，杜绝资源浪费，提高国家投入的使用效率；二是打破军种限制，提高武器装备的利用率，让单件装备发挥更大的作用；三是加强军种间合作与配合，提升体系运用思想，探寻整体效费比更高的联合作战运用方式。随着国家利益的拓展，军事需求也会相应增多，运用和发展好联合作战，将提供灵活便捷、即插即用、可适应多种环境的军事能力。当今时代"混合战争"威胁凸显，重新规划和发展某种新能力耗费过大且时效性不强，这再一次对联合提出了需求。

战略方向的现实任务需求，要求必须着力发展联合作战。未来为应对海上方向、陆上方向及岛屿作战的威胁与挑战，联合作战都是必然选项，靠单一军种难以有效应对。海上作战是以陆基、天基系统为支撑，以海军和空军为主联合实施的广域作战；陆上作战中，空军和陆军的联合已经日

益普遍，尤其是对于复杂山地和高原地形，空军的支援可以极大地提升陆军作战效能；岛屿作战必须依赖所有军种的联合，时至今日依然是最复杂、最困难的联合作战样式之一。随着武器的发展和作战空间的不断拓展，网络、太空也必须纳入联合作战，与其他领域的作战同步实施。在全球化一体化的今天，大规模作战行动必将产生一系列连锁反应，在军队作战的同时，国家还需要兼顾政治、经济、外交、舆论等多条战线，实现"大联合"。

二、加强联合统筹，着力加快提升军种作战能力

如联合的含义是多军种合作一样，军种作战能力是联合作战发展的基础和前提。应首先确保军种内部能够达成成熟的合同与协同，形成相对稳定的战术、技术和运行程序，在此基础上大力推动联合。在当今战争条件下，军种本身同样是一个复杂的作战体系，有其特殊的内在运行规律。如果军种内部体系仍处于各方面尚未充分理清的状态，即指挥协同的基本框架尚无法高效运转、参谋机构和作业能力不能支撑现实作战需求、部队专业化训练仍存在明显短板等，此时进行联合，只会徒增大量的混乱，无法带来作战效能的实际提升。在军种能力尚不稳定的条件下，更不能贸然搞所谓的"一体化"，激进拆分军种能力搞所谓的职能联合，破坏军种部队原有的指挥架构。这样不仅难以产出联合能力，还会加剧军种部队自身的混乱、迟滞军种作战能力的发展，甚至可能出现"1+1<1"的情况。因此，首先应着力加强军种内部各能力的合同、协同、互补和提升，打造完备的军种作战能力。这一过程不是取代联合，在打造军种作战能力的同时，实际上也在为联合作战发展储备经验和筛选人才。

联合作战发展有两个思路：一种是在军种能力边界或单一军种的短板处，加强联合，使整个体系更完备、能力更全面；另一种是通过军种能力的联合和交叉，在特定时空中创造复合的能力优势。涉及具体发展的作战样式可分为两类：一种是两栖作战这类必须以多军种联合才能实施的作战样式，另一种则是空地联合作战这类以联合加强作战效能的作战样式。两者的发展路径并不相同。对于第一类作战样式，涉及的军兵种兵力构成多样、作战环节多、行动复杂，它直接事关某一种作战能力的有无，但又都不是各个军种的核心职能，这就必须由军队高层统一组织研究、筹划联合训练和演习等。对于第二类，则通常只涉及两个军种，可由军种间通过协

议进行合作，具体问题则又可以交给相应的具体兵种，如空地联合火力问题，可考虑主要由炮兵和空军进行沟通与协调。

在机械化、信息化、智能化的同步推进中，可以实现军种和联合的同步协调发展，关键是要分层次、分批。第一，联合作战的发展不能效仿、抄袭他国或强国，而是应该明确自身联合作战能力的战略发展方向，即聚焦于应对什么战略问题、主要对手在哪里、要打什么样的仗，以此形成联合战略指导，指导军种在平时建设和训练中有所侧重，向联合靠拢。第二，战区层面必须不断发挥好军种能力融合器的作用，紧扣战区战略方向任务，通过年度、例行性的演训活动，对军种和联合作战能力进行检验和评估。第三，应组建专职的联合作战试验部队，赋予其专职权限，针对当下联合作战的迫切需求、难题、短板等，广泛且深入地对联合战术、技术和运用等进行试验、研究和实兵演习，快速积累宝贵经验，摸索新路径。

三、注重积极稳妥，科学推进联合作战发展举措

相比传统的军种作战，联合作战堪比一种"奢侈品"。第一，联合作战中的指挥关系多数情况下为临时搭建，相比军种建制下的指挥关系，稳定性要弱一些，尤其在面临高对抗、高风险环境时，维系难度大，有可能会出现"合法且合理"的推诿扯皮，甚至公然"抗命"。要解决这些问题不仅需要继续加强联合指挥体制，还需要逐步转变整个军队的文化氛围。第二，相比过去各军种各自分摊特定空间、各自实施作战，联合作战计划和指挥流程更加复杂，相当于将多个军种不同专业、不同领域、不同作战特点的参谋业务汇聚在一起，对指挥部的要素设置和参谋人员的素质提出了极高的要求。优秀的联合作战计划参谋个人资质素质要求高、成长周期长，向来属于"一将难求"，甚至不亚于培养飞行员，而培养一个群体需要的时间则更长。第三，各军种部队作战方式、指挥结构、指挥方式、作战条令各不相同，极大地增加了联合作战指挥与控制的难度，增大了作战中出现分歧和矛盾的概率。致力于解决这些分歧的条令则还需要一定的时间方能成体系。从联合作战的需求出发，强制要求调整军种传统的指挥结构是不现实的，必须在不断的训练中来磨合。第四，战争中的偶然性在联合作战中将进一步增大，联合作战中各军种之间不可能像本军种内部那样熟悉，摩擦是不可避免的，也必然出现大量的系统兼容、互通的问题。

一些人认为联合作战的发展应是从战略联合，到战役联合，再到战术联合。实际不然，战役联合和战术联合本质上是不同范畴的两个发展事项，在发展中不存在战役推动战术，反而多数时候是战术联合为战役联合提供了新的选项，呈现出由下推上的表现。至于战略联合则无太多探讨必要，因为没有哪场战争是靠单一军种打赢的，战略层面必然是联合的。回到战役联合，它突出整个战局的塑造和布势，需要搭建联合战役指挥与控制体系，协调军队内外各类复杂关系，全面筹划战场，密切对战役各要素进行计算，统筹各军种力量使用，指派军种的联合行动，并为其组织相应的联合保障，等等。战术联合则是作战部队之间的直接合作，既包括火力、机动等，也包括情报、后勤等支援保障性职能，它考验的是不同军种人员、装备之间的密切协作，以及联合作战支撑体系的有效性。

当然，现阶段也有一些有利因素，为联合作战的跨越式发展提供了可能。第一，并非每个国家都像美军有那么多沉重的意识形态包袱，其他国家军队指挥体制的运行受外部政治因素的干扰可能相对较少。第二，部队的模块化建设、越来越小的部队规模及不断压缩的指挥环节，能够在很大程度上减轻联合作战中来自军种指挥架构的负面影响，更便于灵活编组和实施指挥。第三，信息网络技术、人工智能技术等的蓬勃发展，为联合作战提供了前所未有的技术支撑。进入21世纪的第3个十年，5G已在全球铺开，信息化建设已经对整个社会的发展产生了巨大的推动作用，其中大量优秀的经验，都可以为联合作战发展所借鉴。

四、打破内部藩篱，持续优化联合作战指挥体制

正如本书反复强调的，联合作战指挥体制不可能自动生成联合作战能力，体制建立后仍需要大量工作对其进行持续优化。需要打破阻碍体制运行的内部藩篱，并通过各类军事行动对其进行检验和优化。

要避免形成军种壁垒，进一步加强各军种的沟通。大陆军主义、大海军主义等任意一种过于强调某个军种的论调，都不可取。必须让各军种的思维能够平等地进行沟通和交流，方能逐渐形成理解和共同认知，进而真正将联合作战视为必要的发展方向。军种是军队建设的直接承载者，在军种大发展阶段，新装备不断列装，新的军种作战能力不断生成，同时也必然带来军种个性的进一步加强。这一过程中应注意加强联合方面的交流沟通，并通过一些示范性、典型性行动，为彼此创造合作机会，如陆军上舰、海空军联合巡防等。

要高度警惕部门主义重现对联合作战进行解构。部门主义是指组织机构中的某一部门，在思维和行为层面表现出"以本单位为中心"的倾向，认知、决策和行动以本部门为中心，竭力维护本部门的局部利益，不顾大局。毛泽东同志在剖析宗派主义时，对其的描述与部门主义有"异曲同工"之处，在此也不失为一种参考、一种警醒："一部分同志，只看见局部利益，不看见全体利益，他们总是不适当地特别强调他们所管的局部工作，总希望使全体利益去服从他们的局部利益。"❶

部门主义与军队这类超大组织实体总是如影伴随，它比军种主义要隐蔽得多，对于讲究时效和效能的联合作战则有不可忽视的解构作用。如果军种主义是纵向形成了三大军种体系、不愿进行横向沟通，那么部门主义就是在各个层级都进行了横向的拆分，形成了"烟囱"林立、条块分割的局面。退一步讲，军种主义尚可确保各军种作战体系的相对完整，部门主义则是切割了整个作战体系。部门主义的影响在于：第一，层层审批，行政权力碾压指挥权力，统筹协调成本高，严重制约着联合作战效率的提升；第二，阻碍人员的跨部门交流，阻碍不同经验的传播和交流，不利于联合文化的培塑，更不利于联合作战指挥与参谋人才的成长；第三，会形成一些隐性的利益团体，进而有选择性地忽略了联合作战方面的发展诉求。

对此，一要科学设置部门，秉承"奥卡姆剃刀"的基本原理，"如无必要、勿增实体"。二是要以法规明确各部门职责和相互关系，有法可依，有法必依。三是加强人员流动，"为有源头活水来"，打破人员依附产生的利益团体。

不同于美军频繁在全球实施作战有大量的实战检验机会，世界上多数国家不具备美国这么多的战争实践。对此，应进一步加强军事行动场景塑造的逼真度和写实度，并在其中反复检验指挥体制的运行。运行的一大目的是检验体制是否遭遇了来自内部藩篱的阻碍，面临着哪些结构性阻碍，为优化调整提供支撑，确保基本的指挥能力不出任何偏差或疏漏。另一大目的，则是从一开始就培养在对抗环境下进行行动筹划的思维习惯，历史

---

❶ 毛泽东. 毛泽东选集. 第三卷［M］. 北京：人民出版社，2009：821.

上大国之间的军事斗争往往都是高强度对抗，不大可能是"富裕仗"，这对战时指挥控制、战技术系统、稀缺资源优先配置等提出了更高要求，需要在平时的军事行动中便不断灌输"高强度对抗"的思维，并持续优化指挥体制。

类似的尖锐但可以推进体制优化的问题，还包括联合作战误伤问题，同样需要在平时演训中加以重视，误伤要竭力避免，但现实中往往不可避免。这是"理论可行"与"实践可行"矛盾的一个生动体现。需要把控一个度和科学的检讨机制，不能因误伤问题在发展联合作战上因噎废食。

五、优化研究模式，为解决现实问题提供新支撑

一定要有适合本国战略需求、能够指导本国军队发展和作战的联合作战理论体系。目前来看，研究工作仍待进一步优化，尤其是如不能切实将解决现实问题充分重视起来，理论体系的构建将遥遥无期，或者只是又产出一系列无法落地的"象牙塔成果"。

长期以来我国对联合作战开展了丰富的研究，注重理论升华和高度凝练，但也存在两个不足，一是对解决现实问题关注稍欠，二是研究有一定的跟风性，且延续性略显不足。20世纪90年代对联合作战的研究主要集中在美军。进入21世纪，江泽民同志在2002年的一次讲话中提到："随着信息化的发展，联合作战不断向更高阶段发展，未来将发展成为各军种部队一体化的联合作战。"第二年他进一步提出："在基本的作战形式上，根据现代联合作战不断向陆海空天电多维一体的高级阶段发展的情况，我军也要进一步从以单一军种为主的协同作战，向军兵种一体化联合作战转变。"❶由此掀起了2003年至2009年的"一体化联合作战"研究热潮，我国的联合作战研究"跑步"进入"一体化联合作战新阶段"。美军2006年《JP3-0联合作战纲要》提出了"联合职能"，即指挥与控制、情报、火力、运动和机动、防护、维持等，为"一体化"研究提供了重要的理论参考。与此同时，我军概念体系也在变化，严格区分了协同作战（一个军种为主导、其他军种配合），联合作战（有独立于各军种的指挥机构、各军种平等参与），一体化作战（打破军种界限、按要素组合）三者的发展递进关系。部分理

---

❶ 崔亚辉，等. 一体化联合作战理论研究［M］. 北京：解放军出版社，2005：6.

论研究者甚至开始鼓吹"军种的消亡"。这一热潮在 2010 年之后逐步降温，然而联合作战中所面临的一系列现实性问题并未得到有效解决。当新军改来临之时，上述诸多概念却纷纷偃旗息鼓、断档，"联合作战"概念回归最简单的含义，即跨军种。但是，新的热潮再次带来了概念的混杂，新闻、自媒体铺天盖地的"蹭热度"加剧了这种混乱，甚至在一些权威的学术平台上出现了"军种内部多兵种联合作战"的概念提法，对一直以来相对稳定的"合同作战"概念也带来了冲击。

受制于研究队伍规模问题，我国对美军联合作战细节问题的研究，相较于部队的现实需求，还远远不够。一些研究在引述观点时辨析不足，存在以讹传讹的情况。这里举一个广泛地被用于理论专著、研究报告和院校教学的案例，即"海湾战争时期美军发现目标—决策—打击的总体反应时间需要 22 小时，而伊拉克战争中只需要 10 分钟"。该例试图说明美军信息化建设和联合程度的显著提高。实际上不然，该例里的 22 小时和 10 分钟极有可能是两类完全不同的目标。海湾战争时期，美军通过推进式空中支援和预留飞行中队，已经实现了 10~20 分钟内响应召唤支援地面部队的时效性，而伊拉克战争中同样有大量需要提前规划、"决策时间长达 72 小时"的目标。上述案例的 22 小时可能为陆军提名打击的战场空中遮断目标，而 10 分钟则应为近距离空中支援打击的临时目标。这一案例可能确实来源于某个外文文献，而美国不少研究人员向来喜欢在研究中"夹带私货"从而达成"佐证某个观点"的目的。但在翻译引鉴过程中主动辨析不足，缺乏以严格的学术标准去考证细节的态度，久而久之便可能画像不准甚至离原神万里。

类似的研究领域的问题，还包括部分理论研究"八股化"、分析能力时"只听其声（文本）不观其行"、缺乏事实支撑空谈层次高度，等等。出现这种情况的核心问题在于过去长时间存在的机关、部队和院校的相互割裂：研究人员与作战指挥人员之间缺乏法定的、强制性的交流机制；对理论研究的评价则主要看批示和评奖，紧贴热门的"短、平、快"在一些时候更容易出"成果"，部队建设应用的反馈则未被充分重视；机关忙于大量事务性工作，不少研究成果的归宿都是保险柜或文件销毁场，等等。

随着联合作战发展进入新阶段，可从以下几个方面推动研究转型，为解决现实问题提供新的支撑。第一，创办一份争鸣性的联合作战杂志，鼓励全体人员大胆研讨、畅所欲言，在不同观点和思维的碰撞中，打通"联合作战概念—发展规划—建设和训练—实践运用—作战—反馈"的闭环链路，打破机关、部队、院校之间相互隔离的状态。第二，军事科研是高度严肃的工作，应按照学术论文的通行标准，要求添加注释，尤其是对于一些重要的事实、数据和观点，必须引用有据，不能随意引申或发挥。第三，要进一步深挖外军实战案例，不能泛泛而谈，要结合部队实践需求，提高研究颗粒度，成体系地继续向细节拓展，这是军事科研的基础工作，是基础理论创新和应用理论创新的坚实基石。第四，科研单位和一线部队加强联合，将由上到下和由下到上的思维结合起来，在解决现实问题中积累理论创新的扎实素材。最后，推动科研评价机制的转变。

六、着眼迫切需求，把握重点领域牵引体系构建

构建联合作战体系，应着眼于迫切的现实需求和长期性的国家战略需求，按照统一筹划、节约资源、分段推进的方式，优先发展重点领域，以此牵引体系发展。

在构建新系统方面，首先，应着力建成和完善联合情报、监视与侦察体系。联合情报不仅担负着侦察预警的重要使命，还是联合作战的先导，也是统筹各方力量运用、实现联合作战的重要牵引。对此，应加强各军种情报系统的技术互联，加强情报共享、情报融合和自动化智能处理，综合比对、交叉印证，生成高质量、高时效性的情报。更重要的是，联合情报的实现，可以极大地促进指挥、控制和通信系统的建设，通过大量的信息流和情报流不断驱动指挥、控制和信息系统的运行和持续优化，也将推动各级指战员情报素养的提高，而情报素养在现代战争对人的诸多要求中，始终位居前列。其次，要注重加强联合作战中关键节点的建设，如空中预警和指挥机、陆军军级指挥部、海军编队指挥所、天基通信卫星、网络系统等，这些节点既是军种建设的重点内容，也是未来联合作战的潜在联合指挥部。最后，要注意加强系统集成，不一定要重建各类指挥系统，关键在于将其打通、互联、提升互操作性。

战法训练方面要突出重点，切不可贸然大搞全面联合。应着眼现实需求，有的放矢，着力发展山地高原条件下的空地联合作战、围绕大型岛屿

的联合登陆作战、中近海区域的海空联合作战、联合岛礁攻守作战、联合反导等。各军种作战体系完备的军队，依托现有装备基本可以满足上述联合作战的基本需求。通信互联中必然要出现问题，在解决这一问题时要注意对应用技术和手段加以统筹，防止出现层层打补丁、补丁各不同，进而导致通信障碍继续扩大的问题。

联合作战能力构建中，不能"撒胡椒面"，要根据战争构想与设计，突出某一领域的制权，以此为矛，率先打开突破口，带动其他各项行动的开展。以往作战中，美军高度依赖"战斧"导弹等防区外打击手段，为空袭部队率先打开机遇窗口，进而实现整个战场要素的联动。以联合的形式争夺关键制权，既是联合作战的体现，也是打赢联合作战的基本要求。

应全面加强人工智能在联合作战发展中的运用。第一，也是目前可以实现的，即通过人工智能技术进行仿真，辅助推演各类联合作战方案，并针对一些特定的想定场景运用，减轻人工负担，提高工作效率。第二，目前在整个社会和广义的战争领域，通过数据、网络战等塑造、影响和改变对手国家战争意志的"认知战"，已经成为现实，不管是获取这种能力还是抵御这种威胁，都需要大力运用人工智能，这也将深刻地塑造未来联合作战，要求达成战场热战和网络心战的同步统一，并将赋予联合作战新的含义。第三，在军事运用上，人工智能正在将信息化战争推向高阶阶段，可从 OODA 的角度来审视：在观察层面，可以自动搜集、自动处理、快速生成研判结果，在决策层面可快速融合综合更多的可能性，在行动层面，根据既定规则，自动桥接联合战术指挥关系网络，目前各国对于最后这项工作，还都是依托各种机构来实施，组织程序复杂、流程长。第四，必须始终牢记人工智能的弊端，人工智能可以应对特定、狭窄的场景应用，但在大规模战争中，在敌我广泛实施欺骗的环境中，在大量意外激增的情况下，人工智能将有可能变得极不可靠，必须抵制盲目的技术决定论。

七、打造人才方阵，加强岗位轮换和专业化培塑

人员是最大的价值资产，这一点怎么强调都不过分。[1] 联合作战所有的

---

[1] 艾伯茨. 信息时代美军的转型计划：打造 21 世纪的军队 [M]. 李耐和，等译. 北京：国防工业出版社，2011：58.

计划、行动和执行，最终都落实到个体人身上。科技已经全面重塑了人类社会，信息时代降临，驱动着战争形态的转型，对联合作战的发展和其中人的要素，都提出了新的要求。军队是天然的保守组织，多数国家军队面对时代巨变的反应是滞后的。美军果断把握住了信息化战争和联合作战的节点，与其军官普遍具备的广阔视野密不可分。美军严格落实轮换制，各级军官得以比较全方面地了解军队各个组成部分。高级军官通常有机会去常春藤名校攻读博士学位，汲取新知识、提高认知层次。美国通过"旋转门"机制，不断加强军队和政界、商界的经验交流。美国国防部本身也在不断构建企业架构（enterprise），仿照商业公司的运行模式，以军队战斗力作为"产品输出"，围绕这一"核心业务"，全面提高国防管理效率。

军队传统的管理文化整体上对创新的鼓励比较有限。对比现代信息化大企业，军队的部门、层级、领导岗位依然非常多，链条中的个体只需对上下级负责，某种意义上这也是组织机构自身的惰性，这种环境中出现的"领导文化"，一定程度上是反联合的。这种文化可能需要几代人来纠正。目前来看，随着年轻一代走上指挥和领导岗位，上述的文化性制约因素正在被改变。但仅凭人员的代际更替是不够的，在推动联合作战发展乃至解放军的能力转型上，要进一步加强联合作战指挥员和参谋队伍构建。对此，基础性工作不能放松，要继续加强联合训练、联合教育，持续培塑联合文化。

应进一步拓宽轮换制的适用范围，将其构建为一种机制。轮换不是跨单位交流或解决位置，核心是让个体在职业成长过程中，尽可能多地接触更多岗位，"首先要领会前台军种配合战术，其次要熟练运用中台联合指挥艺术，最后要做好后台的支援保障工作"❶，在这过程中增加个体的见识和才干，锤炼综合能力与素质。同时还要树立起机会均等的原则，扩大轮换的适用范围，能够不断进行筛选和淘汰，进而得出优秀人才担任联合指挥与参谋岗位。目前来看，这一制度已经开始见效，但应用范围依旧较窄，在仍大量存在"一岗定终身"的情况下，一方面，符合轮换制条件的人凤毛麟角，素质能否得到保证还待进一步检验，另一方面，相当一部分人则

---

❶ 蒂莫西·M. 邦兹等. 美国联合部队司令部能力与作战指挥［M］. 付建明，范虎巍，译. 沈阳：辽宁大学出版社，2013：7.

因岗位性质所限，无缘轮换。

现代联合作战建立在军兵种专业高度成熟的基础上。军兵种专业就如同社会化大生产的工种一样，具有较高的技术门槛和浓厚的行业传统。某个个体之所以出现于联合作战中，应主要归因于其本身具备的专业属性和优良的指挥与协调能力，这两种能力不可偏废，指技必须高度合一。未来如果出现越来越多的联合需求，为确保联合的顺畅性，各军种需设置相应的专业资质互通认证，否则双方在联合中将更难实现"共同语言"。

八、对联合作战的"冷思考"

联合作战是时下最热门的军事词汇之一。越是对于热门的话题，越应该带去一些冷思考，回归到若干最基本的问题上，正本清源，避免随风起舞、人云亦云、甚至最终与初心目标背道而驰。不妨回到本书序里提出的几个问题，以此作答。

第一，联合作战到底是如何发展而来的？其内涵包含哪些内容？答：联合作战伴随着军种的分化而出现，其内涵不断拓展。早期的联合作战是为了解决水陆交际地带的两栖作战，这是单一军种难以完成的任务，是联合作战区别于军种作战的最根本起源。伴随着近代技术的发展、战争规模的扩大，联合作战被增加了新的含义，一是对多军种大部队实施统一指挥，围绕国家战略和战争目标统一运用各军种部队，避免军力使用的无序和混乱；二是统筹各军种建设，寻求国防资源的最优产出，避免军力建设上的恶性竞争与内耗。到两次世界大战时期，由于空战场的出现，传统的陆海两分格局被打破，联合作战被增加了联合增效的含义，诸如空地联合这类叠加两个空间的联合战法，开始赋予了部队越来越多的非对称优势。第二次世界大战后信息技术的发展，为不同空间作战力量的组合运用创造了更多条件，联合作战在具体战法上呈现出更多可能，联合作战在此时开始为世界各国所重视。进入 21 世纪，在全球进入网络时代、大数据时代之时，信息对人类社会的深度渗透，使传统的作战空间几乎不再能孤立于其他空间，于是，联合作战成为必需，单一空间的对称式交战逐渐成为历史。一支在今日不重视联合作战新内涵的军队，将可能面临一场既看不清也看不懂的战争。

第二，发展联合作战要克服哪些困难？答：不同国家的军队面临着不同的困难，故发展模式各有不同，但其中也有共性。必须辩证看待共性和个性。对于美军而言，由于种种原因，很长一段时间里需要克服来自军种的抵触，实现对各军种部队的统一指挥。而同时期的苏军并不存在该方面的严重问题。同样，美国长期处在信息技术领域的领先地位，且拥有远比世界上任意一个国家都多得多的战争实践，当其开始重视发展联合作战时，进展迅速。反之，多数国家不具备美军的技术和经验优势，所以必须探求一条适合自身的发展路径，决不能生搬照抄。当前，发展联合作战的最大挑战，一是来自技术迅猛发展与体制保守僵化之间的矛盾，二是来自建设发展与实践欠缺之间的矛盾。

第三，联合作战呈现出什么样的形式？答：对于不同层级的部队和单位，呈现形式各不相同。对于战略战役机关而言，联合作战重在平时理顺联合指挥体制、打破机构和技术藩篱、编制联合预案、组织联合演训，战时对各部队实施统一指挥、科学周密制订联合作战计划，确保多军种大部队行动的有序推进。对于各级作战部队而言，联合作战重在跨军种的相互配合和作战职能的跨军种运用。对于具体每一个战斗员而言，联合作战重在掌握某一项或几项联合技能，可能是某型装备的操作，也可能是沟通、联络和协调。因此，当研讨联合作战时，要明确所指的是哪个层级、哪种含义，方能立足于实战需求把问题讲明。

第四，发展联合作战需要什么样的条件？本章的前七条启示便是对这一问题的回答。实际上，由于联合作战牵动要素过多，前七条启示严格讲是一个"并"关系，而非"或"，缺一不可，必须统筹推进。

第五，联合作战在实战中究竟发挥什么样的作用？答：这与第三个问题类似，需要分层级，同时也要区分不同的作战场景。

对于战略战役机关，联合作战意味着可以以更多、更全面的手段塑造整个战局，成倍数地增加己方作战的多样性和复杂性，获得体系优势，除战时运用外，还可在平时树立起常规武力威慑。但是作为一种体系运用方式的联合作战，先天存在自身体系运转复杂、决策周期较长、信息流高度集中、遭遇突发情况后易产生混乱等重大风险。这对指挥体制、作战计划、参谋素质、协调机制、指挥控制系统等都提出了更为严苛的要求。联合作战体系构建中，什么该联，什么该放归军种部队，各部门各部队之间权责关系如何规范和明确等，都必须基于大量的实践进行研究。

对于联合部队指挥官，筹划和指挥联合作战是其主责主业，联合作战意味着周密制订联合作战计划、对联合部队施加指挥与控制、进行联合编组、统筹整个部队的需求申请、选取合适的具体战法、组织联合支援和勤务保障活动、权威界定下属各军种部队之间的关系、处置各类突发情况，等等。这一系列事务对联合部队指挥官提出了极高要求，如果从理论上界定对联合部队指挥官的要求，恐怕很难得出一个能达成共识的下限要求。然而在现实中，不管是什么任务，都会在任务部队的构成上呈现出主和次，即多数情况下，联合部队以某一个军种为主，对整个行动或行动某一个阶段负主要责任，在这期间其他军种发挥辅助但同样关键、必不可少的作用。联合部队指挥官自身，也不可能脱离自己的军种属性，且联合部队指挥官通常来自任务主导军种。在整个作战指挥过程中，联合参谋部门、联络官同样将发挥至关重要的作用。

对于一线指战员，他们是联合作战的末端落实者，也是直接用户，联合作战在此意味着直接性的优势塑造。这里优势包含两种，一种是自身部队不具备的、可通过联合来获取或极大增强的能力，另一种为可部分替代本部队行动、但效能更高的能力。这些优势，不仅可以成倍数地加强一线部队的作战效能，而且可使其作战方式更加出"敌不意"，合理配合好其他空间的作战，可迅速打开突破口并扩大整体优势。不过这些优势的获取，同样需要复杂繁琐且漫长的论证、设计、协调、训练、演练和检验等，在平时、在战场之外必须做大量的工作。或许"场上一分钟，场下十年功"亦不夸张。

总而言之，联合作战的发展之路不可能是一片坦途，不管是横向或是纵向，它都牵动了太多，分歧、磕绊、弯路等在所难免，也很难达成一个让所有人都感到十分满意的理想状态，寻求公约数、妥协、排序等都是必经之路。这是一份需要饱含着使命感去推进的事业，它也呼吁着更多的人全面重塑思维模式，无论是平时的管理和建设，还是战时的指挥与作战。

参考文献

[1] 《当代世界军事转型史》课题组. 当代世界军事转型史 [M]. 北京：军事科学出版社，2018.

[2] 《联合作战战例解析》课题组. 联合作战战例解析 [M]. 北京：解放军出版社，2010.

[3] 阿金. 简明美国军事百科全书 [M]. 方未之，译. 北京：军事谊文出版社，1991：416.

[4] 阿兰·R. 米勒特. 极度深寒：朝鲜战争（1950—1951）[M]. 秦洪刚，译. 北京：作家出版社，2015.

[5] 阿伦·米利特，彼得·马斯洛斯基. 美国军事史 [M]. 军事科学院外国军事研究部，译. 北京：军事科学出版社，1989：39.

[6] 阿伦·米利特，彼得·马斯洛斯基. 美国军事史 [M]. 张淑静，译. 北京：军事科学出版社，2014：520.

[7] 艾伯茨. 信息时代美军的转型计划：打造21世纪的军队 [M]. 李耐和，等译. 北京：国防工业出版社，2011：58.

[8] 安东·亨利·约米尼. 战争艺术 [M]. 钮先钟，译. 北京：战士出版社，1981：4.

[9] 安东尼·H. 古德斯曼. 阿富汗战争的经验教育：战斗、情报、部队转型和国家建设 [Z]. 北京：知远战略与防务研究所，2016：19.

[10] 安托尼·考德斯曼，哈兰·乌尔曼. 震慑战与伊拉克战争. 季岩，杨宇杰，董银山，北京：空军指挥学院，2003.

[11] 奥加尔科夫. 时刻准备保卫祖国 [C]//苏美军战役理论的新发展. 北京：解放军出版社，1985.

[12] 比尔·欧文斯，等. 揭开战争迷雾 [M]. 王霄，杜强，译. 北京：解放军出

版社，2009：140.

[13] 曹正荣，王兵，王克海. 一体化联合作战研究[M]. 北京：解放军出版社，2005.

[14] 崔师增，王勇男. 美军联合作战[M]. 北京：国防大学出版社，1995.

[15] 戴维·卡门斯. 美军网络中心战案例研究·作战行动[M]. 毛翔，孟凡松，译. 北京：航空工业出版社，2016：125-127.

[16] 道格拉斯·坎贝尔."疣猪"A-10攻击机和近距离空中支援[M]. 聂春明，译. 北京：中国市场出版社，2015：24.

[17] 道格拉斯·A. 麦克阿瑟. 麦克阿瑟回忆录[M]. 上海师范学院历史系翻译组，译. 上海：上海译文出版社，1964：233.

[18] 邓克勤，张海峰. 美军空海联合作战发展概览[M]. 北京：蓝天出版社，2016.

[19] 蒂莫西·M. 邦兹，等. 美国联合部队司令部能力与作战指挥[M]. 付建明，范虎巍，译. 沈阳：辽宁大学出版社，2013：131-132.

[20] 董爱国，王家胜. 21世纪美军联合作战新论[M]. 北京：军事科学出版社，2013.

[21] 樊高月，符林国. 第一场初具信息化形态的战争：伊拉克战争[M]. 北京：军事科学出版社，2008：44.

[22] 樊高月. 美军发展联合作战理论的基本做法[J]. 外国军事学术，1999（12）：41-42.

[23] 费尔南·布罗代尔. 菲利普二世世代的地中海和地中海世界[M]. 唐家龙，曾培耿，等译. 北京：商务印书馆，1996：序言4，序言8.

[24] 冯兆新. 美军联合作战理论研究[M]. 北京：国防大学出版社，2001.

[25] 弗雷德里克·W. 卡根. 寻找目标——美国军事政策的转型[M]. 王春生，等译. 北京：军事科学出版社，2009.

[26] 罗伯特·D. 卡普兰. 美军全球运作内幕[M]. 鲁创创，译. 长沙：湖南人民出版社，2021.

[27] 谷伟，汪恒成. 从"奥德赛黎明"看美军联合作战新发展[J]. 外国军事学术，2012（5）：11-13.

[28] 郭慧志. 锋从磨砺出：美国陆军战术体制的发展历程[M]. 北京：航空工业出版社，2014.

[29] 哈里·杜鲁门. 杜鲁门回忆录（下卷）[M]. 李石，译. 北京：东方出版社，2007：57.

[30] 韩荣辉，吴锴. 对地！对地！图解空对地作战［M］. 北京：解放军出版社，2011.

[31] 胡玲，赵文升，张聪. 二战结束以来美国军事制度的历史演变［J］. 军事历史，2017（4）：53-59.

[32] 军事科学院世界军事研究部. 快速决定性作战构想［M］. 北京：军事科学出版社，2005.

[33] 卡斯珀·温伯格. 美国前国防部长温伯格回忆录：在五角大楼关键的七年［M］. 军事科学院外国军事研究部，译. 北京：军事科学出版社，1991：307，308.

[34] 凯思琳·麦金尼斯.《戈德华特-尼科尔斯国防部改组法案》30周年：美军对当下联合作战体制的反思［Z］. 北京：知远战略与防务研究所，2016.

[35] 科林·鲍威尔. 我的美国之路［M］. 王振西，译. 北京：昆仑出版社，1996：469.

[36] 克劳塞维茨. 战争论（第一卷）［M］. 中国人民解放军军事科学院，译. 北京：商务印书馆，1982：167.

[37] 拉塞尔·韦格利. 美国陆军史［M］. 丁志源，等译. 北京：解放军出版社，1989.

[38] 李成刚. 美军联合作战指挥体制改革的最终突破及启示［J］. 军事历史，2014（2）：69-74.

[39] 李德·哈特. 第二次世界大战战史［M］. 钮先钟，译. 上海：上海人民出版社，2009：309-310.

[40] 李维亚. 运筹与将道［M］. 北京：国防大学出版社，2018.

[41] 李文. 美军联合空中作战研究［M］. 北京：国防大学出版社，2003.

[42] 李银丰，董爱国，胡海军. 联合战术的现实与未来［J］. 中国军事科学，2001（2）：98-103.

[43] 李振宏. 历史学的理论与方法［M］. 开封：河南大学出版社，1999：649.

[44] 李植云. 美军联合作战理论研究［M］. 北京：国防大学出版社，1995.

[45] 梁炎. 网络中心战的实施与应用分析［M］. 北京：国防工业出版社，2011：13，62.

[46] 刘继贤. 联合作战基本问题研究的创新发展［J］. 中国军事科学，2009（3）：1-17.

[47] 罗伯特·M.奇蒂诺. 从闪电战到沙漠风暴：战争战役层级发展史［M］. 小小冰人，译. 北京：台海出版社，2019：243.

[48] 罗伯特·帕里什，恩·安德烈奇奥. 诺曼·施瓦茨科普夫将军——一战成名

[M]．邹可可，黄韧，孙培德，译．北京：军事谊文出版社，1991：41．

[49] 罗德尼·P．卡莱尔．美国人眼中的海湾战争［M］．孙宝寅，等译．北京：当代中国出版社，2005：66-67．

[50] 罗素．西方哲学史［M］．何兆武，李约瑟，译．北京：商务印书馆，2015：4．

[51] 沃尔特·G．赫姆斯，罗伊·E．阿普尔曼．美国兵在朝鲜（第三卷）·南至洛东江北至鸭绿江［M］．北京：国防大学出版社，1994．

[52] 马克斯·布特．战争改变历史：1500 年以来的军事技术、战争与历史进程［M］．石祥，译．上海：上海科学技术文献出版社，2011：382．

[53] 马克斯威尔·泰勒．不定的号角［M］．王群，译．北京：解放军出版社，1963：77．

[54] 马平，杨功坤．联合作战研究［M］．北京：国防大学出版社，2013：6．

[55] 迈克·德龙．我在指挥中央司令部——阿富汗和伊拉克战争真相［M］．张春波，潘守永，译．北京：东方出版社，2006：47，53．

[56] 毛翔，等．美军作战评估理论与实践［M］．北京：知识产权出版社，2017．

[57] 毛翔，等．合众为一：美国三军的联合［Z］．北京：知远战略与防务研究所，2015．

[58] 毛泽东．毛泽东选集．第三卷［M］．北京：人民出版社，2009：818．

[59] 孟庆茂．教育科学研究方法［M］．北京：中央广播电视大学出版社，2001：80．

[60] 莫里斯·艾泽曼．美国人眼中的越南战争［M］．孙宝寅，译．北京：当代中国出版社，2006：55，56．

[61] 内森·米勒．美国海军史［M］．卢如春，译．北京：海洋出版社，1985．

[62] 牛津高阶英汉双解词典［M］．北京：商务印书馆，牛津大学出版社，2004：948-949．

[63] 塞缪尔·亨廷顿．军人与国家：军政关系的理论与政治［M］．李晟，译．北京：中国政法大学出版社，2017：129．

[64] 斯蒂芬·豪沃思．驶向阳光灿烂的大海：美国海军史［M］．王启明，译．北京：世界知识出版社，1997．

[65] 斯蒂文·L．瑞尔登．谁掌控美国的战争？美国参谋长联席会议史（1942—1991 年）［M］．许秀芬，等译．北京：世界知识出版社，2015．

[66] 孙路明．美军战区情报体系的历史发展与启示［J］．军事历史，2019（4）：96-103．

[67] 汤米·弗兰克斯. 美国一兵 [M]. 何小云, 等译. 北京: 军事谊文出版社, 2005.

[68] 托马斯·A. 基尼, 艾略特·A. 科恩. 战争的革命: 海湾战争的空中力量 [M]. 白华, 译. 长春: 国际文化出版公司, 北方妇女儿童出版社, 2001: 141-142, 140.

[69] 托马斯·X. 哈默斯. 机弦与石子: 论21世纪的战争 [M]. 阎卫平, 译. 北京: 中国市场出版社, 2013: 157.

[70] 王俊义. 美军联合作战理论参考资料选编 [C] 北京: 中国人民解放军国防大学, 1997.

[71] 王维广, 樊高月. 联合作战发展历史与现状 [J]. 外国军事学术, 2002 (12): 58-61.

[72] 威廉·莫姆耶尔. 三次战争的空中力量: 二战、朝鲜和越战 [M]. 陈以中, 吕民序, 译. 北京: 世界知识出版社, 2012.

[73] 威廉·威斯特摩兰. 一个军人的报告 [M]. 洪科, 译. 北京: 生活·读书·新知三联书店, 1978: 567.

[74] 沃尔特·博伊恩. 跨越苍穹: 美国空军史 [M]. 郑道根, 译. 北京: 军事谊文出版社, 1999: 219.

[75] 谢尔盖·列奥尼多维奇·佩丘罗夫. 盎格鲁·撒克逊模式的军事改革: 历史与现状 [Z]. 北京: 知远战略与防务研究所, 2020.

[76] 杨斌, 于淼, 赵荣. 一体化联合作战发展的历史跃迁 [J]. 国防科技, 2005 (1): 64-67.

[77] 杨继坤, 等. 美军作战概念演进及其逻辑 [M]. 北京: 电子工业出版社, 2022.

[78] 约翰·A. 沃登三世. 空中战役 [M]. 陆以中, 等译. 北京: 空军指挥学院, 1990.

[79] 约翰·C. 弗雷德里克森. 美国特种部队 [M]. 朱振国, 译. 上海科学技术文献出版社, 2014: 207.

[80] 詹姆斯·F. 施纳贝尔. 朝鲜战争中的美国陆军 (第二卷) ·战争爆发前后 [M]. 北京: 国防大学出版社, 1990.

[81] 木元宽明. 战术的本质 [M]. 肖传国, 译. 北京: 机械工业出版社, 2021.

[82] 詹姆斯·W. 威廉姆斯. 美国陆军航空兵发展史——从最初起源到全球反恐战争 [M]. 李丹, 王丽萍, 等译. 北京: 国防大学出版社, 2014.

[83] 詹姆斯·邓尼根, 雷蒙德·马赛多尼亚. 美军大改革 [M]. 军事科学院外国

军事研究部,译. 海口:海南出版社,1999.

[84] 战史编纂委员会. 朝鲜战争(第一卷) [M]. 固城,等编译. 牡丹江:黑龙江朝鲜民族出版社,1988.

[85] 张维明,等. 一体化联合作战导论 [M]. 北京:军事科学出版社,2010.

[86] 张文焕,等. 控制论·信息论·系统论与现代管理 [M]. 北京:北京出版社,1990:160.

[87] 张英杰,吴思亮. 深刻领会习近平军事训练思想,加快推动新时代我军训练创新发展 [J]. 中国军事科学,2018(1):123-131.

[88] 赵学功. 十月风云:古巴导弹危机 [M]. 天津:天津人民出版社,2009:177.

[89] 赵中强. 联合作战发展史研究 [M]. 北京:国防大学出版社,2019.

[90] 左希迎. 美国军事制度变迁的逻辑 [M]. 北京:社会科学文献出版社,2015.

[91] ABRAMS C W. Hearings Before the Committee on Armed Services, House of Representatives, on Cost Escalation in Defense Procurement Contracts and Military Posture [R]. 93rd Cong., 1st Session., part 1:967.

[92] AIR FORCE. AFM 1-1, Basic Aerospace Doctrine of the United States Air Force [Z]. Washington D. C.:GPO,1984:vi-vii.

[93] AIRLAND SEA APPLICATION CENTER. Multi-Service Tactics, Techniques, And Procedures For Kill Box Employment [Z]. Washington D. C.:GPO,2009:1.

[94] ALBERTS D S. Network Centric Warfare:Developing and Leveraging Information Superiority [M]. CCRP Publication series,2nd Edition,2000:2.

[95] ALLARD K. Command, Control, and the Common Defense, Revised Edition [M]. Washington D. C.:National Defense University,1996.

[96] ALLIED FORCE HEADQUARTERS, HISTORICAL SECTION, etc. History of Allied Force Headquarters [M]. N. P.:Allied Force Headquarters,1945:Part 1:8.

[97] AMBROSE S E. Eisenhower:The President [M]. New York:Simon and Schuster,1984:472.

[98] ANDREWS W F. Airpower against an Army:Challenge and Response in CENTAF's Duel With the Republican Guard [M]. Maxwell Air Force Base,AL:Air University Press,1998:61.

[99] APPLEMAN R E. United States Army in the Korea War, South to the Naktong, North to the Yalu (June-November,1950) [M]. Washington D. C.:Center of Military

History, United States Army, 1992: 46, 51.

[100] BAKER Ⅲ J A. The Politics of Diplomacy [M]. West Virginia: Putnam Adult, 1995: 189.

[101] BALL G. 1998-Operation Desert Fox[EB/OL]. (2021-03-05)[2021-10-10]. https://www.afhistory.af.mil/FAQs/Fact-Sheets/Article/458976/operation-desert-fox/.

[102] BALL G. 1999-Operation Allied Force [R/OL]. Air Force Historical Support Division, 2012 [2020-12-12] www.afhistory.af.mil/FAQs/Fact-Sheets/Article/458957/operation-allied-force/.

[103] BARTLETT M L. Ben Hebard Fuller and the Genesis of a Modern United States Marine Corps, 1891-1934 [J]. The Journal of Military History, January 2005: 85-86.

[104] BARTLETT M L. Essays on the History of Amphibious Warfare [C]. Annapolis, MD: Naval Institute Press, 1983: 190.

[105] BEAUMONT R A. Joint Military Operations: A Short History [M]. London: Greenwood Press, 1993.

[106] BEREITER G. The U.S. Navy in Operation Enduring Freedom [M]. Washington D.C.: Naval History & Heritage Command, 2016: 4.

[107] BOLGER D P. Americans at War, 1975-1986: An Era of Violent Peace [M]. Presidio County, TX: Presidio Press, 1988: 416.

[108] BONIN J A. Unified and Joint Land Operations: Doctrine for Landpower [R]. Land Warfare Papers, no. 102, 2014: 6, 7.

[109] BOURNE C M. Unintended Consequences of the Goldwater-Nichols Act [J]. Joint Force Quarterly, Spring, 1998: 103-104.

[110] BOWMAN S, DALE C. War in Afghanistan: Strategy, Military Operations, and Issues for Congress [R]. Congressional Research Service, 2009: 9.

[111] BOYD J R. Patterns of Conflict [M/OL]. Atlanta, Georgia, http://www.d-n-i.net, 2005: 125.

[112] BREHM W K, VOLGENEAU E. Evaluation Plan: Exercise Nifty Nugget 78 [R]. Washington D.C.: Logistics Management Institute, 1978: 6.

[113] BROWN R J. U.S. Marines in the Persian Gulf, 1990-1991: With Marine Forces Afloat in Desert Shield and Desert Storm [M]. Create Space Independent Publishing Platform, 2015: 131

[114] CARDWELL Ⅲ T A. Airland Combat: An Organization for Joint Warfare [M]. Maxwell Air Force Base, AL: Air University Press, December 1992: 27.

[115] CARLSON A. Joint U. S. ARMY-NAVY War Planning on the EVE of The First World War: Its Origins and its Legacy [R]. Carlisle, PA: Strategic Studies Institute, U. S. Army War College, February 16, 1998: 2.

[116] CARNEY J T, SCHEMMER B F. No Room for Error: The Story Behind the USAF Special Tactics Unit [M]. New York: Ballantine Book, 2002: 271.

[117] CARPENTER P M. Joint Operations in the Gulf War: An Allison Analysis [M]. Maxwell Air Force Base, AL: School of Advanced Airpower Studies, Air University, 1994: 55.

[118] CENTER OF MILITARY HISTORY UNITED STATES ARMY. OMAHA BEACHHEAD (6 June-13 June 1944) [G]. Washington D. C.: WAR DEPARTMENT, Historical Division, 20 September 1945: 44.

[119] CENTRAL INTELLIGENCE AGENCY. Planning, Preparation, Operation and Evaluation of Warsaw Pact Exercises [R]. Langley: Historical Collection Division, CIA, 1982: 13.

[120] CHISHOLM D. Negotiated Joint Command Relationships: Korean War Amphibious Operations, 1950 [J]. Naval War College Review, Volume 53, Number 2 Spring, 2000.

[121] COCHRAN D, HAIDER A, STATHOPOULOS P. Reshaping Close Support: Transitioning from Close Air Support to Close Joint Support [R]. Allemagne, Germany: Joint Air Power Competence Centre, 2020: 52.

[122] COHEN W S. Annual Report to the President and the Congress [R]. Washington D. C.: Departpent of Defense, 1999: B-2.

[123] COLE A C. The Department of Defense: Documents on Establishment and Organization 1944—1978 [M]. Washington D. C.: Historical Office, Office of the Secretary of Defense, 1978.

[124] COLE R H. Operation Just Cause: The Planning and Execution of Joint Operations in Panama [R]. Washington D. C.: Joint History Office, 1995.

[125] COLE R. Operation Urgent Fury: The Planning and Execution of Joint Operations in Grenada 12 October—2 November 1983 [M]. Washington D. C.: Joint History Office, Office of the Chairman of the Joint Chiefs of Staff, 1997: 30.

[126] COLLINS J J. Understanding War in Afghanistan [M]. Washington D. C.: National Defense University Press, 2011: 47.

[127] CONVERSINO M J. Operation DESERT FOX: Effectiveness With Unintended Effects [R/OL]. (2020-12-17) [2021-10-10]. https://www. airuniversity. af. edu/

Portals/10/ASPJ/journals/Chronicles/conversino. pdf.

[128] COOLING F. Case Studies in the Development of Close Air Support [M]. Washington D. C.: Government Printing Office, 1990: 30-31.

[129] CORDESMAN A H. The Iraq War: Strategy, Tactics, and Military Lessons [M]. Westport: Praeger, 2003: 253.

[130] COSMAS G A. MACV: the Joint Command in the Years of Escalation, 1962-1967 [M]. Washington D. C.: Center of Military History United States Army, 2006: 331, 332.

[131] CREWS T M. Joint Operations in Korea: 25 January—31 March 1951 [D]. Carlisle Barracks, PA: U. S. Army War College, 1991.

[132] CROWE W J. Line of Fire: From Washington to the Gulf, the Politics and Battles of the New Military [M]. New York: Simon & Schuster, 1993: 209-210.

[133] DAVIS R. The 31 Initiatives: A Study in Air Force-Army Cooperation [M]. Washington D. C.: Office of Air Force History, 1987: 58-59.

[134] DEAILE M. The Evolution of Joint Operations [R]. Military Studies Program at American Military University, 2013.

[135] DEPARTMENT OF THE ARMY, THE NAVY, THE AIR FORCE. FM100-5/JAAF/AFM1-1: Joint Action Armed Forces [Z]. Washington D. C.: United States Government Printing Office, September 1951: 24.

[136] DIXON J C. Untied Nations Operation in Somalia II: United Nations Unity of Effort and United States Unity of Command [D]. Fort Leavenworth, KS: Army Command and General Staff College, 1996: 99.

[137] DIXON R. UAV Employment in Kosovo: Lessons for the Operational Commander [D]. Newport, RI: Naval War College, 2000: 5.

[138] DREA E J, etc. History of the Unified Command Plan 1946-2012 [M]. Washington D. C.: Joint History Office, Office of the Chairman of the Joint Chiefs of Staff, 2013: 21.

[139] Duffy M. Festering the Spanish ulcer: The Royal Navy and the Peninsular War, 1808-1914//Elleman B A, Paine S C M. Naval Power and Expeditionary Warfare: Peripheral campaigns and new theatres of naval warfare [M]. New York: Routledge, 2012.

[140] DUNNIGAN J. Getting It Right, Second Edition: American Military Reforms After Vietnam and Into the 21st Century [M]. Bloomington, MN: iUniverse, Inc. , 2001.

[141] DUPUY T N. A Genius For War: The German Army and General Staff, 1807-

1945 [M]. London: MacDonald and Janes's, 1977.

[142] ECKHARDT G S. Vietnam Studies: Command and Control, 1950-1969 [M]. Washington D. C.: Department of the Army, 2004: 54-55.

[143] EISENHOWER D D. The White House Years: Mandate for Change, 1953-1956 [M]. Garden City, NY: Doubleday, 1963: 455.

[144] ELLIS E H. Operation Plan 712: USMC, Advanced Base Operations in Micronesia [EB/OL]. [2020-05-15]. http://www.ibiblio.org/hyperwar/USMC/ref/AdvBaseOps/index.html#contents.

[145] EMMEL D C. The Development of Amphibious Doctrine [D]. Fort Leavenworth KS: U. S. Army Command and General Staff College, 2010: 7.

[146] ENDURING FREEDOM COMBAT ASSESSMENT TEAM. Initial Observations Report, Operation Iraqi Freedom: Command and Control of Aircraft and Missiles [R]. Quantico, VA: Commandant of the Marine Corps, November 2003: 4-5.

[147] FEATURED-STORY-ARCHIVE. The Bay of Pigs Invasion [G/OL]. Last Updated: Apr 18, 2016 06:07 PM [2020-11-25]. https://www.cia.gov/news-information/featured-story-archive/2016-featured-story-archive/the-bay-of-pigs-invasion.html.

[148] FERRIS J. A New American Way of War? C4ISR in Operation Iraqi Freedom, A Provisional Assessment [R]. The Center for Military and Strategic Studies, The University of Calgary, 2003.

[149] Field Circular 100-16: Theater Army, Army Group and Field Army Operation [Z]. Leavenworth, KS: US Army Arms Combat Developments Activity Concepts Development Directorate, 1984: B-3-B-7

[150] FIELD JR V A. History of United States Naval Operations in Korea [M]. Washington D. C.: Department of the Navy, 1962: 43.

[151] FORAKER Ⅲ J C. Operational Command and Control: Lessons for Today'. s Joint Force from Grenada, Somalia, and Kosovo [R]. Newport, RI: NAVAL WAR COLLEGE, 2007: 6.

[152] FRANKS T. American Soldier [M]. New York: Regan Books, 2004: 174-175.

[153] FUTRELL R F. Ideas, Concepts, Doctrine, Vol. 1, Basic Thinking in the United States Air Force, 1907-1960 [M]. Maxwell AFB, AL: Air University Press, December 1989: 19.

[154] GIAMBASTIANI E P. Remarks for Industry Symposium 2004 [EB/OL]. [2019-

10-10]. http：//www. jfcom. mil/newslink/storyarchive/2004/sp031704. htm.

[155] GIAMBASTIANI E. Operation Iraqi Freedom：Operations and Reconstruction (H. A. S. C. No. 108-15) [Z/OL]. Committee on Armed Services, House of Representatives, October 2, 2003 [2020-01-19] http：//commdocs. house. gov/committees/security/has275000. 000/has275000_ 0. HTM.

[156] GOLDBERG A, SMITH D, USAF. Army-Air Force Relations：The Close Air Support Issue, Rand Report R-906-PR [R]. Santa Monica, Calif.：Rand Corporation, October 1971：14.

[157] GOLDBERG A. History of the Office of the Secretary of Defense [M]. Washington D. C.：Historical Office, Office of the Secretary of Defense, 1984.

[158] GORDON Ⅳ J, NARDULLI B. The Operational Challenges of Task Force Hawk [J]. Joint Forces Quarterly, Autumn/Winter 2001-02：56-57.

[159] GORDON M R, TRAINOR B E. The Generals' War：The Inside Story of the Conflict in the Gulf [M]. Boston, MA：Little, Brown, 1995：311-312.

[160] GREENING C R, COLONEL, USAF. The First Joint Action, A Historical Account of the Doolittle Tokyo Raid-April 18, 1942 [R/OL]. Norfolk, VA：Armed Forces Staff College, December, 1948 [2020-07-18]. https：//nationalinterest. org/blog/reboot/tell-us-secrets-what-we-dont-know-about-famous-doolittle-raid-173556? page=0%2C1#:~:text=Colonel%20Charles%20R. %20Greening%2C%20pilot%20of%20the%2011th, the%20Armed%20Forces%20Staff%20College%20in%20December%201948.

[161] GREGORY R H. Turning Point：Operation Allied Force and the Allure of Air Power [D]. Fort Leavenworth, WA：Army Command and General Staff College, 2014：40-41.

[162] GUEDELLA P. Middle East 1940-1942, A Study in Air Power [M]. London：Hodder & Stoughton Ltd, 1944：207.

[163] HALLLION R P. Trike From The Sky：The History of Battlefield Air Attack, 1910-1945 [M]. Tuscaloosa：University Alabama Press, 2020：222.

[164] HEADQUARTERS, DEPARTMENT OF THE ARMY. Army Air Mobility Concept [Z]. Fort Monroe, VA：Office of the Commanding General, 1963：I-15, II-16.

[165] HEADQUARTERS, US ATLANTIC COMMAND. CINCLANT Historical Account of Cuban Crisis [G]. 29 April 1963, sanitized 5 September 1986：17-23.

[166] HISTORICAL OFFICE, OFFICE OF THE SECRETARY OF DEFENSE. Charles E. Wilson, Dwight Eisenhower Administration [G/OL]. [2020-03-07]. https：//history. defense. gov/Multimedia/Biographies/Article-View/Article/571268/charles-e-wilson/.

[167] HOOVER H. The Hoover Commission Report On Organization of the Executive Branch of Government [R]. New York: McGraw Hill, 1949: 187.

[168] HOUSE J M. Joint Operational Problems in the Cuban Missile Crisis [J]. U. S. Army War College, ATTN: Parameters, Spring 1991: 92-102.

[169] HOUSE J M. Toward Combined Arms Warfare: A Survey of 20th~Century Tactics, Doctrine, and Organization [M]. Fort Leavenworth, KS: U. S. Army Command and General Staff College, 1985: 28.

[170] HUGHES T A. Overlord: General Pete Quesada and the Triumph of Tactical Air Power in World War II [M]. New York: Free Press, 1995: 62.

[171] JABLONSKY D. War by Land, Sea, and Air: Dwight Eisenhower and the Concept of Unified Command [M]. New Haven, CT: Yale University Press, 2010.

[172] JAMES A WINNEFELD J A, JOHNSON D J. Joint Air Operations: Pursuit of Unity in command and control, 1942—1991 [M]. Annapolis, MD: Naval Institute Press, 1993.

[173] JCS. Joint Military Operations Historical Collection [Z]. Washington D. C.: Joint History Office, 1997.

[174] JENNINGS N A. Expeditionary Land Power Lessons from the Mexican-American War [J]. MILITARY REVIEW, January-February 2017: 42-48.

[175] JFQ FORUM. The Services and Joint Warfare: Four Views from the Top [J]. Joint Forces Quarterly (1), Summer 1993: 7.

[176] JOINT ARMY AND NAVY BOARD. Joint Action Of The Army And The Navy [Z]. Washington D. C.: GPO, 1935.

[177] JOINT ARMY AND NAVY BOARD. Joint Action of the Army and the Navy [Z]. Washington D. C.: GPO, 1927: Forward.

[178] JOINT CHIEFS OF STAFF. Joint Publication 1-02: DOD Dictionary of Military and Associated Terms [Z]. Washington D. C.: GPO, 2020: 113.

[179] JOINT CHIEFS OF STAFF. Joint Publication 3-0: Joint Operations [Z]. Washington D. C.: GPO, 2018.

[180] JOINT CHIEFS OF STAFF. Joint Publication 1: Doctrine for the Armed Forces of the United States [Z]. Washington D. C.: GPO, 2017: I-4.

[181] JOINT CHIEFS OF STAFF. Compendium of Key Joint Doctrine Publications [Z]. Washington D. C.: JPO, 2012: 10.

[182] JOINT CHIEFS OF STAFF. National Military Strategy of the United States [R].

Washington D. C. : Office of Chairman, JCS, 2004.

[183] JOINT CHIEFS OF STAFF. Joint Publication 3 – 09. 3: Joint Tactics, Techniques, and Procedures for Close Air Support (CAS) [Z]. Washington D. C. : 2003.

[184] JOINT CHIEFS OF STAFF. Joint Vision 2020 [Z]. Washington D. C. : Joint Staff, Pentagon, 2000: 34.

[185] JOINT CHIEFS OF STAFF. Joint Publication 1 – 01. 1: Compendium of Joint Pubilcations [Z]. Washington D. C. : GPO, 1999: Forward vi.

[186] JOINT CHIEFS OF STAFF. Joint Military Operations Historical Collection [Z] Washington D. C. : GPO, 15 July 1997: IV-3.

[187] JOINT CHIEFS OF STAFF. National Military Strategy of the United States [R]. Washington D. C. : Office of Chairman, JCS, 1997.

[188] JOINT CHIEFS OF STAFF. Joint Vision 2010 [Z]. Washington D. C. : Joint Staff, Pentagon, 1996: Title page.

[189] JOINT CHIEFS OF STAFF. Joint Pub 1: Joint Warfare of the US Armed Forces [Z]. Washington D. C. : GPO, 1991: 9. JOINT CHIEFS OF STAFF. National Military Strategy of the United States [R]. Washington D. C. : Office of Chairman, JCS, 1995.

[190] JOINT CHIEFS OF STAFF. Joint Pub 3-0: Doctrine for Joint Operations [Z]. Washington D. C. : GPO, 1995: V-1.

[191] JOINT CHIEF OF STAFF. Joint Pub 1 – 01: Joint Publication System Joint Doctrine and Joint Tactics, Techniques, and Procedures Development Program [Z]. Washington D. C. : GPO, 1993: IV-4.

[192] JOINT CHIEFS OF STAFF. National Military Strategy of the United States [R]. Washington D. C. : Office of Chairman, JCS, 1992.

[193] JOINT CHIEFS OF STAFF. JCS Pub. 0 – 2. Unified Action Armed Forces (UNAAF) [Z]. Washington D. C. : JPO, 1986: 3-10.

[194] JOINT CHIEFS OF STAFF. Military Posture FY 1985 [R]. Washington D. C. : Government Printing Office, 1985: 9.

[195] JOINT CHIEFS OF STAFF. JCS Pub. 2. Unified Action Armed Forces (UNAAF) [Z]. Washington D. C. : JPO, 1959: 32.

[196] JOINT CHIEFS OF STAFF. Unified Action Armed Forces [Z]. Washington D. C. : United States Government Printing Office, 1959.

[197] KEANEY T A, COHEN E A. Gulf War Airpower Survey: Summary Report [R]. Washington D. C. : GPO, 1993: 36-37.

[198] KERRICK C D. US Army Central Command Military Intelligence History [Z]. April 1991: 6-74.

[199] KIRKPATRICK C E. Joint Fires as They Were Meant to Be: V Corps and the 4th Air Support Operations Group During Operation Iraqi Freedom [R]. Arlington, VA: AUSA's Institute of Land Warfare, 2004: 1-3.

[200] KOMETER M W. Command in Air War: Centralized versus Decentralized Control of Combat Airpower [M]. Maxwell Air Force Base, Alabama: Air University Press, 2007: 142.

[201] KREPINEVICH A F. Operation Iraqi Freedom: A First-Blush Assessment [R]. Washington D. C.: Center for Strategic and Budgetary Assessments, 2003: 20-21.

[202] KUGLER R C, BARANICK M, BINNENDIJK H. Operation Anaconda: Lessons for Joint Operations [R]. Washington D. C.: National Defense University, 2009: viii.

[203] LAMB C J. The Mayaguez Crisis, Mission Command, and Civil-Military Relations [M]. Washington D. C.: Joint History Office, Office of the Chairman of the Joint Chiefs of Staff, 2018: 196, 184, 179.

[204] LAMBETH B S. Air Power against Terror: America's Conduct of Operation Enduring Freedom [M]. Santa Monica, CA: RAND Corporation, 2005: 250.

[205] LEBOW R N, STEIN J G. We All Lost the Cold War [M]. Princeton, NJ: Princeton University Press, 1995: 26.

[206] LEE E J. Getting the Command and Control Right: A Vietnam Case Study [D]. Fort Leavenworth, KS: Army Command General Staff College, 2013.

[207] LEGERE L J. Unification of the Armed Forces [M]. New York: Garland, 1988: 185.

[208] LEWIS M. Lt Gen Ned Almond, USA: A Ground Commander's Conflicting View With Airmen Over CAS Doctrine and Employment [D]. Maxwell Air Force Base, AL: Air University Press, 1997: 63.

[209] LOCHER III J R. Victory on the Potomac: The Goldwater-Nichols Act Unifies the Pentagon [M]. College Station, TX: Texas A & M University Press, 2004.

[210] MARCHIO J D. The Evolution and Relevance of Joint Intelligence Centers [J/OL]. [2013-02-04]. Studies in Intelligence, 2006 (1, 49). https://www.cia.gov/csi/studies/vol49no1/html_files/the_evolution_6.html.

[211] MAROLDA E J. Theodore Roosevelt, the U. S. Navy, and the Spanish-American War [M] New York: Palgrave Macmillan, 2001: 31.

［212］MARTIN D C, WALCOTT J. Best Laid Plans: The Inside Story of America's War Against Terrorism［M］. New York: Simon & Schuster, Touchstone Books, 1989: 311-312.

［213］MCGRATH J J. Fire for Effect: Field Artillery and Close Air Support in the US Army［M］. Fort Leavenworth, KS: Combat Studies Institute Press, 2010: 47.

［214］MCMASTER H R. Dereliction of Duty: Lyndon Johnson, Robert McNamara, the Joint Chiefs of Staff, and the Lies that Led to Vietnam［M］. New York: Harper Perennial, 1997: 329.

［215］MEILINGER P S. Unity of Command in the Pacific During World War II［J］. JFQ/issue 56, 1 st quarter 2010: 152-156.

［216］MESKO J, MOBILE RIVER FORCE TASK FORCE-117, Mobile River Force Association［EB/OL］. January 14, 1999［2020-11-11］. https: //www. mrfa. org/.

［217］MILKOVICH N D. AirLand Battle Redux: Evolutions of Air-Ground Integration from the Gulf War to Operation Iraqi Freedom［D］. Fort Leavenworth, KS: School of Advanced Military Studies, 2018: 44.

［218］MILLER K P. The Legacy of Operation Desert Fox［J/OL］. Hook Magazine, Fall 2018［2021-10-10］. https: //kevinmillerauthor. com/thelegacyofoperationdesertfox/.

［219］MOENK J R. USCONARC Participation in the Cuban Crisis, 1962 (U), Headquarters, US Continental Army Command, October 1963, declassified 11 October 1988: 6-19.

［220］MOÏSE, EDWIN. Tonkin Gulf and the Escalation of the Vietnam War［M］. Chapel Hill, NC: University of North Carolina Press, 1996: 67-68.

［221］MOMYER G W W. Air Power in Three Wars［M］. Washington D. C.: Government Printing Office, 1978: 71.

［222］MOMYER W W. Airpower in Three Wars (WW II, Korea, Vietnam)［M］. Maxwell Air Force Base, AL: Air University Press, 2003: 291.

［223］MORRIS D J. Storm Over the Horizon: Khafji—the Battle that Changed the Course of the Gulf War［M］. New York: Free Press, 2004: 229-230.

［224］MORTENSEN D R. A Pattern For Joint Operations: World War II Close IR Support, North Africa［M］Washington D. C.: Office of Air Force History and U. S. Army Center of Military History, 1987: 17.

［225］MOSELEY T M. Operation IRAQI FREEDOM-By The Numbers［R］. CENTAF: Assessment and Analysis Division, 2003: 4.

［226］MURRAY W. The Evolution of Joint Warfare［J］. Joint Force Quarterly,

Summer 2002: 30-37.

[227] NALTY B C. The Air Force Role in Five Crises, 1958-1965: Lebanon, Taiwan, Congo, Cuba, Dominican Republic [M]. USAF Historical Division Liaison Office, 1968: 22-26.

[228] NALTY B C. Winged Shield, Winged Sword: A History of the United States Air Force, vol. 2 1950-1997 [M]. Washington D. C.: Air Force History and Museums Program, 1997: 456.

[229] NARDULLI B R, PERRY W L, PIRNIE B, et al. Disjointed War [M]. Santa Monica, CA: RAND, 2002: 25-26.

[230] NATHMAN J. Triumph in Kosovo: Naval Aviation Keys Allied Success [J]. Naval Aviation News, September-October 1999: 2-11.

[231] Network Centric Warfare: Department of Defense Report to Congress [R]. Department of Defense, 2001: 3-8.

[232] OFFICE OF NAVAL OPERATIONS, DIVISION OF FLEET TRAINING, UNITED STATES NAVY. F. T. P. 167: Landing Operations Doctrine [Z]. Washington D. C.: Government Printing Office, 1938: 29.

[233] OFFICE, CHIEF OF ARMY FIELD FORCES AND HEADQUARTERS, TACTICAL AIR COMMAND. Joint Training Directive For Air-Ground Operations [Z]. Washington D. C.: GPO, 1950: 79-80.

[234] Operation Enduring Freedom comes to an end [EB/OL]. [2021-01-01]. https://www.army.mil/article/140565/Operation_Enduring_Freedom_comes_to_an_end/.

[235] OWEN R C. Deliberate Force: A Case Study in Effective Air Campaigning, Final Report of the Air University Balkans Air Campaign Study [M]. Maxwell Air Force Base, AL: Air University Press, 2000: 200.

[236] PALMER B. The 25—Year War: America's Military Role in Vietnam [M] Lexington, KY: University Press of Kentucky, 2002.

[237] PALMER M A. Guardians of the Gulf: A History of America's Expanding role in the Persian Gulf, 1833-1992 [M]. New York: Free Press, 1992: 132.

[238] PARK F J H. The Unfulfilled Promise: The Development of Operational Art in the U. S. Military, 1973-1997 [D]. Lawrence, KS: Department of History, University of Kansas, 2012: 257.

[239] PARSONS J D, REGALA B T, PAANANEN O H. Marine Corps Desert Storm Reconstruction Report: Third Marine Aircraft Wing Operations [M]. Alexandria, VA: Center

For Naval Analyses, 1992: 111.

[240] PERRY W L, DARILEK R E, ROHN L L, et al. Operation Iraqi Freedom: Decisive War, Elusive Peace [M]. Santa Monica, CA: RAND Corporation, 2015: 250.

[241] PHILLIPS R C. Operation Joint Guardian: The U. S. Army in Kosovo [M]. Washington D. C. : Government Printing Office, 2007: 15.

[242] PIERSOL B, etc. Kosovo Case Study-First 18 Months: March 1999 to September 2000 with Addendum Comparing NATO-UN Interactions In Bosnia IFOR And Kosovo KFOR [C/OL]. 2009 [2020-12-01]. www. dodccrp. org/files/case_ studies/Kosovo_ case_ study. pdf.

[243] POOLE W S. The Effort to Save Somalia, August 1992-March 1994 [M]. Washington D. C. : Joint History Office, Office of the Chairman of the Joint Chiefs of Staff, 2005: 25-26.

[244] POWELL C L. A Word from the Chairman [J]. National Defense University: Joint Force Quarterly, Summer, 1993: 5.

[245] Press Conference with General Tommy Franks, US Central Command [EB/OL]. [2020-12-12] http: //www. centcom. mil/news/press_ briefings/fran1030. html, 4 September2002.

[246] PRIEST D. Kosovo Land Threat May Have Won War [N]. Washington Post, 19 September 1999: A1.

[247] RADANYI R A. Operation Eagle Claw-Lessons Learned [D]. Quantico, VA: Marine Corps Command and Staff College, 2002: 4-6, 34.

[248] RAY S. Cline, Washington Command Post: The Operation Division [M] Washington D. C. : Center of Military History, 1990: 4.

[249] REARDEN S L. Council of War: A History of the Joint Chiefs of Staff 1942-1991 [M]. Washington D. C. : Joint History Office, 2012: 30.

[250] ROMJUE J L. AirLand Battle: The Historical Background [J]. Military Review, March 1986: 52-55.

[251] ROULO C. Why Are Marines Part of the Navy? [EB/OL]. [2020-8-14]. https: //www. defense. gov/Explore/Features/story/Article/1763150/why-are-marines-part-of-thenavy/.

[252] SCALES R H. Certain Victory: United States Army in the Gulf War [M]. Fort Leavenworth, KS: U. S. Army Command and Staff College Press, 1994: 158.

[253] SCALES R. CERTAIN VICTORY: The U. S. Army in the Gulf War [M].

Lincoln, NE: Potomac Books, 2006: 192-193.

［254］ SCHENELLER R J. Anchor of Resolve: A History of U. S. Naval Forces Central Command/Filth Fleet ［M］. Washington D. C.: Naval Historical Center, Department of The Navy, 2007: 9.

［255］ SCHLIGH J. Help From Above: Air Force Close Support of the Army, 1946-1973 ［M］. Washington D. C.: US Air Force History and Museums Program, 2003: 134.

［256］ SCHNABEL J S. United States Army in the Korea War, Policy and Direction: the First Year ［M］. Washington D. C.: Center of Military History, United States Army, 1992: 30.

［257］ SCHULIMSON J. Marines in Lebanon, Marine Corps Historical Reference Pamphlet ［M］. Washington D. C.: Headquarters, United States Marine Corps, 1966: 26.

［258］ SCHULTZ R. The Secret War against Nanoi: The Untold Story of Spies, Saboteurs, and Covert Warriors in North Vietnam ［M］. New York: Harper Perennial, 2000: 56.

［259］ SINGH J. Air Power And Joint Operations (Second Edition) ［M］. New Delhi: KW Publishers Pvt Ltd, 2008: 51.

［260］ SINGH J. Air Power in Modern warfare ［M］. New Delhi: Lancer, 1985: 54-55.

［261］ SMITH H M, Finch. Coral and Brass ［M］. New York: Charles Scribner's Sons, 1949: 59.

［262］ SPILLER R J. Not War But Like War: The American Intervention in Lebanon ［M］. Fort Leavenworth, KS: Combat Studifes Institute, U. S. Army Command and General Staff College, 1981: 12, 29.

［263］ STANIK J T. EL Dorado Canyon: Reagan's Undeclared War with Qaddafi ［M］. Annapolis, MD: Naval Institute Press, 2003: 153.

［264］ STARR C. Influence of Sea Power ［M］. New York: Oxford University Press, 1989: 45.

［265］ Statement of Admiral J. L. Holloway III, USN. Chairman, Special Operations Review Group. Iran Hostage Rescue Mission Report ［R/OL］. Naval History and Heritage Command, 1980 ［2020-08-01］. https://www.history.navy.mil/research/library/online-reading-room/title-list-alphabetically/i/iran-hostage-rescue-miss ion-report.html.

［266］ STEVENSON C A. Warriors and Politicians: US Civil-Military Relations under Stress ［M］. New York: Routledge, 2006: 168.

［267］ SWAIN R M. Lucky War: Third Army in Desert Storm ［D］. Fort Leavenworth,

KS: U. S. Army Command and General Staff College Press, 1994: 25.

[268] The Single Manager Problem: The Creation of an Operational Control System for US Tactical Air in I Corps of South Vietnam During 1968 [G]. Washington D. C.: JCS Historical Division, July 1976 (Previously classified. Declassified by SM-197-81, 20 March 1981: 1-25.

[269] The Son Tay Raid [M/OL]. http://www.airpower.maxwell.af.mil/apjinternational/apj-s/2006/1tri06/kampseng.html Nov 2012: 4-5.

[270] Third Infantry Division (Mechanized) After Action Report Operation IRAQI FREEDOM [R/OL]. [2020-09-11] https://www.globalsecurity.org/military/library/report/2003/3id-aar-jul03.pdf: 138.

[271] THOMPSON W. To the Bay and Back [J/OL]. Air Forces Monthly, May 2010 [2020-12-01]. https://www.airforcemag.com/issue/2010-05/.

[272] TOMES R R. US Defense Strategy from Vietnam to Operation Iraqi Freedom: Military Innovation and the New American Way of War, 1973-2003 [M]. New York: Routledge, 2007: 107.

[273] TORREON B S, PLAGAKIS S. CRS Report R42738: Instances of Use of United States Armed Forces Abroad, 1798-2020 [R]. Congressional Research Service, Updated January 13, 2020: 12-18.

[274] TRAINOR S L. Jointness, Service Culture [J]. Joint Forces Quarterly, Winter 1993-1994: 71-74.

[275] TRASK R R. The Department of Defense: Documents on Organization and Mission 1978—2003 [M]. Washington D. C.: Historical Office, Office of the Secretary of Defense, 2008.

[276] TRITTEN J J. Naval Doctrine... From The Sea [M]. Norfolk, VA: Naval Doctrine Command, 1994: 3, 4.

[277] U. S. CONGRESS PUBLIC LAW 99-433. Goldwater-Nichols Department of Defense Reorganization Act of 1986 [Z]. 99th Congress, 2d Session, Oct 1, 1986, 100 STAT: 993-994.

[278] U. S. DOD. National Defense Budget Estimates for FY 1988/1989 [R]. Washington D. C.: Office of Assistant Secretary of Defense, May 1987: 68-69.

[279] UNITED STATES NAVAL ADMINISTRATION IN WORLD WAR II. United States Naval Forces, Europe. Histories [G/OL]: 317, 470 [2020-07-01]. https://www.history.navy.mil/research/library/online-reading-room/title-list-alphabetically/o/

operation-neptune-i nvasion-normandy. html.

［280］U. S. DEPARTMENT OF DEFENSE. Conduct of the Persian Gulf War：Final Report to Congress［R］. Washington D. C.：JPO, 1992：356.

［281］U. S. DEPARTMENT OF DEFENSE. Report to Congress：Kosovo/Operation Allied Force After-Action Report［R］. Washington D. C.：JPO, 2000：45.

［282］U. S. MILITARY ASSISTANCE COMMAND, VIETNAM STUDIES AND OBSERVATIONS GROUP（1964）. Annex A, Command History 1964［G］. Saigon：MACVSOG：A-1.

［283］U. S. WAR DEPARTMENT. Air Corps Training Regulation 440-15, Employment of the Air Forces of the Army［Z］. Washington D. C.：Government Printing Office, 26 January, 1926.

［284］U. S. WAR DEPARTMENT. Field Manual 31-35, Air-Ground Operations［Z］. Washington D. C.：GPO, 1946：30.

［285］VEGO M N. Joint Operational Warfare Theory and Practice V. 2, Historical Companion［M］. Rhode Island：Naval War College Press：2009.

［286］VERGUN D. Lessons Learned From 1975 Mayaguez Incident［EB/OL］.（2018-12-11）［2020-11-12］. https：//www. defense. gov/Explore/News/Article/Article/1710391/lessons-learned-from-1975-mayaguez-incident/.

［287］WAR DEPARTMENT. FM 100-20：Command and Employment of Air Power［Z］. Washington D. C.：GPO, July 1943：10-11.

［288］WAR DEPARTMENT. FM31-35 Basic Field Manual：Aviation in Support of Ground Forces［Z］. Washington D. C.：GPO, April 1942：1, 9, 11.

［289］WARDEN Ⅲ J A. The Air Campaign：Planning For Combat［M］. New York：Brassey's, Inc, 1992：129.

［290］WARDEN Ⅲ J A. The Air Campaign：Planning for Combat［M］. Washington D. C.：National Defense University, 1988：103.

［291］WARNOCK A T, AIR WAR KOREA, 1950-53［J/OL］. AirForce Magazine, Oct. 1, 2000［2020-09-01］. https：//www. airforcemag. com/article/1000korea/.

［292］WATSON C. Combatant Commands：Origins, Structure and Engagement［M］. Santa Barbara, C：Praeger, 2011：9.

［293］WHEELER W T, Korb L J. Military Reform：A Reference Handbook［M］. San-Mateo, CA：Praeger, 2007.

［294］WIELHOUWER P W. Trial by Fire：Forging American Close Air Support

Doctrine, World War I Through September 1944 [D]. Fort Leavenworth, KS: U. S. Army Command and General Staff College, 2010: 10.

[295] WILLIAMS J. A History of Army Aviation: From Its Beginnings to the War on Terror [M]. Bloomington, MW: iUniverse, Inc, 2005.

[296] WILSON C. Network Centric Warfare: Background and Oversight Issues for Congress [R]. Congressional Research Service, 2004: Summary.

[297] Winnefeld J A, Johnson D J. Command and Control of Joint Air Operations: Some Lessons Learned from Four Case Studies of an Enduring Issue [M]. Santa Monica, CA: Rand Cooperation, 1991: 15.

[298] WINNEFELD J A, JOHNSON D J. Unity of Control: Joint Air Operations in the Gulf [J]. Joint Forces Quarterly, Summer 1993: 88-99.

[299] ZALOGA S J. SICILY 1943: The debut of Allied joint operations [M]. Oxford: Osprey Publishing, 2013: 6.

[300] ZIMMERMAN D J. Operations Prime Chance and Praying Mantis: USSOCOM'S First Test of Fire [EB/OL]. [2020-12-12] https://www.defensemedianetwork.com/stories/ussocoms-first-test-of-fire-operations-prime-chance-and-praying-man tis/2/JUNE272013.

后　记

　　本书主要基于我的博士学位论文，选题则是源于我在教学和科研中的直接体会与思考。在联合作战大发展热潮中，有必要推出一部历史专题研究，通过战例剖析还原美军联合作战的真实图景，探寻联合作战发展的规律和经验教训。

　　读博三年是一场短暂又漫长的旅程。2018年金秋步入军事科学院的场景至今历历在目。不敢辜负时光，更不能辜负这宝贵的学习机会。这三年，因视野的开拓、见闻的增长、知识的积累、学术的深耕，被切分为无数的细节，记不清多少次冥思苦想，再看钟表已是夜过三更，记不清多少次提灯疾书，拉开窗帘时已是东方既白，亦记不清多少次直面大家，为其才华学识所深深震撼。无数细节汇聚到一起，让这三个春秋不再短暂，而是充实又知足。

　　感谢我的导师外国军事历史研究室副主任王金华研究员。导师为人和善、诲人不倦，学术上一丝不苟、攀登不息，工作上兢兢业业、成果丰硕，给学生树立了榜样。读博期间，通过参与王老师主持的各项课题，快速拓展了眼界学识，并在攻研中不断锻炼自己的研究能力。严格讲，美军联合作战发展史并不是王老师的专长领域，这个题目因极具挑战性和一定的争议性，并不被很多专家看好。但导师力排众议，给予了我大量甚至是无条件的支持，为我注入了最有力的一针强心剂，支撑我克服困难，完成论文撰写。

　　感谢外国军事研究所副所长、外国军事历史研究室主任柯春桥研究员。柯主任历史专业科班出身，是我军世界军事史研究、战略研究领域的知名专家，是我走上军事历史研究的引路人。2016年我有幸结识柯主任，在工作中不断加深了解，对他的视野、思维和学识深感佩服。也正是柯主任建议我报考军事科学院的军事历史专业，为我打开了三年之旅的大门，并在学习、课题研究、论文撰写中不断给予我悉心教导。

在学位论文工作期间，得到了很多专家的大力支持，在开题、中期检查、撰写、评阅、答辩等各个环节给予了我大量帮助，在此表达诚挚的感谢。他们是：军事科学院的聂送来研究员、陈学惠研究员、刘向东主编、李成刚研究员、周小宁研究员、樊高月研究员、陈建民研究员、董鸿宾研究员、陈婷主编、童真研究员等；国防大学的徐辉教授、李文教授、刘伟教授、夏一东教授、王勇教授等；海军研究院的赵军研究员；空军研究院的杨宇杰教授；信息工程大学洛阳校区的王亮教授；等等。

还要特别感谢我的硕士研究生导师孙建民教授、我的师兄刘忠副教授，全程关心我的论文进度，提出了诸多建议。感谢青岛科技大学郭慧志教授、国家工业信息安全发展研究中心毛翔研究员，提供了宝贵的资料支持和设计建议。论文撰写中还得到了孙诚参谋、张敬秘书、黄鸣教授、冯铭教员等在资料和专业知识上的支持，并得到了来自"战例译注小组"外文资料上的支持，一并表示感谢。来自五湖四海、各军兵种的军科同窗，也为本作贡献了一臂之力，他们有李响、陈一榛、刘冰雁、方乐晖、望施政、林科、李雨樵、祝朋涛、秦晓光、陈建社、董领、石绍柱等，同样表示感谢。感谢我的单位信息工程大学洛阳校区的各位同事分担工作，能让我拥有宝贵的脱产时光攻读博士学位。

感谢本书出版过程中给予基金资助的信息工程大学洛阳校区领导和机关同志，感谢为本书悉心勘误、辛劳付出的张珑老师。

读博是一场圆梦之旅。学世界史曾是我少年时志趣所在。攻读军事历史专业世界军事史方向的博士学位，圆了我历史之梦。洋洋洒洒近30万字的论文，既是给自己志趣使然的一个交代，也是将自己志趣与职业的结合。这三年世界发生了太多变化。我将以这三年的所学所研，向着"求实创新、知兵谋胜"的目标，以"文章不写半句空"的态度，继续投身这恢宏的事业。

城中桃李愁风雨，春在溪头荠菜花。

孙路明

2022年6月于谷水